KB203870

관음보살(연당 조해종 作)

# 말법 시대에 꼭 필요한 수행 염불,
# 관음주송

(한국 관음신앙 영험 사례 연구)

맑은소리맑은나라

# 책을 내면서

—

이 책은 동국대학교 박사논문을 준비하면서, 평생 관세음보살의 칭명염불에 전념해온 필자가 수행의 과정에서 겪은 고민과 깨달음을 정리한 것입니다.

필자는 천태종 단양 구인사에서 수행을 시작한 후, 태고종 순천 선암사를 거쳐, 보다 빠른 성불을 이루고자 최상선인 간화선을 공부하기 위해 조계종 팔공총림 동화사로 출가하였습니다. 이후 문경 봉암사, 인천 용화사, 수덕사, 쌍계사, 해인사, 직지사, 불국사, 통도사, 극락암, 서운암 등 여러 선원에서 참선 수행을 하였지만, 깨달음을 얻지 못하고 오히려 칭명염불을 실천할 때보다 법력이 약해지는 느낌을 받았습니다.

그 이유를 곰곰이 생각해본 끝에, 청화선사의 가르침이 떠올랐습니다. "어떤 수행 방편을 택하든 계율을 지키는 것이 삼매三昧에 드는 중요한 요소이다. 수좌들이 '꺼리는 것이 없어야 한다'는 무애행無碍行을 핑계로 계율을 어기는 것을 가장 경계해야 한다." 필자

5

는 이 말씀이 자신의 수행에 부족했던 부분을 지적하는 것이라고 깨닫게 되었습니다. 이 문제를 자각한 후, 선방을 떠나 율원으로 가기로 결심하였습니다. 당시 많은 수좌 스님들이 최상선을 공부하다가 근기가 낮은 곳으로 간다며 만류했지만, 필자는 통도사 율원승가대학에서 율장 공부를 시작했습니다. 그러나 그곳에서도 해답을 찾지 못했고, 결국 동화사 승가대학에서 교수로 재직하며 선방에서의 참선 정진과 율장 공부를 병행하게 되었습니다. 이 과정에서 승가대학 학인들에게 경전 공부의 필요성을 더욱 절실히 느끼게 되었고, 이를 바탕으로 동국대학교 응용불교학과 박사과정에 진학하게 되었습니다. 박사과정에서의 연구를 통해 칭명염불 수행에 대한 체계적인 정리가 필요하다는 생각이 들었고, 천태종에서의 수행 경험과 필자가 집필한 칭명염불 관련 소논문을 바탕으로 관세음보살 신행 전반을 정리한 이 책을 집필하게 되었습니다.

현대는 말법 시대입니다. 세존께서 세상에 계실 때는 그의 설법을 듣고 즉각 깨달음을 얻는 경우가 많았으나, 오늘날 그러한 깨달음을 얻기란 매우 어려운 일이 되었습니다. 따라서 현대에 적합한 불교 수행법으로서 염불念佛 수행을 대중에게 적극 권장할 필요가 있습니다.

그러나 한국불교는 선종禪宗의 영향을 크게 받아 참선을 중심으로 수행하는 경향이 있습니다. 이로인해 참선은 근기가 높은 상근기 수행자들을 위한 것이라고 여겨지고, 염불은 마치 근기가 낮은 하근기 수행자들이 실천하는 것이라는 오해를 받고 있습니다.

이러한 배경을 바탕으로, 이 책은 관세음보살 신앙에 대한 포괄적인 내용을 다루고 있습니다. 제II장에서는 말법 시대에 염불 수행이 왜 중요한지를 경전적 근거와 역대 스승들의 가르침을 통해 확인합니다. 또한, 관음신앙의 이론적 배경과 기원, 관세음보살의 명호와 유래, 다양한 관음 신행 유형과 감응 사례, 밀교 신앙에서의 관세음보살, 왕실의 관음신앙과 호국 신앙적 측면, 천신天神으로서의 관세음보살, 그리고 산과 바다를 중심으로 한 관음신앙의 특징 등을 알기 쉽게 설명하고 있습니다.

제III장에서는 한국에서 관음신앙이 어떻게 수용되고 발전했는지를 고구려, 백제, 신라의 삼국 시대부터 고려와 조선, 그리고 현대에 이르기까지 상세히 설명합니다. 또한, 중국을 거쳐 고려와 현대 천태종에 이르는 관음신앙의 전개 과정과 함께, 상월원각대조사의 천태종 중창, 다라니 수행, 주경야선晝耕夜禪, 안거 수행 등을 다룹니다. 특히, 관음주송의 기도 방법에 대해 축원에서부터 관음주송과 다라니 기도까지 심층적으로 설명하고 있습니다. 제IV장에서는 삼국유사와 법화영험전에 기록된 관세음보살의 가피 사례를 바탕으로, 한국 천태종 불자들의 관음 신행 체험 수기를 네 가지 유형으로 분류합니다. 또한, 다양한 영험담 속 가피의 유형과 감응의 형태를 비교·분석하며, 필자의 영험 사례를 박사논문의 각주에 반영하였습니다.

특히, 이 책은 비불자를 비롯해 말법 시대의 중생들이 염불 수행을 통해 선정禪定과 지혜를 얻을 수 있도록, 누구나 쉽게 실천할 수 있는 수행법을 제시하는 데 중점을 두고 있습니다. 이어지는 내용에서는 필자가 기도를 하지 않을 수 없었던 절박한 심정과, 그로 인해 기도 수행에 매진하게 된 동기를 밝힙니다.

10년간의 군 생활 동안 꾸준한 성과를 거두며 1차, 2차 중대장 시절 최우수 중대장으로 선정되었습니다. 또한, 사단 교관 경연대회에서 3년 연속 1등을 차지하면서 스스로 더 이상 도전할 목표가 없다고 착각했습니다. 주변의 동료나 선·후배 장교들과 자신을 비교하며 이미 최고 수준에 도달했다고 자부했고, 더 큰 경쟁이나 성장의 필요성을 느끼지 못했습니다. 결국, 보다 넓은 사회로 나아가 성공하고 싶다는 욕심과 자만심이 전역을 결심하는 결정적인 계기가 되었습니다. 그러나 전역 후 친형의 사업을 돕던 중 그의 빚보증을 서게 되었고, 그로 인해 신용불량자가 되어 절망의 나날을 보내야 했습니다. 매일같이 찾아오는 채권자와 극심한 스트레스 속에서 삶을 포기할 생각까지 했습니다. 신용 불량에서 벗어날 수만 있다면 어떤 일이든 할 수 있겠다는 절박한 심정이었습니다.

그러던 중, 우연히 한 노보살로부터 "기도를 열심히 하면 소원이 성취된다"는 말을 듣게 되었습니다. '기도를 택할 것인가, 자살을 택할 것인가'라는 갈림길에서, 이왕 죽는 김에 기도라도 해보고 죽자는 심정으로 충북 단양 소백산 구인사를 찾았습니다. 그곳에서 하루 최소 8시간, 많게는 19시간 동안 관음 정진을 하며 간절히 기도에 매달렸습니다. 수행 중에는 물을 마시거나 화장실에 가는 것도 허락되지 않았고, 졸거나 소리를 내는 것조차 상관없이 좌부동坐不動 자세로 8시간 이상 엉덩이를 떼지 않는 훈련을 했습니다. 선배 도반들은 이렇게 해야만 몸이 조복調伏받는다고 조언했고, 저는 그 말을 철저히 믿고 따랐습니다. 또한, 앉아서 정진하지 않을 때도 비행비좌非行非坐 자세로 관세음보살을 끊임없이 부르며 기도를 이어갔습니다.

기도 중 가까운 미래가 궁금할 때는 축원을 올리며 간절히 기도하였고, 4박 5일 동안 기도하는 동안 부처님으로부터 답을 얻지 못하면 구인사를 내려오지 않고 답을 찾을 때까지 기도를 연장하며 수행하였습니다. 이러한 간절한 정진 덕분에 불치병을 앓고 있는 사람, 몸 안에 귀신이 깃든 사람, 장사나 사업이 잘되지 않는 사람들을 위해 신중독불공이나 관음독불공을 통해 중생을 제도하는 능력을 얻게 되었습니다.

관음주송 정진의 결과로, 영천시 금호읍 대창리 보리암 주지로 있을 때 한 가지 특별한 경험을 하게 되었습니다. 포항 포스코에서 한 사람이 1미터 높이에서 뒤로 넘어지는 사고를 당해 포항 성모병원, 대구 경대병원, 서울 아산병원 응급실을 전전했으나, 의료진은 사고 발생 후 72시간 내에 사망할 것이라는 결론을 내렸습니다. 마침 그날이 관음재일이었고, 저는 관음불공을 마친 후 밤에 기도를 하던 중 상월원각대조사께서 "오늘 축원한 사람에게 신중불공 3회를 하면 살릴 수 있다"는 가르침을 주셨습니다. 이에 따라 3회에 걸쳐 신중불공을 올렸고, 기적적으로 72시간이 지나도 그 사람은 죽지 않았습니다.

이후 매일같이 친척, 친구, 이웃의 소개를 통해 불공을 하게 되었으며, 하루 1가구에서 많게는 4가구까지 신중독불공을 올리는 일이 이어졌고, 예약이 3개월 치나 밀릴 정도로 많은 사람들이 찾아오게 되었습니다.

이 불공을 계기로 수많은 기적을 경험하게 되었습니다. 한겨울에도 속옷 런닝 차림으로 지내던 병암떡집의 할아버지가 천도재를 통해 정상적인 몸으로 회복된 일, 경산 국회의원 선거에서 3개월 전에 당선자를 미리 알게 된 일, 차량에 기서를 내고 도망간 사람의 얼굴이 기도 중에 보인 일, 누가 아프면 어디가 아픈지 알게 된 일, 차량이 고장 났을 때 새 부품으로 교체했음에도 다시 고장 난 원인이 재생 부품 사용 때문이라는 것을 알게 된 일, 교통사고로 몸이 아팠을 때 관세음보살님으로부터 약을 받아 먹은 일, 법당에서 휴식 중 전기로 지지는 듯한 느낌을 받으며 법당에 눕지 말라는 경고를 받은 일, 차량이 폐차될 정도의 교통사고가 났음에도 탑승자 전원이 무사했던 일, 신장이 좋지 않아 물을 마시면 10분 이내에 몸이 붓던 보살님이 불공을 올린 청수물을 마신 후(부처님, 신장님 다기물 약 1,000mL) 다음 날까지도 몸이 붓지 않았던 일 등 이루 말할 수 없는 수많은 기적을 경험했습니다. 이 모든 것은 관세음보살의 칭명염불과 관음주송을 통한 기도 가피 덕분이었습니다. 이렇게 간절히 기도하면 반드시 소원이 성취된다는 것을 깨달았고, 이제는 그 방법을 지도하며 신도들과 함께 칭명염불로 기도하고자 합니다.

천태종의 상월원각대조사께서는 칭명염불을 실천할 때, 비행비좌非行非坐 수행법을 강조하셨습니다. 즉, 자동차를 운전할 때, 설거지를 할 때, 운동을 할 때, 화장실에서 볼일을 볼 때, 샤워하거나 세수를 할 때, 밥을 먹으며 씹는 동안에도 속으로 '관세음보살'을 주송하는 관음주송 100만 독을 실천할 것을 유훈遺訓으로 남기셨습니다.

이에 필자는 일상생활 속에서 '관세음보살'을 염송하는 천태종의 관음주송이야말로 말법 시대에 꼭 필요한 수행법임을 깨닫고, 이를 대중들에게 널리 권장하고 보급할 방안을 고민하였습니다. 그 결과, 관세음보살을 염송하는 관음주송 신행의 득익과 영험을 알리고자 이 책을 집필하게 되었습니다.

이 책이 많은 사람들에게 널리 읽혀, 말법 시대에 칭명염불 수행의 길을 찾고자 하는 이들에게 따뜻한 길잡이가 되기를 바랍니다. 또한, 누구나 쉽게 실천할 수 있는 수행법으로 자리 잡아, 칭명염불을 배우고자 하는 분들에게 친절한 안내서이자 든든한 교과서가 되기를 소망합니다.

박사과정을 공부할 수 있도록 여건을 마련해 주신 전 원로의원이신 일응당 지성대종사 은사님과 사형이신 소담원일 스님께 깊은 감사를 드립니다. 또한, 이 책이 나오기까지 뒤에서 헌신적으로 뒷바라지해 주신 강여래심, 박일심행, 박관음행, 정보련화 보살님과 함께 관음주송으로 기도해온 최순경 보살님께도 감사의 마음을 전합니다. 아울러, 세심하게 논문을 지도해 주신 동국대학교 김종두 교수님, 전 조계종 교육원장을 지내신 여천 무비 큰스님, 그리고 이 책의 출간을 도와주신 맑은소리맑은나라 출판사에도 깊이 감사드립니다. 끝으로, 관음주송을 지도해 주신 스승이자 지금은 고인이 되신 최순달 영가님께 이 책을 바칩니다.

불기 2569(2025)년 을사년의 따스한 봄날
고요한 토굴 금강사에서 현조 법현합장

수행에
점안하는 길

# 격려사

—

아직은 봄기운을 느끼기 어려운 때입니다. 겨울이 깊어지고 충분히 익어야 비로소 만날 수 있는 계절이 봄이듯, 수행도 그러합니다. 수행이란 단순한 지식의 습득이 아니라, 이론을 실천으로 옮기고 그 실천이 온전히 체화될 때야 비로소 가피를 얻고 실질적인 이로움을 누릴 수 있습니다. 모든 일에는 때가 있으며, 수행 역시 그러합니다.

법현 스님이 엮은 『말법 시대에 꼭 필요한 수행 염불, 관음주송』은 경經을 강설하는 강사나 참선을 수행하는 선방의 수좌들과는 다소 거리가 있는 내용으로 보일 수도 있습니다. 그러나 염불 수행은 행주좌와行住坐臥, 즉 언제 어디서든 누구나 실천할 수 있는 수행법입니다. 염불 수행이야말로 이론적 수행에 점안을 하듯 완전한 깨달음으로 나아가는 길이며, 염불선念佛禪은 일상 속에서 실천할 수 있는 수행법이라 할 수 있습니다.

법현 스님은 관음신앙을 연구하여 동국대학교에서 박사 학위를 취득한 학승으로서, 오랜 기간 수행과 학문을 병행하며 불법을 전하는 데 헌신해 오셨습니다. 스님께서는 천태종 구인사에서 관음주송을 통해 염불 수행의 기초를 닦으셨고, 팔공총림 동화사에서 승가대학 교수사로 학인들을 지도하시며 후학 양성에도 힘써 오셨습니다. 현재는 동국대학교에서 외래교수로 재직하며 관세음보살 칭명염불 수행을 중점적으로 실천하고 계십니다. 이러한 수행과 학문이 함께 어우러진 삶은 오늘날 출가 수행자가 나아가야 할 모범적인 길을 보여줍니다.

출가 전에도 명문대에서 학문에 정진했던 법현 스님은 출가 이후에도 수행과 공부를 함께 이어온 학승입니다. 직접 가르침을 주지는 않더라도, 일심으로 염불 수행에 정진하는 스님의 모습은 이 시대가 필요로 하는 출가자의 모습이라 할 수 있습니다.

가피란, 부처님 앞에 머리 숙여 간절히 기도한다고 해서 곧바로 얻어지는 것이 아닙니다. 오히려 열심히 기도하는 부모님의 모습에 감화된 자식이 학업에 정진하는 것처럼, 부처님의 가피는 자연스럽게 우리의 삶 속에서 작용하는 것입니다.

법현 스님 역시 그러한 가피를 실천하고 계십니다. 칭명 염불을 통해 누군가의 기도를 간절히 올려주고, 그 기도의 울림이 클 때 그 사람이 부처님을 다시 찾게 되는 것입니다. 그리고 그러한 길로 이끄는 역할을 법현 스님이 해 오셨습니다.

이번에 발간되는 책을 통해, 이러한 수행의 의미와 가치를 더욱 깊이 확인할 수 있을 것입니다. 조계종단의 수행 지침인 간화선 수행과 함께 염불선 수행 또한 중요하게 받아들이고, 신행의 지침으로 삼아 실천하시길 바랍니다.
이 책이 후일, 불교 수행의 중요한 지침서로 자리 잡기를 진심으로 기원합니다.

불기 2569(2025)년 3월 아름다운 날에
신라화엄종찰 금정산 범어사 여천 무비

# 추천사

—

이 책은 법현스님의 박사학위 논문으로 관음신앙의 기도 가피와 영험에 대한 연구를 가다듬고 보완하여 책으로 완성한 것이다.

관음신앙은 축법호가 286년에 가장 먼저 『법화경』을 번역하였는데, 관음신앙이 중국에 전파된 것은 그의 공덕이라고 칭송된다. 중생들이 괴로움을 받을 때 관세음보살을 한 마음으로 부르면, 삼독과 칠난으로부터 벗어나고 모든 소원이 성취된다. 그래서 사람들이 가장 많이 찾았던 신앙 가운데 하나이고, 중생들의 삶이라는 강과 함께 흘러온 것이 이 경이다. 실로 관음신앙이 중국에 전파된 것은 축법호의 공덕이라고 할 수 있다. 이후 쿠마라지바에 의해 『법화경』이 번역되면서 동아시아에서 관음신앙이 보편화 되었다고 할 수 있다.

이후 천태종의 지의스님은 『청관세음참법』과 『청관음경소』, 『관음현의』, 『관음경소』 등을 찬술하였고 관음의 자비를 논찬하고 있는 등 지의의 관음신앙에 대한 관심은 비상한 것이었다. 이러한 것들은 당연히 4가지 수행법 가운데에 하나로 통합되었다. 후에 지의는 열반할 때에 『법화경』과 『무량수경』을 독송케하고 그것을 들으면서 아미타와 관음의 영접을 생각하고 좌선하여 입적하였다고 하는데, 그 관음신앙의 깊이를 헤아리게 한다.

이러한 관음신앙은 다양한 경전에 등장하는데 『화엄경』, 『수능엄경』, 『무량수경』, 『관무량수경』, 『아미타경』 등에 그 특징들이 나와 있다. 이후 한국에 관음신앙이 전파되었는데 삼국시대에 화엄교학과 선종, 유식과 더불어 『법화경』의 관음신앙이 널리 퍼졌으며 사찰의 전각에 관음전, 원통전 등의 이름으로 신행되었다.

이 책의 저자인 법현스님은 이러한 신앙의 원류를 면밀하게 경전 등을 통해 분석하고 삼국유사와 『법화영험전』 등을 통해 영험사례를 정밀하게 연구하고 있다. 이러한 분석은 법현스님의 기도체험을 통해서 경험한 내용에 기반하면서 천태종의 기도사례와 영험사례들을 면밀히 분석하고 있다. 이것은 현대의 각종질환에 시달리고 고통받는 현대인에게 그 괴로움에서 벗어나는 이정표와 나침판의 역할을 해주면서 마음의 고요와 평온함을 가져오게 하는 것이다. 이 책의 가치가 여기에 있다고 생각되고, 축법호와 여러 경전 등에 나타난 관음신앙의 맥이 이 책을 통해서 되살아나고 있다. 그래서 모든 분들께 이 책의 독서를 추천드린다.

지도교수 김종두

# 추천사

—

법현은 학승이고 솔직하다. 그리고, 연세대학교 동문이다. 지난 2023년 송년회 때 처음 만난 후 최근에 세네번 만나 많은 대화를 나누었고 그의 구체적이고 가감없는 자기 삶의 묘사와 밀도 깊은 수행에 감동 받았다. 이제 법현의 박사학위 논문과 그에 이은 저서를 살펴보고 있다. 염불을 통한 법현의 영적체험은 놀랍다. 하지만, 우리 생명과 자연현상이 내가 볼 수 없는 물질 속 전자의 상관관계 속에서 일어나는 기이한 작용임을 알고 있는 나는 그 체험을 진실로 받아 들인다.

생명체의 발생, 성장, 융성에 큰 영향을 미치는 유전자는 네 개의 서로 다른 단백질의 연결로 이뤄지고, 이 단백질들은 수소결합으로 그 연결력을 유지한다. 수소결합은 전자 하나를 가진 수소가 자신의 유일한 전자를 다른 원소와의 관계 속에서 편향되게 보유함으로써 나타나는 전기극성에 기인한 것이다. 즉, 일종의 정전기 끌림현상이다. 이 결합력은 크지 않다. 유전자의 정상 작용 또는 돌연변이로 인한 비정상 결과는 수소결합의 해체와 재결합에 기인한다고 해도 무리는 아니다. 생각해 보자. 왜 하필 우주에서 가장 작은 원소 그리고, 상대적으로 가장 많은 수소가 우리 생명현상의 건강과 질병 대응력에 대해 큰 영향을 미치는지… 이는 어쩌면 기도의 힘, 내 마음의 태도와 자세로 우리 생명의 왕성함을 제어하기 위함이 아닐까?

내가 중학교 1학년 때 영어 교과서는 첫 몇쪽만 칼라 그림이 있고 나머진 갱지에 흑백 인쇄되어 있었다. 그 때 칼라그림에서 런던 하이드파크와 뉴욕 자유의 여신상 사진을 보았고, '아, 영어를 잘 하면 이런 곳에 놀러갈 수 있겠구나.'라고 생각하고 열심히 멋진 공간을 상상하며 공부했다.

지금 돌이켜 보니 업무로 5개 국가, 자유여행으로 십여 국가를 돌아다녔다. 병원에서 인체 내부 장기들의 상태를 정확하게 파악하기 위해 MRI(자기공명장치)를 사용하는데, 그 원리는 비교적 단순하다. 우리 몸은 70%가 물이고 물은 수소원자 두개와 산소원자 하나로 이뤄져 있다.

MRI 장비 원통 속에 사람이 누우면 강력한 자기장이 인가되고, 이 때 우리 몸속의 수소원자 속 전자들은 "일동 차렷!" 자세를 취한다. 그리고, 자기장을 해제하면 다시 전자들이 와글와글 움직이는데 이때 발생되는 전자기파의 특징을 MRI 장비는 수신하고 영상으로 그려낸다.

어린 중학생의 상상력과 몰입의 힘으로 머릿속에 그린 미래가 해외출장과 배낭여행으로 성취되고, 전자들의 막무가내 자유 움직임을 자기장으로 정렬 제어해서 우리 몸속 장기들을 사진처럼 분명하게 읽어 낸다. 바른 뜻과 가르침 즉, 진리를 마음으로 생각하고 강력하게 믿고 그려나가면서 읊조리는 행위를 기도 또는 염불이라고 할 때, 그것을 전심으로 실천하는 사람의 의식 곧 마음은 어떻게 정렬되어 영상으로 떠오를지 모른다. 야곱이 하나님과 씨름하듯 매달려서 그의 바램을 이루는 것 처럼 법현의 열정적이고 치열하고 끈기 있는 기도를 통해 그에게는 혼돈의 현재가 어떤 분명한 미래로 보여지고, 결과로 나타날 수 있음을 나는 느낀다.

1580년, 임진왜란 12 년 전 프랑스의 47 세 남자 몽테뉴는 그의 책 『Les Essais (수상록)』에서 이렇게 말한다. "그저 편안하고 꾸밈 없는 단순하고 자연스러운 평상시의 제 모습을 봐주시기 바랍니다."

이 책의 소재는 나 자신입니다. 그러므로, 이렇게 하찮고 쓸데 없는 책으로 소일하지 않으셔도 됩니다."라고 서문을 마무리하는 일천쪽이 넘는 책의 핵심은 '세상에서 가장 위대한 것은 나답게 되는 법을 아는 것이다.'

나는 법현의 논문과 책을 읽으며 마치 몽테뉴의 수상록을 읽는 것 같은 느낌을 받는다. 법현의 담백한 서술과 영험 이야기는 오백년을 건너서 몽테뉴의 현현이 법현일 지 모른다는 생각에 이른다. 그 법현과의 대화에서 자극받은 나는 이제 영문판 법화경(Lotus Sutra)을 발견해 읽으면서 깊이를 음미한다. 개인의 신앙과 세계관을 뛰어 넘어 본 서 일독을 추천한다.

김인수
(연세대학교 전자공학과 학사 및 석사,
MBA, 미국 조지아텍 기술경영석사 MoT)

# 목차

—

## IV. 관음 신행의 영험 사례 분석

## [그림 목차]

# I

# 서론

# 1. 연구의 필요성과 목적

현대는 말법 시대다. 세존 재세 시에는 세존의 설법을 듣고 그 자리에서 깨달음을 얻는 경우도 있었으나 현시대에 그러한 깨달음을 얻기란 어려운 일이다. 따라서 말법 시대인 현대에 적합한 불교 수행 방법을 대중에게 적극 권장할 필요가 있으며, 그 대안으로서 염불念佛 수행을 주목할 만하다. 하지만, 선종禪宗으로 대표되는 한국불교는 참선을 중시하는 경향을 보여 왔다. 즉, 염불은 마치 수행의 정도가 낮은 사람이 수행하는 것으로 오해하는 경향이 있고, 참선은 마치 수행의 정도가 높은 사람들만 하는 것으로 생각하는 경향이 있다. 그러나 참선이 되었든 간경看經이나 주력呪力, 염불이 되었든 불교 수행은 "전미개오轉迷開悟, 이고득락離苦得樂을 위한 평등한 방편"이다. 다시 말해 인간이라면 누구나 자성自性・불성佛性을 지니고 있으므로 올바른 부처님 법을 따라 바르게 수행한다면 누구나 부처가 될 수 있는 것이다. 그럼에도 불구하고 많은 사람들이 실제로 염불 수행을 해보지도 않고 부정적으로만 생각하면서 참선만 하려고 하는 편이다.

또한, 무한경쟁 사회에 돌입한 이래 사람들은 치열한 삶에 쫓기며 바쁜 시간을 살고 있고, 젊은이들은 학업과 취업에 대한 부담이나 맞벌이 부부로서 육아와 생업에 대한 부담이 커지는 등, 각박한 현실로 인해 차분히 좌선坐禪하는 수행을 하기에는 쉽지 않은 실정이다.

염불 수행은 완전한 깨달음이라는 최상의 목적, 즉 해탈·열반에 도달하는 여러 수행법 가운데 가장 쉽고도 보편적인 방편이라 할 수 있으며, "광명의 지혜인 마음의 시력을 회복하는 최고 최상의 첩경"이라 불리기도 한다. 오늘날 한국의 여러 불교 종단 가운데 염불 수행이 활발히 진행되고 있는 대표적인 종단으로 대한불교천태종(이하 '한국 천태종')을 꼽을 수 있다. 한국 천태종에서는 재가자와 출가자의 구분 없이, 관세음보살 칭명염불을 수행하는 '관음주송觀音呪誦'을 핵심 수행법으로 삼는다. 특히 한국 천태종을 중창한 상월원각대조사는 자동차를 운전할 때, 설거지할 때, 운동할 때, 화장실에서 볼일 볼 때, 샤워하거나 세수할 때, 밥 먹을 때 밥을 씹으면서까지도 속으로는 '관세음보살'을 주송하는 관음주송 100만독을 실천할 것을 강조하는 유훈遺訓을 남겼다. 이에 논자는 일상생활 속에서 '관세음보살'을 염송하는 천태종의 관음주송이야말로 말법 시대에 꼭 필요한 염불 수행임을 깨닫고, 이를 대중들에게 권장하고 보급할 수 있는 방안을 모색하기 위해 관세음보살을 염송하는 관음주송의 득익과 영험을 널리 알리는 연구를 진행하게 되었다.

본 연구는 말법 시대 중생들이 쉽고도 보편적인 방편으로 광명의 지혜를 얻을 수 있는 칭명염불 수행, 그중에서도 한국 천태종의 '관음주송'에 주목하여 그 영험 사례에 대해 비교·분석해 보고자 한다. 불교 경전이나 여러 고승과 선사들이 염불 수행에 대해 금과옥조와 같은 법을 남겼다 하더라도 오늘날 수행자들의 입장에서는 특별하고 뛰어난 근기를 가진 사람들만이 수행할 수 있다고 생각하기 때문에, 고전 속에 소개되어 있는 염불 수행의 영험 및 가피 사례는 불자들의 피부에 와닿기 어렵다. 황상준이 "보살 명호의 칭명 수행을 통한 수행의 결과로 얻을 수 있는 효과를 명확하게 제시해 주는 것도 필요하다"고 한 것에서도 본 연구의 필요성을 확인할 수 있다. 그는 수행자의 영험담이 불자의 신행을 확신시키고 공고히 할 수 있다고 주장한 바 있다.

지금까지 염불 수행에 대한 연구는 풍부하게 진행되어 왔으나, 경전이나 선사들의 어록, 법문집 등 문헌을 비교·분석하는 연구들이 대부분이어서 실제 염불 수행자들의 영험, 가피 사례를 다룬 논문은 찾아보기 어렵다. 그러므로 현대의 염불 수행자들이 직접 겪은 영험 사례를 분석해 염불 수행의 중요성과 득익을 불자들에게 제공한다면 더 많은 말법 시대 중생들이 염불 수행을 통해 선정과 지혜를 얻는 데 유익한 동기를 제공할 수 있을 것이다.

본 연구의 목적은 한국 천태종의 관음주송 수행자들의 영험 사례를 비교·분석하는 것이다. 이러한 연구는 칭명염불 수행을 통해 불교 수행에 대한 이해의 깊이를 더하는 데 유용한 정보를 제공할 것이다. 또한 관세음보살 신행과 칭명염불에 관한 국내외 참고문헌을 조사하여 관음 신행의 개념을 종합·제시함으로써 말법 시대 불교 신자들이 관음 신행과 칭명염불의 깊은 뜻을 이해하고 칭명염불의 중요성과 필요성을 인지하는 데 가이드라인을 제시할 것이다.

현시대에 관음 신행에 대한 이해와 칭명염불의 중요성 및 필요성을 잘 드러내는 사자성어四字成語가 있다. 바로 '줄탁동시啐啄同時'이다. 이 사자성어는 불교에서 깨달음의 오묘한 합작 과정을 일컫는 말이다. 알 속에서 자란 병아리가 때가 되면 알 밖으로 나오기 위해 여린 부리로 온 힘을 다해 알 껍질을 쪼아 댄다. 3시간 안에 나오지 못하면 질식할 위험이 있으므로 병아리는 사력을 다해야 한다. 병아리가 껍데기 안쪽을 쪼는 것을 '줄啐'이라 하는데, 병아리 혼자의 힘만으로는 역부족이다. 이때 어미 닭의 도움이 필요하다. 어미 닭이 그 신호를 알아차리고 바깥에서 부리로 알 껍질을 쪼아줌으로써 병아리의 부화를 돕는다. 이를 '탁啄'이라고 한다. 이처럼 '줄'과 '탁'은 동시에 일어나야만 새 생명이 세상 밖으로 나올 수 있다. 만약에 껍질 안의 병아리가 힘이 부족하거나, 반대로 껍질 바깥의 어미 닭이 함께 노력하지 않는다면 병아리는 생명을 잃게 된다. 그러나 어미 닭이 병아리의 수고를 덜어주기 위해 혼자서 쪼아 깨어버리는 것은 바람직하지 않다. '줄' 없이 '탁'만으로 깨어난 병아리는 대개 오래 살지 못하고 죽게 된다고 한다.

어미 닭은 병아리가 안에서 두드리는 모습을 보며, 알 밖에서 조금
씩 톡톡 깨는 데 동참한다. 안과 밖에서 쪼는 행위는 동시에 이루어
져야 하기 때문이다. 이는 수행자가 칭명염불을 통해 소리를 내어
신호를 보내면, 관세음보살이 그 소리를 듣고 중생을 구제하며 해
탈과 열반으로 이끄는 데 도움을 준다는 의미이다.

요컨대, '줄탁동시'는 불자들이 스스로 닦지 않으면서 불보살의 가
피만으로 편안함과 깨달음을 얻기를 바라는 마음과, 불보살의 가피
와 인연을 전혀 고려하지 않고 오로지 자신의 힘만으로 깨달음을
얻어 성불할 수 있다고 자만하는 마음, 이 두 가지 모두에 경종을
울리는 표현이라고 할 수 있겠다.

# 2. 선행연구 고찰

염불 수행의 관음신앙, 관음 신행에 대해서는 비교적 많은 연구물이 있다. 그중 칭명염불에 대한 논문으로 김동림(보덕)의 「염불삼매의 연원과 실천행 연구」가 있다. 이 논문에서는 초기 경전, 대승 경전에 나타나는 염불삼매의 교리 및 실천 형태를 규명하고, 정토 사상을 중심으로 한 염불의 변천 과정을 조사하여 염불삼매가 현대인들에게 적용될 수 있는 길을 모색하였다. 김종두(혜명)의 「천태지의의 염불사상에 관한 고찰」에서는 상좌삼매常坐三昧와 상행삼매常行三昧의 수행으로 염불에 대한 천태지의天台智顗의 사상을 밝히며, 염불 수행을 지관止觀 수행의 성취를 위한 방편으로 삼았음을 논의하였다. 정광균(법상)의 논문 「정토 염불과 실상염불선」에서는 정토 사상의 관점에서 정토왕생을 위한 염불 수행을 고찰하고, 청화 선사의 실상염불선을 일상의 삶에 적용하여 살아가는 것임을 고찰하였다. 청화 선사는 40여 년간 장좌불와長坐不臥와 일일일식一日一食으로 수행한 것으로 잘 알려져 있다. 그는 어떤 수행 방편을 택하든 계율을 지키는 것이 제대로 삼매三昧에 드는 중요한 요소임을 강조하면서, 수좌들이 '꺼리는 것이 없어야 한다'는 무애행無礙行을 핑계로 계율을 어기는 것을 가장 경계했다. 또한 조계종에서 화두 참선 위주의 간화선看話禪 외에, 생활 속에서 쉽게 실천할 수 있는 염불선으로 견성見性할 수 있다고 가르쳤다.

염불 수행에 대해 고찰한 연구로, 자신의 체험과 한국 천태종 신도들의 관음주송 기도 수행 방법, 그리고 관련 문헌 자료를 바탕으로 연구한 김영주(세운)의 「대한불교천태종 관음 염송 수행의 실제」와 현대 한국 천태종의 관음주송 수행이 고려 천태종의 전통을 계승한 것임을 밝힌 「한국 천태종의 염불 수행 전통과 그 계승」, 관음주송 수행을 통해 얻는 네 가지 효과를 규명한 최기표의 「천태종의 관음주송과 그 이론적 토대」, 칭명염불의 수행 공덕과 득익, 관음주송으로 말법 시대에 불교 발전에 대한 비전을 제시한 논자의 「상월원각의 칭명염불 수행관」 등이 있다.

관음신앙과 관련된 선행 연구로는 관음신앙의 복합적 구조를 규명하고 올바른 관음 신행의 의미를 밝힌 이기운의 논문,「관음신앙의 구조와 신행 체계」, 신라 시대의 관음신앙에 대해 심도 있게 고찰한 배금란의 논문, 삼국 시대에 불교가 전해진 이래로 시대에 따른 관음신앙의 특성을 고찰한 뒤 현존 문화재의 형태를 통해 관음신앙과 기타 신앙의 관계를 분석한 송법엽의 논문, 고대 관음신앙의 유형과 현대 재가불자의 관음신앙 유형을 분석하여 고찰한 황상준의 논문, 시대별로 다양한 대승 경전에 나타난 관음 신행 역사의 전개와 특성을 고찰하여 관음 신행의 목적이 자리이타의 정신을 구현하는 것이라고 밝힌 이종섭의 논문, 천태지의의 관세음보살 관련 저술을 통해 지의의 관음신앙과 관음 신행에 대해 고찰한 김지은의 논문 등이 있다. 다만 이들 연구의 대부분이 불교 경전 중심의 문헌 자료를 분석하고 연구한 것이어서 실제 수행자들의 체험에 대해서는 충분히 다루지 못하고 있다.

한국 천태종의 특징과 수행, 천태종을 중창한 상월원각에 대한 연구역시 비교적 활발히 진행된 편이다. 김영주의 「상월원각의 연구」, 신동호의 「상월원각대조사 녹취록 연구」, 황상준의 「대한불교 천태종의 관음신앙과 중생구제」 등과 같은 연구들은 주로 교학적 배경이나 중창조 상월원각이라는 인물에 초점을 맞추고 있어, 실제로 천태종에서 불교 수행을 한 불자들의 실질적 경험에 대한 연구는 부족한 편이다.

관음 신행이나 염불 수행을 통한 영험 및 가피 사례에 대한 연구도 일부 진행된 바 있다. 『법화경法華經』과 『법화영험전法華靈驗傳』을 중심으로 치유 사례를 분석한 김청진의 논문, 황상준이 근현대 한국 고승의 가피 사례와 현대 재가불자의 가피 사례를 분석한 논문, 한국 천태종 신도 5명의 질병 치유 사례를 분석한 윤재철의 논문 등이 있다. 김청진의 법화 신행의 치유 효과 연구는 고대의 영험 사례로서, 현대의 불자들에게 조금의 이질감을 줄 수 있다는 한계점이 있다. 황상준의 연구는 63건의 체험 사례를 질적 사례 연구(qualitative case study)로 분석하였는데, 천태종 신도뿐만 아니라 조계종 신도로서 염불 수행을 한 사람들의 경험담도 포함되어 있으므로 천태종 신도들의 관음주송 기도의 경험 특성을 확인하기 어렵다. 윤재철의 연구는 인원이 한정적일 뿐만 아니라 그 사례의 출처가 명확히 드러나 있지 않다는 한계가 있다.

이에 본 연구에서는 현대 한국 천태종을 중심으로 관음주송으로 대표되는 관세음보살 칭명염불 수행에 의한 영험담을 분석하고, 그 특성을 규명해 보고자 한다. 이러한 연구는 오늘날 불교에 관심 없는 비 불자들에게도 신심과 신행을 더욱 견고히 하는 유익한 정보를 제공해 줄 것으로 기대된다.

# 3. 연구 범위와 방법

본 연구에서는 한국 천태종의 관음주송을 중심으로 관세음보살 신
행의 영험담을 분석하여 그 유형과 특성을 파악하고자 한다. 이를
위해 먼저 한국 천태종의 관음 신행이 정립된 이론적 배경에 대해
살펴보고, 관음 신행의 영험담에 대해 분석할 것이다. 본 연구는 관
세음보살에 관한 내용이 담긴 『법화경』과 『화엄경』을 비롯한 불교
경전과 논서, 천태종과 관련된 경전과 논서, 한국 천태종에서 발간한
『천태종 성전』과 『상월대조사 : 부처님으로 부르고 싶은 임』, 『믿음
으로 피운 연꽃 : 대한불교천태종 신행 수기 모음 제1권』과 『내가
만난 관세음보살 : 대한불교천태종 신행 수기 모음 제2권』을 주요
텍스트로 하고, 관련 2차 문헌을 참고자료로 분석 연구해 본다.

본 연구의 본론 부분의 내용은 다음과 같다.
먼저 Ⅱ장에서는 관음신앙의 배경과 특징을 『법화경』, 『화엄경』,
『수능엄경』, 『반야바라밀다심경』, 다라니경, 정토삼부경 등을 통해
고찰하고, 여러 경론에서 나타난 관음 신행의 양상과 특징을 살펴

볼 것이다. III장에서는 한국에 관음신앙이 수용되고 전개된 양상과 함께, 고려의 대표적인 천태종 승려인 의천義天과 요세了世의 관음신앙을 살펴보고, 중국의 지의智顗와 지례知禮의 천태 사상을 통해 중국에서 한국으로 천태종이 어떻게 발생하고 전개되었는지를 논의하고, 현대 한국의 천태종을 중창한 상월원각대조사와 그의 새불교 운동을 중심으로 한국 천태종의 특성과 관음 신행 양상을 고찰할 것이다.

이러한 이론적 배경을 토대로, IV장에서는 관음 신행의 영험 사례 특성을 분석한다. 현대 불자들의 관음 신행 영험 사례를 이해하기 위해, 먼저 근세 이전의 관음 신행 영험담이 수록된『삼국유사』와 『법화영험전』의 사례를 분석하고 현대 천태종 불자들의 영험 사례와 비교해 볼 것이다.

본 연구에서 핵심 용어인 '관세음보살'을 사용할 때, '신앙'이나 '신행'과 연결되는 경우에는 주로 '관음'이나 '보살'로 표기하고, 주체적인 의미로 사용할 때는 '관세음보살'로 표기한다. 그러나 '관세음보살'과 '관음'을 맥락에 따라 혼용한다. 또한 현대 한국 천태종의 관음 신행에서 활용되는 염불 수행은 천태종에서 실제로 사용하는 용어인 '관음주송'으로 표기하고, 그 외의 종단에서 실시하는 수행과 관련된 경우에는 '염불', '염불 수행', '칭명염불' 등을 맥락에 따라 혼용할 것이다.

# II
# 관음신앙의 배경

관세음보살 신행에 대해 논의하기 위해서는 먼저 관세음보살과 관음신앙에 대한 이해가 전제되어야 한다. 따라서 본 장에서는 먼저 관음신앙의 배경에 대해 고찰해 보고자 한다. 1절에서는 말법시대 염불의 중요성을, 2절에서는 관음신앙의 근거를 여러 경전에서 확인하고, 3절에서는 관음신앙의 근거를 여러 경논에서 확인하고, 4절에서는 관음신앙의 성격과 특징을 고찰할 것이다. 이는 한국 관음신앙의 전개 양상과 한국 천태종의 관음 신행과 영험 사례를 이해하는 데 중요한 기초가 될 것이다.

# 1. 말법시대 염불의 중요성

## 1) 경전적 근거와 제사諸師들의 강조

염불 수행은 완전한 깨달음, 즉 해탈과 열반에 도달하는 여러 수행법 중 가장 쉽고 보편적인 방편으로 여겨지며, "광명의 지혜인 마음의 시력을 회복하는 최고 최상의 첩경"이라고도 한다. 그렇다면 말법 시대 염불의 중요성에 대해 경전적 근거와 제사諸師들이 강조한 내용을 살펴보자.

『대지도론』에서는 '염불'이 부처님을 입으로 부르는 것보다 마음으로 억념하는 의미로 훨씬 더 많이 사용됩니다.

용수龍樹의 염불 사상은 올바르게 염불하면 신속하게 아유월치阿惟越致에 이를 수 있다고 설명합니다. 올바른 마음(正心)으로 모든 부처님을 억념憶念하고 장애를 제거하며, 일심으로 염念하여 삼매를 잃지 말라고 강조합니다. 여기서 잘 드러나는 것은 『십주비바사론』에서 신방편信方便의 이행도易行道에서 '쉬운 길(易行道)'과 '어려운 길(難行道)'이 있는데 다음과 같이 설명합니다.

"부처님의 법 가운데에 무량한 문이 있듯이 세간世間의 길에는 어려운 길이 있고 쉬운 길이 있다. 육지에서 발로 걸어가면 고통이 따르고 바다 위에서 배를 타고 가면 즐거움이 따르듯이 보살의 길도 이와 같다. 혹은 자기 스스로 부지런히 수행 정진함이 있고 혹은 신방편信方便에 의해 쉽게 수행하여 속히 아유월치에 이르는 사람도 있다."

지의智顗의 염불 사상은 염불을 지관止觀 성취를 통해 일심삼관一心三觀의 실상을 증득하기 위한 방편이자 보조적 수단으로 보았습니다. 중국 불교사에서 지의는 관세음보살에 대한 신앙을 선양하고 확장시킨 인물로 평가받으며, 관음 신앙은 그에게 중요한 요소입니다. 『마하지관』에서는 상행삼매를 행하고자 하는 수행자가 다음과 같이 신업을 닦도록 하고 있습니다.

"도량을 장엄하게 장식하여 모든 공양 도구나 향, 반찬, 과일을 갖추고 그 몸을 깨끗이 목욕하며 좌우로 출입하고 옷을 갈아입으며 다만 오로지 행선行旋을 하고 90일을 1기로 한다."

도작道綽은 『안락집』에서 부처님 명호를 부르는 칭명염불稱名念佛을 권장하며, "제불 여래는 총總과 별別의 무량한 명호가 있어서 중생이 마음을 모아 칭념하면 장애를 제거하지 못함이 없고, 모두 부처님 전에 태어난다. 이것은 곧 명호로서 중생을 제도하는 것"이라고 하였습니다. 또한, 그는 『대집월장경大集月藏經』의 오백 년 설을 인용하여 참회수복懺悔修福에 대해 "부처가 세상을 떠난 뒤 네 번째의 오백 년이다. 바로 참회하고 복을 닦고, 응당히 부처의 명호를 불러야 할 때이다. 한 생각으로 명호를 부르는 것인데, 항상 염송하고 참회하는 사람이다."라고 설합니다. 여기서 참회는 복을 닦으면서 칭명염불하는 것입니다. 『대방등대집경』에 나타난 삼시관에서는 정법 1000년(해탈, 선정) 상법 1000년(다문, 탑사) 말법 1000년(투쟁, 오탁)으로 기록하고 있습니다.

선도善導는 『왕생예찬』에서 장애가 많아 관념觀念을 닦을 수 없는 범부에게 부처님께서 자비로 설하신 수행법이 칭명염불임을 강조합니다.

"'무엇 때문에 관觀을 하지 않고, 바로 오로지 명자名字를 부르라고 남기신 것은 무슨 뜻인가?' 대답하여 말하기를 '중생은 장애가 무거워 경계에 대해서 세심하고 마음이 거칠며, 식識은 날뛰고 신神[精神]은 달아나기에 관觀하여 성취하기 어렵다. 이로써 대성大聖께서 자비로 연민히 여기시어 곧바로 전심專心으로 명자를 부를 것을 권하셨다. 바로 칭명稱名이 쉽기 때문이다. 이를 상속하면 곧 태어난다.'"

원효元曉스님의 염불 사상은 심신深信이 없는 불정성인不定性人인 하배下輩를 위한 이행도의 방편으로서, 지성심을 갖추고 끊임없이 칭명하는 십념염불을 강조하였습니다. 『무량수경종요』에서는 배를 타고 바람에 의지해 가면 천 리 길도 하루 만에 갈 수 있지만, 걸어가려면 오랜 시일이 걸린다고 설명합니다.

의상義湘스님의 염불 사상은 "재가자와 출가자를 아우르는 자리이타의 복지 구족을 위한 일념 성불이며 염념 성불의 구래성불"이라고 하였습니다. 여기서 염념念念성불의 念은 염불의 칭명을 의미하고, 뒤의 念은 정념의 의미를 지닙니다.

요세了世스님의 염불 사상은 참회와 염불을 권장하며, 말법 시대의 하근기 중생에 초점을 맞추어 「백련결사문」에서 "부처님께서 세상에 계실 때의 중생도 구원久遠의 수명에 대해 일찍이 들어보지 못했는데, 우리들은 500세 후에 태어나 부처님께서 열어 보이신 본지本地의 수명에 대해 듣고 수승한 인연을 맺었으니, 이 어찌 경하할 일이 아니겠는가."라고 하였습니다. 요세의 백련결사에서 중심을 이루었던 법화참법과 구생정토 중 법화참법에 대해서는 『천태삼매참의』를 따랐다는 기록이 있습니다.

서산휴정西山休靜스님의 사상은 자력과 타력이 조화를 이룬 실천 수행 입니다. 그는 실천적인 측면에서 선과 염불을 조화시키고, 삼문수학三門修學을 확립함으로써 불교 이론과 실천, 특히 수행에 있어서 자력 신앙의 성격을 띠는 선 수행과 타력의 성격을 띠는 정토 신앙을 하나로 통일시켰습니다. 『선가귀감』에서는 "염불이란 것은 입에 두면 송불誦佛이요, 마음에 두면 염불念佛이다. 한갓 외기만 하고 염念을 잃으면 도에는 이익이 없다."라고 설하며, 일심으로 정성을 기울여야만 염불이고, 기계적·습관적으로 외기만 하면 송불에 지나지 않음을 강조합니다. "참선은 곧 염불이요, 염불이 곧 참선이다. 근본 성품은 방편을 떠나 밝고 고요하다."라고 설하는데, 이는 염불을 선 수행으로 대치시켜 근기가 예민하든 둔하든 관계없이 모든 수행자들을 선정겸수禪淨兼修로 이끌어 줍니다.

상월원각대조사의 염불 사상은 관음주송을 "일심청정의 관세음보살 주송"이라고 하였습니다. 관세음보살 칭명염불을 통해 삼매의 경지에 들어 제법실상을 깨닫는 것을 현세 이익에 목적을 두었습니다.

경봉鏡峰스님의 염불 사상은 "선 수행을 하며 출가와 재가가 함께 수행하는 가장 좋은 방편으로 하근기 중생을 위한 염불 수행을 권장"했던 염불수심念佛修心입니다. 해탈 열반을 위한 현세 이익에 목적을 둔 깨달음의 보조 수단으로 염불을 권장하며, 이는 실상염불로 나아가 유심 정토로 귀결되는 염불 사상을 갖고 있음을 알 수 있습니다.

청화靑華스님의 염불 사상은 실상염불實相念佛입니다. "실상염불선이야말로 조사선의 전통적인 성격일 뿐만 아니라 본래 성불의 사상에 근거한 선 수행법"입니다. "특히 염불선 이야말로 선과 염불에 대한 긍정적인 상생 효과를 제시해 준 것"이라고 평가받고 있습니다.

위에서 살펴본 바와 같이, 경전적 근거와 제사諸師들이 염불의 중요성을 얼마나 강조해 왔는지를 알 수 있습니다. 저자 또한 염불의 중요성에 대해 많은 경험을 바탕으로 말법 시대에 꼭 수행해야 할 염불이 관음주송임을 밝히고 있습니다.

# 2. 경전 상의 관음신앙

## 1) 관음의 기원, 명호, 유래

관세음보살 신행과 신앙에 대한 이해를 위해 먼저 '관세음보살'이 라는 용어의 기원과 의미, 유래에 대해 살펴보기로 한다. '관세음보 살'의 줄임말인 '관음' 신앙의 정확한 기원은 기록으로 남아 있지 않지만, 2세기 중엽 인도 쿠샨 왕조의 카니시카왕(Kaniska)이 관음 과 문수, 미륵의 법을 들었다고 언급된 역사 기록을 통해 당시 Panjab 지방의 인더스강 하류에 관음신앙이 보급되었음을 알 수 있다.

『법화경法華經』「관세음보살보문품」이 2세기 후반에 형성된 것으로 보는 견해에 견주어 볼 때, 대승불교 발생과 더불어 대승 보살 신앙 이 등장한 이후 관음신앙도 함께 발전한 것으로 볼 수 있다.

'관세음보살'이라는 명칭에서 '관세음'의 산스크리트 원어는 '아발

로키테슈바라(Avalokiteśvara)' 이다. Avalokiteśvara는 '관찰'을 뜻하는 'Ava'와 '세간'을 뜻하는 'lokita', '음성音聲'을 뜻하는 'svara'의 합성어로 보면 '관세음'으로 의역되고, '세간을 관찰하는(Avalokita)' '자재자/주관자(自在者/主管者, Īsvara)'의 합성어로 보면 '관자재觀自在'로 의역된다.

한역된 경전마다 관세음보살의 명칭이 조금씩 다르게 번역되고 있어 '관세음'이나 '관음'으로 옮겨지기도 하고, '관자재'나 '관세자재觀世自在', '광세음光世音'으로 옮겨지기도 한다. 먼저 '관세음'이나 '관음'으로 옮겨진 경전에는『수능엄경首楞嚴經』,『무량수경無量壽經』, 역본『화엄경華嚴經』,『법화경』등이 있다. '관자재'로 옮겨진 경전에는 신역『대반야바라밀경大般若波羅蜜多經』, 당본『화엄경』등이, '관세자재'로 옮겨진 경전에는『법화경론法華經論』,『대비로자나성불신변가지경大毘盧遮那成佛神變加持經』이 있으며, '광세음'으로 옮겨진 경전에는『정법화경正法華經』이 있다. 이들을 종합해 보면, '세간의 음성을 듣는 자', '세속을 관찰하는 자재신'이라는 의미로 정리된다.

그밖에 관세음자재觀世音自在, 규음闚音, 현음성보살現音聲菩薩 등이 사용되기도 하고, 연화수보살蓮華手菩薩, 구세보살救世菩薩, 원통대사圓通大士 등의 별칭이 사용되기도 하였다. 밀교계 경전인『금강정유가중약출념송경金剛頂瑜伽中略出念誦經』제3권에는 '관자재보살'의 칭호로

서 금강법金剛法 · 선리살타善利薩埵 · 금강연화金剛蓮華 · 선청정善清
淨 · 관자재觀自在 · 금강묘안金剛妙眼 · 금강안金剛眼이 쓰이고 있다.
관음의 명칭이 이처럼 다양하게 나타나는 것은 관음신앙의 특징이
반영된 결과로 이해할 수 있다. 이에 관해서는 III장에서 좀 더 자세
히 논의하기로 하고, '보살'의 어원과 의미에 대해 살펴보기로 하자.
'보살'의 산스크리트 원어 '보디사트바(bodhisattva)'는 '깨닫다
(budh)'에서 파생된 'bodhi'와 '중생衆生', '유정有情'을 뜻하는
'sattva'와의 합성어로, '보리를 구하고 있는 유정', '보리를 얻을 것
이 확정된 유정'이라 한다. 이 'bodhisattva'를 음사한 것이 '보리살
타菩提薩埵'이고, 이를 줄여서 '보살菩薩'이라 한다. '보살'이라는 표
현은 부파불교 시대에 석가모니 붓다의 전생을 가리키는 말로 처음
등장하였다. 초기 경전에서 보살은 수기를 받은 자 또는 과거 · 현
재 · 미래의 구도자로 나타나며, 『숫타니파타(Suttanipāta)』를 비롯한
아함 계열 문헌, 율장, 설일체유부說一切有部의 아비달마 계열 문헌에
자주 등장한다.

최초기 문헌인 『숫타니파타』의 683-684게에서 깨달음을 얻기 이전
의 석존을 보살이라고 칭한다.

비교할 수 없는 빼어난 보배인 저 보디삿따[菩薩]는 사꺄 마을의
룸비니 동산에서, 사람들의 이익과 행복을 위해 인간의 세상에 태
어났습니다. 그래서 우리들은 매우 기뻐하는 것입니다. 그는 모든

생류生類 가운데 최상이신 분, 빼어난 분, 사람 가운데 황소, 모든
사람 가운데 위없는 분으로, 동물의 왕인 힘이 강한 사자처럼 포효
하며, 선인이라 불리는 숲에서 수레바퀴를 굴릴 것입니다.

다음으로, 구도자로서의 보살에 대한 언급은 『증일아함』에서 「선지
식품善知識品」의 "미륵보살은 30겁을 지나야 비로소 부처가 되어 진
정한 정등각에 이르게 될 것이다.", 「칠일품七日品」의 "내가 본래 불
도를 이루지 못하여 보살행을 할 때"라는 표현에서 확인할 수 있다.
『장아함』권1『대본경大本經』제1에서는 보살이 12연기관緣起觀으로
써 아뇩다라삼먁삼보리를 얻었다고 설한다.

보살은 이렇게 역순逆順으로 십이연기를 살펴보고, 그것을 있는 그
대로 이해하고 그대로 관찰하였다. 그리하여 즉시 아뇩다라삼먁삼
보리를 성취하였다.

『본생경本生經』의 보살은 4아승지 10만겁을 지나 연등불을 비롯한
24불佛 앞에서 서원誓願을 세우고 10바라밀을 닦음으로써 일체도一切
道의 생生에서 벗어나 성불하는 존재로 설명한다. 이처럼 초기 경전
에 나타나는 보살은 부처가 되겠다는 서원을 세운 수행자이며 구도
자이다.

이후 대승 사상이 등장하면서 보살을 이해하는 관점에도 변화가 생

긴다. 『도행반야경道行般若經』에서는 심성본정설心性本淨說을 토대로, '발보리심發菩提心으로 성불의 원願을 세운 사람'으로 보았고, 『반야경般若經』에서는 보살 사상을 반야바라밀의 관점에서 일반화하였다.

『대지도론』에는 관세음보살의 역할이 '삼계에 출현하여 한량없는 몸으로 변화하면서 생사에 들어가 중생을 교화'하는 것이라고 설명한다.

> 또 만일 보살이 보살의 일로써 이른바 10지, 6바라밀, 10력, 4무소외, 4무애지, 18불공법 등의 한량없는 청정한 부처님 법을 두루 갖추어 중생을 위하여 오랫동안 생사에 머물면서 아뇩다라삼먁삼보리를 취하지 않고 널리 중생을 제도한다면, 이와 같은 보살을 모든 부처님께서도 찬탄하신다. (중략) 관세음과 대세지와 변길 등의 보살이니, 이 보살들은 보살들의 상수上首로서 삼계에 출현하여 한량없는 몸으로 변화하면서 생사에 들어가 중생들을 교화하기 때문이다.

관세음보살의 기원을 기존의 인도 종교에서 찾는 경우도 있다. (인도와 중동 사이에 문화 교류가 이루어지면서 고대 이란의 물의 여신이자 풍요의 여신인 아나히타(Anāhitā)에서 유래하여, 인도 서북부의 간다라 지역에서 불교에 융화됨으로써 관음신앙으로 자리 잡았다고 보는 견해도 있다.) 앞서 '관세음'의 산스크리트 원어

Avalokiteśvara를 Avalokita와 Īśvara의 합성어로 보기도 한다고 하였는데, 이때 '자재신'의 의미를 지닌 이슈바라를 인도의 창조신인 브라흐만(Brahman)과 상응한다고 보는 것이다. '自在'는 힌두교에서 최고신으로 여기는 비슈누(Viṣṇu), 시바(Śiva) 등을 한역한 것이다.

한편, 일부 밀교密教 경전과 정토계 경전에서 관세음보살은 대세지보살大勢至菩薩과 더불어 아미타불阿彌陀佛의 협시보살脇侍菩薩로 나타난다. 이때 '무량광無量光'이라고 하는 아미타불의 '무량한 광명'의 의미를 태양신과 관련 지을 수 있기에 힌두교의 시바와 연관 짓기도 한다. (힌두교의 시바신은 밀교에서 대세지보살로 수용되기도 하고, 여러 형태의 신격으로 나타나기도 한다.) 힌두교의 시바신은 몸에 재를 바른 외도수행자 또는 요가 행자의 모습이거나 번식과 다산多産을 상징했다고 한다. 이처럼 힌두교의 여러 신이 밀교가 성립될 무렵에 불교의 보살로 수용되었음을 볼 수 있으며, ("밀교 시대에 이르러 관음신앙은 힌두교의 영향이 커진 굽타 왕조(5세기-7세기)에 들어와서 불교에 힌두교의 여러 신들이 수용되고 불교의 불신관佛身觀과 결합하여 관음은 여러 가지 변화관음으로 나타나게 된다.") 특히 밀교의 변화관음變化觀音은 힌두교 신상神像에서 유래되었다고 보는데, 힌두의 비슈누신은 10가지 화신化身으로 나타난다고 전해지기 때문이다. (힌두의 우주관에 따르면, 우주의 역사는 네 우주 기간(Yuga)으로 나뉘고, 비슈누는 그 4개의 우주 기간 동안 10개의 化身의 모습으로 세계에 등장하게 된다. 즉 제1 우주기宇宙期인

끄리따 유가(Kritayuga) 기간 동안 비슈누는 4번 화현하는데, ①물고기(Matsya), ②거북이(Kurma), ③멧돼지(Varāha), ④인사자(人獅仔, Narasimha)의 형상으로 나타난다. 제2 우주기인 뜨레따 유가(Tretāyuga) 기간에는 ⑤난쟁이(Vamana), ⑥영웅 빠라슈라마(Parashurama)나, ⑦라마(Ramā; Ramāchandra)의 형상으로 2번 화현한다. 제3 우주기인 드와빠라 유가(Dvāparayuga) 기간에는 ⑧목동의 신 끄리슈나(Kṛṣṇa)로 등장한다. 끝으로 제4 우주기인 깔리 유가(Kāliyuga) 기간에는 ⑨붓다(Buddha), ⑩예언자적인 구제자 깔낀(Kalkin)의 모습으로 등장한다.) 비슈누뿐 아니라 인도의 여러 신들은 다면다비多面多臂의 특징이 있어 눈과 지물持物, 장신구를 다수 지니며, 이는 신의 능력이 그만큼 다양함을 보여준다. 대승 경전에서 십일면관세음보살十一面觀世音菩薩이나, 천수천안관세음보살千手千眼觀世音菩薩과 같은 변화관음은 지물持物 또는 장신구를 통해 그 지혜와 구원관을 드러낸다. 그중 천수천안관세음보살은 리그베다에서 "천 개의 눈을 가진 주의 깊은 저 신은 숲의 정복자"라고 묘사되면서 천수, 천안, 천족千足을 지닌 것으로 나타나는 푸루샤(Puruṣa, 化身)의 특징을 연상케 한다.

부처님이 열반에 드신 이후, 사람들은 아라한과 같은 성인이 세상과 단절되는 것보다는 중생을 구제하기 위해 영원히 세간에 머무는 구제자를 더 열망하게 되었다. 이러한 열망이 잘 드러난 대표적인 예가 관세음보살이다. 이처럼 성불을 미루고서 반야를 설하고 중생을 구제하는 대위신력威神力을 지닌 보살을 '대보살' 또는 '마하살摩訶薩'이라 부른다. 관세음보살 역시 마하살이라고 불리며 대중들로부터 존경받았으며, 기원전 1-2세기경 인도에 등장한 여러 보살 중 하나로, 점차 대승불교 신앙에 큰 영향을 미치게 되었다. 이는 수행을 통해 누구나 부처가 될 수 있다는 대승의 실천 이념으로 이어졌다.

## 2) 묘법연화경의 관음신앙

『묘법연화경妙法蓮華經』, 즉 『법화경』에서는 관음신앙의 유래와 서원, 위신력 등, 관음 신행에 중요한 내용들을 다루고 있다. 이 경전에는 불교 교단을 통합하기 위한 일승사상一乘思想, 보살도, 수기사상授記思想이 담겨 있어 관음 신행에 중요한 문헌으로 자리 잡고 있다. 따라서 관음신앙과 신행의 근본이 되는 내용이라고 할 수 있다.

『법화경』의 산스크리트 원전은 「사다르마 푼다리카 수트라(Saddharma-pundarika-sūtra)」인데, 직역하면 '무엇보다도 바른 백련白蓮과 같은 가르침'이다. 『법화경』 번역본은 여러 가지가 있는데 동아시아에서는 주로 구마라습이 번역한 『묘법연화경』이 독송되고 있다. 『법화경』에는 성립 당시 불교 교단의 환경이 간접적으로 전해지고 있다. 불교 교단은 기원 전후로 상좌부上座部 교단과 대승 교단이 서로 대립하며 비판하고 있었다. '보살승菩薩乘'이라 부르는 대승교단은 성문승聲聞僧이나 벽지불승辟支佛乘의 상좌부를 '소승'이라고 폄하하고, 상좌부 교단은 보살승의 대승 교단을 '비불설非佛說'이라며 비판했다. 이 시기에『법화경』을 통해 제창된 '일불승一佛乘' 사상은 소승과 대승의 3승三乘 모두 언젠가는 성불할 것이라는 수기를 통해 불교 교단의 통합을 시도하였다. 이렇게 3승을 하나로 모아 일승一乘으로 돌아가는 교설을 '회삼귀일會三歸一'이라고 하며, 이를 '일불승설'이라고 한다.

『법화경』 중에서도 「관세음보살보문품」은 관음신앙의 핵심적인 경전으로, 후에 독립적으로『관음경觀音經』이라는 이름으로 전해졌다. (『관음경觀音經』이라는 별도의 경전으로 편찬된 것은 동진東晋 시대 저거몽손(沮渠蒙遜, 368-433)이 병이 났을 때 담마라참曇摩羅讖 법사의 권유로 관세음보살의 명호를 외우고 병고가 나았다고 하여 「관세음보살보문품」을 따로 유통시킨 데서 유래한다.)

「관세음보살보문품」은 대자대비한 관세음보살에게 의지하면 일체의 고통에서 구제될 수 있음을 설하고 있다.

그때, 무진의 보살이 곧 자리에서 일어나 오른 어깨를 드러내고, 부처님을 향해 합장하고 이렇게 사뢰었습니다. "세존이시여, 관세음보살은 무슨 인연으로 이름을 관세음이라 하나이까?" 부처님께서 무진의 보살에게 이르셨습니다. "선남자야, 만약 한량없는 백천만 억 중생이 갖은 고뇌를 받을 때, 관세음보살이 계심을 듣고 일심으로 그 이름을 일컫는다면, 관세음보살이 즉시 그 음성을 관하고 다 고뇌에서 풀려나 해탈을 얻게 하느니라."

「관세음보살보문품」은 7가지 고난[七難](칠난七難은 다음과 같다. ① 화난火難 : 큰불 속에 들어가게 된 중생, ② 수난水難 : 큰 물에 떠내 려가게 된 중생, ③ 풍난風難 : 금은보화를 구하기 위해 먼 바다에 나 갔다가 태풍을 만나 나찰들에게 잡히게 된 백천만억 중생, ④ 검난 劍難 : 칼에 맞아 죽게 된 중생, ⑤ 귀난鬼難 : 삼천대천세계에 가득 찰 정도로 많은 야차, 나찰 등의 악한 귀신들이 괴롭히려고 할 때, ⑥ 옥난獄難 : 죄를 지었거나 죄를 뒤집어쓰고 목에 칼을 차고 몸이 묶이고 손과 발에 고랑을 차고 감옥에 갇히게 된 중생, ⑦ 적난賊難 : 귀중한 보물을 가지고 위험한 길을 가던 많은 상인들이 삼천대천국 토에 가득 찰 정도로 많은 도적무리를 만났을 때)을 피하고, 탐진치 삼독을 소멸하며, 아들이나 딸을 낳기를 원하는 2구[二求]로 구성되 어 있다.

(경전별로 관세음이 응하는 중생 액난을 비교하면 아래와 같다.
(1) 『正法華經』: ①大火 ②大水 ③吹風 ④刀杖 ⑤鬼神 ⑥枷鎖 ⑦怨 賊 / ①婬 ②怒 ③癡 / ①求男 ②求女

(2)『妙法蓮華經』: ①大火 ②大水 ③黑風 ④刀杖 ⑤惡鬼 ⑥枷鎖
⑦怨賊 / ①婬欲 ②瞋恚 ③愚癡 / ①求男 ②求女

(3)『請觀世音經』: ①大火 ②大水 ③黑風 ④刀杖 ⑤惡鬼 ⑥枷鎖
⑦盜賊 / ①貪慾 ②瞋恚 ③愚癡 / ①婦人生產難 ②患病飢饉 ③王
難 ④惡獸 ⑤雷電 ⑥迷失道徑)

또한 각종 재난을 겪으며 고통받고 있는 중생을 위해 33응신을(『법
화경』의 33응신은 다음과 같다. ①양류관음楊柳觀音 : 오른손에 버들
가지를 들고 바위 위에 앉아 있는 모습으로 '천수관음千手觀音'의 양
류수삼매楊柳手三昧를 표현. ②용두관음龍頭觀音 : 구름 속에 용을 탄
형상으로 천룡天龍의 몸을 상징. ③지경관음持經觀音 : 오른손에 경전
을 지니고 바위 위에 앉아 있는 모습으로 성문聲聞의 몸을 상징. ④
원광관음圓光觀音 : 몸 주변에 광명을 드리운 모습. ⑤유희관음遊戲觀
音 : 구름을 타고 법계法界를 자유로이 다니는 모습. ⑥백의관음白衣觀
音 : 풀을 들고 바위 위에 앉아 정인定印을 하고 있는 모습으로 비
구・비구니의 몸을 상징. ⑦연와관음蓮臥觀音 : 왼쪽을 향해 합장하
고서 연꽃 위에 앉아 있는 모습으로 소왕小王의 몸을 상징. ⑧롱견
관음瀧見觀音 : 바위 위에 앉아 왼쪽의 폭포를 바라보는 모습. ⑨시약
관음施藥觀音 : 못 주변에 앉아 연꽃을 주시하고 있는 모습. ⑩어람관
음魚籃觀音 : 큰 물고기 위에 올라 물 위로 떠오르는 모습. ⑪덕왕관
음德王觀音 : 오른손에 버들가지를 들고 바위 위에 앉아 있는 모습으
로 범천梵王의 몸을 상징. ⑫수월관음水月觀音 : 물 가운데 연꽃 위에

서 물속의 달을 주시하는 모습으로 벽지불辟支佛의 몸을 상징. ⑬일
엽관음—葉觀音 : 물 가운데 연꽃 위에 올라서 있는 모습으로 관리
(官吏/宰官)의 몸을 상징. ⑭청경관음靑頸觀音 : 바위 위에 앉아 있고,
왼쪽에 버들가지가 꽂힌 꽃병이 놓여 있는 모습으로 부처님 몸을
상징. ⑮위덕관음威德觀音 : 왼손에는 연꽃을 들고 다리를 뻗고 앉아
있는 모습으로 하늘 대장군을 표현. ⑯연명관음延命觀音 : 오른손으
로 뺨을 만지며 물 가운데 바위 위에 앉아 있는 모습. ⑰중보관음衆
寶觀音 : 왼쪽을 향해 평좌로 앉아 있는 모습으로 장자長者의 몸을 상
징. ⑱암호관음巖戶觀音 : 암굴巖窟 가운데 단정히 앉아 있는 모습. ⑲
능정관음能靜觀音 : 암벽巖壁 사이에 앉아 양손을 바위 위에 올려둔 모
습. ⑳아누관음阿耨觀音 : 바위 위에 앉아 바다를 바라보는 모습. ㉑
아마단관음阿摩斷觀音 : 바위 위에 앉아 있는 모습으로 비사문毘沙門의
몸을 상징. ㉒엽의관음葉衣觀音 : 바위에 풀을 깔고 앉아 있는 모습으
로 제석천의 몸을 상징. ㉓유리관음琉璃觀音 : 양손에 발우를 들고서
연꽃을 타고 물 위에 서있는 모습으로 자재천自在天을 표현. ㉔다라
존관음多羅尊觀音 : 구름 가운데 서 있는 모습. ㉕합이관음蛤蜊觀音 : 조
개껍질 가운데 서 있는 모습으로 보살의 몸을 상징. ㉖육시관음六時
觀音 : 오른손에 패엽貝葉의 경권經眷을 들고 서 있는 모습으로 거사居
士의 몸을 상징. ㉗보비관음普悲觀音 : 옷을 단정히 입은 채 바람을 맞
으며 서 있는 모습으로 대자재천大自在天을 표현. ㉘마랑부관음馬郞婦
觀音 : 부녀婦女의 모습으로 婦女를 상징. ㉙합장관음合掌觀音 : 합장하
고 서 있는 모습으로 바라문婆羅門의 몸을 상징. ㉚일여관음—如觀音 :

구름 가운데 앉아 나는 모습. ㉛불이관음不二觀音 : 두 손을 포갠 채 연꽃 위에 서 있는 모습으로 집금강신執金剛神을 상징. ㉜지련관음 持蓮觀音 : 연잎 위에 연꽃 한 송이를 들고 서 있는 모습으로, 동남 童男·동녀童女의 몸을 상징. ㉝쇄수관음灑水觀音 : 오른손에는 버들가 지, 왼손에는 발우를 들고 서 있는 모습) 나타내어 고통에서 벗어나 게 해 주는 시무외자施無畏者이며, 중생을 구제하는 능력을 지닌 존 재로, 특히 다양한 화신을 통해 나타나는 33응신이 매우 중요하다. 또한 관세음보살의 이름을 마음에 지니고 일심으로 칭명하면 광도 중생廣度衆生하는 관세음보살의 가피력과 위신력이 드러나게 된다.

무진의여, 관세음보살은 이와 같은 공덕을 성취하여 다양한 형상으 로 모든 국토를 두루 다니며 중생들을 제도하여 해탈하게 하느니 라. 그러므로 그대들은 마땅히 일심으로 관세음보살께 공양해야 한다. 관세음보살마하살은 두렵고 위급한 환난 중에도 능히 두려 움을 없애 주시니, 이러한 까닭으로 이 사바세계에서 관세음보살 을 무외시無畏施를 베푸는 분이라 부르는 것이니라.

『법화경』에서는 불교 교단의 분열을 막기 위한 현실적인 노력을 엿 볼 수 있다. 교단에 관계 없이 불교 수행을 통해 언젠가는 부처가 되겠다는 염원과 수기가 담겨 있지만, 오랜 세월 동안 여러 고난을 겪으며 기다려야 하는 중생에게 관세음보살의 등장은 이러한 고난 에서 구제해 주는 보살로서의 의미를 지니고 있다.

기원전 1세기에 형성된『화엄경』「입법계품」에서 선재 동자가 찾아
간 28번째 선지식인 관세음보살은 남천축국 보타락가산普陀洛伽山에
서 처음으로 등장한다. 이처럼 관음신앙의 초기 형태는 이처럼 기
원 전후로 성립된『다라니집경陀羅尼集經』,『법화삼매경法華三昧經』,
『법화경』,『능엄경』등의 단편들 가운데서 찾을 수 있다. 또한 1세
기 무렵 인도 간다라 지방에서 조성된 관음보살상에서도 관음신앙
의 초기 전개 과정을 추정할 수 있다.

한편 148년에 안세고安世高가 중국에서 번역한『불설자서삼매경佛說
自誓三昧經』에서는 관세음보살의 명칭을 광세음이라고 하고,『대지도
론大智度論』에서는『법화경』과『능엄경』을 인용한 내용을 볼 수 있
다. 이를 토대로 볼 때, 3세기 초까지 관음신앙이 신앙의 한 형태로
전개되었다고 할 수 있다. 용수는 미성불의 대보살은 부처의 십력
十力을 갖추고 있다고 설한다.

> 또한 어떤 사람이 십주보살이 부처와 차별이 없다고 말한다. 편길
> 보살이나 문수사리보살, 관세음보살 등은 부처의 십력을 구족했지
> 만 부처가 되지는 않았는데도 중생들을 널리 구하기 때문이다. 이
> 때문에 부처의 눈을 가지고 있다고 말하는데, 시방 중생과 제법 가
> 운데 보지 못하는 것이 없고, 듣지 못하는 것이 없다.

다시 말해 관세음보살은 부처의 십력과 위신력을 구족하고 중생구

제를 위해 성불을 보류한 채 보살로 남은 십주보살인 것이다. 구제
자로서의 관세음보살이 잘 드러난 경전은『법화경』이다.『법화경』
은 구도자인 대보살에 대해 설한, 중요한 의미를 갖는 초기 대승 경
전이다.『법화경』에서는 재난을 없애는 방법이 크게 세 가지로 소개
된다. 첫째,「약왕보살본사품藥王菩薩本事品」,「묘음보살품妙音菩薩品」,
「묘장엄왕본사품妙莊嚴王本事品」,「보현보살권발품普賢菩薩勸發品」 등에
서 설하는 경전을 수지受持하는 방법 둘째,「관세음보살보문품觀世音
菩薩普門品」에 나타나는 칭명염불하는 방법 셋째,「다라니품陀羅尼品」,
「보현보살권발품」 등에서 설하는 다라니 주문을 외우는 방법이다.
『법화경』에서 설하는 이 3가지 유형이『법화경』형성 당시 행해지
던 관음 신행이라고 할 수 있다.

『불설대승장엄보왕경佛說大乘莊嚴寶王經』에서는 관세음보살이 자신의
열반을 슬퍼하는 중생의 울음을 듣고는 중생구제를 위해 성불을 미
룬 이야기가 묘사된다. 이처럼 성불도 미룬 채 중생을 구제하고자
한 관세음보살의 서원은 대비심大悲心에서 비롯된 것으로, 구제자로
서의 관세음보살의 역할이 잘 드러난다.『백의해白衣解』에 의하면
관세음보살의 가슴에는 만卍자가 황금으로 새겨져 있고, 발바닥은
벽옥璧玉에 천 가지 꽃을 새긴 듯하며 32상三十二相으로 몸을 두루 장
엄하고 천백억의 화신으로 항상 고난을 구제하였다. 그러나 지의의
본적설에 의하면 응신의 화현은 서원에 의한 당연한 결과로 받아들
여진다.

관음신앙이 기원 전후의 인도에 널리 확산된 것은 법현의『역유천축기전歷遊千竺記傳』과 현장(현장(玄奘, 602-664)은 당나라 초기의 고승이자 번역가로 현장삼장玄奘三藏이라고도 한다. 10세 때 형을 따라 낙양의 정토사에서 불경을 공부하다가 13세에 승적에 이름을 올려 현장이라는 법명을 얻게 되었다. 현장을 부르는 별칭은 '삼장법사'인데, 이는 경經·율律·론論의 삼장에 능하여 얻게 된 것이다.)의『대당서역기大唐西域記』에서도 확인할 수 있다. Tay는 관음신앙은 '아시아 절반의 신앙'이라고 하면서 아시아권 전반에 걸쳐 두루 전파되었다고 한다. 시대가 변함에 따라 관세음보살의 신통력과 형태가 다변화하는 것은 그만큼 관세음보살에 대한 대중의 바람이 다변화되었음을 뜻하며, 점차 관세음보살을 구도자로 신앙하는 흐름이 중심으로 자리 잡고 있음을 알 수 있다.

중국에서는 천태지의(天台智顗, 538-597)가 저술한『관음현의觀音玄義』,『묘법연화경문구妙法蓮華經文句』에서 관세음보살의 역할을 엿볼 수 있는데,『관음현의』에서는 '동시에 두루 모든 사람을 구제하여 고난에서 벗어나게 하는 것'으로 설명된다.

무릇 법계의 원융한 모습은 본래 고정된 형상이 없느니라. 진여의 법계는 청정하여 화현化現을 일으키되, 그 화현은 본래 없었다. (중략) 관세음觀世音이란 말은 능소能所의 원융을 나타내며, 유와 무를 동시에 드러낸다. 또한, 진여를 끝까지 비추어 그 본말本末을 살피는 까닭에 '관觀'이라고 한다. '세음世音'은 관觀에 의해 비춰지고 인식되는 경계이다. 만상의 모든 존재들이 각기 다르게 움직여 서로 다르지만, 중생들의 다양한 음성들이 모두 관세음보살의 가피를 받아 고난에서 벗어난다.

이와같이, 관세음보살의 넓은 자비는 모든 중생을 동시에 구제하여 고난에서 벗어나게 하므로 '관세음'이라 부른다. 이는 경계와 지혜를 아울러 표현하며, 주체와 경계를 합하여 드러내는 말이다.

지의가 설명한 바와 같이, 『법화경』에 나타난 관세음보살은 '대비심에서 비롯된 33응신'으로 대표되는 변화관음變化觀音의 중생구제 위신력이 동시에 두루 미치는 구제자로 요약될 수 있다.

## 3) 화엄경의 관음신앙

『화엄경華嚴經』의 본래 명칭은 『대방광불화엄경大方廣佛華嚴經』이다. 이 경전에서 세존이 깨우친 진리는 아름다운 꽃으로 장식한 것처럼 청정하고 올바른 진리를 담고 있으며 영원히 시들지 않는 중생을 위한 공덕의 꽃을 의미한다. 80권본과 60권본의 두 가지 형태가 전해지며, 『화엄경』은 흔히 초기 대승 경전으로 보지만, 『반야경』보다는 늦게 성립된 것으로, 지금의 『화엄경』도 『법화경』보다는 후대에 성립된 것으로 보고 있다. 60권화엄경 「입법계품入法界品」에서 "혹은 아미타불을 보거나 관세음보살을 보는데, 관정灌頂·수기授記를 받은 자들이 법계에 가득함을 보게 된다."라는 설명에서, 『화엄경』은 아미타불과 관세음보살의 관계가 정립된 『관무량수경觀無量壽經』이후의 것임을 알 수 있다.

무한한 규모로 구성된 점이 독특한 『화엄경』은 허공계를 자유롭게 오가며 법을 설하는 보살의 존재와 그의 서원, 수행을 통해 대승불교의 진면목을 보여준다. 또한 『화엄경』은 보살 사상과 수행도의 완성을 이해하는 데 있어 중요한 경전이다. 이 경전은 비로자나불毘盧遮那佛의 깨달음을 방대하게 묘사하고 있으며, 십지보살 등의 수행도와 선재 동자의 구법 여정을 상세히 설명하고 있다.

선재 동자는 문수보살의 지시에 따라 53선지식을 찾아가 법을 묻는데, 관세음보살은 그중 28번째 선지식으로 보살대비속질행해탈문법菩薩大悲速疾行解脫門法을 설한다. 본래 『화엄경』의 주인공은 보현보살이다. 보현보살은 화엄회상華嚴會上의 상수 보살로 실천행을 대표한다. 『화엄경』 「보현행원품普賢行願品」에서 선재 동자가 마지막으로 찾아가는 53번째 선지식이 바로 보현보살이다. 선재 동자는 보현보살이 설한 10가지 행원을 듣고서 성불하게 된다. 이처럼 「입법계품」에서 관세음보살은 주요 인물이 아니었으나, 관음에 대한 대중의 신앙이 점차 문수보살과 보현보살을 뛰어넘으면서 후대에 선재 동자가 관음을 찾아가서 관세음보살의 '대비행해탈법문'을 듣는 부분을 따로 떼어 '관자재보살원통장'이라 부르게 되었다. 「입법계품」에서 관세음보살은 중생의 해탈을 발원하는 미래지향적 보살, 정신적 구원의 안내자로 묘사되고 있다.

『화엄경』에서는 중생의 고통을 구호하는 대비행大悲行의 실천자라는 관자재보살의 역할이 강조되고 있다.

> [관자재]보살이 [선재 동자善財童子에게] 말하였다.
> 착하고, 착하도다. 선남자여! 그대는 이미 아뇩다라삼먁삼보리심阿耨多羅三藐三菩提心을 내었도다. 선남자여! 나는 보살의 대비행 해탈문大悲行 解脫門을 이미 성취하였노라. 선남자여! 나는 이 보살의 크게 가엾이 여기는 행行의 문으로 모든 중생을 평등하게 교화하여 끊이지 아니하노라. 선남자여! 나는 이 크게 가엾이 여기는 행의 문에 머물렀기에, 모든 여래의 처소에 항상 있으며 모든 중생 앞에 끊임없이 나타난다. 나는 보시로써 중생을 구제하고, 사랑의 말로써 중생을 보살피며, 이롭게 하는 행으로 중생을 돕고, 함께 일하며 중생을 이끈다. 또한, 육신을 드러내어 중생을 구제하기도 하고, 가지가지 불가사의한 빛과 깨끗한 광명을 나타내어 중생을 인도한다. 음성으로써, 위의威儀로써, 또는 법을 설하며 신통 변화를 보여주기도 하고, 그들의 마음을 깨닫게 하여 성숙하게 만든다. 때로는

그들과 같은 형상으로 변화하여 함께 있으면서 그들을 성숙하게 하기도 하느니라.

여기서는 관세음보살이 '보살도를 실천하면서 중생을 구호하는 대보살'이라고 표현된다. 이는『화엄경』에서『법화경』「관세음보살보문품」과 유사하게 관세음보살을 신앙의 대상으로서 강조한 것으로,『반야경』등에서 지혜를 구현하는 보살로 묘사한 것과는 차이를 보인다.

"선남자여! 나는 이 크게 가엾이 여기는 행의 문을 수행하여 모든 중생을 구제하려 하노니, 중생들이 험난한 길에서 공포를 벗어나고, 번뇌의 공포를 벗어나며, 미혹의 공포를 벗어나고, 속박될 공포, 살해될 공포, 빈곤할 공포, 생활하지 못할 공포를 벗어나도록 한다. 또한 나쁜 이름을 얻을 공포, 죽음의 공포, 많은 사람 앞에서의 공포, 나쁜 길에 태어날 공포, 캄캄함 속에서의 공포, 옮겨 다니는 공포, 사랑하는 이와 이별할 공포, 원수를 만나는 공포, 몸과 마음이 핍박당하는 공포, 그리고 근심과 걱정의 공포를 모두 벗어나게 하리라.

또한 바라는 것은, 여러 중생들이 나를 생각하거나 나의 이름을 부르거나 나의 몸을 보게 되면, 그 모든 공포를 면하게 되는 것이다. 선남자여, 나는 이러한 방편으로 중생들의 공포를 없애고, 다시 그

들에게 아뇩다라삼먁삼보리심을 내게 하여 영원히 물러나지 않게
하노라."

관세음보살은 중생들을 두려움에서 벗어나게 해 준다. 특히, "여러
중생이 나를 생각하거나 나의 이름을 일컫거나 나의 몸을 보거나
하면, 다 모든 공포를 면하도록 한다."고 한 것은 칭명 수행이 주요
실천 덕목이었음을 보여준다.

또한 『화엄경』에는 관세음보살이 보현보살의 대비행에 대해 찬탄
하면서 보현행普賢行에 동참하는 내용이 나온다.

> 선남자여, 나는 다만 이 보살의 대자비심大慈悲心을 따른 행의 문을
> 얻었을 뿐이다. 저 보살마하살菩薩摩訶薩들은 이미 보현普賢의 모든
> 서원을 청정히 이루었으며, 보현의 모든 행에 안주하여 모든 선법
> 善法을 항상 실천하고, 모든 삼매三昧에 늘 머물며, 무한한 겁劫에
> 항상 머무르고, 세간의 모든 법을 두루 통달하며, 한없는 세계에
> 항상 나아가고, 중생의 악업을 멈추게 하며, 그들의 선행을 증장시
> 켜 생사윤회生死輪回를 끊는 것을 행한다. 내가 어떻게 이러한 공덕
> 과 행을 모두 알 수 있으며, 이를 다 말할 수 있겠는가?

60권화엄경에서 관세음보살은 대비법문광명행悲法門光明行을 닦아 음
성音聲, 위의威儀, 신변神變을 통해 화신을 나타내어 중생을 구제하는

구제자의 모습으로 나타난다. 또한 관세음보살 명호를 칭명하고 친견하면 일체의 두려움에서 벗어나 아뇩다라삼먁삼보리에서 퇴전하지 않는다고 설하는데, 이는 칭명 수행 중심으로 관음 신행이 이루어졌으며 출세간적 수행의 측면이 강화되었음을 보여준다.

수행 방법으로서의 관세음보살 신행은 유심정토설에서 그 근거를 찾을 수 있다. 이후 『수능엄경』을 비롯한 기타 유식 계통의 경전에서는 관세음보살의 존격尊格과 중생 구호를 위한 화현, 수행도 등에 대한 이론이 정비되면서 대승불교의 교리에 맞춰 관세음보살의 지위가 변화되는 과정을 볼 수 있다. 한편, 당나라 승려 현수법장(賢首法藏, 643-712)의 『화엄경탐현기華嚴經探玄記』에서는 관세음보살의 역할을 어업語業/口業, 신업身業, 의업意業의 세 가지 관점에 비추어 설명한다. 이 3가지를 통해 재앙을 소멸하고, 아들과 딸을 원만히 구하며, 삼독을 제거하는 '삼륜'의 역할을 수행한다. 어업에 중점을 두었을 때는 '관세음'이라 불리며, 신업과 어업을 함께 강조할 때는 '광세음'이라 하고, 세 가지 역할을 모두 갖추었을 때는 '관자재'라는 이름으로 불린다고 한다. 이를 통해 관세음보살의 주요 역할에 따라 그 이름이 달라진다는 것을 알 수 있다.

평등하게 세상을 두루 살펴보고 소리에 따라 고통을 구제하기에 '관세음'이라 이름하는 것이다. 그 경전 중에는 삼륜三輪을 다 갖추고 있으니, 첫째, 입으로는 이름을 불러 일곱 가지 재난, 즉 물이나 불과 같은 재앙을 없애는 것이다. 둘째, 몸으로는 예배하여 두 가지 소원, 즉 아들과 딸을 얻기를 바라는 소망을 완성하는 것이다. 셋째, 의업은 념念하여 삼독三毒, 이른바 탐욕 등을 제거하는 것이다. 모두 그 경전에서 설하는 것과 같다. 만약 치우쳐 어업에 나아가면 관세음이라 이름하니 업용이 많기 때문이고, 만약 신업과 어업의 입장이라면 광세음이라 이름하니 신광身光이 비추기 때문이며, 만약 삼륜이 갖추어지면 중생을 거두어들여서 걸림이 없으므로 관자재라고 말하는 것이다.

요컨대 『화엄경』에 나타난 관세음보살은 보살도의 실천자이자 중생의 구제자로 묘사되고 있으며, 칭명염불 수행 위주의 관음 신행이 이루어졌음을 확인할 수 있다.

## 4) 수능엄경의 관음신앙

『수능엄경』의 원제는 『대불정여래밀인수증요의제보살만행수능엄경大佛頂如來密因修證了意諸菩薩萬行首楞嚴經』이다. ('대불정여래밀인수증요의제보살만행수능엄경大佛頂如來密因修證了意諸菩薩萬行首楞嚴經' 의 뜻을 풀이하면 大佛頂:大는 크다. 佛頂은 부처님의 정수리로 가장 높은 것을 의미. 如來密因修證了意 : 여래가 되는 비밀스런 인행과 닦아 깨닫는 완전한 의미. 諸菩薩萬行 : 모든 보살의 여러 가지 행을 말함. 즉 '부처님께서 비밀스럽게 수행하여 증득하신 내용과 여러 보살들이 갖가지 방법으로 수행하여 증득한 내용들을 함께 모아놓은 최고의 경전'이라는 뜻이다.) 이 경전은 총 10권으로 이루어져 있다. 『수능엄경』권6에서 관세음보살은 무상보리를 증득하는 방법으로 25가지의 원통 수행 중 이근원통耳根圓通의 수행을 통해 깨달음을 얻었다고 설명한다. (석가모니부처님께서 사위성舍衛城의 기원정사에 계실 때 당시 사위국의 국왕인 파사익왕波斯匿王이 돌아가신 부왕의 재사를 지내기 위해 부처님을 궁궐로 초청하였다. 이때 아난은 먼저 다른 곳에 초청을 받아 궁궐의 초청행사에는 참석하지 못하였다. 아난이 일을 마치고 돌아오는 길에 걸식을 하다가 음탕한 집을 지나게 되었는데, 대환술大幻術하는 마등가摩登伽라는 여자를 만나 그녀는 사비가라娑毘迦羅라고 하는 선범천주先梵天呪를 써서 아난을 음탕한 자리로 들어오게 하고 그의 계체戒體를 훼손하라고 할 때 초청을 받아 궁궐에 계신 석가모니부처님께서는 아난이 마등가의 환술에 걸려든 것을 아시고 재사가 끝나자마자 바로 기원정사로 돌아오셨다. 그리고 바로 자리에 앉으셔서 정수리에서 백보무외광명百寶無畏光明을 펼치시고 그 빛 속에 천엽보련千葉寶蓮을 만드셨는데 그 위에 부처님의 화신이 결가부좌를 하시고 능엄신주을 설하셨다. 부처님께서 문수사리보살에게 이 능엄신주를 가지고 가서 아난을 구호할 것을 명하셨다. 문수사리보살은 능엄신주로써 사악한 주문인 사비가라의 선범천주을 물리치고 아난과 마등가를 데리고 부처님 계신 곳으로 돌아왔다.) 관세음보살이 이근원통으로 수행하여 깨달음을 얻을 수 있었던 이유는 전생에 관세음불觀世音佛에게 가르침을 받아 보리의 발심을 하였기 때문이다. 이근원통의 수행법에 대해『수능엄경』에서 문수보살이 관세음보살의 이근耳根 수행이 가장 뛰어난 수행법이라고 소개하고 있다. 이근은 6근 중에서 가장 예리하며, 관세음보살은 이러한 이근을 통해 깨달음을 얻겠다는 발심을 하였다.『수능엄경』에서는 관세음보살이 전생에 관세음불의 가르침을 받아 발심하는 과정을 다음과 같이 설명하고 있다.

세존이시여, 기억하건대 옛날 항하의 모래 수만큼이나 무수한 겁 이전에, 부처님이 세상에 출현하셨는데, 그 이름이 관세음이셨습니다. 저는 그 부처님에게 보리심을 내었습니다.

일상에서 대상을 향한 소리를 들여다보면, 아상我相으로 인해 허망하게 일어나는 것들이 많다. 그래서 밖을 향해 달려가는 대신, 안으로 돌이키면 마음이 고요해진다. 즉, 이를 깨닫게 되면 본래 경계가 없다는 것을 알게 되고, 진실과 허망함이 둘이 아니라는 사실도 깨달아 원만한 지혜의 묘용만 남게 된다. 그러나 소리가 사라지면 듣는 것이 없어지는 줄 아는 어리석음에 대해 아난에게 일깨워 주고 있다.

"아난아, 소리가 사라지고 메아리가 멈추면 너는 더 이상 들리지 않는다고 말할 것이다. 그러나 정말로 듣는 것이 없다면, 듣는 성품 자체가 사라져서 마치 말 없는 나무처럼 되어버릴 것이다. 그렇다면 다시 종을 친다 해도 네가 어떻게 그것을 알아챌 수 있겠느냐. 있는 것과 없는 것을 아는 것은 소리가 있을 때와 없을 때에 대한 인식일 뿐이다. 어찌 듣는 성품 자체가 너에게서 있다가 사라질 수 있겠느냐. 듣는 것이 정말 없다고 한다면, 누가 그 없다는 사실을 알겠느냐. 그래서 아난아, 듣는 과정 속에서 소리는 자연스럽게 생겨났다가 사라지는 것이며, 소리가 생겼다가 없어지는 것은 네가 듣는 성품 자체가 사라지는 것이 아니다."

안이비설신의眼耳鼻舌身意 육근 중 귀가 가장 예민하다. 어떤 근기의 사람이라도 귀를 활용한 수행이 성취하기 쉬워서, 대중에게 가장 적합한 수행이라 할 수 있다. 부처님께서 아난존자에게 종의 예를 들어, 종소리가 깨달음과 수행에 도움이 될 수 있음을 보여주고 있다. 관세음보살은 듣고[聞], 생각하고[思], 깨달음[修]으로써 삼매에 들어가, 이근원통의 법문으로 본성을 깨달아 정혜定慧를 증득한다. 부처님께서 관세음보살에게 삼마지(三摩地, Samādhi)에 들 것을 강조한다.

"세존이시여, 제가 생각하니, 수없는 항하사겁恒河沙劫 전에 부처님께서 세상에 나타나셨는데, 그 부처님의 이름은 관세음觀世音이셨습니다. 저는 그 부처님에게서 보리심菩提心을 내었더니 그 부처님께서 저를 가르치시어 문문聞 · 사사思 · 수修로 좇아 삼마지(三摩地, Samādhi)에 들라 하셨나이다.

이처럼 이근원통 수행을 통해 관세음보살은 두 가지 수승한 힘을 얻는다.『수능엄경』이근원통장에 설해진 이근원통 수행법은 다음과 같다.

홀연히 세간世間과 출세간出世間을 뛰어넘어 시방十方이 뚜렷이 밝아지면서 두 가지 수승殊勝함을 얻었으니, 하나는 위로는 시방 제불의 본묘각심本妙覺心과 합하여 부처님 여래와 더불어 자력慈力이 같아짐이요. 또 하나는 아래로 시방의 일체 육도중생六道衆生과 합하여 모든 중생과 더불어 비앙悲仰이 같아짐입니다.

① 처음에는 귀로 소리를 들으며 그 흐름을 따라 들어가면서, 소리라는 대상을 초월하게 되었습니다. 그리하여 대상과 흐름이 고요해져, 움직임과 멈춤이라는 두 가지 구분이 전혀 생기지 않게 되었습니다.
② 이렇게 조금씩 정진하여 듣는 것과 들리는 것이 다하고, 듣는 것이 다했다는 생각에도 머물지 않아
③ 깨달음과 깨달음의 대상이 다 공空하고, 공과 깨달음이 더할 수 없이 원만하여 공과 공의 대상이 죄다 없어졌습니다. 생기고 없어짐이 다 없어지니 적멸寂滅이 앞에 나타났습니다.

『수능엄경』에 의하면 관세음보살은 이 법문을 수행함으로써 두 가지를 얻는다고 설한다. 첫째, 위로 시방 제불의 본묘각심本妙覺心과 합하여 여래와 자비심이 동일한 것이며 둘째, 아래로 시방의 모든 중생과 더불어 자비심을 함께 하는 것이다. 이는 임병정이 해석한 대로 상구와 하화의 큰 힘을 얻었다는 뜻으로, 온전한 보살행 실현을 뜻한다. 이를 위한 방편이 바로 관세음보살의 32응신이다.

> 세존이시여, 저는 관세음 여래께 공양하옵고, 그 여래께서 여환문훈문수금강삼매如幻聞熏聞修金剛三昧를 일러주심을 입어서 부처님 여래로 더불어 자력慈力이 같아진 연고로, 제 몸이 서른두 가지 응신應身을 이루어 여러 국토에 들어가나이다.

『수능엄경요해首楞嚴經要解』에서는 귀를 통달하게 하는 '문혜聞慧', 마음을 뚜렷이 드러나게 하는 '사혜思慧', 습習을 다스리는 '수혜修慧'의 3가지 지혜로 풀이한다.

① 흐름에 들어가 (듣는) 대상을 벗어난다는 것은 소리라는 대상[聲塵]을 따라가지 않고 문득 법의 흐름에 들어가 그 들어가는 대상조차 벗어나는 것이다. 음성의 특성은 움직임과 멈춤[動靜]으로 인해 나타나므로, 대상이 이미 고요해지면 동작과 정지가 더 이상 일어나지 않는다. 이것이 바로 듣는 지혜[聞慧]이다.
② 이미 귀가 통달하게 되면 다시 마음을 생각하되, 마치 물이 불

어나는 것처럼 흙이 늘어나는 것처럼 듣는 것[能聞]과 들리는[所聞] 정경을 모두 없어지게 하여 듣는 것이 다했다는 마음[盡聞之心]마저도 다시는 머물지 않게 되면 참된 깨달음[眞覺]과 하나가 되는 것이니, 이것이 생각하는 지혜[思慧]다.

③ 이미 마음에 대한 생각이 끝나면 습관으로 돌려 깨달음[覺]과 깨달아지는 것[所覺]이 모두 묘공妙空과 하나 되게 하여 공空과 각覺이 둘이 아니게 되면 이른바 더할 나위 없이 원만하다[極圓]고 하는 것이고, 공한 것과 공이 되는 것도, 다시 설 자리가 없어지면 바로 도가 다하게 된다[盡道]. 이것이 닦는 지혜[修慧]다. 그리고 난 뒤 태어나 없어지고[生滅] 없어졌다 태어나는[滅生] 정경情境이 다 없어지고, 참으로 고요하고[眞寂] 참으로 사라진[眞滅] 원통의 몸통[体]이 눈앞에 나타나는데, 이것이 곧 삼마지三摩地에 드는 것이다.

『수능엄경』과 『수능엄경요해』의 풀이를 종합해 볼 때, 이근원통 수행은 ① 들어서 귀가 통달하는 단계 ② 듣는 주체와 들리는 객체가 다 없어지고, 듣는 것이 다했다는 생각에도 머물지 않는 단계 ③ 공과 깨달음의 주체와 그 대상도 모두 없어지고 생과 멸조차 없어져 적멸이 현전하는 단계의 세 가지로 이루어짐을 알 수 있다.

관세음보살은 이근원통 수행을 통해 14가지 무외공덕無畏功德을 얻고 4가지 부사의한 덕력德力을 얻어 중생의 고난을 해결하고 구제한다.

이 4부사의덕에 대해 『수능엄경』에서는 다음과 같이 설한다.

첫 번째는 제가 처음 미묘한 듣는 마음을 얻었기 때문에 심정이 듣는 것을 벗어나서 견문각지가 나뉘어 막히지 않아 원융하고 청정한 보각을 이루었습니다. 그러므로 제가 여러 가지 묘한 용모를 나투어 무변한 비밀신주를 설합니다.

두 번째는 소리가 막힘없이 담을 넘듯이 저의 문사聞思가 육진을 벗어났기 때문에 제가 능히 갖가지 형상을 나타내어 갖가지 주문을 외우며, 그 몸과 그 신주가 중생에게 무외를 베푸니, 시방 미진 국토가 모두 저를 무외를 베푸는 이라 합니다.

세 번째는 제가 본래 미묘하고 청정한 원통 본근을 닦았기 때문에 다니는 세계마다 중생에게 몸과 보배를 버리고 저의 애민을 구하게 합니다.

네 번째는 제가 불심을 얻어서 구경을 증득하여 갖가지 진귀한 보배로 시방 여래께 공양하고 아울러 법계 육도중생까지 공양하였으므로 (중략) 나아가 대열반을 구하면 대열반을 얻게 합니다.

관세음보살은 이근원통으로 무상보리를 증득하여 과덕으로 신身의 부사의묘덕, 주문의 부사의묘덕, 보시의 부사의묘덕, 열반의 부사의

묘덕 등 4가지의 부사의한 무작위덕無作爲德을 얻었다. 이러한 4부사의덕은 고통받고 있는 중생을 구제하기 위한 이타적인 과덕이라 할 수 있다. 인행에 따라 과보가 다르므로 관세음보살의 발심과 수행에 따라 과보를 성취한 것이다. 관세음보살은 발심과 수행에 이타적인 마음을 가지고 있기 때문에 4부사의덕은 중생을 제도하기 위한 자행화타自行化他의 과덕이다. 이근원통으로 무상보리를 이룬 것은 자행自行이며, 고통받는 중생을 구제하겠다는 마음이 화타化他이다. 지금도 관세음보살은 중생을 위해 묘과妙果를 회향하며, 고통받고 있는 중생을 구제하고 있다.

한편, 『수능엄경』에서 25가지 원통 수행법이 소개된 끝에 부처님이 문수보살에게 어떤 원통법이 가장 뛰어난지 묻는데, 문수보살이 이근원통이라고 답하는 내용이 나온다.

> 방편이 쉽게 성취될 수 있기 때문에 아난과 말세에 빠진 중생들을 가르치는 데 매우 유용하며, 오직 이 이근耳根으로 수행해야만 완전한 통찰을 얻는 것이 다른 방법들보다 뛰어나므로, 진심으로 이와 같이 권하는 바입니다.

이 대답을 듣고 나서 부처님도 "듣는 능력을 되돌려 자성의 소리를 되받아 듣고 또 듣는다면 그 성품은 위없는 도를 이루게 될 것"이라고 함으로써 귀로 소리를 듣는 수행을 통해 궁극에는 도를 이룰 수 있음을 확인해 주고 있다. 『수능엄경』에서 관세음보살의 이름을 부르는 것의 복덕이 얼마나 큰지를 설명해 주고 있다.

이 삼천대천세계에는 해와 달이 백억이나 존재한다. 이 모든 세계에는 현재 육십이 항하사 수의 법왕자들이 머물며 진리를 찾아 수행하고, 모범을 보이며 중생들을 교화하고 있다. 중생들이 단지 나, 관세음보살의 이름만 불러도 저 육십이 항하사의 법왕자들의 명호를 모두 부르는 것과 같으며, 그로 인해 얻게 되는 복덕도 동일하여 다름이 없다.

중생들이 관세음보살의 이름만 불러도 62항하사 법왕자의 명호를 모두 부르는 것과 같은 큰 복덕을 얻는다고 한다. 관세음보살은 중생을 구제하는 무한한 자비력을 지니고 있으며, 형체가 없이 화신하여 중생을 구제하겠다는 원력을 세운다. 일심으로 부르기만 하면 보살은 그 소리를 관하여 중생이 원하는 모습으로 나타나 구제해 준다. 이러한 점에서 『수능엄경』에 나타난 현세 이익과 중생구제라는 관음신앙의 특징은 『법화경』과 유사하다고 볼 수 있다.

## 5) 반야바라밀다심경 광본, 약본의 관음신앙

『마하반야바라밀다심경摩訶般若波羅蜜多心經』, 즉『반야심경』은 대부분의 불교 행사에서 독경하는, 공空 사상의 백미白眉로 일컬어지고 있다. 이 경전은 광본廣本과 약본略本의 두 가지가 있으며, 여러 가지 번역본이 존재하나, 현장이 번역한 약본略本이(당唐의 현장玄奘)이(649년) 번역했다. 원전의 산스크리트본(梵本)은 대본大本과 소본小本의 2종이 전해지고 있다. 반야부般若部의 여러 경전들이 주장하는 근본적인 중심 사상을 간략하게 압축하여 제시한 극히 짧은 경으로서 다루고 있는 주요 내용은 반야般若, 오온五蘊, 제법諸法, 육근六根, 육경六境, 육식六識, 계界, 12인연因緣, 4제諦, 무소득無所得, 열반涅槃, 반야바라밀다般若波羅蜜多, 아뇩다라삼먁삼보리阿耨多羅三藐三菩提, 주呪이다.) 가장 널리 알려져 있다.

산스크리트어로 '마하(摩訶, mahā)'는 '크다'를, '반야(般若, prajñā)'는 '지혜'를 뜻하며, 부처님의 참 지혜, 곧 '해탈지解脫智'를 의미한다. '바라밀다(波羅密多, pāramitā)'는 '이상理想 세계로 건너간다'라는 뜻이고, '심경'은 진수眞髓인 중심 경전이라는 뜻이다. 그러므로『마하반야바라밀다심경』은 '큰 지혜로서 이상 세계로 건너가는 진수'이며 '긴요한 뜻을 설한 경전'이라고 풀이할 수 있다.

『반야심경』에서는 현상 세계의 모든 것, 다시 말해 안이비설신의의 육근과 그에 따른 육식六識, 색성향미촉법色聲香味觸法의 육경六境, 색수상행식色受想行識의 오온五蘊, 12인연을 모두 부정한다. 또한, 태어남도 죽음도 없고[不生不滅], 더러움도 청정함도 없으며[不垢不淨], 늘어남도 줄어듦도 없다고[不增不減] 설한다. 모든 존재는 실체, 즉 자성自性이 없으므로 생과 멸이 둘이 아니요, 더러움과 청정함의 분별이 없으며, 늘어남과 줄어듦이 없다는 것이다. 이러한 반야사상을 온전히 깨달으면 마음에 걸림과 공포가 없으며, 궁극에는 열반에 이르러 아뇩다라삼먁삼보리를 이룬다는 가르침이다. 이『반야심경』의 도입부에 관자재보살이 등장한다.

관자재보살이 깊은 반야를 행할 때 오온이 모두 공한 것을 비추어 보고 온갖 괴로움과 재앙을 건지느니라.

오온이 모두 공함을 비춰 본 주체가 바로 관세음보살이라는 것이다. 여기서『반야심경』이 편찬될 당시에는 이미 인도불교에서 관음신앙이 보편화되었음을 유추해 볼 수 있다.

광본『반야심경』도 약본의 내용과 크게 다르지 않다. 다만 그 구성에서 다소 차이를 보인다. 광본에서는 "여시아문如是我聞", 즉 '이와 같이 나는 들었다'라는 형식으로 시작된다.

이와 같이 나는 들었다. 어느 때 부처님께서 큰 비구와 보살의 무리들과 왕사성의 취봉산에 계시었다. 이때 세존은 광대심심조경이라 이름하는 삼매에 들어 계시었다. 그때, '관세음자재'라고 하는 한 보살마하살이 깊은 반야바라밀다를 행할 때 오온의 자성이 모두 공한 것을 비춰 보았느니라. 그때 비구 사리자는 부처님의 위신력을 받아 두 손을 합장하고 공경하며 관세음자재보살마하살께 여쭈었다.

"거룩한 분이시여, 만약 어떤 이가 깊은 반야바라밀다를 배우고자 한다면 어떻게 수행해야 합니까?"

이렇게 묻자, 관세음자재보살마하살께서는 비구 사리자에게 다음과 같이 말씀하셨다.

"사리자여, 만일 어떤 선남자 선여인이 깊은 반야바라밀다를 행할 때는 마땅히 공함을 비춰 보면 모든 괴로움을 여의느니라."

여기서는 관세음보살이나 관자재보살이 아니라 '관세음자재보살마하살'이라고 하며, 약본과 마찬가지로 관자재보살이 깊은 반야바라밀다를 행할 때 비춰 본 시각에서 설해진다. 다만, 이 광본에서는 관세음자재보살마하살이 사리자에게 『반야심경』의 공 사상 전체를 설한다는 차이가 있다.

당나라 유식학파 승려인 규기(窺基, 632-682)가 저술한 『반야바라밀다심경유찬般若波羅蜜多心經幽贊』 상권에서는 관세음보살을 '관자재'라 부르며, 그 역할에 대해 다음과 같이 설명하고 있다. 관자재는 기원하는 곳에 반드시 나타나고, 위급한 고난을 극복하며 병을 치료하고, 고통스러운 생각을 이롭게 다스리는 존재이다. 또한『대방광불화엄경소』에서는 "관자재는 삼업을 향해 귀의하고, 육통으로 나아가는 인연이 있으며, 고통스러운 생각을 이롭게 다스리기 때문에 관자재라고 부른다."고 한다. 이처럼 관자재는 중생을 두루 살피고 '지혜를 증득한 점'이 강조되고 있다.

> 관觀이란 살피고 아울러 지혜와 대비로 구한다는 뜻이다. 자재自在는 막힘이 없고, 고통에서 구하는 것에 묘용이 있다는 뜻이다. 모든 중생들이 삼업을 청정하게 하여 귀의하도록 인도한다. 육통으로 교화하여 기원하는 곳마다 반드시 나타나며, 위급한 고난을 마치 날아가는 수레처럼 남김없이 해결해주고, 도움을 청하지 않은 이에게도 마땅히 병을 치유해주며, 고통스러운 마음을 이롭게 돌봐주기 때문에 관자재라 부른다. (중략) 지혜를 얻어 보처의 자리에 올랐고, 등각을 이루어 빛이 없어도 어둠이 없으므로 관자재라 부른다."

『대반야바라밀다경반야이취분술찬大般若波羅蜜多經般若理趣分述讚』에서는 원만한 지혜와 깨달음으로써 일체 유정을 구제하는 역할에 중점을 두어 '관자재'라는 칭호의 의미를 설명하고 있다.

> 관자재보살은 부처님의 세 가지 덕을 갖추고 있는데, 첫째는 가없

는 법륜法輪을 굴리며, 둘째는 부처님의 처소에 머무르고, 셋째는 모든 행을 통해 대각大覺을 성취한 것이다. 이 가운데 첫 번째 덕은 외도를 항복시키는 뛰어난 공덕이며, 부처님의 정법을 외도들에게 전하여 그들이 물러서지 않도록 하는 역할을 하기 때문이다. 외도를 항복 받았으므로 스스로 바른 길을 드러낸다. 두루 금강의 지혜를 성취한 까닭으로 깊고 깊은 법을 설하여 외도를 항복 받는다. (중략) 이와 같은 지혜와 깨달음을 증득하여 일체의 유정을 고통에서 구제하며, 원만한 지혜로 자리이타의 자비행이 가득하므로 관자재라 부른다.

이는 지혜의 덕상德相을 '중생구제'라는 자비의 체상體相보다 강조하는 관점이다. 즉, '관자재'라는 칭호는 지혜의 덕에 중점을 둘 때 사용되고, '관세음'이라는 칭호는 대자비의 덕에 중점을 둘 때 사용된다고 유추할 수 있다.

## 6) 다라니경의 관음신앙

관음신앙을 살펴볼 수 있는 대표적인 다라니계 경전은 『청관세음보살소복독해다라니주경請觀世音菩薩消伏毒害陀羅尼呪經』과 『불설천수천안관세음보살광대원만무애대비심대다라니경佛說千手千眼觀世音菩薩廣大圓

滿無碍大悲心大陀羅尼經』이다.

『청관세음보살소복독해다라니주경』은 이름 그대로 관세음보살 명호와 다라니를 염하여 독毒과 해害에서 벗어나는 내용이 담긴 경전이다. 동진東晉 시대에 천축天竺의 축난제진언竺難提晉言 법희法喜가 이 경전을 번역했다. 381년 효무제(孝武帝, 373-396)가 불교를 정식으로 받아들이고, 왕궁에 절을 세운 이후 불교가 크게 번성하면서 이로 인해 관음신앙이 널리 퍼졌음을 짐작할 수 있다.

석존은 1,250명의 비구와 함께 비사리국毘舍離國 암라수원菴羅樹園의 대림정사大林精舍에 머무르고 있었다. 그곳에서 극심한 질병에 시달리는 비사리국 백성들을 위해 무량수불과 관세음보살, 대세지보살을 청하여 구제를 기원했다. 관세음보살이 중생들을 가엾이 여겨 주문을 설하기 시작했다. 관세음보살이 다라니를 설파한 후, 부처님은 '소복독해다라니'를 염송하면 몸과 마음의 병이 없고, 화재로부터 벗어나며, 기근이나 형벌, 악업으로 인한 괴로움에서 해방될 수 있다고 말씀하셨다. 그러니 이 다라니를 1번에서 7번까지 암송하라고 하셨다.

이에 부처님께서 아난阿難에게 말씀하셨다.
"만약 4부部의 제자들이 관세음보살의 이름을 받아 지니고 이 '소복독해다라니'를 염송하면, 이 주를 행하는 사람은 몸에 항상 근심이 없고, 마음에 또한 병이 없을 것이니라. 설사 큰불이 일어나 사방에서 타들어와 그 몸을 태우려 해도 이 주를 송하고 지니면, 용왕이 비를 내려 즉시 벗어나게 하리라. 설사 몸이 불에 타 마디마디가 아프고 쓰리더라도 한 마음으로 관세음보살의 이름을 부르고 이 주를 3번 송하면, 즉시 아픔이 제거되고 치유될 것이니라. 또 설사 기근이 들어 곡식이 귀해지고, 임금으로부터 어려움을 당하거나, 사나운 맹수와 도적들이 거리를 메우며, 감옥에 갇혀 고랑과 형틀과 목에 씌우는 칼과 족쇄에 온몸[五體]이 묶인 채 큰 바다에 버려졌는데 거센 바람에 파도가 회오리쳐 물결이 산을 이루거나, 야차夜叉나 나찰羅刹로부터 고난을 당하거나, 독약이나 칼에 죽게 될 지경이 되거나, 과거 업보의 인연으로 현세에 뭇 악을 짓고 이 인연으로 모든 고통과 매우 큰 두려움을 받더라도, 한 마음으로 관세음보살의 이름을 부르고 이 주를 1번 내지 7번 송하면, 독과 해로움을 소멸시키고 굴복시켜 악업과 악행과 불선不善과 악취惡聚가 불이 장작을 태우듯이 영원히 사라지게 하여 그 찌꺼기도 남지 않게 될 것이니라.”

이어서, 관세음보살이 송한 다라니 신주를 ‘모든 중생에게 감로를 베푸는 묘약’, ‘관정灌頂하는 구절’이라고 칭송하면서 관세음보살을 ‘두렵지 않게 해 주시는 분’, 즉 시무외자施無畏者라고 부른다.

이러한 인연으로 관세음보살이 송한 신주神呪를 ‘모든 중생에게 감로甘露를 베푸는 묘약'이라 하니, 이는 병에 대한 두려움을 없애고, 횡사橫死의 공포를 없애며, 얽매임과 속박에 대한 두려움을 겪지 않게 하며, 탐욕, 성냄, 어리석음의 3독毒에 대한 두려움 또한 사라지게 한다. 그러한 까닭으로 이 사바세계에서는 모두 관세음보살을 '두렵지 않게 해 주시는 분[施無畏者]'이라 부른다.

이 다라니는 관정灌頂의 글귀이며, 위없는 범행梵行이며, 궁극적인 길상스러운 대공덕의 바다이다. 중생들이 이 다라니를 들으면 큰 안락安樂을 얻을 것이니, 반드시 암송하여야 한다.

**또한, 다라니를 통해 8난에서 벗어날 수 있다고 설한다.**

어떤 사람이 바다에 들어가 보물을 채집하려고 하거나 주인 없는 산[호山]이나 광야에서 호랑이 · 이리 · 사자 · 독충 · 살모사 · 전갈 · 야차 · 나찰 및 여러 악귀 등 사람의 정기를 먹는 것들을 만났을 때, 관세음보살의 이름을 세 번 부르고 아울러 이 주를 송하면 즉시 벗어나게 될 것이니라. (중략) 중생으로 하여금 지옥의 고통과 아귀의 고통과 축생의 고통과 아수라의 고통 및 8난難의 고통을 면하게 하고, 물이 불을 끄듯이 영원히 다하여 그 남김 없게 하느니라.

관세음보살의 명호를 수지하고 다라니를 염송하면 지계持戒와 정진

精進, 염정念定과 총지總持를 갖추게 된다고 함으로써 수행의 위상을
부여하고 있다.

　아난아, 반드시 알아야 하느니라.
　만약 관세음보살의 이름을 받아 지니고 또한 이 주를 간직한다면,
큰 이익을 얻고 모든 독과 재앙을 소멸하게 될 것이다. 현재와 미
래에 있어 길하지 못한 일들을 영원히 없애고 남김없이 제거하게
될 것이며, 지계持戒, 정진精進, 염정念定, 총지總持의 덕목을 모두 고
루 갖추게 될 것이다.

이처럼 불자가 고난에서 벗어나고 불법을 닦기 위해서는 마음을 고
요히 집중하여 일심으로 관세음보살을 칭명하는 태도가 필요함을
"깨끗한 마음으로 생각을 한 곳에 매어두고 관세음보살을 송하며
삼보三寶에 귀의하라"는 당부를 통해 확인할 수 있다.

다음은 『불설천수천안관세음보살광대원만무애대비심대다라니경』
이다. 이 경은 여러 보살과 수많은 신들이 모인 자리에서 관세음보
살이 대비심다라니주大悲心陀羅尼呪를 설하는 내용이다.

　이와 같이 나는 들었다. 어느 날 석가모니부처님께서 보타락산補陀
　落山 관세음궁전觀世音宮殿 보장엄도량寶莊嚴道場에서 보배로 꾸며진
　사자좌에 앉아 계셨다. 그 자리는 무수한 종류의 마니보석으로 완

벽하게 장식되어 있었고, 백 가지의 보배 깃발과 번이 여러 겹으로 길게 달려 있었다.

그때 세존께서 그 사자좌에서 총지다라니總持陀羅尼를 말씀하시기 위하여 한량없는 보살마하살과 함께 계셨다. 그 이름은 총지왕總持 王보살 · 보왕寶王보살 · 약왕藥王보살 · 약상藥上보살 · 관세음觀世音 보살 · 대세지大勢至보살 · 화엄華嚴보살 · 대장엄大莊嚴보살 · 보장寶 藏보살 · 덕장德藏보살 · 금강장金剛藏보살 · 허공장虛空藏보살 · 미륵 彌勒보살 · 보현普賢보살 · 문수사리文殊師利보살 등이다. 이러한 보 살마하살들은 모두가 관정대법왕灌頂大法王의 아들들이었다.

이들 보살마하살뿐 아니라 천룡 · 야차 · 건달바 · 아수라 등과 허 공신虛空神 · 강신江神 · 해신海神 등 수많은 신들도 함께 법회에 모였 다고 설한다.

그때 관세음보살이 대중 가운데서 가만히 신통神通을 놓으시니 곧 정계頂髻 화관華冠에서 큰 광명이 나와 그 광명이 시방세계를 밝게 비추었고, 이 삼천대천세계에 이르러서는 모두가 금빛이 되었으며, 천궁天宮 · 용궁龍宮과 모든 선인과 신들의 궁전이 모두 진동하고, 큰 바다 · 강 · 철위산鐵圍山 · 수미산須彌山 · 토산土山 · 흑산黑山 · 10대 보산寶山도 모두 진동하며, 해와 달과 구슬의 빛과 별빛이 모 두 나타나지 않았다.

그때 부처님께서 총지왕보살을 칭찬하시고 말씀하셨다.

"착하고 착하도다. 너는 큰 자비심으로 모든 중생과 미래의 중생을 위해 이러한 질문을 했으니, 잘 듣고 또 잘 들어라. 이제 내가 너를 위해 이 인연을 설명해 주겠다. 선남자여, 너희는 알아야 한다. 지금 이 모임에 한 보살대사가 있는데, 그의 이름은 관세음자재觀世音自在이고 끝없는 겁劫부터 대자대비를 성취하고, 한량없는 다라니문陀羅尼門을 잘 닦아 익히더니, 모든 중생을 편안하게 하기 위해 이처럼 큰 신통력을 조용히 펼치고 있다." 부처님께서 이렇게 말씀하시자, 관세음보살이 그 자리에서 일어나 단정하게 의관을 정리하고, 부처님을 향해 합장하며 아뢰었다.

"세존이시여, 저에게 대비심다라니주大悲心陀羅尼呪가 있어 지금 이를 설하고자 하나이다. 이 다라니를 통해 중생들이 안락을 얻고, 모든 질병을 치유하며, 장수를 얻고, 풍요로움을 누리며, 모든 악업과 무거운 죄를 소멸하고, 장애와 어려움을 멀리 여의게하려 합니다. 또한, 모든 청정한 법과 공덕을 증장시키며, 온갖 선근善根을 성취하게 하고, 모든 두려움을 없애며, 중생들이 온갖 서원과 희망을 빠르게 이루어 만족할 수 있도록 하기 위함이옵니다. 바라건대 세존이시여, 자비로 가엾이 여기시어 이를 허락하여 주시옵소서."
이에 부처님께서 말씀하셨다.

"선남자야, 네가 대자대비로 중생들을 안락하게 하기 위하여 신주神呪를 말하고자 하니 지금이 바로 그때이니라. 빨리 말하여라. 여래께서도 기뻐하시고 다른 부처님들께서도 그러하시리라."

관세음보살께서 다시 부처님께 아뢰었다.

"세존이시여, 제가 기억하기로는 무량억 겁 전, 한 부처님께서 출현하셨으니 그 이름은 천광왕정주여래千光王靜住如來 · 응공應供 · 정등각正等覺 · 명행원만明行圓滿이셨습니다. 그 부처님께서는 저와 모든 중생을 가엾이 여기셔서 이 광대원만무애대비심다라니廣大圓滿無导大悲心陀羅尼를 송하시고, 황금빛 손으로 저의 정수리를 어루만지시며 말씀하셨습니다.

'선남자야, 너는 이 대비심주大悲心呪를 가지고 널리 미래의 험난한 세상에서 죄업이 무거운 모든 중생을 위하여 큰 이익과 공덕을 베풀어라.'

제가 그때 처음에는 초지初地에 머물러 있었으나, 이 주문을 한 번 듣고 바로 제8지로 뛰어 올랐습니다. 저는 그때 기뻐하며 곧 서원을 세웠습니다. '만약 내가 미래 세상에서 모든 중생에게 이익과 안락을 줄 수 있다면, 내 몸에 천수천안千手千眼이 구족될 것이리라.'라고 발원하였더니, 즉시 몸에 천수천안이 모두 구족되었고, 시방 대지가 여섯 가지로 진동하였으며, 시방의 모든 부처님께서 광명을 놓으셔서 제 몸과 시방의 끝없는 세계를 비추셨습니다."

이처럼 천광왕정주여래께서 광대원만무애대비심대다라니를 설해

주시고 금빛 손으로 관세음보살의 이마를 만져 주시므로 심주心呪를 얻었으며, 이 심주로 널리 미래의 악한 세상에 허물이 무거운 일체 중생을 위해 큰 이익을 주라고 말씀하셨다. 이때 관세음보살은 초지初地에 머물러 있었는데, 이 주문을 듣고는 이내 제8지로 뛰어 올랐고, 중생에게 이익이 되고 안락을 줄 수 있는 서원을 세웠을 때 천 개의 손과 천 개의 눈이 갖추어지게 되었다. 이로부터 언제 어디서나 이 주문을 지녀 잊어버리지 않았으며, 이 주문을 지니는 힘으로 인해 항상 부처님 곁에서 연꽃에 화생化生하였고 태胎로 나는 몸을 받지 않았다고 설한다.

관세음보살의 이름을 부르며 생각하고 또한 본사本師이신 아미타여래阿彌陀如來를 오로지 염한 후에 곧 이 다라니 신주를 외워야 한다고 하고 있다. 하룻밤 동안 21편에서 49편의 주문을 외우면, 몸 안에 쌓인 백천만억 겁 동안 나고 죽으면서 지은 무거운 죄업이 모두 소멸된다고 설하고 있다.

관세음보살이 다시 부처님께 아뢰었다.
"세존이시여, 모든 인간과 천신이 이 대비신주를 외우고 지니면 열다섯 가지 좋은 삶을 누리게 되며, 열다섯 가지 나쁜 죽음을 당하지 않을 것입니다. 그 나쁜 죽음이란 첫째, 중생들이 굶주리거나 고통 속에서 죽지 않게 되는 것이며, 둘째로는 형벌이나 고문으로 인해 죽지 않게 되고, 셋째로는 원수의 보복으로 목숨을 잃지 않으며, 넷째로는 전쟁 중에 죽지 않게 됩니다. 다섯째로는 이리나 늑대와 같은 사나운 짐승에게 먹히지 않으며, 여섯째로는 독사나 전갈 등에게 물려 죽지 않게 되고, 일곱째로는 물에 빠지거나 불에 타 죽지 않으며, 여덟째로는 독약에 중독되지 않게 됩니다. 아홉째로는 마법에 의해 죽지 않으며, 열째로는 정신이 흐려져 죽지 않게 됩니다. 열한째로는 산이나 나무, 벼랑에서 떨어져 죽지 않으며, 열두째로는 나쁜 사람의 저주로 죽지 않게 되고, 열세째로는 악한 귀신에 홀려 죽지 않으며, 열네째로는 심한 병에 걸려 목숨을 잃지 않게 되며, 열다섯째로는 억울한 죽음이나 자살로 죽지 않게 될 것입니다. 이 대비신주를 외운 사람은 이러한 열다섯 가지 나쁜 죽음을 피할 수 있습니다."

그리고 나서 관세음보살은 신묘장구대다라니를 설한다. 이 주문을 다 설하고 나자 대지가 진동하고 하늘에서는 보배꽃이 비 오듯 내렸으며, 시방의 모든 부처님이 기뻐하고, 천마天摩와 외도外道들은 놀라 두려움에 떨었다고 한다.

이는 『법화경』 「관세음보살보문품」에서 설하는 극한 상황을 이어받아 한층 더 체계적으로 발전시킨 내용이다. 또한, 관세음보살과 함께 그 본사本師인 아미타불을 생각하라는 것은 아미타불 신앙을 통합하려는 의도로 추정할 수 있으며, 이러한 밀교계 경전은 인도 대승불교의 후기에 형성되었다.

관세음보살이 말씀하셨다.

"대자비심大慈悲心이 바로 이 다라니의 본질이다. 이는 평등한 마음, 무위無爲의 마음, 염착染著이 없는 마음, 공관空觀의 마음, 공경하는 마음, 겸손한 마음[卑下心], 혼란스럽지 않고 평온한 마음, 남을 괴롭히거나 해치는 마음이 없는 상태, 잘못된 집착이나 편견이 없는 마음, 그리고 가장 고귀한 보리심菩提心이다. 이와 같은 마음들이 바로 이 다라니의 본래 모습을 형성하는 것임을 알아야 한다. 그대들은 이러한 마음을 바탕으로 반드시 수행해야 한다."

관세음보살이 설한 다라니에는 고난에서 벗어나는 현세의 이익뿐 아니라, 평등심, 무위심, 무염착심, 공空을 바로 보는 공관심, 마음을 낮추는 비하심, 무상 보리심에 이르는 수행의 측면도 포함되어 있음을 알 수 있다.

## 7) 정토삼부경의 관음신앙

『무량수경無量壽經』에서 법장보살法藏菩薩의 48대원大願 중 제32원은 "정토 속의 일체 만물은 장엄하고 기묘함이 인간계나 천상계에서는 비교할 수 없으며, 미묘한 향기가 시방에 퍼지면 보살들은 그 향기를 맡고 모두 부처님의 행을 닦게 되리니, 만약 그렇지 않다면 저는 차라리 깨달음을 이루지 않고 부처가 되지 않겠습니다.”라고 서원한 내용이다. 또한 제33원은, “저의 광명이 몸에 비치어 접촉한 모든 불국토의 중생들이 그 몸과 마음이 부드럽고 상냥하며 인간과 천상을 초월하리니, 만약 그렇지 않다면 저는 차라리 깨달음을 이루지 않고 부처가 되지 않겠습니다.”라고 하였다. 이러한 서원은 관세음보살이 미성불의 보살로서 아미타불을 협시하면서, 세간에서 중생을 구호하는 간접적 이유이다. 한편 정토 신앙에서 관세음보살의 위치는 상당히 중요하다. 정토 신앙에서 중생의 구제자로서의 관세음보살이 중심을 이루는 것에 대해 Diana Paul은 “불교 신앙 속에서 대표적인 구원자는 바로 관세음이다. 관세음은 영원한 수명壽命을 가지고 오로지 중생을 구제하기 위해서 행동한다.”라고 설명한다. 이는 무량수의 의미를 아미타불의 영원한 생명과 관세음보살의 무한한 자비에 대입한 결과이다.

『관무량수경觀無量壽經』에는 무량수불과 관세음보살 간의 관계가 설명되어 있다. 이 경은 정토삼부경의 나머지 두 경전에 비해 후대에 성립되었다.(경전의 번역 시기를 비교해 볼 때 179년 지루가참支婁迦讖에 의해 『반주삼매경般舟三昧經』이 번역되고, 148년경 안세고에 의해 『무량수경』이 번역된 기록이 있다. 다시 지루가참이 『무량수경』을 재번역하고, 이후 요진姚秦의 구마라습鳩摩羅什과 당 시대 현장이 『아미타경阿彌陀經』을 번역했다. 따라서 기원 전 1세기 초에 아미타 신앙이 완성되었다.)『화엄경』 등의 대승 경전에는 관세음보살이 보타락가산에서 독립적으로 추앙된 장면이 설해져 있다. 따라서 관세음보살 신앙 초기에는 관세음보살이 아미타불과 별개로 존재했다. 그러나 후대에 대세지보살大勢至菩薩과 함께 아미타불의 좌우 보처보살補處菩薩을 구성하게 된 것으로 보인다. 이로써 관세음보살의 신앙과 아미타불 신앙이 관계를 갖게 된 것은 정토 신앙이 성립된 이후인 것을 알 수 있다. 아미타불의 보처보살 구성의 예는 『아미타경阿彌陀經』에서 확인할 수 있다.

부처님께서 말씀하시길 아미타불은 그 국토에서 제보살 성문聲聞과 함께 계시는데 정수리의 광명은 각기 크고 다른 차이가 있다. 성문들의 정수리로부터 나오는 광명은 7장丈의 길이만큼 비추고, 보살들의 정수리에서 나오는 광명은 각기 천억만리千億萬里를 비춘다. 두 보살이 가장 존귀하니 한 분은 관세음이고, 다른 한 분은 대세지다. 항상 부처님 곁에 있으면서 모시고 함께 의논한다. 부처님께서는 두 보살과 함께 시방세계의 미래와 현재의 일들을 논의하며, 두 보살을 다른 세계에 계신 부처님들께 보낸다. 그들은 신족神足을 사용해 부처님과 마찬가지로 빠르게 이동하며, 분신을 만들어 그 세계에서 부처님을 돕고 그 모습을 드러낸다. 저 다른 부처님의 세계에 가서도 현재의 세계에 늘 함께 있으니, 그 지혜와 위신력은 가장 뛰어나고 최고의 경지에 있다. 그 정수리에서 나오는 광명은 천불의 세계를 비추며, 그 세계의 사람들과 선남자 선여인이 급한 사건이나 두려움, 또는 관재官災를 당할 때에는 일심으로 관세음보살께 귀의해야 한다.

『관세음보살수기경』에는 아미타불이 관세음보살과 대세지보살의 아버지로 출현한다. 이것은 구세자로서 대중에게 쉽게 전달될 수 있는 신앙 형태를 보여준 아미타불과 관세음보살의 종교적 친근성을 나타낸다. 관세음보살의 연원에 대해 아미타불과 다른 권속과의 가족 형태를 이룬 내력이 설해진 예는 후대의 밀교 경전에까지 영향을 주고 있다. 밀교 경전인 『십일면신주심경의소十一面神呪心經義疏』에는 관세음보살의 유래에 대해 다음과 같이 설해져 있다.

[아미타] 부처님께서 대중들에게 말씀하셨다.
"팔십 항하사의 모래알처럼 많은 국토를 지나면, 그곳에 중생들이 광명을 잃고 큰 곤란과 괴로움을 겪고 있는 국토가 있다. 누가 그곳에서 공덕을 세울 것인가?" 이때 응성보살應聲菩薩이 부처님께 아뢰었다. "세존이시여, 시방세계는 모두 부처님께서 건립하시어서 천상과 인간세계가 끊이지 않사옵니다." [응성보살은] 곧 길상보살吉祥菩薩과 함께 둘이 의논하여 세상을 위하여 안목을 열어 주고자 해와 달을 만들기로 하였다. 응성보살은 해를 만들고, 길상보살은 달을 만들었다. 그 응성보살이 바로 관세음보살이고, 길상보살이 바로 대세지보살이다. 이 두 보살의 신덕神德은 무량하다.

여기서 아미타불의 요청에 따라 해와 달을 만든 것은 당시의 우주관을 표현한 것이다. 그 배경은 아미타불이 지닌 무한한 광명을 응성보살과 길상보살이 우주적으로 구현하는 형태이다. 결과적으로 아미타불은 여전히 주존主尊의 위치에 있으며, 관세음보살과 대세지보살이 아미타불을 호위하는 형식이다. 이처럼 아미타불과 관세음보살의 유래를 부자父子 관계로 표현한 것은 출가 승단보다는 대중의 신앙적 요소와 더욱 관련이 있음을 보여주는 것이다.

한편, 관세음보살은 협시보살의 역할뿐만 아니라 스스로 자신의 권속을 보살핌으로써 중생을 구호하는 주체가 되기도 한다. 밀교 경전인 『대일경大日經』 「입만다라구연진언품入曼荼羅具緣眞言品」의 태장계 만다라胎藏界曼荼羅에는 관세음보살의 좌우 협시보살로서 다라보살多羅菩薩과 비구지보살毘俱胝菩薩이 등장한다.

관자재보살은 광명이 흰 달과 같고, 상겁색商怯色의 군나화軍那華와 같으며 미소를 머금고 흰 연꽃에 앉아 있으며 상투에는 무량수 부처님을 나타낸다. 그 우측에는 큰 이름의 성자 다라존多羅尊이 계시는데, 청색과 백색이 어우러진 중년 여인의 모습이다. 합장한 두 손에는 푸른 연꽃을 쥐고 있으며, 둥근 빛은 치우침 없이 퍼져 나가고 마치 깨끗한 금처럼 찬란하다. 그녀는 미소를 머금고 있고, 깨끗한 백의白衣를 입고 있다. 우측 옆에는 비구지보살毘俱胝菩薩이 계시는데, 손에는 진주 목걸이를 드리우고 세 개의 눈에 상투를 틀었으며 황색과 적색, 백색이 어우러져 있다.

이처럼 관세음보살이 스스로 다라보살과 비구지보살을 협시보살로 삼고 그들을 권속으로 거느리는 것은 관세음보살의 위상이 신앙적으로 중요해졌기 때문으로 이해된다. 또한 다라보살과 비구지보살을 내세움으로써 인도인들의 제신에 대한 신앙적 염원을 흡수하고, 이를 통해 보다 확장된 불교의 신앙적 포용력을 기대한 것으로 추정된다.

이상에서 주요 대승불교 경전에 나타난 관세음보살 사상을 고찰하였다. 그 결과 관음 신행은 대승불교 사상과 결합하면서 보살도 수행을 완성한 구도자의 의미가 점차 강조되고 있음을 알 수 있다. 처음에 관세음보살은 반야의 지혜를 완성한 보살이었으나, 정토 신앙에 수용되면서 아미타불과 무량수불의 협시보살로 등장한다. 관음 신행은 『법화경』에서 독립적인 지위를 가지며, 특히 「관세음보살보문품」에서는 관세음보살의 위신력이 잘 드러난다. 초기 대승불교에서 관세음보살은 대보살의 위신력을 구하는 신앙적 면모가 강했지만, 이후 반야사상이 개입되고 정토 신앙과 결합하면서 후대에 대승보살의 귀감으로서 출세간적 위치가 확대되었다. 경전에 나타난 대승불교 초기 관세음보살의 신행을 살펴볼 때 『법화경』과 『화엄경』을 비롯한 중요 경전은 모두 칭명염불이 관음 신행의 중심이었음을 알 수 있다.

# 3. 경논 상의 관음신앙

## 1) 염불수행(念佛修行)

염불念佛이란 '부처님(buddha)을 억념(憶念, smṛti, sati)'한다는 뜻이다.『약론안락정토의略論安樂淨土義』에서는 염불을 "부처님의 상호를 생각하고, 부처님의 광명을 생각하며, 부처님의 신력을 생각하고, 부처님의 공덕을 생각하며, 부처님의 지혜를 생각하고, 부처님의 본원을 생각하며, 마음 사이에 다른 것이 섞이지 않아 마음이 서로 이어지는 것"이라고 설명한다.

석존 시대부터 염불이 존재했음을 율장에서 확인할 수 있는데, 사미沙彌와 같은 초보자를 위한 수행으로 행해졌다. 그 무렵에는 '나무불南無佛'을 염송하거나 불·법·승에 귀의하는 삼귀의三歸依 형태의 염불도 기록되어 있다. 염불의 대상은 점차 확장되는데,『장아함경長阿含經』에서는 열반으로 이끄는 여섯 가지 수행법으로 염불念佛·염법念法·염승念僧·염계念戒·염시念施·염천念天의 여섯 가지 염을 설하고 있다. 이로써 초기 불교 시대부터 염불은 수행의 중심으로 행해졌음을 알 수 있다. 『증일아함경增一阿含經』에서 염불과 내세의 관계에 대해 설하고, ("중생이 신ㆍ구ㆍ의의 악을 행하여도 그가 만일 죽을 때에 여래의 공덕을 억념憶念한다면, 삼악을 떠나 천상에 태어날 수 있다(衆生身口意行惡 彼若命終憶如來功德 離三惡趣 得生天上).") 염불로써 신통을 얻을 수 있다고 설명하는 것에서 확인된다. (여래의 몸은 견성을 넘어 성城을 볼 수 있고, 다른 사람들의 근기를 알아, 건널 자와 건너지 못할 자, 죽는 자와 살리는 자를 알고, 두루 왕래하면서 생사의 경계에 섰을 때 해탈할 자와 해탈하지 못할 자를 모두 안다. 이런 것은 염불 수행으로 얻는 것으로, 수행하면 명예가 따르고, 큰 과보를 성취하여 온갖 선이 두루 모인다.)

이처럼 염불에 관한 설법이 여러 아함경에 나타나고 있으며, 부파 불교 시대에는 염불의 대상이 더욱 확장된다. 또한 염불을 수행함에 있어서 단순히 반복하는 행위로서 염하는 것이 아니라 선업善業의 공덕에 의지하여 염불 수행을 할 때 비로소 열반으로 이어질 수 있음을 『밀린다팡하(Milinda-pañha)』에서 설하고 있다. 여기서는 염불이 마치 보증수표인 양 맹목적으로 믿어서는 안 되며, 선업이라는 '배' 위에 염불이라는 '돌'을 얹어야 열반이라는 물 위에 띄울 수 있음을 비유로써 설명한다.

밀린다왕은 나가세나에게 물었다.

"스님, 내가 들으니 '백 년 동안 악행을 하였더라도 죽을 때 한 번만 부처님을 생각한다면 천상에 태어날 수 있다.'고 말합니다. 나는 그것을 믿지 않습니다. 또 '살생을 단 한 번 하였더라도 지옥에 떨어질 것이다.'라고 합니다. 나는 그런 것도 믿지 않습니다." "대왕은 어떻게 생각합니까? 조그마한 돌멩이가 배 없이 물 위에 뜰 수 있습니까?"

"백 대의 수레에 실을 만큼 무거운 바위라도 배에 실으면 물 위에 뜰 수 있겠습니까?" "그렇습니다. 물 위에 뜰 수 있습니다." "선업을 그 배와 같다고 생각하십시오."

위의 경전은 일반 재가자들이 염불을 단순하게 해석하는 것에 대해 답하고 있다. 선업을 배에 비유한 것은 그 기능이 같다는 점을 통해 염불 행동의 필요성을 강조하고 있다. 따라서 재가자 출가자 모두 칠불통계에 맞춰 염불 수행 정진해야 한다는 점을 보여준다.

한편, 대승불교가 발생하자 타방의 부처님과 대보살들이 출현하면서 아미타불, 약사여래불, 문수보살, 관세음보살, 지장보살 등 중생에 대한 인연과 서원을 가진 불보살 모두로 염불의 대상이 확대되었다. 특히 중국 대승불교에서는 십념十念으로 발전하는데, 이는 지관 수행과 도교의 호흡 수련과 비슷한 방법이다. 그중 관세음보살에 대한 신앙은 칭명 수행 중심이었는데, 이는 염불삼매念佛三昧를 목적으로 행해졌다.

지의는 『사익경思益經』(402년에 요진姚秦의 구마라습鳩摩羅什이 번역한 『사익경思益經』은 망명網明보살이 사익범천 등을 위하여 모든 법이 공적空寂한 이유를 설한 것이다. 사익범천과 망명보살의 문답 내용 중, 사익범천이 '부처님께서는 중생으로 하여금 생사를 떠나 열반에 들도록 한 것이 아니라 다만 망상을 넘어서지 못하기 때문에 생사와 열반의 두 가지 상相을 분별한 것일 뿐이며 모든 법은 평등하여 가고 옴이 없다'고 말하자, 부처님께서 모든 법의 올바른 성품을 말하였다고 칭찬하는 내용이다.)을 인용하여 관음 칭명으로 고난에서 벗어날 수 있을 뿐 아니라, 보리菩提를 얻는 출세간적 목적도 달성할 수 있다고 설명하고 있다. 관음 신행에서 염불 수행이 핵심적인 위치를 차지하게 된 것은 앞서 살펴본 『수능엄경』에서 이근원통에 대해 설명한 것에서 비롯된다. 이근원통은 염불 수행을 선禪으로 보아 불교 수행에서 차지하는 위상이 높아지게 되었다. 또한, 용수龍樹는 『대지도론』에서 관세음보살 칭명 염불이 고난에서 벗어나는 것임을 분명히 하고 있다.

만약 어떤 사람이 관세음보살의 명호를 염念하면 모든 재난과 어려움에서 모두 벗어날 수 있다. 일이 이와 같으니, 하물며 모든 부처님의 법성과 생신은 어떠하겠는가.

또한, 진언과 다라니 수행을 설하는 경전이 등장한다. 초기 반야경 중심의 대승 경전에서는 진언과 다라니 염송을 염불삼매를 위한 수단으로 설명하기도 한다. 이는 『고음성왕대다라니鼓音聲王大陀羅尼』에서도 확인할 수 있다. 여기서는 특히 다라니 억념을 통해 아미타불을 친견할 수 있음을 강조한다.

이 고음성왕대다라니鼓音聲王大陀羅尼를 억념憶念하여 지속적으로 단절되지 않게 수지 독송하여 열흘 낮 열흘 밤 6시간 동안 전념하고 오체투지하여 아미타 부처님께 예경하되 바른 생각을 견고하게 하여 산란함을 없게 하라. 만약 마음으로 생각마다 끊어지지 않게 하면 열흘 안에 반드시 아미타불을 볼 수 있다.

앞에서 살펴본 『법화경』 「관세음보살보문품」에서 관세음보살을 일심칭명하면 관세음보살의 위신력 덕분에 모든 중생이 고난에서 벗어나 해탈할 수 있다고 설명하고 있다. 염불 수행은 초기 불교 시대부터 존재해 온 신행으로, 이는 관음 신행으로 발전하게 되었다. 「관세음보살보문품」을 바탕으로 한 염불 수행은 쉽고 간단한 수행법으로 점차 대중에게 퍼져 나갔으며, 칭명염불 수행은 핵심적인 관음 신행으로 자리 잡았다. 하지만 칭명염불은 단순히 기계적으로 부르는 것만으로는 수행의 의미가 없다. 소리와 생각이 온전히 결합되어 일념이 될 때 비로소 올바른 관음 신행이 이루어질 수 있다. 입으로는 불보살을 부르면서도 마음으로는 본성을 찾아야 한다는 점에서, 서산 휴정(西山休靜, 1520-1604)은 "불佛을 염하는 자는 입으로는 외우고, 마음으로는 생각한다. 단순히 외우기만 하고 마음으로 생각하지 않으면 도에 도움이 되지 않는다."라고 강조하였다.

염불 수행에는 칭명염불을 비롯하여, 관상염불, 실상염불, 이근원통염불, 참구염불 등 여러 종류가 있다. 하지만 어떤 종류의 염불을 수행하든, 오로지 염불에만 일심으로 집중하거나 염불삼매에 들어가야 한다. 이렇게 해야 염불선念佛禪이 이루어질 수 있다. 염불선은 수행자에게 적합한 염불 방법을 택하여 일심이 되거나 무념에 이르러 해탈열반解脫涅槃을 성취하는 수행을 말한다. 특히 말법 시대에는 도道를 얻기가 힘들기 때문에 오로지 염불에 의지해야만 생사윤회를 벗어날 수 있다. 여기서 말법 시대란,『대방등대집경大方等大集經』에서 설하는 삼시관三時觀 중 세 번째에 해당하는, 석존 입멸 후 2,000년이 지난 시대를 말한다.

〈표 II-1〉에서 보는 바와 같이, 이 시대의 수행자는 법을 제대로 이해하지 못할뿐더러 알려고 하지도 않는 경향을 보인다.

『능엄경』에 따르면, 말법 시대에는 삿된 가르침이 많기 때문에, 첫째는 부처님의 불경佛經을 기준으로 삼고, 둘째는 고승 대덕인 선지식의 논장論藏을 기준으로 삼아야 한다. 그렇지 않으면 염불 수행으

<표 Ⅱ-1> 『대방등대집경』에 나타난 삼시관(三時觀)

| 순서 | 시대 | 시대의 기준 | | 수행자의 상태 | 효과적인 수행법 |
|---|---|---|---|---|---|
| 1時 | 정법(正法) 시대 | 석존 입멸 후 1000년간 | 500년간 해탈견고 | 상근기 - 바로 깨달음 | 계율 |
| | | | 500년간 선정견고 | | |
| 2時 | 상법(像法) 시대 | 1000년간 | 500년간 다문견고 | 중근기 - 많은 노력이 필요 | 선(禪) |
| | | | 500년간 탑사견고 | | |
| 3時 | 말법(末法) 시대 | 1000년간 | 500년간 투쟁견고 | 하근기 - 이해하지 못하고, 알려고도 하지않음 | 염불 |
| | | | 500년간 오탁악세 | | |

로 정토에 왕생하여 성현의 반열에 오른 뒤, 불과佛果를 증득하여 중생을 구제하는 방법도 있다. 이처럼 시대에 따라 성불을 위한 수행방법이 다르다는 점이 분명하다.

우리나라의 경우, 신라의 원광圓光법사가 정토 사상을 처음 도입한 이래, 원효元曉, 자장慈藏, 의상義湘, 의적義寂, 태현太賢, 경흥景興 등 여러 고승에 의해 정토 신앙이 보급되었으며, 삼국 통일을 위한 전쟁으로 고통과 두려움에 시달릴 때 극락왕생에 대한 아미타불 신앙과 중생구제에 대한 관음신앙이 널리 퍼졌다. 고려시대에는 대각국사 의천義天, 보조국사 지눌知訥, 요세了世, 보우普愚, 나옹懶翁 등 여러 종파에서 염불을 받아들여 수행하였고, 조선시대에는 서산西山, 사명四

漢 등의 영향을 받아 선과 염불이 하나로 융합되는 선정일치禪淨一致 사상이 발전했다. 이렇게 발전한 수행법은 현대에 이르러 가장 대중적인 방법으로 자리 잡았다.

종밀(宗密, 780-841)은 『화엄경보현행원품별행소초華嚴經普賢行願品別行疏鈔』에서 칭명염불稱名念佛, 관상염불觀像念佛, ("두 번째, 관상염觀像念은 이른바 여래의 소조塑造와 회화繪畫 등의 형상을 관하는 것이다. 저 『대보적경大寶積經』에, '부처님의 본래 인행因行 가운데 대정진大精進을 하였는데, 보살도 인행 시에 비구가 부처님의 형상을 그린 것을 보고 발심출가發心出家 하였는데 모직물에 그린 형상을 가지고 산에 들어가 관찰하여 이 그려진 형상을 관찰하여 여래와 다르지 않는 오신통五神通을 성취하여 보광삼매寶光三昧를 얻어 시방의 부처님과 같음을 보았다.'고 설한 것과 같다.) 관상염불觀想念佛, ("세 번째, 관상염觀想念이란 저 가운데 두 가지가 있다. 첫째, 일상一相을 밝힘에 32상相 가운데 일상을 따라 관하는 것이다. 모두가 무거운 죄를 소멸하는 것이다. 저 『관불삼매해경觀佛三昧海經』에 '부처님께서 부왕父王을 위해서 백호관白毫觀을 설하셨다. 다만 미간백호의 모습이 오른쪽으로 돌아 순환하여 구름을 관할 뿐이다. 오히려 마치 저 가을달의 완전한 위광威光과 같아서 내외가 통명通明함을 성취한다. 마치 하얀 유리잔과 같고 또한 마치 어두운 밤중에 밝은 별과 같다. 관觀이 이루어지고 이루어지지 않는 것은 모두가 90억 나유타 항하사 미진수 겁의 생사의 무거운 죄가 항상 덮여 있지만 섭수攝受하여 멸한다.'고 하였다. 둘째, 온몸을 밝히는 것이다. 저『좌선삼매경坐禪三昧經』에, '만약 불도佛道를 구하여 선정에 들어가려면 먼저 마땅히 마음을 매어두어 부처님의 생신을 염한다. 지수화풍과 산과 수풀과 초목과 천지 만류와 모든 나머지 법을 생각하지 말고, 다만 부처님의 몸이 처한 곳이 허공에 있다고 염하여 대해가 청정한 때와 같아서 금산왕의 상호가 원만하게 있어서 무량한 청정한 광명을 내어서 이 허공의 청색 가운데 밝아 항상 부처님의 몸을 염한다. 문득 시방삼세十方三世의 제불諸佛을 얻어서 모두가 목전目前에 있다. 만약 마음이 나머지 반연攀緣에 도리어 섭수하여 머물게 하면 무량한 겁의 죄를 소멸하리라.'고 한 것과 같다.) 실상염불實相念佛("네 번째, 실상염實相念은 또 법신法身을 이름한 것이다. 이른바 자신과 일체법의 진실한 자성을 관하는 것이다. 『문수반야경文殊般若經』에 이르길, '불생불멸不生不滅 불래불거不來不去 비명비상非名非相 이것을 이름하여 불佛이라고 한다.'라고 하였다. 만일 스스로 자신의 몸과 실상을 관하는 것이라면 관불觀佛도 또한 그와 같다. 또 이르길, '법계法界의 일상一相에 반연하여 매어두는 이것을 일행삼매라고 이름한다.'고 하였다. 또『대지도론』에 이르길, '색신色身과 상호로써 염하지 않는 것은 불신佛身 자체가 없기 때문에 기억할 것도 없으므로 이것을 염불이라 한다.'고 하였다. 또『점찰경占察經』에 이르길, '제법의 평등한 법신을 사유한 것이 일체의 선근善根 가운데 그 업이 가장 수승하다.'고 하였으며, 또『대경大徑』에 이르길, '일체제불一切諸佛의 몸은 오직 하나의 법신뿐이며, 일불一佛을 염할 때에 곧 일체불一切佛이다.'라고 하였다.)의 사종염불四種念佛을 설하였다. 여기서는 본 연구의 키워드인 칭명염불에 관해 살펴보기로 한다.

칭명염불이란 불보살의 명호를 집지하여 끊이지 않고 소리 내어 염송하는 것을 말한다. 『아미타경』에서는 아미타불에 대한 설법을 듣고 명호를 집지하여 1일에서 7일까지 일심불란하게 해야 한다고 한다. 칭명염불에 대해서 종밀은 과거·미래·현재의 모든 부처님을 친견할 수 있는 일행삼매一行三昧로 설명한다.

또한 칭명염稱名念이란 『문수보살경文殊般若經』에, '다시 일행삼매一行三昧가 있는데, 만약 선남자 선녀인이 이 삼매를 수행하는 것은 부처님의 보리를 속히 얻으려고 삼매三昧에 들어가고자 한다면 마땅히 텅 비고 한가한 곳에 거처하여 모든 산란한 생각을 버리고 모양을 취하지 말고, 마음을 한 부처에 매어두어 오로지 명자名字를 일컬으면서 부처님 쪽을 향해 단정히 바로 앉아 능히 한 부처님을 생각 생각에 상속하게 하면 곧 생각 가운데 능히 과거·미래·현재의 모든 부처님을 친견할 수 있다. 한 부처님을 생각하는 공덕은 무량무변無量無邊하여 모든 부처님의 공덕과 본질적으로 다르지 않다. 이와같이 수많은 항하강의 부처님들의 법계가 차별 없이 하나로 연결된 모습을 모두 깨달을 수 있다. 아난阿難이 총지摠持한 다문多聞과 변재辯才의 백천百千 같은 능력으로도 그것을 분별할 수 없다고 말한 것과 같다.

종밀은 참회하는 방편으로 『문수반야경文殊般若經』(문수반야경의 가르침을 바탕으로 한 명상과 수행은 종밀이 강조한 참회의 방법 중 하나이고, 이를 통해 마음의 평화를 찾고, 지혜를 얻는 과정을 거친다. 또한 일상생활에 적용하여, 자신의 행동과 생각을 반성하고 개선하는 방법으로 삼았다.)을 인용하여 칭명염불을 제시한다. 일반적으로 일행삼매를 실상염불實相念佛로 보는 반면, 종밀은 칭명염불로 설하고 있는 점이 주목할 만하다. 칭명염불을 수행할 때는 청정한 마음이 필요하다. 그래야 불국토가 청정해지기 때문이다. "중생은 업장業障이 깊고 두텁기 때문에 중생들에게 잡념이 무더기로 생겨나 망상이 끊어지지 않아 중생으로 하여금 결정된 마음이 나오지도 못하고 마음을 한곳에 머물 수도 없기 때문에 정념正念을 나타나게 할 방법이 없다." 따라서 범부 중생은 부처님의 명호를 일컫는 칭명염불로써 일심불란一心不亂에 도달할 수 있다. 다시 말해, 칭명염불은 중생이 잡념이나 혼탁한 상태로부터 벗어나서 정념이 현존하도록 돕는다. 잡념과 혼탁한 마음에서 벗어나 일심불란한 상태를 유지하는 것이 중요하다는 점은 『유마경維摩經』에서 "마음이 더러우면 국토가 더럽고 마음이 청정하면 국토가 청정하다."고 강조한 내용과 유사하다. 즉, 중생은 이 칭명염불을 통해 일심불란에 도달하고, 궁극적으로 부처가 될 수 있다.

『십주비바사론十住毘婆沙論』에서는 "아미타불의 본원은 다음과 같다. 만약 어떤 사람이 나를 칭하고 명호를 일컫고 스스로 귀의하면 곧 반드시 선정에 들어가 아뇩다라삼먁삼보리를 얻으리라."라고 설하면서, 일심으로 칭명염불을 하면 불퇴전의 경지에 이르게 되고, 위신력에 힘입어 반드시 선정에 들어갈 수 있으므로 항상 염불을 해야 한다고 강조한다. 이로써 칭명염불을 통해 선을 수행하는 목적을 이룰 수 있게 된다. 즉, 염불의 체득이 곧 수행의 체득이며, 염불이 곧 깨달음이요, 깨달음이 곧 염불인 것이다.


## 2) 관상수행(觀想修行)

염불과 함께 불교 수행 중에서 오랜 역사를 가진 수행법으로는 관상수행觀想修行이 있다. 관상수행은 특정 대상을 집중의 대상으로 삼는 수행이다. 집중을 통해 삼매에 도달하거나 마음의 집중과 변화를 모색한다. 석존 시대 무상관無常觀이나 백골관白骨觀의 경우, 모두 세속에 대한 염리심厭離心을 일으키기 위한 수행법으로, 인생의 덧없음과 죽은 자의 뼈를 상상함으로써 수행자가 세속을 떠나게 하는 것이 목적이다. 한편, 부정관不淨觀은 육신의 더러움을 상상하여 육체적 욕망에서 벗어나기 위한 관상수행이다.

초기 불교의 사념처관四念處觀이나 수식관數息觀처럼 선정의 성취를 위해 특정 대상에 집중하는 것도 관상수행에 근접하는 것이라 할

수 있다. 사념처관은 신수심법身受心法을 대상으로 하여, 몸[身], 감각
[受], 마음[心], 존재하는 모든 현상과 그 본질을 인식[法]에 대해 집중
하는 수행법이다. 수식관은 호흡을 세거나 집중함으로써 선정禪定을
돕는 수행법이다. 마음의 변화나 선정禪定을 위한 외경外境의 대상은
부파불교 시대에도 이어지지만, 대승불교와 깊은 관련이 있는 것은
불탑佛塔신앙이라고 할 수 있다. 불탑은 원래 석존의 사리를 모셔
추모하는 것이 목적이었으나, 점차 법신의 상징으로서 영원성을 상
상하는 것으로 변화되었다. 따라서 불탑 예배는 관불삼매觀佛三昧로
이끄는 관상수행의 한 양상이 되었다. 말하자면 불탑을 보며 석존
의 진리의 영원성을 상상하는 과정에서 불탑이 관상觀想 수행의 대
상이 된 것이다. 초기 대승불교 시대의 정토 신앙에서도 관상수행
이 이루어졌음을 볼 수 있다. 『반주삼매경』에서는 삼매를 얻기 위
해 관상수행을 했다고 설한다.

삼매를 빠르게 얻는 첫 번째 방법은 부처님의 형상을 조성하는 것
이다. 이는 삼매를 성취하기 위한 중요한 수단이기 때문이다.

결국 염불 수행이나 관상수행의 목표 역시 삼매라고 볼 수 있다. 여
기서 말하는 관상수행觀想修行은 백골이나 육신의 각 부분, 불탑 등을
관상의 대상으로 삼는다면, 앞서 염불 수행의 사종염불에서 본 관상
염불觀像念佛은 불보살의 조각이나 회화와 같은 형상 또는 불보살의
상호나 응신을 관상의 대상으로 삼는다는 점에서 차이가 있다.

## 3) 지관수행(止觀修行)

불교 수행은 크게 보면 '지止'와 '관觀'으로 압축된다. '지'는 산스크리트어 사마타(śamatha)에 해당하며, '평온' '고요히 함'을 뜻한다. '관'은 산스크리트어 비파샤나(vipaśyanā)에 해당하며, '관찰' '바른 앎'을 뜻한다. 지의智顗는 '쉬다, 그치다'라는 식息의 의미와 '머무르다, 정해지다'라는 정停의 의미가 '지止'에 내포되어 있고, '꿰뚫다'라는 관천貫穿의 의미와 '통달하다'라는 관달觀達의 의미가 '관觀'에 내포되어 있다고 하였다. 즉 거친 말과 악한 행동을 그치고 마음이 고요하고 깨끗해지는 것이 '지止'이며, 진리를 관찰하고 법계의 실상을 체득하는 것이 '관觀'이다. '지'는 정定을 이끌고, '관'은 혜慧를 드러나게 한다. 또한 '지'는 선정 바라밀과 관련되고, '관'은 반야 바라밀과 관련된다. 그러나 이 둘은 새의 두 날개와 같아 분리될 수 없으므로 지관겸수止觀兼修 또는 정혜쌍수定慧雙修라고 한다. 따라서 지관수행은 선정수행, 참선수행과 같은 말이다. 지의는 지관수행을 위해 방편문方便門과 삼종지관三種止觀을 설하였다. 그는 정에 들지 않았을 때 필요한 외방편外方便을 크게 5가지로 제시하고 이를 다시 5가지 항목으로 세분화하여 총 25가지로 정리하였다. 갖춰야 할 5연五緣, 꾸짖어야 할 5욕五欲, 버려야 할 5개五蓋, 조절해야 할 5사五事, 행해야 할 5법五法이 그것이다.

첫째, 다섯 가지 인연[五緣]을 갖추는 것으로서 ①계율 ②의복과 음식 ③조용한 곳 ④업무를 그침 ⑤선지식이 그것이다. (중략) 둘째, 5욕五欲을 꾸짖는 것이다. (중략) 셋째, 5개五蓋를 버리는 것이다. 5개란 ①탐욕 ②성냄 ③수면 ④도회 ⑤의심을 말한다. (중략) 넷째, 다섯 가지 법[五事]을 잘 조절해야 하니 ①음식 ②잠 ③몸 ④호흡 ⑤마음이 그것이다. (중략) 다섯째, 5법[五法]을 행하는 것이니 ①의욕 ②정진 ③염 ④방편 지혜 ⑤일심을 실천해야 삼매에 들어 수행을 진전시킬 수 있다.

먼저, '5연五緣'이라 하여 계율, 의복과 음식, 조용한 장소, 업무를 그침, 선지식의 다섯 가지를 갖춰야 한다.『천태종 성전』에서는 5연을 갖추는 방법을 다음과 같이 설명한다.

계율을 지키지 않으면 삼매가 발현하지 않으므로 평소 잘 지켜야 하고 만일 실수로 범하였다면 참회懺悔해야 한다. 참회법으로는 작법作法 참회, 관상觀相 참회, 관무생觀無生 참회가 있으니 근기에 맞추어 선택할 것이다. 의복과 음식은 추위와 허기를 면하여 수행에 지장이 없을 정도에서 만족해야 한다.

시끄럽고 부정한 곳을 피해 조용한 거처를 마련하고 생활이나 기예, 학문 등과 관련한 업무들을 잠시 중단해야 한다. 또 수행을 도와줄 선지식이 있어야 하니 공양을 마련하고 수행인을 보호해 주는 외호外護선지식, 함께 수행하면서 격려하고 이끌어주는 동행同行

선지식, 수행을 지도하면서 도중에 일어나는 장애를 극복할 방편을 가르쳐줄 수 있는 교수教授 선지식 등이다.

수행자의 근기에 따라 참회법을 선택하는 것, 수행에 도움을 주는 선지식을 외호外護 선지식과 동행同行 선지식, 교수教授 선지식으로 세분화한 것에서 지관수행을 위한 방편의 구체성을 가늠할 수 있다. 다음으로, '5욕五欲'이라 하여 색욕色欲, 성욕聲欲, 향욕香欲, 미욕味欲, 촉욕觸欲을 꾸짖어야 하며, 그렇게 하기 위해서는 5욕이 생겨나는 초기에 알아차려 그 싹을 끊어내야 한다고 설명한다.

평소 생활하면서 아름다운 이성의 외모나 진귀한 보배에 현혹하는 색욕色欲, 좋은 노래가 멋진 연주에 빠지는 성욕聲欲, 음식 냄새나 체취 등에 미혹하는 향욕香欲, 진귀한 음식에 맛 들이는 미욕味欲, 신체나 옷감 등의 부드러운 촉감에 매료되는 촉욕觸欲 등의 5욕이 일어날 수 있다. 그러할 때 욕심의 대상에 마음이 따라가지 않도록 자신을 꾸짖고 평정심을 되찾아야 한다. 5욕은 타는 불에 장작을 넣은 것과 같이 얻을수록 더욱 심해지는 법이니 인연을 만나 일어나는 초기에 알아채서 싹을 끊도록 한다.

이어서 '5개五蓋'라 하여 탐욕, 성냄, 수면, 도회, 의심을 버려야 한다. 수행 중에 어떤 대상에 대한 욕심이 일어나면 생각이 계속해서 이어져 선심, 즉 '좋은 마음'을 덮어 버리기 때문에 '덮다'라는 뜻의 '개蓋'를 사용하였다고 하면서, 조용히 수행할 때 의근意根에서 생겨나는 욕심이라고 설명한다.

수행자가 바르게 앉아 지관 수행을 시작하는데 문득 어떤 대상에 대한 욕심이 일어나 꼬리에 꼬리를 물고 그 생각이 이어지면 이것이 좋은 마음을 덮어 자라나지 못하게 하므로 '덮을 개(蓋)'를 써서 탐욕개貪欲蓋라고 한다. 앞의 5욕이 일상생활을 하는 가운데 현재 나타난 외부의 5경五境에 대해 생기는 욕심이라면 5개는 조용히 있을 때 자신의 의근意根에서 비롯되는 욕심이다.

평소 5욕이 일어날 때마다 가책하지 않았다면 탐욕개가 두터워져 자리에 앉아도 마음을 한데 모으기가 어렵다. 또 과거의 분하고 원통한 일이 생각나 수행을 장애하는 진에개瞋恚蓋, 잠자는 것처럼 의식이 어둡고 희미한 수면개睡眠蓋, 마음이 산란하다가 후회하는 도회개掉悔蓋도 지관을 수행하는 초기에 일어나기 쉬운 장애이므로 얼른 알아채서 버려야 한다. 또 의개疑蓋가 있으니 자신이 선택한 법이 정법인지에 대한 의심, 자신을 지도하는 스승이 정말 훌륭한지에 대한 의심, 자신이 이 수행을 감당하여 큰 도를 이룰 수 있는지에 대한 의심 등인데 이 또한 선심善心을 덮어버리는 작용을 하니 얼른 버려서 신심信心을 다져야 한다.

다음으로, '5사五事'라 하여 음식, 잠, 몸, 호흡, 마음을 잘 조절해야 한다. 수행하는 몸을 유지하기 위해서는 음식을 먹어야 하지만, 그 양을 적절히 조절하지 못하거나 좋지 않은 음식을 먹으면 탈이 생기므로 조심해야 한다. 잠도 역시 마찬가지여서 너무 많이 자는 것도, 그렇다고 잠을 자지 않는 것도 맑고 뚜렷한 정신을 유지하기 어려우니 잘 조절해야 하며, 몸, 호흡, 마음 역시 그러하다.

끝으로, 행해야 할 '5법五法'은 의욕, 정진, 염, 방편 지혜, 일심의 다섯 가지로, 이를 잘 실천해야 삼매에 들 수 있고 수행이 진전된다.

의욕欲은 선정을 닦는 처음에 삼매를 성취하기 위해 큰 뜻을 내는 것으로서 법욕法欲이라고도 한다. 그러나 일단 수행을 시작하게 되면 무심이 되어야 하며 속히 성취하기를 바라는 마음으로 부지런히 노력하는 것이니, 몸이 힘들어도 쉽사리 포기하지 않고 집중이 힘들어도 마음이 멋대로 돌아다니도록 방일放逸하지 않는 것이다.

다음에 염念이란 이미 배운 것을 잊지 않고 기억하는 것이니 지금 자신이 처해 있는 욕계보다는 욕심이 없는 색계의 상태가 수승함을 생각하고, 또 삼매에 들었어도 초선初禪보다는 제2선이, 제2선보다는 제3선이 한층 뛰어난 경지임을 잊지 않고 계속 생각하는 것이다. 방편 지혜란 욕계의 즐거움과 색계의 즐거움을 비교하여 그 득실과 경중을 헤아리는 지혜를 말한다. 그리하여 그때그때 필요한 방편을 잘 사용할 줄 알아야 한다. 마지막으로 일심一心이란

방편 지혜로써 길을 선택하였다면 오로지 한 마음으로 그 길에 집
중하여 다른 마음이 일어나지 않는 것을 말한다.

이러한 25가지 방편문은 모든 지관수행, 점차지관, 부정지관, 원돈
지관에 필요한 조건이며 『천태소지관天台小止觀』에서도 자세히 설명
되어 있다. 이를 표로 정리하면 다음과 같다.

〈표 II-2〉 25가지 외방편

| 갖춰야 할 5연(五緣) | 계율, 의복과 음식, 조용한 곳, 업무를 그침, 선지식 |
|---|---|
| 갖춰야 할 5연(五緣) | 색욕(色欲), 성욕(聲欲), 향욕(香欲), 미욕(味欲), 촉욕(觸欲) |
| 버려야 할 5개(五蓋) | 탐욕, 성냄, 수면, 도회(掉悔), 의심 |
| 조절해야 할 5법(五事) | 음식, 잠, 몸, 호흡, 마음 |
| 행해야 할 5법(五法) | 의욕, 정진, 염(念), 방편 지혜, 일심(一心) |

지의(智顗, 538-597)는 초기 불교부터 대승불교에 이르기까지 모든
수행법을 수행자가 처한 상황과 그 능력에 따라 닦을 수 있도록 정
리하였다. 이것을 삼종지관三種止觀이라고 부르는데, 바로 점차지관
漸次止觀, 부정지관不定止觀, 원돈지관圓頓止觀이다. 점차지관은 "낮은
단계의 수행법부터 높은 단계로 닦아서 구경의 실상에 이르도록 정
리한 수행문"이고, 원돈지관은 "차제를 거치지 않고 불가사의한 원
교의 경계를 관하여 곧바로 실상을 깨달아 증득하는 수행문"이며,
부정지관은 "앞의 두 지관문의 체계를 따르지 않고, 단일의 수행 체
계를 능력과 상황에 맞게 활용하도록 한 수행법"이다. 점차지관은

『석선바라밀차제법문釋禪波羅蜜次第法門』에, 부정지관은 『육묘법문六妙法門』에, 원돈지관은 『마하지관摩訶止觀』에 설해진 수행법이다. 이들 삼종지관의 구체적인 수행법을 살펴보기로 한다.

점차지관에 대해 『천태종 성전』에서는 다음과 같이 설명한다.

> 가장 먼저 삼귀의와 십선계를 수행하여 바른길로 향하고 삼악도를 여읜다. 다음 유루有漏의 선정을 수행하여 욕망의 그물을 끊고 색계와 무색계의 천도天道에 이르고 다음 무루無漏의 지혜를 닦아 삼계를 벗어나서 열반도에 이른다. 다음에 자비를 수행하여 보살도에 이르고 마지막으로 실상의 지혜를 닦아 상주常住하는 도리에 이른다.

즉, 삼귀의와 십선계, 유루선有漏禪, 무루선無漏禪, 열반도, 실상의 지혜를 차례로 닦는다는 것이다. 십선계에 대해서는 뒤의 Ⅲ장 5절에서 구체적으로 다루기로 하고, 여기서는 『천태종 성전』에 소개된 유루선과 무루선에 대해 살펴본다.

### (1) 유루선

유루선은 정학定學의 기본인 색계 사선色界四禪을 말하는 것으로, 이것만으로는 완전한 깨달음에 이르지 못하기 때문에 유루선이라 한다. 호흡을 통해 깊은 선정에 드는 안반법安般法이 여기에 해당된다. 들숨이나 날숨 중 하나를 정해 열까지 세는 수식법數息法을 수행하다 보면 점차 마음이 집중되어 외부 경계에 끌려가지 않게 되며, 욕계정欲界定이라 칭하는 선정에 들게 된다.

고요하고 깊게 호흡하면서 들숨이나 날숨 어느 한 가지를 정하여 열까지 센다. 마음이 점차 비고 응집되어 외부의 경계에 끌리지 않게 되면 몸이 편안해지는 지신법持身法이 일어난 뒤 의식이 맑고 밝아지면서 정에 들게 된다. 이 단계는 욕계의 몸에 대한 상이 남아 있어서 욕계정欲界定이라고 하는데 아직 삼매가 얕아서 깨지기 쉬우므로 주의해야 한다.

이 욕계정을 성취한 뒤에는 미도지정未到地定에 드는데, 마치 허공에 뜬 것처럼 감각을 느낄 수 없게 되는 상태를 말한다. 이러한 상태를 하루에서 1년까지 반복하다 보면 동촉動觸을 비롯한 8촉八觸을(①동촉 ②가려움 ③시원함 ④따뜻함 ⑤가벼움 ⑥무거움 ⑦거친 느낌 ⑧매끈한 느낌.『천태종 성전』에서는 "팔촉이 머리 위에서부터 생기면 대개 선정이 끝나고 다리나 허리에서 생겨 퍼져 올라가면 대개 진전되며, 감촉이 생길 때마다 마음이 맑고 깨끗하고 즐거우면 바른 것"이라고 설명한다.) 경험하게 되는데, 이는 초선初禪에 든 징후이다. 초선에서는 각覺, 관觀, 기쁨喜, 즐거움樂, 일심一心이 갖춰진다. 신체의 촉감을 느껴 좋고 나쁨을 분별하고, 떨 듯이 기뻐하며, 몸

전체가 편안해지는 것이다. 이는 5욕과 5개를 떠난 색계 선정으로서, 이구선離俱禪이라 부르기도 한다.

초선을 성취한 후 육행관六行觀을 닦아 미도지정에 다시 들었다가 마음이 밝고 깨끗해지면 제2선에 든다. 제2선에서는 큰 기쁨이 일어나므로 희구선喜俱禪이라고 부르기도 하는데, 내정內淨, 기쁨, 즐거움, 일심이 갖춰진다. 내정은 초선에서의 각, 관이 사라짐으로써 마음이 깨끗하다는 뜻이며, 초선에서의 기쁨에 비해 미묘하고 청정하다. 제2선을 성취한 후 다시 육행관을 닦아 일심으로 집중하면 다시 미도지정에 들었다가 마음이 사라진 듯 즐거움과 더불어 일어나는 제3선, 즉 낙구선樂俱禪에 든다. 『천태종 성전』에서는 이때의 즐거움에 대해 "세상 그 무엇과도 비교할 수 없을 정도로 미묘하다."고 묘사한다. 제3선에 든 뒤 마음이 가라앉을 때는 염·정진·혜로써, 마음이 치솟을 때는 삼매의 정법을 생각함으로써 조절해야 한다. 여기서는 사捨, 염念, 지智, 낙樂, 일심이 갖춰지는데, ("제3선에는 5지가 있으니, 사捨·염念·지智·낙樂·일심一心이다. 사란 제3선을 얻었을 때 제2선의 기쁨이 사라졌어도 후회하지 않는 것이고 염지란 제3선의 즐거움을 얻은 뒤 앞에서 말한 세 가지 조절법을 써서 이를 잘 지킬 것을 염함으로써 즐거움을 증장시키는 것이다. 지란 세 가지 조절법을 잘 사용하여 세 가지 잘못을 저지르지 않도록 지혜롭게 생각하는 것이고 낙지란 즐거움이 온몸 전체에 퍼져서 느끼는 것을 말한다. 일심지란 즐거움을 느끼는 마음이 잠잠해져서 한 마

음으로 적정해진 모양을 말한다.") 이때의 즐거움을 물리쳐야 제4
선에 들 수 있다. 제3선에서 다시 육행관을 닦아 미도지정을 거치면
마음이 안온하고 호흡이 끊어진 제4선에 든다. 이때 괴로움이나 즐
거움이 없이 평정한 상태인 사捨가 일어나므로 사구선捨俱禪 혹은 부
동정不動定이라 부르기도 한다. 제4선에서는 불고불락不苦不樂, 사捨,
염청정念淸淨, 일심이 갖춰진다. ("제4선에는 4지가 있으니 불고불락
不苦不樂ㆍ사捨ㆍ염청정念淸淨ㆍ일심이다. 괴로움이나 즐거움과 상응
하지 않기 때문에 불고불락이고, 불고불락의 선정을 얻은 뒤 3선의
수승한 즐거움을 버리고도 후회하지 않으므로 사지捨支이며, 선정이
분명하여 평등한 지혜로 비추어 볼 수 있으므로 염청정이고 정에
든 마음이 적정寂靜하여 비록 여러 가지 인연을 대하더라도 마음이
동요하지 않는 것을 일심지라고 한다.") 제4선이 바로 모든 부처님
이 정각을 성취하는 선정이다.

초선부터 제4선까지가 색계 사선이고, 선바라밀을 위해서는 이보
다 더 깊고 고요한 사무색정四無色定 또는 무색계정無色界定이라 부르
는 선정에 들어간다. 무색계정의 첫 번째는 공무변처정空無邊處定 또
는 공처정空處定이라 부르는 단계로, 제4선에서 허공을 반연하여 색
계를 벗어남으로써 들어갈 수 있다. 무색계정의 두 번째는 식무변
처정識無邊處定 또는 식처정識處定으로, 공처정에서 반연하던 허공을
버리고 마음에서 일어나는 식識을 반연하여 머무른다. 세 번째는
무소유처정無所有處定 또는 불용처정不用處定이라 하는데, 마음속의

일체 경계가 다 사라지는 단계이다. 무색계정의 마지막 단계는 비상비비상처정非想非非想處定 또는 비유상비무상처정非有想非無想處定이라 부르는 단계로, 도를 깨닫지 못한 범부에게는 생각이 없는 것 같지만 불법의 관점에서는 생각이 없는 것이 아니어서 이렇게 부른다.

지금까지 살펴본 유루선을 표로 정리하면 아래의 〈표 II-3〉과 같다.

〈표 II-3〉 유루선의 종류와 특징

| 유루선 | | 이명(異名) | 특징 |
|---|---|---|---|
| 욕계정 | | | 지신법(持身法) |
| 미도지정 | | | 동촉(動觸) 등 8촉 |
| 색계사선<br>(色界四禪) | 초선 | 이구선(離俱禪) | 각(覺), 관(觀), 희(喜), 락(樂),<br>일심(一心)의 5지(支) |
| | 제2선 | 희구선(喜俱禪) | 내정, 의, 락, 일심의 4지 |
| | 제3선 | 낙구선(樂俱禪) | 사, 염, 지, 락, 일심의 5지 |
| | 제4선 | 사구선(捨俱禪)<br>부동정(不動定) | 불고불락, 사, 염청정,<br>일심의 4지 |
| 사무색정<br>(四無色定) | 공처정(空處定) | 공무변처정<br>(空無邊處定) | 삼매 중에 일체의 색법이<br>멸하고 허공만을 관함 |
| | 식처정(識處定) | 식무변처정<br>(識無邊處定) | 공처정을 떠나 마음의<br>식(識)을 반연하여 머묾 |
| | 무소유처정<br>(無所有處定) | 불용처정<br>(不用處定) | 허공이나 식 등 안팎의<br>모든 경계를 떠난 선정 |
| | 제2선비유상비무상처정<br>(非有想非無想處定) | 비상비비상처정<br>(非想非非想處定) | 생각이 있는 것도 아니고<br>없는 것도 아닌 선정 |

123

## (2) 무루선

앞에서 살펴본 유루선만으로는 윤회에서 벗어날 수 없다. 따라서 무루선을 닦아야 하는데, 『천태종 성전』에는 무루행을 닦는 지관수행이 두 종류로 소개된다. 하나는 '대치무루對治無漏'이고, 다른 하나는 '연리무루緣理無漏'이다. 대치무루는 탐진치 삼독을 다스리기 위한 수행법이고, 연리무루는 진여의 공을 바로 관하는 수행법이다.

탐욕이나 진에 등 삼독을 직접 다스리기 위한 수행을 대치무루행이라 부르니 이 수행법으로는 ①구상 ②팔념 ③십상 ④팔배사 ⑤팔승처 ⑥십일체처 ⑦구차제정 ⑧사자분신삼매 ⑨초월삼매가 있다. 이와 달리 진여의 공을 바로 관하는 혜행慧行을 연리무루행이라 부르니 사성제를 관하는 사제관四諦觀과 십이연기를 순·역으로 관하는 12인연관이 여기에 속한다.

점차지관은 이렇듯 다양한 수행법이 체계화되어 있는 보살도의 행법이다. 오늘날 한국 천태종에서는 수행자가 적절하게 대응할 수 있도록 점차지관의 선정 방편과 사선四禪의 단계는 알아둘 필요가 있다고 가르치고 있다. 이제 점차지관에 이어 부정지관에 대해 알아보기로 한다.

부정지관이란 "일정한 단계와 계위의 차례가 없이 수행자의 근기에 맞게 격식에 매이지 않고 닦는 지관법"을 말한다. 별도의 계위가 없기 때문에 점차지관을 수행하다가 원돈지관이 되기도 하고, 원돈지관을 수행하다가 점차지관이 되기도 하는데, 이는 수행자의 업보나 근기가 저마다 다르기 때문이다. 부정지관은 육묘문六妙門으로 설명되는데, ①수數 ②수隨 ③지止 ④관觀 ⑤환還 ⑥정淨의 여섯 가지가 그것이다. 이들 육묘문은 별도로 정해진 단계가 없으며, 낮은 삼매 단계라 하더라도 정심淨心을 성취하면 "무루의 지혜"를 얻을 수 있다고 한다. 오지연에 의하면 이 육묘문은 원래 호흡을 살피는 선법이나, 호흡 수행에 한정되지 않고, "불교 경전에 설해진 모든 선법禪法을 망라"하며, "불교의 모든 수행법에 적용되는 원리"이다. 호흡 수행을 기준으로 육묘문을 풀이하면 다음과 같다.

① 수數 : 수행자가 고요히 호흡하면서 호흡의 수를 헤아린다. 오직 숫자를 헤아리는 데 마음을 매어 하나부터 열까지 세다 보면 마음이 미세해지면서 숫자를 헤아리는 것이 거추장스러워지는데 이때는 호흡을 따라가는[隨] 수행으로 넘어간다.

② 수隨 : 호흡의 숫자를 세던 것을 버리고 오직 호흡이 들고나는 것을 의식이 따라가는 수행이다. 이것이 거추장스러워지면 따라가는 것을 버리고 머무는[止] 수행으로 넘어간다.

③ 지止 : 수행자가 모든 대상에 대해 마음을 멈춰 생각을 쉬고, "모든 대상에 대한 생각을 쉬고 호흡의 숫자를 세거나 호흡을 따라간다는 생각을 하지 않으면서 그 마음을 고요히 응하게" 한다. 이를 제심지制心止라 한다.

④ 관觀 : 심안心眼으로 들고 나는 호흡의 미세한 것을 제관諸觀한다. 관으로써 이해가 생겨나면 관하는 경계를 분석하고 분별하면서 생각이 흔들리는데, 이는 진실한 도가 아님을 깨달아 관을 버리고 환으로 넘어간다.

⑤ 환還 : 관을 돌이켜 보면 그 마음이 본래 스스로 생겨나는 것이 아니며, 따라서 있는 것이 아니므로 자성이 없이 공한 것이니, 관하는 주관과 경계가 없어져 근원으로 돌아가는 것이다.

⑥ 정淨 : 무루의 지혜가 일어나 번뇌가 없어지고 청정함을 증득한다.
이들 육묘문을 위에서 제시한 순서대로 수행하는 것은 '차제상생육묘문次第相生六妙門'이라 한다. 『천태종 성전』에 의하면 부정지관으로서의 육묘문을 닦는 방법은 다섯 가지가 있다. 첫째는 수행자가 자신에게 맞는 한 가지 방법을 집중적으로 수행하여 증과를 얻는 것으로, '편의에 따른 육묘문隨便宜六妙門'이라 한다. 둘째는 장애가 나타났을 때 이를 다스릴 수 있는 방법을 수행하는 것으로, '수대치육묘문隨對治六妙門'이라 한다. 셋째는 여섯 가지 중 어느 한 가지를 닦으면 나머지 다섯 가지가 그 안에 포함되는 '상섭육묘문相攝六妙門'이다. ("예를 들어 호흡을 세는 수數법을 행한다면 의식이 호흡을 따라가며 세는 것이므로 수隨법이 그중에 있게 되고, 호흡에만 의식을 집중해야 하므로 지止법이 포함되며, 호흡과 숫자를 분명히 인식해야 하므로 관觀법도 그 가운데 포함된다. 수를 세다가 다른 생각이 끼어들면 얼른 자각하여 수식에 마음을 돌려야 하므로 환還문이 되고, 수를 세는 마

음에는 오개나 거친 번뇌들이 사라져 고요하므로 정淨문에 포함되는 것이다.") 넷째는 다양한 근기의 수행자들이 증득하는 바가 서로 다르게 나타나는 '통별육묘문通別六妙門'이고, 다섯째는 중생에게 이익이 되게 하겠다는 대원大願을 세우고 보살지에 오른 수행자가 닦는 '선전육묘문旋轉六妙門'이다. 육묘문을 수행하는 이 다섯 가지 방법에는 정해진 차례가 없고 증득하는 모습도 수행자에 따라 다르기 때문에 부정지관인 것이다.

삼종지관의 마지막 원돈지관은 삼제원융三諦圓融의 중도실상中道實相에 부합하여 수행하는 것이다. 『천태종 성전』에서는 원돈지관에 대해 다음과 같이 설명한다.

> 일체의 법은 중도가 아님이 없어서 번뇌즉보리煩惱卽菩提요 생사즉열반生死卽涅槃이니 끊어야 할 번뇌도 증득해야 할 열반도 없다. 법성 그대로 고요함이 지止요, 고요하되 항상 비추고 있음이 관觀이다. 이러한 무위無爲의 이치로 지관을 닦되 그 수행은 한 법도 빠짐없이 다 갖추고 있으니 원圓이요, 허공에 오른 것처럼 계층과 단계가 없으니 돈頓이다. 이 수행은 초주初住의 보살지에 오르기 위한 방법이다.

이 원돈지관 수행은 사종삼매四種三昧의 형식에 십경십승관법十境十乘觀法의 내용에 따라 수행하는 것이다. 사종삼매란 좌선, 행선, 염불 등 수행의 형식에 따라 상좌삼매常坐三昧, 상행삼매常行三昧, 반행반좌삼매半行半坐三昧, 비행비좌삼매非行非坐三昧로 나눈 것을 말한다.

상좌삼매는 일행삼매一行三昧라고도 하며, 항상 결가부좌 자세로 앉아서 하는 좌선 위주의 행법이다. 상행삼매는 불립삼매佛立三昧라고도 하며, 계속 걸으면서 염불하는 수행법이다. 이 수행을 통해 부처님의 모습을 볼 수 있기 때문에 붙여진 이름이다. 반행반좌삼매는 방등삼매方等三昧 또는 법화삼매法華三昧라고 하며, 행도와 좌선을 병행하는 수행이다. 비행비좌삼매는 위에서 말한 세 가지에 포함되지 않는 일체의 행법에 해당되기 때문에 수자의삼매隨自意三昧라 부르기도 하고, 각의삼매覺意三昧라고도 한다.

결국 삼종지관의 지관수행은 많은 불교 수행법을 수행자의 근기와 편의에 맞게 수행할 수 있도록 체계적으로 정리해 둔 것이라고 이해할 수 있다. 이러한 수행 체계는 현대 한국 천태종의 수행 체계에도 반영되었으며, 관음 신행 역시 그 체계 안에서 이루어지고 있다고 본다. ("관음주송을 놓고 보면 자리에 앉아 철야로 정진하는 것은 상좌삼매이고, 일하거나 쉴 때, 식사 때나 움직일 때 늘 주송을 놓지 않고 자신을 관찰한다면 비행비좌삼매에 속한다고 할 수 있다. (중략) 관음주송을 통해 일심삼관一心三觀을 이루어 모든 법의 진실한 모습[諸法實相]을 보게 된다면 그것이 바로 불도를 이루는 것이다.")

지금까지 관음 신행의 기반이 되는 관음신앙의 배경에 대해 살펴보았다. 관세음보살의 중생구제 본원, 위신력, 응신과 화현 등은 염불 수행은 물론 관상수행이나 지관수행을 통해 오늘날의 관음 신행으로 이어지고 있다. 특히 말법 시대에 살아가는 현대 불자들에게 관음 신행은 재난 구제, 질병 치유, 소원 성취와 같은 세속적 이익뿐 아니라, 불퇴전의 지위를 얻어 해탈과 열반에 이르는 출세간적 이익에 대한 희망과 수행 정진의 의지를 북돋아 줄 수 있는 바른길을 제시해 준다는 점을 확인하였다. 다음 장에서는 이러한 관음신앙이 우리나라에 어떻게 수용되고 전개되어 왔는지를 고찰해 보기로 한다.

# 4. 관음신앙의 성격과 특징

## 1) 밀교 신앙의 영향

대승불교 중에서도 비교적 후대에 형성된 밀교계 경전에서도 관음
신앙을 볼 수 있다. 밀교는 다시 초기 밀교 경전과 중기 밀교 경전
으로 나뉘는데, 후자의 경우 조직화된 의궤가 수록되어 있는 것이
특징이다. 『천수천안관세음보살광대원만무애대비심대다라니경』,
즉 『천수경千手經』은 초기 밀교 경전이고, 『대일경大日經』이라 불리는
『대비로자나성불신변가지경大毘盧遮那成佛神變加持經』은 중기 밀교 경
전이다.

『천수대비경』에 따르면, 관자재보살은 예전에 '광대원만무애대비
심대다라니'를 듣고 모든 중생을 이롭게 하고자 천수천안을 갖기를
원했으며, 그 즉시 그렇게 되었다고 한다. 이 대비주를 지니면 열다
섯 가지 선함을 얻고 열다섯 가지 악함을 물리칠 수 있다고 전해진
다. 『천수경』은 관음이 설해진 많은 밀교 경전 중 대표적인 경전으

로, 대비심다라니를 포함하고 있다. 이 다라니는 모든 중생을 안락하게 하고, 모든 병을 없애주며, 수명을 연장하고, 악업 중죄를 소멸시키며, 모든 공덕을 증장시키고, 모든 두려움을 없애주며, 일체 소원을 신속히 성취시켜 준다. 밀교의 방편을 성취하는 것은 다라니 주문에 있으며, 밀교의 관음신앙 또한 칭명이 아닌 다라니를 외움으로써 소원을 성취할 수 있게 되어 있다.

가범달마伽梵達摩가 번역한『천수경』에는 관세음보살이 다라니를 설하는 내용이 나온 뒤, 관세음보살의 연원에 대한 설명이 이어진다.

아난이 부처님께 여쭈어 말하였다. "세존이시여! 이처럼 능히 다라니를 설하시는 이 보살마하살께서는 또 다른 이름이 있으십니까?" 이에 부처님께서는 "이 보살의 이름은 관세음자재로 일명 연색撚索, 또는 천광안千光眼이라 한다. 이 관세음보살에게는 불가사의한 위신력이 있으니, 과거 무량겁 가운데 부처의 경지에 이르러 그 호를 정법명여래正法明如來라 하였다. 그럼에도 대비원력大悲願力으로 일체중생을 안락케 하기 위하여 보살의 형상을 나타냈으니, 모든 대중과 범천·제석천·사천왕·천·용·귀신 등이 마땅히 그를 공양·찬탄하면 많은 복을 얻고 죄를 멸하여 목숨이 마치고 난 뒤 아미타부처님 국토에 왕생하게 될 것이다."라고 하셨다.

현교의 보살은 중생구제를 위해 성불을 미룬 존재인 반면에,『천수

경』에서 관세음보살은 이미 성불하여 정법명여래正法明如來라는 명
호로 밝혀져 있다. 초기 밀교 경전에서 기존 보살의 한계를 극복하
고 성불 보살로 명확히 인정한 점은 주목할 만하다. 다시 말해, 밀
교에서는 칭명염불보다 다라니 염송을 통해 관음 신행이 이루어졌
으며, 현세에서의 이익뿐 아니라 사후 정토왕생까지 성취할 수 있
다는 신앙으로 발전했음을 알 수 있다.

신라 중대의 불교 안에서 대표적으로 유통되었던 십일면이나 천수
천안 같은 변화관음(대승불교 초기 일면이비一面二臂의 인간적인 자
태를 취하던 관음을 '聖觀音' 또는 '正觀音'이라 칭하는 데 반해
변화관음은 초인적인 다면다비의 형상을 통칭하는 것으로『대일경
』과『금강정경』의 양부경에서 통일을 보기 이전의 밀교경전에서
설하는 관음을 일컫는다.)의 다면성, 초월성, 변신성 등은 인도 고
대 신화에 나오는 신들의 초인적인 특성과 관련 있으며, 힌두교의
시바와 비슈누 신앙에서 보이는 화신 관념의 영향을 받은 것으로
보고 있다. 십일면관음은(11이란 숫자의 연원에 대해서는 여러 설
이 있는데 그중 십일지의 불과위를 상징하는 것으로 십품十品의 무
명을 끊고 십바라밀을 얻은 정법명여래의 과果를 설하는 데에서 유
래되었다는 설이 가장 일반적이다. 이러한 11면관음상은 도상학적
으로 볼 때 인도 고대의 베다 신화에 나오는 폭풍우와 파괴의 신인
루드라(Rudra)에서 유래되었다는 견해가 있다. 루드라는 십일황신
(十一荒神, 濕縛神)이라고도 하는데 강력한 파괴력과 대지의 생물

을 육성시키는 몬순의 힘을 신격화한 것으로 파괴와 온화라는 이중적 성격을 가지고 있다. 보통 갈색의 몸에 손에는 활을 든 모습으로 2비, 4비, 6비의 형상으로 나타나며, 이후 힌두교의 시바신이 되었다. 시바신을 부르는 11개의 이름 중에 십일최승十一最勝, 십일면로나라十一面嚕拏羅 등이 포함되어 있어, 루드라는 11이라는 수와 관련이 있으며 11면 관음보살의 성격이나 도상과도 유사한 점이 있는 것으로 볼 수 있다. 300년경에 출현한 Visnu Purana에는 브라흐마가 루드라에게 남성과 여성으로 나누어질 것을 명령하여 루드라는 열하나의 존재가 되었고 이 가운데 시바가 포함되어 있었다는 기록이 있다. 혹은『십일면관음신주경』에 나오는 십일억제불이라는 내용을 근거로 11면이 십일억제불을 대표하는 의미에서 비롯된 것이라는 견해도 있으며 천天, 공空, 지地의 삼계三界로 이루어진 33천에 각 계마다 11신을 배치하여 전 우주를 상징하는 것으로 해석하기도 하였다. 또 '보문'이 '모든 방향으로 얼굴을 향한 자'라는 의미에서 불교에서의 시방十方과 같은 뜻이므로 본 얼굴 외에 10개의 얼굴을 가진 존격으로 11면 관음이 성립되었다는 견해도 있다.) 밀교가 본격적으로 유행하기 이전인 4-5세기에 조성되기 시작하였는데, 대승불교에 밀교적 성격이 강해지면서 팔이 여러 개 달린 다비상으로 전개되었다. 이는 중생을 제도하는 관세음보살의 방편을 극대화하여 상징적으로 표현한 것이며, 더 많은 얼굴과 팔을 가진 천수천안관음을 비롯한 다면다비의 불상이 출현할 수 있는 토대가 되었다.

이처럼 십일면관음은 변화관음상의 초기 형태로, 중국에서 십일면 관음신앙의 소의 경전이 처음 한역된 것은 564년 북주 야사굴다耶 舍掘多 역『불설십일면관세음신주경佛說十一面觀世音神呪經』이다. 이 야 사굴다 본을 현장(602-663)이 656년에 재역한 것이『십일면신주심 경十一面神呪心經』이다. 7세기 말에서 8세기 초에 조성된 중국의 십일 면관음상은 현장이 구법 여행을 마치고 돌아온 후 번역된 한역 밀 교 경전의 영향을 받았다. 천수관음신앙 역시 당대에 다수 한역漢譯 되었는데, (최근 사천성 청량산의 천수관음상이 북주 대(557-581)에 조성된 것이라 알려져 있고 인도승 구다제바瞿多提婆가 당 무덕 연간 (武德, 618-626)에 그림과 경전을 진상하였다는 기록이 전하는 것으 로 보아 6-7세기경 천수관음 경전과 도상이 전해진 것으로 보이지 만, 천수관음상이 본격적으로 조성되기 시작한 것 역시 7세기 후반 이후라고 생각된다.) 대표적 경전이『천광안관자재보살비밀법경千 光眼觀自在菩薩祕密法經』이다.

신라 중대의 불교는 화엄 교학이 주도하였는데, 밀교와 같은 새로 운 사상이 유입되면서도 화엄 세계관 안으로 통섭되는 경향이 나타 났다. 밀교는 화엄 사상은 원리적인 면에서 상통하며, 밀교 순밀의 신라 전래에 중요한 기반이 되었다. 의상의「법성게」에 제시된 화 엄의 '구래성불舊來成佛' 론은 밀교의 즉신성불卽身成佛론과 유사하며, 이후 등장하는 선禪의 견성성불見性成佛론과도 연결된다고 할 수 있 다. 이처럼 신라 불교 안에서 밀교는 화엄 사상의 절대적 영향력과 함께, 신라 하대 선종의 확산으로 인해 한국 불교 안에서 순수한 실천 전통으로 자리매김하지 못했다.

밀교적 관음신앙의 전개 또한 화엄 사상가인 의상義湘이『천수경』을 신라 사회에 유입하면서 화엄 행자의 실천도로 활용한 데서 비롯되었다. 변화 관음상의 봉안이나 진언 다라니와 같은 밀교 행법 역시 현교 신앙의 범주 안에서 관세음보살의 능력을 촉발하는 방편으로서 신행 양식을 확장시킨 것이라고 이해할 수 있다. 즉 유식, 법화, 화엄, 선 등 대승 현교의 기조를 꾸준히 유지해 왔던 신라 불교 안에서 십일면이나 천수관음신앙은 법화와 화엄을 양대 축으로 하는 관음신앙의 외연과 형식을 확장하는 기제라는 측면에서 그 기능과 의미를 이해할 수 있다.

특히 십일면이나 천수천안과 같은 변화관음신앙의 유통은 신라 불교 안에서 관음신앙이 치병, 식재, 항마 등과 현세 이익을 추구하는 실용적 신앙 기제의 성격이 강화되는 데 중요한 영향을 미쳤다. 이로 인해 개인이나 국가 사회적 차원에서 겪는 각종 재난에 대한 구호 방편으로서 관음신앙의 역할과 기능이 부각 되었으며, 신라 민중을 실질적으로 구호하는 관세음보살의 타력성이 변화관음신앙을 수용함으로써 더욱 강화되었다. 요약하면, 신라 관음신앙은 기본적으로「관세음보살보문품」과 화엄 사상을 바탕으로 그 성격이 규정되지만, 신행 공간의 조성이나 의례의 형식에서는 십일면과 천수관음보살상이 공동체의 신앙과 예경의 대상으로 자리매김하면서 밀교의 영향을 받고 있다. 신라 불교 안에서 십일면과 천수관음상을 봉안했던 문화는 오늘날까지 이어지고 있다.

## 2) 신행의 유형과 감응의 인과 관계

천태 지의는 『법화현의』「감응묘感應妙」에서 삼세인과론三世因果論의 관점에서 신행과 그에 상응하는 결과를 "중생의 근성根性이 백천 가지이고, 제불諸佛의 교묘한 감응感應이 무량하기 때문에 그 갖가지 경우에 따라서 득도得度함이 같지 않다"고 주장하면서 신행과 감응의 인과 관계를 네 가지 유형으로 밝히고 있다.

첫째, 명기명응冥機冥應, 둘째, 명기현응冥機顯應, 셋째, 현기현응顯機顯應, 넷째, 현기명응顯機冥應이다. '기機'란 수행 등의 인행因行을 말하며, '응應'은 그에 따른 부처의 과방편果方便을 말한다. '명기冥機'는 과거에 닦았으나 현재에는 선업을 증장하지 않고 과거의 닦은 업력에만 의존하는 것이다. 명응冥應은 은밀하게 법신法身을 위해 이익이 있지만, 보이거나 들리지 않는 응답을 의미한다. 명기현응冥機顯應은 과거에 선근을 심어 '명기冥機'가 이루어진 상태에서 부처를 만나 법을 듣고, 현재에서 곧바로 이익을 얻는 응답顯應을 뜻한다. 현기현응顯機顯應은 현재 신구의 삼업三業을 통해 부지런히 정진함으로써, 바로 그 즉시 응답이 있는 것을 의미한다. 도량에서 수행자가 예참을 하면서 즉시 신령한 상서를 느끼는 것과 같다. 현기명응顯機冥應은 현생에서 열심히 수행하여 쌓은 선업의 과가 아직 현실로 나타나지 않고 그 이익이 감추어져 있는 경우이다.

지의는 불보살과 중생의 감응 유형에는 네 가지가 있다고 설명한다. 네 가지란 ① 과거에 닦은 신행의 감응이 드러나지 않은 '명기명응冥機冥應' ② 과거에 닦은 신행의 결과로 현세에 이익을 얻는 '명기현응冥機顯應' ③ 현생에 부지런히 신행을 닦아 현세에 그 감응이 드러나는 '현기현응顯機顯應' ④ 현생에 부지런히 신행을 닦아 선업을 이루었으나 그 감응이 아직 드러나지 않은 '현기명응顯機冥應'이다.

지의에 의하면, 중생의 근기가 저마다 다르기 때문에 신행의 내용이나 실천은 다양할 수밖에 없으며, 그에 상응하는 결과 역시 시공간에 차이가 나타난다. 중요한 것은, 현세 또는 과거세의 신행에 따른 결과가 현세든 내세든 반드시 나타난다는 사실이다. 배금란은 '감응'이란 "'성聖'이 '속俗'인 중생의 인식과 감각을 통해 현실적으로 드러나는 '사태'"로 정의하며, 중생의 '감'과 가피를 시연하여 그에 '응'하는 관세음보살의 상호 이원성이 내재되어 있다고 설명한다.

중생의 신행에 따른 불보살의 감응의 인과 관계에는 중생의 근기뿐 아니라 두 가지 원력願力이 핵심 동인으로 작용한다. 첫 번째 원력은 수행자가 성불의 과위果位로 신행을 닦는 기반이 (법장은 『대승기신론』의 사상에 의거하여 "수행자가 초발심주初發心住에 도달하면 물러남이 없게 되는데, 이는 원력에 의해 몸을 자유자재로 받아서 업에 매이지 않기 때문"이라고 설명하고 있다.) 되는 것으로, '상구보리'의 차원이다. 두 번째 원력은 중생들에 대한 대비심의 발현으로서 (『俱舍論』에는 "여러 부처들이 과거 보살이었을 때 일체중생들을 위하여 '구할 것도 의지할 것도 없는 암흑 같은 세상에서 등정각을 성취하리라'는 크나큰 서원을 세웠다."는 언급이 나타나고 있다.) 일체중생을 제도하고자 하는 불보살의 대비심이 발현되는 '하화중생'의 차원이다. 이 두 가지 원력 중 전자는 향상문(向上門, 修行)의 과위果位로, 후자는 향하문(向下門, 救濟)의 인위因位로 자리이타행의 성취를 추동하는 동인動因이라고 설명하고 있다. 특히 향하문으로서 불보살의 원력은 감응의 형태를 특정特定하게 된다. 이를테면 아미타불은 정토왕생에, 관세음보살은 재난 구제 및 소원 성취에, 지장보살은 지옥 중생구제에 각각 원력의 초점이 맞춰져 있다. 관세음보살의 재난 구제 및 소원 성취를 위해서는 관세음보살을 일심으로 부르는 '칭명'이 필수이다.

『능엄경』에서 문수보살의 입을 통해 관세음보살의 이근원통이 해조음과 관련 있음을 암시하고 있다. ("고통을 떠나고 해탈을 얻게 하니 참으로 좋은 관세음이여 항하모래수와 같은 오랜 겁 동안 미진수 불국토에 드나들면서, 크고도 자재한 신력을 얻어서 무외로 중생에게 베풀어주며, 묘음이여 세상 소리 관청하시며 깨끗한 음성이며 해조음으로 세상을 구원하여서 다 편안하게 하고 세간 벗어나 상주를 얻게 하나이다.) 이처럼 소리를 대상으로 하는 이근원통 수행을 통해 성도한 것으로 제시되며, 이는 모든 행법 중에서 가장 뛰어난 것으로 찬탄 받고 있다. 또한, 부처님이 아난에게 종소리의 예를 들면서 문성聞性에 의한 깨달음과 수행에 있어 방편으로 작용하고 있음을 설하고 있다.

"아난아! 소리가 사라지고 메아리마저 없어졌을 때, 너는 '들음이 없다'고 말한다. 만약 정말로 소리를 듣는 것이 없다면, 듣는 성품도 완전히 사라져서 마치 고목과 같을 것이다. 그런데 종을 다시 치는 소리를 네가 어떻게 알 수 있겠느냐? 소리가 있을 때와 없을 때를 아는 것은, 소리가 스스로 생겼다가 사라짐일지언정, 그 듣는 성품이 너에게 있었다가 없었다 하겠느냐? 만약 들음이 정말로 없다면, 무엇이 없는 줄을 네가 어떻게 알겠느냐?"

수행자는 산사의 범종 소리를 듣고 소리의 나타남과 사라짐을 통해 생멸성을 깨닫고 문성聞性을 관할 수 있는 훌륭한 도구로 이용할 수 있다. 용수는 『십주비파사론十住毘婆沙論』에서 불보살의 명호를 부르는 '칭명'을 '염불'과 구분하여 '겁약하열怯弱下劣'한 중생을 위한 신방편信方便의 이행도易行道로 평가하기도 했다. 동아시아 불교 전통에서 관세음보살에 대한 영험담이 다수 전해지는 것도 관음 신행과 감응 사이에는 '즉시성'이라는 특성이 존재함을 잘 보여준다.


## 3) 왕실 수호 및 호국 기제

불교가 한반도에 전해지던 초기부터 관음신앙은 쉽게 받아들여졌다. 중생을 고난에서 구제해 준다는 현세 이익의 측면이 개인은 물론 사회·국가의 차원에서도 큰 가치를 지니고 있기 때문이다. 특히 크고 작은 전쟁을 끊임없이 치러야 했던 신라의 왕실에서 관음신앙을 왕실과 국가를 수호하는 기제로 활용했음을 『삼국유사』의 여러 설화를 통해 짐작할 수 있다. 『삼국유사』에서 관음신앙이 왕실 수호의 기제로 활용되었던 정황을 보여준다. 효소왕 대에 국선 부례랑과 안상의 납치 사건과 관련하여, 이들의 귀환이 관세음보살의 가피로 이루어졌음을 강조하고 있다. 국선의 납치와 신물의 실종은 왕권의 위기를 시사하며, 이는 국가적 위난으로 해석될 수 있다. 백률사 관음보살이 비구로 화신하여 납치됐던 국선 일행을 구해 돌아옴으로써 위기가 극복되었고, 이를 통해 신라 왕실이 전적으로 관음신앙에 귀의하였음을 알 수 있다.

또한, 호국적 기능으로는 낙산 신앙의 건립 주체로『삼국유사』에 제시된 의상의 행적에서도 추정해 볼 수 있다. 의상의 귀국은 당의 침입을 경고하기 위한 것이었으며, 이것을 계기로 명랑이 문두루비법文豆婁秘法을 시행하여 당의 침입을 막았다고 하는 언급이 있다. (문두루비법文豆婁秘法을 통해 당군을 물리치고, 신인종의 종조가 된 명랑의 신앙은『관정경』이나『금광명경』,『대방광십륜경』등을 기반으로 밀교 신행을 현창해 왔음을 볼 수 있다. 문두루비법이란 신라와 고려 시대에 호국의 염원을 담아 행한 종교의례, 불교 의식, 밀교의식이다.) 이러한 기록은 당대 신라 사회에서 의상의 입지를 보여주는 것이기도 하다. 통일 전쟁이 치열했던 시기에 의상이 신라 동북면에 관세음보살의 상주처를 건립하고 문무왕의 후원을 받아 부석사를 세운 것은, 한편으로 신앙의 영역에서 국가가 당면한 위기를 불력佛力으로 극복하고자 하는 원력願力도 내포되어 있었던 것으로 추정할 수 있다.

『삼국유사』권3「탑상塔像」편「낙산이대성洛山二大聖 관음觀音 정취正趣 조신調信」조에는 신라의 승려 의상(義湘, 625-702)이 당唐에서 귀국한 후 낙산으로 가 관세음보살을 친견하였다는 이야기가 실려 있다. 의상에게 여의보주를 바쳤던 동해 용龍의 모티브는, 죽어서 동해 용이 되어 불법을 받들고 신라를 수호할 것을 서원했던 문무왕의 호국용과 연결될 가능성이 매우 크므로 낙산 관음신앙이 가지는 호국적인 성격은 더욱더 분명해진다.

보천에 의해 건립된 오대산 신앙에서도 왕실과 국가의 안위를 도모하고자 하는 원력이 강하게 확인되고 있다. (오대산 신앙은 기사의 말미에 언급된 바와 같이 '국왕이 천추를 누리고 백성은 평안하고 문무는 화평하고, 백곡이 풍요할 것'을 기원하는 결사이다. 무엇보다 석가, 지장, 미타, 문수 등 당대의 실천 신앙을 집대성한 오대산 신행 결사에서 동대 원통사에 정례화된 신행이 재난 구호의 신력이 있는 천수주 암송과 함께, 대표적 호국 경전인 『금광명경』과 『인왕경』의 강독이라는 점은 오대산 신앙체계 안에서 동대의 상수인 관음보살에게 특별히 국가 수호의 원력이 투사되고 있다는 점을 보여주는 것이다.) 십일면관음보살은 중국 불교 안에서도 대표적인 호국 신성으로 존중 받았다. 또한 타방의 적국이 침략해 올 때 십일면 신주를 외우면 군사들이 국경을 넘어 전진해 오지 못한다는 『십일면신주심경』의 설명에서도 관음신앙이 호국 기제로 활용되었음을 알 수 있다.

또한, 진골 왕권이 제석이 아닌 관세음보살을 왕실 수호의 기제로 선택한 데에는 통일 이전 성골 왕실과의 차별성을 부각시키려는 의도가 있는 것으로 해석할 수 있다. 관세음보살은 제석이 주재하는 도리천은 물론 삼계에 자재하여 중생을 구호하는 신성이다. 반면, 제석은 불보살을 수호하는 호법 천중으로서 위계 상 불보살과 본질적 차이가 있다. 따라서 통일 이후 진골 왕실은 제석 상위의 존격인 관음보살에 귀의함으로써 극복하고자 했다고 할 수 있다.

왕실 수호 및 호국 기제로서의 관음신앙은 고려 시대로 이어졌다. 고려가 건국되던 초기, 태조(太祖, 877-943)로부터 시작하여 문종(文宗, 1019-1083), 의종(毅宗, 1127-1173), 공민왕(恭愍王, 1330-1374) 등이 관세음보살에 귀의했으며, 관음신앙은 항마, 양재, 치병 등 재난 구호의 성격이 더욱 강화되면서, 밀교 의궤와 결합한 주술적 성격이 강하게 나타나고 있음을 볼 수 있다. (호국 신성으로서 낙산 관음신 앙의 성격을 보여주는 정황은 고려 시대 이규보가 찬한 시문집인 『동국이상국집東國李相國集』권 41에 거란 군사를 물리치기 위해 최상 국의 청에 따라 도소道疏가 지은 「최상국양단병화관음점안소崔相國攘丹兵畫觀音點眼疏」는 낙산사에 천수천안관음을 그려 외적이 물러가기를 기원했다는 기록을 통해서도 확인된다. : "만약 천수천안의 방편 으로써 범의 위엄을 보이신다면, 비록 1만의 말에다 1만의 정강한 군사일지라도 곧 우리에게 사로잡힐 것입니다. (중략) 삼가 대비다 라니신주경을 상고한 결과 거기에 이르기를, "만약 환란이 바야흐로 일어나거나, 원적이 와서 침범하거나, 전염병이 유행하거나, 귀마가 설쳐 어지럽히는 일이 있거든, 마땅히 대비[관세음보살]의 불상을 만 들어 모두가 지극히 공경하는 마음을 기울이며, 당번과 개로 장엄하 고 향과 꽃으로 공양하니, 그렇게 한다면 저 적들이 죄다 스스로 항 복하여 모든 환란이 아주 소멸되리라." 하였기에, 이 유언을 받들자 마치 친히 가르치는 말씀을 듣는 것 같았습니다. (중략) 엎드려 원하 건대, 빨리 큰 음덕을 내리시고 이내 묘한 위력을 더하사, 지극히 인 자하면서 무서운 광대천처럼 적의 무리를 통틀어 무찌르게 하고, 무외 신통으로써 그 나머지는 저절로 물러나 옛 소굴로 돌아가게 하옵소서.) 또한, 거란군을 물리치기 위해 낙산사에 천수천안관음을 그려 국가를 수호하고자 한 것이 대표적이라고 하겠다. (이규보,『동국이상국집東國李相國集』권 41,「崔相國攘丹兵畫觀音點眼疎」. 거란 군사를 물리치기 위해 최상국의 청에 따라 도소道疏가 지은「崔相國攘丹兵畫觀音點眼疎」는 낙산사에 천수천안관음을 그려 외적이 물러가기를 기원했다는 기록이 있다. : "만약 천수천안의 방편으로써 범梵의 위엄을 보이신다면, 비록 1만의 말에다 1만의 정강精强한 군사일지라도 곧 우리에게 사로잡힐 것입니다. (중략) 삼가 대비다라니신주경大悲陁羅尼神呪經을 상고한 결과 거기에 이르기를, "만약 환란이 바야흐로 일어나거나, 원적怨敵이 와서 침범하거나, 전염병이 유행하거나, 귀마鬼魔가 설쳐 어지럽히는 일이 있거든, 마땅히 대비(大悲, 관세음보살)의 불상을 만들어 모두가 지극히 공경하는 마음을 기울이며, 당번幢幡과 개개蓋로 장엄하고 향과 꽃으로 공양하니, 그렇게 한다면 저 적들이 죄다 스스로 항복하여 모든 환란이 아주 소멸되리라." 하였기에, 이 유언遺言을 받들자 마치 친히 가르치는 말씀을 듣는 것 같았습니다. (중략) 엎드려 원하건대, 빨리 큰 음덕을 내리시고 이내 묘한 위력을 더하사, 지극히 인자하면서 무서운 광대천廣大天처럼 적의 무리를 통틀어 무찌르게 하고, 무외 신통無畏神通으로써 그 나머지는 저절로 물러나 옛 소굴로 돌아가게 하옵소서.)

관음신앙의 핵심은 중생구제이다. 중생이 처한 상황에 따라 다양하게 화현하는 변화관음의 신앙은 백성들이 재난과 위기 상황에서 간절히 외칠 때 감응하는 구호자로서 적극적이고 역동적으로 역할해 왔다. 특히 관세음보살의 화신이 비구나 비구니, 노비, 아낙네 등 신라 민중의 모습이라는 점에 주목할 만하다. 소위 하층민의 모습으로 현신하는 관세음보살의 중생구제 및 제도상은 모든 중생에게 불성이 있어 누구나 성불할 수 있음을 드러내 보이며, 신라 사회의 신분제가 지닌 한계를 초월하는 신앙으로서 수용되고 확산될 수 있었다.

한반도에 유입된 관음신앙은 왕실과 국가를 수호하는 기제로서 외적外的 위안을 도모하는 데 일조했을 뿐 아니라, 신분과 관계없이 모든 중생에게 구제자로서 감응하고 화현한다는 믿음을 심어줌으로써 내적內的 위안을 도모하는 데에도 작지 않은 역할을 하였다. 이와 관련하여 많은 영험담이 전해진다. 고려 시대 일연의 이러한 영험담을『삼국유사』에 수록함으로써, 관음신앙은 외세의 침략과 전쟁으로 고통받던 고려 백성들에게 위안을 주는 귀의처로서 작용하였다.

## 4) 천신의 위격으로서 관음보살

삼국을 통일한 이후 신라 사회에서는 대승 보살도의 실질적 구현자로서 관세음보살이 범천이나 제석천보다 상위의 신격으로 자리매김하였다. 이로 인해 관음신앙은 왕실 귀족은 물론 기층민에 이르기까지 가장 대중적인 귀의처로 자리 잡았다. 낭산의 중생사는 십일면관음보살 주존의 대표적인 관음 성지로 알려져 있다. 이처럼 낭산에서 관음상이 두루 확인되는 것은 낭산이 중대 이후 지속적으로 관음 성지로 기능했음을 보여주며, 도리천의 주재자가 제석이 아닌 관음보살로 인식되었음을 나타낸다.

중대 불교에서 도리천궁忉利天宮의 주재자로서 관세음보살의 위상을 뚜렷하게 확인할 수 있는 또 다른 사례로 석굴암을 들 수 있다. 석굴암의 본존은 화엄삼매에 든 석가모니불로 해석될 수 있으며, 십주十住의 보살도를 설하는 회상法會은 수미산 도리천궁에서 마련된 묘승妙勝의 회상으로 이해할 수 있다. 즉 석존의 설법 회상에 참여한 모든 신중, 천중, 아라한, 보살들을 총합한 천궁의 구상화를 보여준다. 구도와 배열로 볼 때 십일면(11이라는 숫자는 십품十品의 무명을 끊고 십바라밀十波羅蜜을 얻은 정법명여래의 과에서 나왔다고 해석되기도 하고, 삼계마다 열하나의 신을 배치하여 33천을 설정함으로써 우주를 상징하는 것으로 해석되기도 한다. 이는 천궁으로서 석굴암에 부합하는 관세음보살의 신격을 보여주는 것이다.)관음보살은 석존의 설법 회상에 참여한 회중 가운데 상수의 위상을 점유하고 있다. 이는 천궁으로서, 석굴암의 상징적 의미가 중앙 본존인 석가여래의 후면에 조성된 십일면관음보살의 존격과 연결하여 이해할 때보다 분명해짐을 시사한다. 석굴 주실 10구의 보살상 가운데 관음, 문수, 보현은 주실의 벽면에 조각되어 있으며, 나머지 7구의 상은 감실에 새겨져 있다. 관세음보살은 본존불의 후면에서 정면으로 더욱 입체적으로 도드라지게 조각되어 석존과 불일불이의 존격을 보여주고 있다. 석굴암 주실의 문수보살과 보현보살은 십일면관음과 본존불을 동시에 협시하고 있는 것으로 보인다. 즉 십일면관음은 보살 가운데서 상수의 위치를 점유하고 있다. ("석굴암 부처님의 앞쪽에 보현과 문수가 있고, 뒤쪽에 십일면관음이 있다. 그런데 문수와 보현은 부처님을 향하기보다는 십일면관음을 향하고 있다. 관음의 자비 속으로 그 지혜와 행원이 모여진 것이다. 그리고 관음의 눈은 부처님의 등 뒤에서 부처님을 보고 있어 일반 참배객들이 부처님 앞에 섰을 때 관음의 모습은 볼 수 없도록 되어 있다. 이것은 보현의 행원과 문수의 지혜, 관음의 자비가 부처님께로만 몰려 참배하는 자의 참회가 실답게 허용된다는 석굴암의 구조적, 사상적 특색이라고 추정해 볼 수 있다.") 이상의 고찰을 통해 신라 왕실의 시조 신앙과 관련하여 제석천에게 부여되었던 천신의 위상이 중대 이후에는 관음보살에게 양도되면서, 관세음보살은 도리천궁의 실질적 주재자로 신앙되어 왔음을 확인했다. 관세음보살과 제석천의 관계에 대한 것은 『화엄경』과 『법화경』 등의 대승 경전에 기인한 것이다. 『화엄경』「입법계품」에서는 제석천을 포함한 천중과 팔부의 신중이 관세음보살의 권속으로 나타나고 있으며,『법화경』「관세음보살보문품」에서는 관세음보살이 범천과 제석으로 화신할 수 있음을 제시하고 있다. 중대 신라 불교에서 대승 교학에 대한 전반적인 이해가 심화되면서 보살 중심의 신앙 성격이 강화되었고, 관세음보살이 그 중심에 자리하게 되었다. 이로 인해 제석 등 욕계의 천중과 신중들이 관음보살의 권속이나 화신으로 편입되는 흐름을 볼 수 있다. 천중이나 신중은 불법을 수호하는 하위 기능의 신격으로 범주화되었다.

## 5) 바다 중심의 관음신앙

관세음보살의 등장은 바다와 관련이 깊다. 『화엄경』에 의하면, 관세음보살은 바다 위의 보타락가산(Potalaka)에 머문다. '보타락가'는 '보타락補陀落'이나 '보타라寶陀羅'라고 음사되며, 소백화수小白華樹나 소화수小花樹, 또는 해도海島라고 번역된다. 관세음보살이 바다 위의 보타락가산에 머문다는 것은 관음신앙이 남인도 해안에서 유래하였음을 보여주는 중요한 단서이다.

바다 위에 산이 있어, 그곳에는 많은 성현들이 머물고 있다. 그 산은 수많은 보물들로 이루어져 있으며, 지극히 청정하다. 또한 꽃과 과일나무가 가득하고, 샘물이 연못으로 흘러 모든 것이 완전하게 구비되어 있다.

관음신앙이 전해진 나라마다 관음신앙의 구심점 역할을 하는 지역에 관세음보살의 주처住處인 보타락가산과 비슷한 이름이 사용되고 있다. 예를 들어, 티베트의 포탈라궁이나 중국 절강성의 주산 열도에 있는 보타산, 한국의 낙산사 등이 그러하다. 당나라의 승려 현장玄奘의 『대당서역기大唐西域記』(현장이 구술한 내용을 제자인 변기辯機가 정리한 여행기. 현장이 16년간 투르키스탄·아프가니스탄·파키스탄·인도 등에서 구법 여행한 내용을 태종太宗의 명에 따라 저술한 것이다.)에 이 관음 주처에 관한 기록이 보인다.

히말라야산 동쪽에 포단락가산布呾落迦山이 있다. 산길은 위험하고 암곡은 험준하다. 산 정상에 연못이 있는데 거울처럼 맑다. 물은 대하大河로 되어 산을 둘러 흐르기를 20회를 돌아 남해로 든다. 연못 옆에 돌로 된 천궁이 있다. 이곳은 관자재보살이 왕래하며 머무는 곳이다. 보살을 뵙고자 하는 사람들은 신명身命을 돌보지 않고 강을 건너고 산을 오르며, 어려움을 마다하지 않는다. 그러나 그러한 노력으로 도달하는 자는 매우 드물다. 대신 산 아래에 사는 주민들이 보살의 모습을 보고자 기도하면, 관자재보살은 때로는 자재천自在天의 모습으로, 때로는 도회외도塗灰外道의 모습으로 나타나 기도하는 사람을 위로하며 그들의 소원을 이루어주기도 한다.

『대당서역기』에서는 또한 보타락가산의 풍경을 상세히 묘사하고 있다.

　보타락가의 가람은 남쪽으로 2, 3리를 가면 고산孤山에 도달하는데 그 산은 높고 높으며 수림이 울창하고 무성하다. 이름난 꽃과 맑은 냇물이 있으며, 그 절벽과 골짜기로 둘러져 있다. 위에는 정사精舍와 불탑이 있는데, 몹시 기묘한 솜씨로 조각되어 있다. 정사의 가운데에는 관세음보살상이 있는데, 신상身相의 크기는 비록 작지만 위엄이 있고 엄숙한 모습이다. 손으로 연화蓮華를 쥐고 있고 정수리에는 불상佛像을 이고 있다. 항상 많은 사람들이 있는데, 단식하면서 마음으로 관세음보살을 보기를 기도하는데, 7일, 27일이나 한 달을 계속한다. 혹은 감응感應하는 자가 있어 관세음보살을 보게 되는데, 아름다운 모습으로 장엄하고, 위엄있는 빛이 관세음보살상에서 환하게 비추어 그 사람을 위로하게 된다. 과거에 남해 승가라국僧伽羅國의 왕 청단淸旦이 거울로 상을 비추어 보았으나 그 모습이 보이지 않았다고 한다.

이로써 보타락가산은 승가라국, 즉 지금의 스리랑카에서 멀지 않은 인도 남동부 해안에 있으며, 관음신앙 역시 남인도 해안에서 시작되었다고 추정할 수 있다. 『법화경』「관세음보살보문품」에서도 관세음보살과 바다의 연관성이 확인된다.

> 관음의 묘한 음音인 범음梵音과 '해조음海潮音'이 저 세간의 음보다
> 수승하다.

『대당서역기』와『법화경』에 소개된 내용을 통해 관음신앙과 관세
음보살의 주처가 바다와 관련됨을 알 수 있다. (유심정토설唯心淨土說
이나, 영장정토설靈場淨土說과 같이 현실 바깥의 세계를 관세음보살
주처로 견해도 있다.『문수사리반열반경文殊師利般涅槃經』에서 "또한
보살마하살 16인 등이 있으며, 현겁現劫에는 천 분의 보살이 있는데
미륵彌勒이 상수上首이며, 다시 타방보살 천이백인이 있는데 관세음
보살이 상수이다.")

『화엄경』에서는 관세음보살의 주처인 보달락가산補怛洛迦山이 언급
되어 있어, 인도에서 관세음보살 신앙이 형성된 지리적 연원을 직
접적으로 밝히고 있다. 선재 동자善財童子는 먼저 구마라습 거사로부
터 관세음보살이 계신 곳을 소개받는다. 이 내용이 80권 화엄경에
설해져 있다.

> 선남자여! 여기서 남으로 가면 보달락가산補怛洛迦山이 있고, 거기
> 보살이 있으니 이름이 관자재이다. 그대는 그에게 가서 보살이 어
> 떻게 보살의 행을 배우고, 보살의 도를 닦는지 물어라. 그리고 다

음과 같은 게송偈頌을 전해주었다.


바다 위에 산이 있고 성인 많으니
보배로 이루어져 매우 깨끗해
꽃과 과실 나무들이 두루 차 있고
샘과 못과 시냇물이 갖추어 있는데


용맹한 장부이신 관자재보살이
중생을 이롭게 하려 그곳에 계시니
너는 가서 모든 공덕 물어 보아라
그대에게 큰 방편을 일러 주리라.


관세음보살이 주재하는 보타락가산은 섬에 위치한 것으로 표현되어 있다. 과실과 연못이 있는 것으로 보아 사원이 설립되거나 다수의 사람들이 거주할 수 있는 작지 않은 규모의 섬으로 보인다. 또한 많은 성인들이 있었던 것으로 보아 불교가 성행했던 곳으로 추정된다.


선재 동자가 관세음보살을 처음 만난 장면은 다음과 같다.


문득 바라보니, 서쪽 골짜기에 시냇물이 굽이쳐서 흐르고 수목은
우거져 있으며 부드러운 향풀이 오른쪽으로 쓸려서 땅에 깔렸는데,

관자재보살이 금강보석 위에서 가부좌하고 앉았고, 한량없는 보살들도 보석 위에 앉아서 공경하여 둘러 모셨으며, 관자재보살이 대자대비한 법을 말하여 그들로 하여금 모든 중생을 거두어 주게 하고 계시었다.

관음신앙과 관련된 성지는 주로 바다와 가까운 산에 조성되는데, 이는 『화엄경』의 영향을 받은 것이다. 『법화경』에서도 관세음보살이 수난의 구제자로 소개되고 있어, 관음신앙이 해안 지역에서 발생했음을 추정할 수 있다. 관음신앙이 전해진 나라에서 해수 관음신앙이 보편화 되어 있는 것도 이와 무관하지 않다.

『삼국유사』에도 관세음보살과 바다의 관련성을 보여주는 일화가 등장한다. 「낙산이대성洛山二大聖」조에서 동해의 용이 관세음보살에게 여의주를 바친 일화는 물을 다스리는 토착신인 동해 용이 관세음보살의 권속이 되었음을 보여준다. 「백률사」와 「민장사」조에서도 수난을 당한 부례랑과 장춘을 구제해 준 영험담에 나타나고 있다. 또한, 백제 서남해안 지역을 중심으로 해양신 성격의 관음신앙이 형성된 것으로 추정된다. 충남 태안 백화산白華山의 마애삼존불상은 관세음보살이 중앙에, 아미타불과 약사여래가 좌우에 배치되어 있으며, 불상이 조성된 바닷가 바위산인 백화산의 이름이 보타락가의 음역인 점 등으로 미루어볼 때 백제 시대부터 이 지역을 관세음보살의 주처로 여겼던 것으로 보인다.

최연식에 의하면 조선 중기 월출산 도갑사에 봉안된 관음 32응신도의 산세와 무위사 극락전에 봉안된 백의해수관음도의 바다 모습은 월출산과 인근 지형을 묘사한 것으로 추정된다. 따라서 조선 시대에 전남 월출산 주변 지역이 관음 성지로 인식되었음을 알 수 있다. (1550년(명종 5년)에 왕실의 발원으로 제작된 〈관음32응신도〉에는 중앙에 험준한 산을 배경으로 관세음보살이 산골짜기 곳곳에 32가지 응신을 나투어 중생들을 구제하고 구호하는 모습이 묘사되어 있다. 또 같은 지역 무위사의 극락전 불단 뒤편에는 15세기 후반에 제작된 대형 〈백의해수관음도〉가 모셔져 있다.)

이처럼 우리나라 서남해안 지역으로 형성된 해수 관음신앙은 해상무역이 활발해짐에 따라 해난 사고가 빈번해지면서 자연스럽게 수난의 구제자인 관세음보살에 대한 신앙이 더욱 굳건해졌기 때문으로 보인다. 중대에 밀교의 영향이 강하게 반영되면서 천신, 산신, 해양신의 위상에 더해 항마, 식재, 치병 등의 현실적 문제와 관련된 자재신의 신격이 더욱 부각되었다. 토함산 석굴암의 십일면관음보살에서도 물과 관련된 신격으로서의 면모를 확인할 수 있다. 석굴암이 석탈해와 관련된 요내정 위에 세워졌다는 점과 연결하여 그 의미를 확인해볼 수 있다. 『삼국유사』에 나오는 석탈해 신화는 석탈해가 해양 문화권 출신임을 나타내며, 바다에서 수신水神을 맞이하고 나무에 모셔두는 굿을 하던 집단과 관련이 있음을 보여준다. 또한, 석탈해가 초기에는 시조신으로 숭배되었다가, 이후 토함산의 산신으로 신격이 변화되었음을 나타낸다. 이는 관세음보살이 수신과 산신의 성격을 섭화하는 의미로 확인할 수 있다.

3면이 바다로 둘러싸인 한반도의 지형적 특성으로 인해 동해, 서해, 남해에 각각 대표적인 관음 도량이 형성되었는데, 동해의 낙산사, 남해의 보리암, 서해의 보문사가 3대 관음 도량이다. 남해 금산의 보리암은 원래 원효가 관세음보살 진신을 친견하여 개창한 '보광사'였으나 후에 보리암으로 이름이 바뀌었다. 원효는 남해가 관자재보살의 수월도량인 동시에 『화엄경』의 이른바 7처 9회 중 하나인 보강전회의 관음회상임을 확신하였다. 그는 이곳을 관세음보살의 유행 성지로 삼아 보광산의 보광사라 이름 짓고, 성관자재보살을 본존으로 모셔 숭봉하게 하여 관음 영장으로 삼았다. 서해 보문사는 천안천이千眼天耳로 듣고 볼 뿐 아니라, 천수로써 중생을 구제해 주는 관음 행원을 세운 곳이다. 신라 회정懷正 대사는 관세음보살 주처인 보타락가산의 이름을 딴 낙가산에 보문사를 창건하였으며, 다른 관음 도량과는 달리 아기를 안고 있는 송자관음送子觀音을 봉안한 것이 특징이다. 송자관음은 수화水火에 허덕이고 전란에 헤매며 갖가지 재난에 시달리는 백성들의 고액苦厄을 소멸시켜 관음정토觀音淨土를 이루게 한 것으로 볼 수 있다. 3대 관음 도량 중 동해의 낙산사와 남해의 보리암이 관음 영장의 호국의 의미를 띠고 있다면, 서해의 보문사는 중생의 소박한 소구 소망을 이루게 하는, 보다 서민적인 도량이라고 할 수 있다. 이와 같이 한반도의 지형적 특성은 각 지역에 독특한 관음신앙의 도량을 형성하게 하였으며, 이는 한국 불교의 중요한 문화유산으로 자리 잡고 있다. 관음신앙은 단순한 종교적 믿음을 넘어, 지역 사회의 정체성과 문화적 연대감을 형성하는 데 기여하고 있다.

## 6) 산 중심의 관음신앙

『화엄경』에서 관세음보살의 주처를 보타락가산으로 설한 것은 관세음보살이 산신으로서의 신격을 갖추는 기반이 되었다. 특히 한국에서는 토속 신앙과 융합되는 과정에서 산신의 신격이 필연적이었는데, 산지가 많은 지형적 특성상 산신이 불교에 귀의하는 형태로 흡수되는 양상을 보인다. 『삼국유사』「김유신」조에는 김유신이 나림奈林, 혈례穴禮, 골화骨火 삼산의 호국신들에 의해 적국의 첩자에게 유인된 상황에서 깨우침을 받는 이야기가 나온다. 신라 산천 제사에서 가장 중요한 역할을 맡고 있는 삼산의 신들이 여신으로 등장하는 점이 특히 주목할 만하다. 또한 「처용랑 망해사處容郎 望海寺」조에서 헌강왕이 포석정과 금강령에 행차했을 때 남악신과 북악신이 나타나 춤을 추었다는 기록이 있다. 불교가 대중 신앙으로 정착되면서 산악을 기반으로 형성된 산신이 불교 신중의 체계로 포섭되는 양상을 볼 수 있다. 대체로 불교 승려와의 인연을 통해 산신이 수계를 받고 불법에 귀의하거나 불사에 참여하는 형식으로 불교 신중의 체계에 배속되기도 한다. 그 예로 『삼국유사』 「원광서학圓光西學」조에서 원광을 통해 삼기산 산신이 수계를 받고 불법에 귀의하여 천도되었다는 설화가 전해진다. 또한, 내소사 창건 설화에서 대웅보전을 지은 도편수인 대호선사는 호랑이의 현신을 가리키는데, 호랑이는 산의 산신령으로 상징되기 때문이다. 따라서 재래의 산령이 불사에 참여함으로써 불교에 귀의하는 양상을 보여주고 있다. (사찰의 중창자인 승려 청민에게 한 화공이 찾아와 단청을 해주겠다고 하면서 100일 동안 누구도 대웅전 안을 들여다보지 말 것을 요구하자, 함께 불사에 참여하였던 도편수 대호선사와 목수가 사람들이 보지 못하도록 전각을 지켰는데, 사미승이 궁금증을 이기지 못해 전각 안을 들여다봄으로써 단청공사가 미완에 그쳤다는 것이 서사의 요지이다. 이 이야기에서 단청공사를 자청했던 화공은 관음보살의 화신으로서 관음조로 변신하여 단청 작업을 하였던 것으로 나타나고 있으며, 도편수였던 대호선사는 산신의 화현으로 이해할 수 있다.)

신라 하대에 중국 민간에서 성행하던 도불道佛 신앙이 신라 경주 지역의 민간 신앙에 영향을 미쳤으며, 그로 인해 선도산 성모 신앙이 성립되었다고 보는 견해가 있다. 『삼국유사』의 기록에 따르면, 중국 황제의 딸 사소가 신선술을 발휘하여 신라로 건너와 선도산 성모가 되었다고 한다. 여기서 사소는 마고와 관음이 결합된 산신이며, 그녀가 신라의 선도산에 정착하였다는 점에서 선도산 성모 역시 도교의 여신이면서 불교 관음보살의 성격을 동시에 갖고 있음을 알 수 있다. 즉 신통력을 가진 마고와 자비로운 관음이 선도산 성모에게 동시에 투사되어 있다. 이처럼 재래의 산악 신앙을 기반으로 관음보살이 산신과 무속적 신격으로 결합한 양상을 보여준다.

또한 오대산 신앙에서 각 대에 현현한 불보살은 천신이자 산신으로서의 위격을 내포하고 있으며, 그중에서도 동대의 관세음보살은 낙산을 비롯한 강원 지역에 관음신앙이 자리 잡는 기반이 되었다. 이처럼 산신의 위격이 구축된 관세음보살 주처 신앙은 동해안을 따라 더욱 확산되어 금란굴, 보덕굴 등의 관음 성지가 형성되었고, 이 신앙은 점차 내륙까지 확대되어 개경 용암산에도 낙산사가 건립되어 충렬왕과 공민왕이 참배했다고 한다.

설악산에 있는 오세암五歲庵도 관음신앙과 관련이 있다. 선덕여왕 대(643)에 자장慈藏이 창건한 오세암은 원래는 관음사觀音寺였는데, 조선 인조 때 설정雪頂 대사의 조카가 다섯 살 때 관세음보살의 감응으로 도를 깨달아 오세암五歲庵으로 절 이름을 고쳤다. 이 밖에도 금강사 보덕굴, 오대산 월정사와 상원사, 용문산 관음현상, 관촉사의 관음석상, 지리산을 비롯한 전국 각지의 산에 관음 도량이 많은 불자들의 귀의처가 되고 있다.

# III
# 한국의 관음신앙과
# 천태종

# 1. 한국 관음신앙의 수용과 전개

한국에 전해진 많은 경전 가운데 가장 대중적인 경전 중 하나인『천수경』은 671년 의상대사가『백화도량발원문白花道場發願文』과『투사례投師禮』를 통해『천수천안관세음보살광대원만무애대비심다라니경千手千眼觀世音菩薩廣大圓滿無礙大悲心陀羅尼經』을 인용한 데서 그 구체적인 기원이 전해진다.

한국 불교 의식에서『천수경』은 거의 빠짐없이 독송되고 있는 경전으로, 불자들은『천수경』의궤에 맞춰「신묘장구대다라니」와 참법懺法, 그리고 준제진언 등을 지송함으로써 관음 신앙의 궁극적인 목표인 해탈과 아미타불 세계와의 동질성에 진입하는 방편으로 삼고 있다.

## 1) 삼국의 관음신앙 수용

### (1) 고구려의 관음신앙 수용

한반도에 불교가 전해진 것은 고구려 소수림왕(372) 통치 시대부터 시작되어 중국의 남북조(420-589), 당대(618-907)에 걸쳐 지속되었다. 관음 신앙이 구체적으로 언제 어떻게 전해졌는지에 관한 기록은 찾아보기 어렵다. 다만, 『삼국사기三國史記』에 "진나라 왕인 부견이 사신 및 승려 순도를 파견하여 불상과 경문을 보냈다."라고 기록되어 있고, 아래의 인용문에서 보듯이 『관세음지험기觀世音持驗紀』에 부견왕 통치 당시 진나라의 관음 신앙에 관해 기록되어 있다.

> 진나라 서의는 고육인으로 어려서부터 부처님의 법을 믿었다. 부견왕의 상서가 되어 군대를 일으키는 상소를 올렸으나 적으로부터 장차 해를 당할까 두려워 양발을 땅에 묻고 머리를 나무에 묶고서 밤중에 관음보살을 염송했다.

이를 통해 이 시대에 관음신앙 및 관련 경전이 세간에 전해져 신행되고 있었음을 추정할 수 있다. 고구려에 불교가 전해질 당시, 관음과 관련된 경전이나 신앙도 함께 전해졌을 가능성이 있다고 생각할 수 있다. 이 무렵 중국에는 286년에 축법호竺法護가 한역漢譯한 『정법화경正法華經』과 『대명주경大明呪經』을 비롯하여 『청관음경請觀音經』과 『십일면관음경十一面觀音經』, 『고왕관세음경高王觀世音經』과 같은 경전이 유포되었다. 이 중 『정법화경』에 고구려의 승려 보덕이 관세음보살을 친견했다고 기록되어 있어서 이 시기에 이미 고구려에 관음

신앙이 전해졌음을 알 수 있다.

한편,『법화경』이 고구려에 전해진 구체적인 시기 역시 알려지지 않지만, 그와 관련된 흔적은 비교적 늦게 나타난다. 영양왕 6년 (595)에 일본에 건너가 성덕태자聖德太子의 스승이 되었던 혜자惠慈의 행적으로 유추할 수 있다. 성덕태자는『법화의소法華義疏』를 찬술했으며, 이는 스승 혜자惠慈가 성덕태자에게『법화경』을 가르친 결과로 보인다.

이에 비해 젊은 나이에 고구려를 떠나 진의 수도 금릉으로 간 바야 (波若, 562-613)는 직접 천태 지의의 문하에서 배우고 수행한 천태 고승이다. 그는 처음에 지의의 강석에서 천태교관을 배웠으며 다시 스승의 지시로 천태산 화정봉에서 수행에 들어가서 무려 16년 동안의 수행 끝에 묘행妙行을 이루고 수 대업 9년(613) 52세에 국청사에서 입적하였다. 비록 고국에 돌아와 교화를 펼치지는 못했으나, 그는 천태의 묘관, 즉 원융삼제圓融三諦를 깨달았던 고승으로 추정된다.

### (2) 백제의 관음신앙 수용
우리나라에 최초로 관음 신앙의 형태가 유입된 것은 백제 침류왕 9년(584)에 불교가 전해진 일과 큰 관련이 있다.『삼국사기』에서 전하는 마라난타摩羅難陀의 행적과 『해동고승전』에 기술된 행적 사이에는 차이가 있다. 그 당시 인도에는 관음 신앙이 널리 확산되어 있었으므로, 마라난타가 백제에 들어와 법을 전할 때 관음 신앙과 관련된 한역漢譯 경전도 함께 전했을 것이다. 『해동고승전』 석마라난타 전에 다음과 같이 기술하고 있다.

무릇 삼한이란 마한·변한·진한 등이다. (중략) 『보장경』에 이르기를 삼한은 염부제의 동북변에 있어 해도가 아니다. 부처님 열반 후 600여 년 이내에 번창할 것이다. 그중에 성주산이 있어 실리모달리라 이름하니, 준봉이 높이 솟아 관음보살의 궁전이 그 산정에 있는데 즉 월악이 그것이다. (중략) 그리하여 백제는 이내 삼한이 되었다.

백제 시대에 우리나라에 처음으로 불교가 전파된 것은 아닐지라도, 비교적 빠른 시기에 관음신앙 형태가 전해졌음을 추측할 수 있다. 또한 420년경에 축난제竺難提가 『청관세음보살소복독해다라니』를 번역하여 관음 신앙에 관한 구체적인 내용이 유포되었고, 중국 동진과 백제 사이에 문화적 교류가 이루어졌던 점을 고려할 때, 관음 신앙 관련 경전이 일찍부터 백제에 전해졌을 것으로 추정된다.

또한 『송고승전』에서 천태 교학을 통한 관음 신앙의 전래를 발견할 수 있다.

석현광은 해동의 웅주인熊州人이다. (중략) 혜사가 살펴보다가 그
이유를 물으니 은밀히『법화경』안락 행문을 전수받아 굳게 지켜
범하는 것이 없고, (중략) 내가 법화삼매를 증득한 것을 인가해 주
시기를 청하고 혜사가 증명하면서 내가 증득한 것은 진실로 허망
하지 않다. 그대는 고국으로 돌아가 그 수행법을 널리 펼치도록 하
라. 현광은 예를 올리고 눈물을 흘렸다. 스스로 주석처인 강남을
떠나 본국의 배에 올라 해안에서 떨어진 곳에 머물렀다.

607년에 조성된 일본 법륭사의 백제 관음상百濟觀音像과 백제 무왕
34년(633)에 건립된 내소사來蘇寺의 중창 연기 설화에서 '법화굴'이
나 '관음조觀音鳥' '대웅보전의 백의 관음보살'이 언급되고 있어서
관음 신앙과 관련 있음을 알 수 있다.

백제의 신행은『법화경』을 독송하거나 법화삼매를 닦는 등 실천적
양상을 보였다. 발정發正은 중국으로 가서(502-519) 30년간「관세음
보살보문품」을 독송한 법화 행자였다. 현광玄光은 우리나라 최초로
법화의 실사에 들어가는 법화삼매 수행법을 전하였다. 그는 일찍이
중국에 가서(573) 남악 혜사慧思로부터 법화안락행법法華安樂行法의 가
르침을 받고 법화삼매를 증득하였다. 중국 천태 종조 지의 또한 혜
사로부터 가르침을 받고 법화삼매를 증득하였다.『불조통기』에는
혜사의 전법 제자로 '천태 지자대사'와 '신라 현광玄光선사'가 보인
다. 현광은 "고향으로 돌아가 불법을 펼치라"는 스승의 분부에 따라

귀국하여 옹산翁山에 절을 짓고 법화를 전함으로써 한국 법화종法華宗의 조사가 되었다. 지금까지도 남악의 조영당祖影堂, 천태산 국청사 조사당에는 현광의 진영眞影이 모셔져 있다. 천태종이 개창될 무렵 해동(백제)에서도 천태 교법의 교화가 시작되었음을 짐작할 수 있다. 이러한 정황으로 미루어볼 때, 백제에서도 중국과 비슷한 시기에 천태 교법이 전해졌다고 볼 수 있다. 그 밖에 『법화경』 독송을 일과로 삼아 수행하고 부처님의 영험한 감응이 많았다는 무왕대의 혜현(慧顯, 570-672)은 (혜현은 백제의 승려이다. 어려서 집을 떠나 불도에 전념하여 『법화경』과 삼론을 깨우쳤다. 수덕사修德寺에 있으면서 많은 사람에게 강론講論을 하였다. 강남江南의 달라산達拏山에 들어가 세상을 잊고 정좌靜座하여 일생을 마쳤다. 당·서역 등지에 유학한 일은 없으나 그의 이름은 중국에까지 전하여져 당나라에서는 혜현의 전기를 꾸미기까지 하였다.) 평생 『법화경』을 독송하다가 58세로 입적하였다. 평소의 당부대로 동굴 안에 시신을 두었다. 그러자 호랑이가 나타나 그 몸을 다 먹어 치우면서 오직 혀만은 남겼는데, 3년이 지나도 썩지 않고 붉은색을 띠면서 점차 굳어 단단해졌다. 이에 대중이 감탄과 존경으로 석탑을 세워 그 혀를 봉안하였다. 그의 전기는 『속고승전』, 『홍찬법화전弘贊法華傳』, 『삼국유사』 등에 전한다.

### ⑶ 신라의 관음신앙 수용

신라의 관음 신앙은 『삼국유사』에 수록된 일화를 통해 확인할 수 있다. 자장(慈藏, 590-658)이 관음 천부 건립을 기원하여 태어났다고 기록되어 있다.

> 신라의 대덕 자장은 김씨이며 본래 진한의 진골 소판인 김무림의 아들이다. 그의 아버지는 청관의 요직을 지냈으나 자식이 없었으므로 삼보께 귀의하여 천부관음千部觀音께 자식을 두어 달라고 기원하기를, "만일 아들을 낳으면 시주하여 법해法海의 기둥을 이루도록 하겠다."

이는 아들이나 딸을 낳기를 바라는 중생의 원이 이루어진다는 '2구'의 실현 사례로, 관음 신앙의 전형적 형태라 할 수 있다. 「대덕경흥」조에서 십일면관음의 화현으로 경흥국사의 병이 나은 일화나 천수관음에게 빌어서 눈먼 아이가 눈을 떴다는 일화 등, 관세음보살 관련 영험담 다수가 『삼국유사』에 수록되어 있어, 이미 십일면관음을 비롯한 관음 신앙이 전해졌고, 관음상도 조성되었음을 알 수 있으며, 당시 신라 사회에서 관세음보살의 위상이 어느 정도였는지 잠작할 수 있다.

이와 같은 기록을 보면 통일 신라 시대를 전후하여 관음 신앙이 일반에 널리 퍼져 신행되었음을 추정할 수 있다. 신라 신무왕 원년

(839) 11월의 기록 가운데 당나라에 마련된 신라방의 장보고가 창건한 사찰인 적산 신라원의 송경의식이 묘사되어 있다. 여기에 관음신앙 관련 내용이 전해진다.

"도사가 '나무 대자대비'를 읊으면 대중들은 '관세음보살'을 외운다."

당시 신라의 관음 신앙은 본토뿐만 아니라 타국의 신라인 거주지까지 널리 확산되어 있었음을 알 수 있다. 『신승전神僧傳』제8권에서도 관음 신앙과 관련된 기록이 등장한다.

석무루는 신라인이며, 성은 김씨이다. 신라국 왕의 둘째 아들로서 스님이 된 무루는 어려서 중국에 건너갔다. 인도의 다섯 나라를 순례하고 팔탑八塔에 예불하고자 사막 우전국을 건너 총령의 대가람에 이르렀을 때 기인인 한 비구를 만났다. 무루에게 여행하는 이유를 물었으며, 아직은 천축으로 여행을 할 계절이 아니라고 말했다. (중략) 그리고 말하기를 '모름지기 천축에 왕래하고자 하는 자는 이곳에 있는 관음상 있어 기도하면 헛되지 않으니 마땅히 갈 곳을 알리고 좋은 징조를 얻고서 의심이 없을 때 가야 한다.'고 하였다.

통일 신라 시대에 관음 신앙이 널리 퍼져 신행이 이루어졌던 것으로 보인다. 또한, 사문 둔륜遁倫(도륜道倫이라고도 한다. 자세한 행적은 전하지 않으며, 국적에 대해서도 근세에 이르기까지 중국 당나라 사람이라고 알려져 있었다. 그러나『지나조성금장본支那趙城金藏本』에 '해동흥륜사도륜집찬海東興輪寺道倫集撰'이라는 기록이 있어서 신라 사람임이 밝혀지게 되었다. 생애의 대부분을 중국에서 활동하였으며, 원측圓測보다는 약간 후대의 인물로서 중국에 있었던 신라의 유식학파唯識學派를 사사하지 않고 자은慈恩의 학파에 속해 있었다.)의 저술 가운데『십일면경소十一面經疏』1권에 대한 기록을 통해 이미『십일면관음경十一面觀音經』이 소개되었고, 관음신앙 연구가 이루어졌음을 확인할 수 있다. 신라 불교에서는 특히 십일면관음이나 천수천안관음과 같은 변화관음이 신앙의 대상이 되었으며, 이는 개인 또는 국가가 처한 재난 상황에서 구제해 주는 구호자로서 관세음보살의 역할이 부각되었음을 보여준다. 이러한 역할은『삼국유사』를 통해 드러난 바와 같이 왕실이나 귀족은 물론, 일반 백성들에게도 작지 않은 위안이자 의지처가 되었다.

또한, 의상(義湘, 625-702)이 관세음보살의 진신을 친견하고 관세음보살의 명에 따라 지금의 양양 낙산사에 관음 도량을 건립하게 된 일화("옛날 의상법사가 처음 당나라에서 돌아와 관음보살의 진신이 이 바닷가 어느 동굴 안에 산다는 말을 듣고, 이곳을 낙산이라고 이름했으니, 이는 서역에 보타락가산이 있기 때문이다. 이것을 소백화라고도 했는데 백의대사의 진신이 머물러 있는 곳이기 때문에 이

것을 빌려다가 이름 지은 것이다. 여기에서 의상이 재계한 후 7일 만에 자리를 새벽 물 위에 띄웠더니 용천팔부의 시종들이 동굴 속으로 안내해 들어가, 허공을 향해 예를 올리니 수정으로 만든 염주 한 꾸러미를 내주었다. 의상이 받아 가지고 물러나오니, 동해의 용이 또한 여의보주 한 알을 바치므로 의상이 받들고 나와서 다시 7일 동안 재계하고 나서 비로소 관음의 참모습을 보았다. 관음이 말하였다. "네가 앉아 있는 산마루에 한 쌍의 대나무가 솟아날 것이니, 그곳에 불전을 짓도록 하여라." 법사가 듣고 굴에서 나오니 과연 대나무가 땅에서 솟아 나왔다. 여기에 금당을 짓고 관음상을 만들어 모시니, 그 둥근 얼굴과 고운 바탕이 마치 천연적으로 생긴 것 같았다. 대나무가 도로 없어지므로 그제야 비로소 관음의 진신이 살고 있는 곳임을 알았다. 이 때문에 법사는 그 절 이름을 낙산사라 하고, 자기가 받은 두 구슬을 성전에 모셔 놓고 그곳을 떠났다.)를 통해 신라 사회에서 관음 신앙이 수용된 양상을 살펴볼 수 있다. 특히 '낙산사洛山寺'는 관세음보살의 주처로 알려진 '보타락가산普陀洛伽山'에서 그 이름을 따온 것으로, 관세음보살이 신라에 상주하고 있음을 보여준다. '관세음보살 진신의 친견'이라는 낙산사 건립(의상은 낙산사를 건립하면서 『백화도량발원문白華道場發願文』을 지었는데, 그 내용은 다음과 같다 : "머리 숙여 귀의하옵나이다. 저 본사이신 관음대성의 대원경지를 관하며, 또한 제자의 성정본각을 관합니다. 관음께서는 수월장엄과 다함 없는 상호가 있지만 또한 제자에게는 헛돈 꽃과 같은 몸과 유루의 형체가 있는 바 의보와 정보, 정토와 예토 즐거움과 괴로움이 같지 않습니다. 이제 관음의 거울 속 제자의 몸으로 귀명정례하고 제자의 거울 속 관음께 진실한 발원하니 가피 입기 원합니다. 오직 원하옵건대 제자는 생생세세토록 관세음을 칭송하여 본사로 삼고, 보살이 아미타불을 정대하듯 저 또한 관음 대성을 정대하여 십원육향 천수천안 대자대비함이 관세음과 같아지고 몸을 보리는 이 세상과 얻는 저 세상에서 머무는 바를 따라 그림자가 형상을 따르듯 항상 설법을 듣고 참된 교화를 밝힘을 돕겠습니다. 법계의 모든 중생들이 대비주를 외우게 하고 보살명호를 염하여 원통삼매와 성해에 함께 들게 하여지이다. 또 원하옵건대 제자는 이 보가 다할 때에 친히 대성의 방광 접인을 입어 모든 두려움을 여의고, 몸과 마음이 편안하고 기쁘며, 한 찰나 간에 곧 백화도량에 왕생하여서 여러 보살로 더불어 널리 법계 일체중생으로 하여금 함께 정법을 듣고 법류수에 들어가 생각생각 더욱 밝아져 여래의 대무생인을 발현하겠나이다. 발원하고 난 후 관세음보살님께 지심귀명하옵니다.) 배경은 신라 시대 관음 신앙의 상징이자 일종의 성역화의 일환으로서, 신라인들의 관음 신앙을 더욱 굳건히 하는 데 영향을 미쳤다.

한편, 극락정토를 주재하는 아미타불의 협시보살로서 관세음보살이 죽음과 관련된 의지처로 인식되기도 하였다. ("일반민들의 신앙에서는 죽음 이후 내세의 삶을 보장하는 타력 구제의 방편으로 수용되었음을 볼 수 있다. 그리하여 '나무아미타불 관세음보살'이 신라 기층민들의 신행으로 유행하면서 아미타불과 함께 관음보살이 죽음과 내세를 의탁하는 귀의처로 인식되었던 것"이라고 설명한다.) 왕실은 물론 민간에도 불교가 수용되면서 아미타불의 정토왕생이 이상적인 죽음 또는 내세라고 여겨지게 되었고, (『三國遺事』에서 정토왕생이나 생천에 대한 원력이 드러나는 설화를 통해서도 이를 확인할 수 있다. 선덕여왕이 사후에 도리천에 묻히길 소원한 예라든가, 김유신이 33천의 천신이 되었다고 하는 예가 그러하다. 또한 「욱면비서승」, 「광덕엄장」, 「포천산비구」 등의 설화에서 정토왕생을 목적으로 하는 신행이 보편화되었음을 알 수 있다.) 망자의 왕생을 기원하는 추선追善이 행해졌다. (진흥왕 12년 고구려 승 혜량이 신라에 귀화하여 전사한 사졸들을 위해 팔관회를 베풀었다는 이야기에서 불교적 추선 관념의 단초를 확인할 수 있다.) 사탑 조성과 전세前世 부모의 명복을 빌기 위해 김대성이 석굴암 불사를 한 것이 그러한 예이다. 이러한 환경 아래에서, 천도재를 비롯한 망자 추선 의례에서 '관음시식觀音施食'(관음시식觀音施食은 관세음보살의 자비에 의지하여 망인亡人의 명복을 비는 제사의 한 형태이며, 이 의식은 망인을 위한 재를 올린 뒤에 행하거나 망인의 기일 또는 명절 등에 행한다. 관음보살을 인로왕보살引路王菩薩로 모시고 영가에게 법식을 베푸는 의식이다. 의례의 중요한 영역으로 관음시식을 채택한 것은 생전 예경의 대상이었던 관세음보살이 사후에도 망자의 길을 인도해 주는 인로왕보살로 보았기 때문이라고 하고 있다.)이 중요하게 부각 되었으며, 오늘날 불교 의례에서도 필수 요소로 인식되고 있다.

## 2) 고려의 관음신앙 전개

고려 시대에는 외적의 침략과 무신정권 교체 등으로 국가적 위난에
처할 때 불교로써 극복하고자 하였다. 이로 인해 현세 이익에 중점
을 둔 신앙으로 발전되었다. 따라서 중생구제는 물론, 호국 기제로
서의 관음 신앙이 밀교 의궤, 민간 신앙 등과 융합되어 법회法會나
설재設齋를 비롯하여 도량道場 등에서 시행되었다. 특히 팔관회八關會,
인왕도량仁王道場, 금강명경도량金剛明經道場, 소재도량消災道場, 제석도
량帝釋道場 등이 호국 불교 행사로 개최되었다.

이러한 호국 의례에 대해 「낙산관음경찬소洛山觀音慶讚疏」에서는 다음
과 같이 설명한다.

> 엎드려 원하건대 하늘의 요사한 기운과 땅의 괴이한 변고는 흩어
> 지고 사라져서 조종의 왕업과 국가의 기초가 유구하게 하고 이웃
> 나라와의 우호는 더욱 굳어져서 다시는 변경의 용동이 없도록 하
> 며, 나이를 쌓음은 더욱 장구하고, 또한 왕비의 안녕과 길함을 이루
> 며, 동서의 장수와 제상들은 화합하고, 국내외의 간악한 무리들은
> 멸망되며 삼광은 운행을 순조롭게 하고 칠난은 조짐을 꺾어 버리
> 게 하소서. 그러한 뒤에 신기가 가득하게 이루도록 잘 보호하시고
> 항상 불교를 옹호하는 데 전념하게 하소서.

「최상국양간병화관음점안소最上國養看病華觀音點眼疏」(최상국양最上國養 : '가장 높은 나라의 양육'이라는 의미로 해석될 수 있다. 이는 불교에서의 이상적인 상태나 경지를 나타낼 수 있다. 간병화관음看病華觀音 : '병을 보살피는 화관음'으로, 관세음보살이 중생의 병을 치유하는 역할을 강조하는 표현이다. 점안소點眼疏 : '눈에 점을 찍는 것'으로, 어떤 의식이나 기도를 통해 신성한 힘을 부여하는 행위를 나타낼 수 있다.)에서도 관세음보살상을 조성하여 외세의 침략이나 전염병 유행으로부터 구제해 주기를 기원하는 내용이 보인다.

만약에 환란이 바야흐로 일어나거나 원적이 와서 침범하거나 전염병이 유행하거나 귀마가 설쳐 어지럽히는 일이 있거든 마땅히 대비의 불상을 만들어서 모두가 지극히 공경하는 마음을 기울이고 당번幢幡과 개개蓋로 장엄하고 향과 꽃으로 공양하면 저 적들이 스스로 항복하여 모든 환란이 아주 소멸되리라.

특히 여기서는 천수천안관세음보살의 위신력에 의지하고 있기 때문에 밀교계의 관음 신앙이 영향을 미쳤음을 알 수 있다.

만약 천수천안의 방편으로써 범의 위엄을 보이신다면 비록 1만의 말에다 1만의 정강한 군사일지라도 우리가 곧 사로잡을 것입니다. 엎드려 간절히 바라옵건대, 신속히 큰 은덕을 내려주시고, 오묘한 위력을 더하셔서 지극히 자비로우면서도 광대천廣大天처럼 위엄을 지니시어 적의 무리를 모조리 물리치게 하시고, 두려움 없는 신통력으로 나머지 적들은 자연히 물러나 그들의 옛 소굴로 돌아가게 하옵소서.

이처럼 고려 후기로 갈수록 관음 신앙에 밀교의 색채가 강해지면서 밀교 의례 역시 강화되었다. 충렬왕 재임 시기(1236-1308)에는 6자다라니[六字呪]가 널리 염송 되었고, 한국의 존시식의尊施食儀에만 존재하는 관세음보살 멸업장진언觀世音菩薩 滅業障眞言과 같은 진언이 나타났다. 여러 차례의 전쟁과 내란을 겪으면서 고려인들은 사후의 정토왕생과 같은 내세에 대한 원보다 현세에 구난과 안정을 더욱 소원하게 되었고, 이는 고려 시대의 관음 신행의 특징을 잘 보여준다.


## 3) 조선의 관음신앙 전개

조선 시대 배불정책 속에서도 세종대와 세조대에는 불서 간행과 불서의 한글화 작업 등을 통해 불교 신앙의 맥이 이어졌다. 전기와 후기의 관음신앙 전개 양상에는 차이가 있다. 먼저 조선 전기는 대승경전을 중심으로 관음신앙 관련 경전이 간행되었는데, 성종 때에는 『대비심다라니경大悲心陀羅尼經』과 『불정심다라니경佛頂心陀羅尼經』『사십이수진언四十二首眞言』『오대진언五大眞言』이 음역되어 간행되었고,

인수대비의『육경합부六經合部』와『천수경언해千手經諺解』, 명종 대의 『영험약초靈驗略抄』, 연산군 대의『진언권공眞言勸供』등의 다라니 의 식집儀式集, 영험록 등 밀교의 잡밀류를 중심으로 언해본이 간행되었 다. 이 중 다라니류는 조선 시대의 선불교가 지닌 한계를 보완하는 역할을 하였으며, 이는 조선 시대 불교의 밀교적 특성에 큰 영향을 미쳤다.

이 시기에 간행된 언해본을 통해 민간에 불교 경전이 보급되면서 현 세에서의 복을 기원하는 기복적 관음 신앙이 확대되었다. 조선 후기 에는 각종 의식집, 다라니, 영험전, 진언 등의 불서가 간행되었는데, 이는 왕실이나 벼슬아치의 후원보다는 일반 서민의 시주나 사찰계寺 利契를 통해 간행 사업이 이루어진 것으로 보인다. 이효원에 의하면 조선 후기에 간행된 관음신앙 관련 불서는 총 34종 약 160개로, 제 목에서 관음 신앙과의 관련성이 분명히 드러나는 것만도 21종 약 130개에 이른다.

이처럼 조선 시대의 관음 신앙은 배불 정책의 영향으로 왕실이나 관 료들과 같은 기득권층에서는 쇠퇴하는 듯 보였으나, 언해본 출간 등 을 통해 민간에 확산되면서 기복적인 성격이 더욱 짙어졌다.

## 4) 현대의 관음신앙 전개

한국 불교에서 가장 대중적인 신앙 형태는 관음 신앙이다. 이는 오늘날 산업화와 도시화로 대중의 삶이 피폐해지면서 고난으로부터 구제해 줄 대상이 절실해졌기 때문일 것이다. 현대에 관음 신앙이 핵심인 종단으로는 조계종, 천태종, 진각종, 관음종, 보문종 등이 있다. 천태종에서는 관음주송을 핵심 수행으로 삼고, 진각종은 비로자나불을 교주로 하여 육六자진언으로 수행을 하며, 관음종은 관세음보살의 자비 정신으로 중생을 교화하고 불국정토를 이루는 것을 종지로 삼아 『법화경』「관세음보살보문품」을 강조하고 있다. 보문종도 『관음경』을 소의 경전으로 삼아 석가모니불과 관세음보살을 본존으로 하고 있다. 조계종에서 관음 신앙의 중심 역할을 하는 관음 신앙의 3대 성지는 양양 낙산사 홍련암, 남해 보리암, 강화 보문사이다. 그밖에 여수 금오산 향일암, 소백산 구인사, 설악산 오세암, 공주 태화산 마곡사 등이 관음 신앙으로 유명하며 조계종에서는 33관음 성지를 정해서 사찰 순례도 하고 있다.

2008년 초, 한국 불교문화사업단에서 한국의 대표 관음성지 33곳을 찾는 작업을 한국관광공사와 함께 실시하였다. 초기 목적은 국내인이 아니라 더 많은 외국인들이 한국으로 관광오도록 하는 것이었다. 33개의 관음 사찰은 관음 관련 설화를 간직한 작은 규모의 암자보다는 템플스테이를 운영할 수 있는 대규모 사찰들을 중심으로 선정되었다. 조계종 한국 불교문화사업단과 한국관광공사에서 선정한 기준은 전통적인 가람 배치와 관음 신앙을 고취하는 관음보살상, 관음보살도, 관음전 등의 문화재 보유 여부였다. 2013년도 문화관광부 등록 사찰을 기준으로 분석한 송법엽의 연구에 의하면 서울 지역의 관음신앙 비율은 94.8%로 매우 높았으며, 대구·경북 지역에서도 59.2%로 절반 이상의 비율을 보였다. 이효원의 논문에서 이처럼 높은 비율의 원인을 찾아볼 수 있다. 즉, "관음 신앙이 그만큼 현대에까지 영향을 끼친다고 볼 수도 있지만 다른 차원에서는 관음이 현대 불교에서의 유일한 대안이라고 볼 수 있기 때문이다."

## 2. 고려 천태종의 발생과 전개

### 1) 의천의 고려 천태종 개창

대각국사大覺國師 의천(義天, 1055-1101)은 11대 문종의 넷째 아들로 이름은 후煦, 자는 의천이다. 부왕이 네 왕자에게 출가 의사를 묻자 11세의 의천이 출가의 뜻을 밝혔고, 부왕의 허락 아래 문종 19년 (1065) 5월에 66세의 화엄종 노승인 경덕왕사景德王師 난원爛圓을 내전으로 불러 머리를 깎게 하고 스승을 따라 영통사에서 살게 하였다. 바로 그해에 계를 받고 화엄종 승으로 출발한 의천은 13세에 부왕으로부터 우세祐世의 호를 받고 교종 최고의 법계인 승통僧統이 되었다. 출가 이후 그는 불교의 삼장 및 장소章疏는 물론 유서와 사기 등 제자백가에 이르기까지 널리 공부하였으며, 19세 때 이미 교장教藏 간행의 원을 세우고 제종장소諸種章疏의 수집에도 관심을 기울였다.

영통사에서 학문을 닦던 의천은 송나라 유학의 뜻을 세웠으나, 왕자의 입송入宋이 송과 대치하던 요나라를 자극할 수 있음을 염려하는 왕실과 조정의 동의를 얻지 못하였다. 의천은 선종 2년(1085) 31세 때, 왕과 모후에게 글을 남기고 제자 수개壽介 등과 함께 정주에서 몰래 상선을 타고 송나라로 향하였다. 소식을 접한 왕은 조정의 관료와 함께 제자 낙진樂眞·혜선慧宣·도린道隣을 보내어 따르게 했다. 의천이 송의 도읍 변경汴京에 도착하자 송의 철종이 입국 사유를 듣고 극진히 대우하였다. 철종은 의천을 계성사啓聖寺에 머물게 하고 또 화엄의 대가 유성有誠을 추천하여 불교 전반에 대해 강론하게 하는 등 여러 가지 배려를 아끼지 않았다.

의천은 변경에서 한 달여를 보낸 뒤 항주 혜인원慧因院을 방문하여, 전부터 서신 왕래가 있었던 화엄종의 정원淨源을 만났다. 그는 정원에게서 가르침을 받으며 약 반년을 이곳에서 보낸 후, 마침내 정원으로부터 화엄교를 전수받았다. 혜인원은 이후 화엄종의 중흥 도량으로 발전하게 되었고, 의천은 귀국 후 절의 수리와 화엄교장華嚴教藏의 비치 등 경비를 지원하였다. 이어서 의천은 종간從諫, 원정元淨, 중립中立, 법린法隣 등 천태종 고승들을 찾아 담론을 나누거나 배웠으며, 특히 종간에게는 천태교관을 전해 받았으며, 종간은 전법의 표시로 수로手爐와 여의주를 전해주기도 하였다. 이후 의천은 다시 천태산을 찾아 지자대사 탑에 참배하고, 본국에 돌아가면 천태교를 일으킬 것을 아래와 같이 서원하였다.

　모(某, 의천)는 머리를 숙이고 천태 교주 지자대사께 아룁니다.

가만히 생각하건대, 우리나라에도 옛날 제관스님이 계셔서 [천태] 대사의 교관을 강의해 해외까지 유통시켰으나 그 전습傳習이 끊어져 지금은 없어지고 말았습니다. 저는 분발하여 몸을 잊고 스승을 찾아 도를 물었는데, 이제는 전당錢塘의 자변慈辯대사 강하에서 교관을 이어받아 조잡하나마 그 대략을 알게 되었습니다. 다른 날 본국으로 돌아가면 목숨이 다하도록 선양하여 대사께서 중생을 위해 교를 펴신 노고의 덕에 보답하고자 합니다. 이것이 저의 서원입니다.

「선봉사僊鳳寺 대각국사 비」에는 의천이 일찍이 모후와 선종에게 "천태 삼관은 최상진승最上眞乘인데, 이 땅에 아직 이를 개창하지 못하고 있음은 심히 애석한 일입니다. 제가 간절히 그것을 뜻하고 있습니다."라고 말했음을 적고 있다.

왕자의 오랜 외유外遊를 걱정하는 모후의 정이 간절하여, 의천은 14개월만에 서둘러 돌아왔다. 이 짧은 기간에 그는 변경과 항주를 오가며 50여 명의 고승을 만나 화엄 · 천태 · 율 · 정토 · 선 및 서천 범학西天梵學에 이르기까지 모든 종宗을 두루 섭렵하였다. 그중 가장 깊게 교류했던 인물은 화엄종의 정원淨源과 천태종의 종간從諫으로부터 받은 영향은 컸다. 의천은 송나라에서의 구법을 통해 불교에 대해 국제적인 안목과 종합적인 시각을 키울 수 있었고, 3천여 권의 불교 서적들을 구할 수 있었다. 의천의 구법 행적에서 주목할 만한 활동은 첫째, 정원淨源과의 교류; 둘째, 교장敎藏 수집 활동; 셋째, 천태 교학 연구이다.

송에서 수집한 장소 3천여 권을 가지고 선종 3년(1086)에 귀국한 의천은 교장의 간행을 위해 바로 그 해에 개경의 흥왕사興王寺에 교장도감敎藏都監을 설치하였다.("교장도감에서는 먼저 불교전적의 수집과 정비에 착수하였다. 의천이 송에서 가지고 온 장소와 함께 국내의 고서는 물론 송·요·일본 등 국외의 장소들까지 수집하거나 혹은 구입하여 이를 정비해 나갔다. 이에 의천의 명성을 들은 요의 천우제天祐帝도 요에서 간행한 대장경과 소초疏鈔 6천9백여 권을 보내주었다. 그리고 의천은 일본의 여러 법사에게도 장소를 구하는 글을 보내고, 소초를 수집하기 위하여 몸소 남방을 두루 다니기도 했다.") 선종 7년(1090)에 『신편제종교장총록新編諸宗敎藏總錄』3권을 편찬하였다. 이는 경·율·론 삼장 즉 정장正藏 외에 그 주석서인 장소만을 모아 목록을 작성한 것으로, 『의천록義天錄』이라고 부르는 이 책에는 총 1천10부 4천8백57권의 장소 목록이 수록되었다. 이 목록에 따라 선종 8년(1091)부터 숙종 6년(1101)까지 약 10년 동안에 대략 4천 권 정도를 조판雕板 간행하였다. 바로 『고려교장高麗敎藏』이다. 『고려교장』의 간행에서도 알 수 있듯이, 의천은 끊임없이 정법을 탐구하기 위해 정진하는 학승이었으며, 불교 연구의 폭도 매우 넓었다.

한편 숙종 2년(1097) 2월, 뒤에 고려 천태종의 본원이 되는 국청사를 낙성하였다. 인예태후의 발원으로 시작된 이 국청사 창건은 천태종의 개창을 위한 것이었다.(대각국사 묘지석에 "옛적에 인예태후는 고려에 본래 천태성종天台性宗이 없음을 유감으로 생각하였다. 이에 원을 세워 국청사를 창건하여 장차 그 법을 중흥하고자 공사를 시작했던 것"이라는 기록이 있다.) 인예태후는 국청사 공사 중에도 백주白州 견불사見佛寺에서 만일萬日을 기약하고 천태 예참 결사를 베풀기도 하였다. 국청사가 낙성되자 의천이 주지가 되어 천태 교관을 강의하기 시작했는데, 의천은 천태종 개창 선언문이라 할 계강사啓講辭에서 다음과 같이 소회를 밝히고 있다.

멀리 생각하건대 해동에 불법이 전개된 지 7백여 년, 비록 여러 종파가 다투어 연설하고 모든 교가 퍼졌지만 다만 천태의 한 분야가 밝은 시대를 만나지 못했다. 옛적에 원효보살이 먼저 훌륭함을 칭찬했고, 뒤에서 제관법사가 전해서 드날렸다. 그러나 그 기연이 익지 못하고 빛을 낼 수 없었으니, 다툰들 무엇하겠는가? 교법의 유통은 아마도 기다림이 있어야 하는 것 같다. 우리 선비先妣 인예 국모께서 여러 생을 두고 불법을 받들고, 겁을 쌓아서 행원의 인을 닦아 정람精藍을 짓기 시작하였다. 국청사의 웅장한 제도를 취하여 묘법을 떨쳐 일으킴으로 불롱산佛隴山의 높은 교풍을 옮겨 놓으려 하였으나 큰 원을 마치지 못한 채 갑자기 세상을 떠나셨다. 엎드려 생각하건대, 우리 주상전하께서 (중략) 선비의 뜻을 이어 이루었다. (중략) 천태산 국청사와 천축의 교관을 이어받고 불롱과 고산孤山에서 (중략) [지자대사] 탑묘塔廟에 목숨이 다하도록 법등 전할 것을 정성으로 맹세하였더니, 이제 평생의 소원이 이루어졌다. (중략) 감격하고 경사롭다.

의천이 천태 교관을 강의하기 시작하자 1천여 명의 학승이 문하에 들어와 수학하였다. 그 뒤 천태종은 국청사를 근본 도량으로 삼고 지방에도 6대 본산을 두었다. 숙종 4년(1099)에는 제1회 천태종선天台宗選을 실시하였고, 숙종 6년(1101)에는 대선大選을 실시하였는데, 이는 곧 천태종이 국가에서 공인하는 일종一宗이 되었음을 의미한다.

의천의 불교사상은 교관겸수敎觀兼修로 요약된다. 그는 관심觀心 수행을 중시하였고, 인식론적인 교학과 실천적인 관심의 균형이 필요하다고 보았다. 이러한 교관겸수의 입장에서, 의천은 과거의 선禪은 교에 의거하여 선을 익히는 습선習禪이었는데, 당시의 선은 교를 떠나 선을 말하는 설선說禪이라고 비판하였고, 명목에 집착하여 그 실질을 잃고 있다고 개탄하였다. 따라서 그는 천태에 화엄을 종합하고, 선을 교에 포섭하는 입장에서 천태종을 개창한 것이다. 천태종의 지관법은 선종의 수행과 크게 상통한다. 그런 만큼 회삼귀일會三歸一의 사상과 함께 천태종의 교와 관은 교와 선을 하나로 화합시킬수 있는 최상진승最上眞乘이라 할 수 있을 것이다. 그런 관점에서 의천은 선교禪敎 융회를 통해 고려 불교를 전폭적으로 개혁하려 했던 것으로 볼 수 있다.

의천이 입적한 후, 많은 승려들이 본래의 종단으로 되돌아갔고 천태
종단 내부에서도 주도권을 놓고 갈등이 발생하였다. 또한, 무신집권
기(1170-1270)에는 불교의 중심이 교종에서 선종으로 이동하였고,
정치권과 결탁해 모순과 비리를 일삼는 불교계에 대한 비판과 개혁
의지가 담긴 결사 운동이 전개되었다. 구산선문 중 사굴산문闍崛山門
소속의 보조지눌(普照知訥, 1158-1210)이 명종 20년(1190)에 팔공산
거조사居祖寺에서 정혜결사定慧結社를 열었고, 신종 3년(1200)에는 순
천 송광사로 옮겨 수선사修禪社로 명칭을 바꾸고 결사 운동을 지속해
갔다. 또한 천태종의 원묘요세(圓妙了世, 1163-1245)는 강진의 만덕
사萬德寺에서 백련결사白蓮結社를 조직하고 신불교 운동을 펼쳤다. 지
눌은 사람들의 주체적 · 점진적인 깨달음을 위해 성적등지惺寂等持 ·
원돈신해圓頓信解 · 간화경절看話經截의 삼문으로 지도한 데 반해, 요세
는 교화의 대상이 되는 중생의 근기가 각기 다름을 전제로, 멸죄참
회滅罪懺悔 · 정토구생淨土求生 · 염불수행을 교화의 방법으로 삼았다.

의천은 지의의 교의를 이어받아 고려에서 천태종을 펼치고자 전력
하였다는 점을 앞에서 확인하였다. 이러한 의지는 뒤에서 살펴볼
요세를 거쳐 오늘날의 천태종으로 계승되어 왔다. 따라서 중국 천
태종의 개조인 지의와 중창조인 지례의 관음 신앙을 살펴볼 필요가
있다.

## (1) 중국 천태종의 개조인 지의의 관음신앙

천태대사 지의(天台智顗, 538-597)는 중국 천태종의 개조로, 남북조 시대 양대梁代에 태어나 진陳나라와 수隋나라 시대에 활동했다. 지의는 18세에 출가하여 율학과 대승교를 수학한 후, 혜문慧文의 제자 남악 혜사(南岳慧思, 515-577)에게 심관心觀과 법화삼매를 사사하였다. 마침내 지의는 법화삼매를 체험하게 되었고, 스승 혜사는 지의가 '보현도량普賢道場을 보이고 사안락행四安樂行을 설하였다'고 칭찬했다.

> 곧 보현도량普賢道場을 보이고 사안락행四安樂行을 설하고 (중략) 혜사 스님이 탄복하여 말하기를, '네가 아니면 증득할 수 없고 내가 아니면 알 수 없다. 네가 든 선정은 법화삼매의 전방편前方便이고, 발發하는 총지總持는 초선 다라니初旋陀羅尼이다.'

이후 지의는 진나라의 수도인 남경으로 내려가 와관사瓦官寺에서 8년 동안 교화에 전념하였다. 북주北周의 폐불 사건이 일어났을 때는 천태산에 은거하여 11년 동안 수행에 전념하였고, 화정봉華頂峰에서 법화 원돈의 중도中道를 체험하여 대오에 이르렀다.(지의가 천태학을 집대성한 『법화문구』·『법화현의』·『마하지관』의 '천태삼대부'와 천태종의 실천을 주로 다룬 『관음현의』·『관음의소』·『금광명현의』·『금광명문구』·『관경소』의 천태오소부의 강설을 관정이 수치修治하여 천태종 신행의 주요 내용을 이루었다.) 585년, 진 황실의 간청으로 금릉에 머무르며 『법화문구法華文句』를 강의하였다. 589년, 수가 진을 멸망시키자 여산으로 은둔하였다. 그 뒤 고향으로 돌아가 옥천사玉泉寺를 건립하고, 거기서 『법화현의法華玄義』(593년)와 『마하지관』(594년)을 강의했다. 595년 진왕晋王 양광(楊廣, 580-618)이 초청하여 양주로 간 지의는 세 차례에 걸쳐 『유마경소維摩經疏』를 바쳤는데, 이 『유마경현소維摩經玄疏』 6권과 『유마경문소維摩經文疏』 28권 중 마지막 3권은 제자 관정이 추가한 것이다. 이듬해에 천태산으로 돌아간 지의는 수隋 개황 17년(597)에 세수 60세로 입적하였다.

지의가 남긴 저술은 『법화문구』, 『법화현의』, 『마하지관』의 천태삼대부와 『관음현의觀音玄義』, 『관음의소觀音義疏』, 『금광명경현의金光明經玄義』, 『금광명문구金光明文句』, 『관무량경소觀無量經疏』의 천태오소부를 비롯하여 현존하는 것만 대략 46부 188권이며, 그밖에 목록만 전하는 것도 28부에 이른다. 이들 중 다수는 항상 강석에 참석했던 제자 관정灌頂이 필록筆錄한 것들이다. 지의는 경을 강론하고 법을 설함에 있어 무애자재하여 하나의 법에서 수많은 뜻을 연설하였고, 이를 듣는 이들은 모두 법열을 얻었다. 세상에서는 이런 지의를 '중국의 소석가小釋迦'라고 불렀다.

관정이 쓴 『마하지관』 서문과 남송 말기 지반志磐이 쓴 『불조통기佛祖統紀』에는 천태종의 전법상승傳法相承에 대해 전해지고 있다. 『마하지관』에는 석가모니부처님의 교법이 마하가섭을 비롯한 인도의 24

존자에 (①초조 마하가섭摩訶迦葉 ②2조 아난타阿難陀 ③3조 상나화수 商那和修 ④(아난 방출)말전지末田地 ⑤4조 우바국다優波鞠多 ⑥5조 제 가다提迦多 ⑦6조 미차가彌遮迦 ⑧7조 불태난제佛駄難提 ⑨8조 불타밀 다佛陀蜜多 ⑩9조 협비구脇比丘 ⑪10조 부나야사富那夜奢 ⑫11조 마명馬 鳴 ⑬12조 가비마라迦毘摩羅 ⑭13조 용수龍樹 ⑮14조 가나제바迦那提婆 ⑯15조 라후라다羅睺羅多 ⑰16조 승법난제僧法難提 ⑱17조 승법야사僧 法耶舍 ⑲18조 구마라태鳩摩羅駄 ⑳19조 사야다闍夜多 ㉑20조 바수반태 婆修盤駄 ㉒21조 마나라摩拏羅 ㉓22조 학륵나鶴勒那 ㉔23조 사자師子) 의 해 전해진 계보와 용수-혜문-혜사-지의로 이어진 중국에서의 상승 계보가 언급되고 있다. 담연은 전자를 금구상승金口相承, 후자를 금사 상승今師相承이라 하였다. 즉, 초조 가섭존자로부터 사자존자에 이르 기까지 23분이고, 여기에 아난의 방출旁出인 말전지존자를 포함하여 24존자가 금구상승에 해당된다. 금사상승에서 천태종의 고조高祖를 용수라고 하여 인도 전법의 제13조인 용수를 고조로 삼음으로써 천 태의 가르침이 결국 멀리 석존의 법을 정통으로 계승하였음을 보여 준다.

『불조통기』에는 인도에서의 부법付法 계보인 '서토西土 24조'와 중국 천태종의 조승祖承인 '동토東土 17조'의 전승이 기록되어 있다. 여기 에서는 천태지의 이전까지만 기록한 『마하지관』 금사상승 계보에 이어서, 장안관정 이후 사명지례에 이르기까지 중국 천태종 17조사 에 대하여 기술하였다.

한편, 지의는『법화경』이 최고의 진리를 갖춘 경전이라고 여겨 법화원교法華圓教를 주장했다. 지의가 확립한 불교 체계를 살펴보면, 교리를 다룬 일념삼천一念三千과 원융삼제圓融三諦 등의 교문敎門과 실천 체계로서 지관止觀, 사종삼매四種三昧, 25방편, 십승관법十乘觀法 등의 관문觀門을 제시하고 있다. 지관은 앞서 II장 2절에서 살펴본 바와 같이 점차지관漸次止觀, 부정지관不定止觀, 원돈지관圓頓止觀으로 구분되며, 천태종에서 강조하는 것은 원돈지관圓頓止觀이다. 이 원돈지관을 이루는 것이 25방편, 사종삼매, 실상론, 십경십승관법이다. 이후 화엄과 천태의 후손들은 교상판석을 두고 치열하게 논쟁하였다. 지의의 법을 이은 사람은 32명이라고 전해지며, 그중 후계자가 된 사람이 장안관정(章安灌頂, 561-632)이다.

중국 불교사에서 지의는 관세음보살에 대한 신앙을 선양하고 확장시킨 인물 중 하나로 평가받을 만큼 관음 신앙은 그에게 중요한 요소이다. 지의의 전기인『수천태지자대사별전隋天台智者大師別傳』(이하『지자대사별전』)에서 그가 어렸을 때부터 관음 신앙과 밀접한 관계가 있음을 찾을 수 있다.

　지의는 일곱 살에 사찰에 가서『법화경』「보문품」을 수지·독송했다.

어린 지의는 「관세음보살보문품」을 수지하고 독송함으로써 깊은 관음 신앙을 체험했을 것이다. 또한 임종 시에는『법화경』과『무량수경』두 경의 제목과 무량수불의 명호를 들으며, 모든 스승과 도반들이 관음보살과 대세지보살을 모시고 나와 맞이한다는 기록과, 지의가 임종에 이르러 오른쪽 옆구리를 바닥에 닿도록 하고 머리를 서쪽으로 향해 눕고 미타, 반야, 관음의 명호를 불렀다는 기록이 있다. 이로써 지의의 일대一代는 7세 때「관세음보살보문품」독송으로 시작하여 임종 시 염불에 이르기까지 관음 신앙과 밀접한 관계가 있음을 확인할 수 있다.

『지자대사별전』과『속고승전』등에 의하면, 지의는 영양왕永陽王이 낙마하여 중태에 빠졌을 때 관음참법을 행하여 왕을 치료했다. 지의의『법화삼매참의法華三昧懺儀』와『지자대사별전』에는 "우리 비구들은 지극한 마음으로 발원합니다. 임종할 때 정신이 어지럽지 않도록 하여 정념正念으로 바로 극락安養에 왕생하고, 미타를 가까이 뵙고 여러 성인을 만나 십지의 수승한 상락常樂을 수행하기를 발원합니다."라는 내용이 있다. 위에서 보았듯이, 지의가 임종에 이르러 미타와 관세음을 칭명했으므로, 여기서 극락왕생을 발원하고 미타를 친견한다고 한 것도 결국 관세음을 칭명한 것과 다르지 않을 것이다. 이와 같이 여러 기록에서 관음 신행이 지의에게 깊이 스며들어 있음을 발견할 수 있다.

지의는『청관음경소請觀音經疏』1권,『관음현의觀音玄義』2권,『관음의

小觀音義疏』2권 등을 저술하여 천태종과 관음 신앙의 깊은 관계가 지의에 의해 형성되었다는 것을 알 수 있다. 또한『법화현의』에서 적문10묘 중 감응묘와 신통묘에서 관음의 자비를 다루고 있어 관음에 대한 관심이 지대했음을 알 수 있다. 관세음보살과 관련된 지의의 주석들은 대부분『법화경』「관세음보살보문품」을 중심으로 이루어진 것이다. 관음 신앙은『마하지관』에서 사종삼매 가운데 상행삼매인 염불삼매와 비행비좌삼매 중 '약제경관(約諸經觀, 約敎觀)'에 지관 행법으로 수용되었음을 알 수 있다. 이때 약제경관의 대표적 소의 경전으로『청관음경請觀音經』을 들고 청관음참법請觀音懺法을 수행하도록 하였다. 위 저술들은 모두 관세음보살로 인해 수행의 장애를 구호하는 참회가 반영되어 있다.

지의는 대승불교 수행을 사종삼매四種三昧로 구분하며, 관세음보살을 염하는 관음 염불과『청관음경請觀音經』에 의거한 청관음참법請觀音懺法도 사종삼매에 포함된다고 설명한다. 지의에게 관음 신행의 개인적 경험은 이후『마하지관』을 비롯한 천태의 저술에 상당한 영향을 미치고 있음을 알 수 있다.

지의는 생전에 많은 제자들을 두었는데, 특히 관정에 의해 토대 문헌이 집대성되었으며, 제6대조인 형계담연에 이르러 중국 천태종의 종파로서 완성된다. 오늘날 천태종의 모습으로 정착하게 된 것은 송대의 사명지례四明知禮에 의한 것이다.

천태 관음의 가르침은 천태 교학의 근본 구조원리인 원융圓融이라는 법화 원교에서 설명된다. 공空·가假·중中이 원융함을 통해 제법 즉 실상을 깨닫기 위해서이다. 다시 말해 천태의 관음은 법화 가르침을 통하여 일불승으로 이끌어가는 대승보살도의 실천자이며, 본적불이本迹不二를 근거로 하고 있다. 따라서 지의가 교설한 관음 신행의 본뜻은 세 가지 관점에서 살펴볼 수 있다.

천태의 관음 교설은 천태의 핵심 사상으로부터 나오며, 이는『법화경』으로부터 비롯된다는 사실을 알 수 있다. 본문本門과 적문迹門은 천태 지의가 세운『법화경』해석 체계의 하나이며,「관세음보살보문품」은『법화경』의 본문인 유통분에 해당한다. 따라서『법화경』의 해석 체계인 본·적은 천태 관음 교설의 기초가 된다. 첫째, 천태 관음 교설인 본적 사상을 통해서 관음 수행을 논해야만 천태 관음 수행의 특징이 명확해질 것이다. 둘째, 관음은 본불과 동등한 적불로서의 응화신의 위치를 확고히 할 수 있다. 이는 적불이 아니면 본불을 밝힐 수 없고, 본불이 아니면 적불을 밝힐 수 없는 본적불이 사상에 바탕을 두고 있기 때문이다. 셋째, 수적垂迹으로 나타난 관음은 교화의 주체로서 십법계를 항상 비추는 신통력과 위신력을 본불을 통해서 입증할 수 있다. 이는 관음의 수행이 본지의 서원에 따른 수적의 모습임을 밝힐 수 있기 때문이다. 이러한 관점에서 본적 사상은 천태 관음 수행의 교설로서 중요한 실천적 근거가 된다.

인도 고대에서 비롯된 응화應化 사상으로 고대 베다(Veda) 문헌에 본적 사상이 나타난다. 이는 온 세계와 인간은 신에게 제사를 지냄으로써 생겨난다는 브라흐만의 전변설轉變說에서 찾아볼 수 있다. 이러한 전변설은 우파니샤드 철학에 의해 더욱 구체화되며 범아일여梵我一如에서 체계화된다. 또한 인도의 쉬바(Śiva) 신과 함께 힌두교의 주축이 되는 비쉬누(Viṣṇu) 신이 인도의 전설적인 영웅이나 위인으로 화현했다고 전해진다. 특히 비쉬누 신의 9번째 화현이 석가모니부처님이고 7번째가 라마라에서도 응화 사상이 나타난다.

인도불교 경전에 등장하는 초기 관세음보살의 지위는 대보살로서 위신력이 매우 컸지만, 동시에 중생을 구제하기 위해 성불을 미룬 미성불의 보살로 존재했다. 그 연원은 『화엄경』의 보현행원普賢行願에서 비롯된 것으로 보이며, 보현보살은 고통받는 중생이 단 하나라도 있다면 결코 성불하지 않겠다는 거룩한 서원을 세웠다. 이는 대승불교 시대 보살 사상의 중생구제 원력의 지표가 되었다.

또한 초기 대승불교의 불신관佛身觀에서는 붓다가 열반에 들면 중생이 열반의 세계를 볼 수 없다고 여겼기 때문에 대보살이 성불을 미룬 것으로 보았다. 따라서 대승 경전에서 대보살은 붓다를 대신해 설법을 이끌어 가는데, 이는 『반야경』에서 관세음보살이 공사상을 설법하는 장면이나, 『유마경維摩經』에서 유마힐이 불이不二 사상을 설파하는 장면 등에서 확인할 수 있다. 그러나 미성불의 보살로서 완전한 설법을 하기에는 한계가 있었기에, 대보살에게 점차 붓다의 깨달음이나 위신력에 버금가는 능력을 부여하기 시작하였다.

『법화경』에서는 불도를 이룬 석가모니불은 응화불로 설명하고, 그 본체로서 구원겁 전에 이미 성불한 본불이 존재한다고 설하고 있다. 이는 삼신불 사상으로 이어졌고, 이러한 삼신불의 불타관은 과거에 이미 무수한 부처가 있고 현재와 미래에도 무수한 부처가 있다는 다불신앙多佛信仰으로 발전한다. 또한 석가모니불의 성문 제자나 연각들도 이미 과거에 본불本佛로부터 교화를 받아 미래에 성불할 것이라는 수기授記를 받았으며, 보살들은 중생을 교화하기 위해 응화신으로 나타난 것이다.

관세음보살에게 붓다의 지위를 부여한 『천수경』에서 관세음보살은 불가사의한 위신력으로 과거 무량겁 중에 부처가 되었고, 정법명여래라는 명호를 부여받았으며, 대비의 원력을 펼쳐 일체 보살을 일으켜 모든 중생을 안락하고 성숙하게 하고자 보살의 모습을 보였다. 또한, 『입대승론入大乘論』에서는 관세음보살을 법신이라고 하며, 모든 62억 제불의 색신에게 예를 올리는 것과 같다고 설명한다. 이는 이미 법신관이 성행하였음을 보여주며, 훗날 천태의 교문에서 본적本寂 사상으로 확립된다. 본적 사상은 관음 신행에 있어 신앙적 요소가 강한 관세음보살의 응현에 대한 중요한 실천적 근거가 되는 것이다.

응화應化는 불보살이 중생을 구제하기 위해 중생의 능력이나 소질에 맞추어 여러 가지 모습으로 변화하여 나타나는 것을 뜻한다. 따라서 응화는 여러 가지 모습으로 나타내는 응신에 초점을 맞추고 있고, 응현은 응신으로 나타난 이익으로서의 일에 초점을 둔다.

관세음보살은 십법계를 항상 비추어 보며 중생의 간구에 응하여 일시에 중생을 고난에서 구제한다. 이때 관세음보살은 일심칭명의 기연으로 중생 근기에 맞게 응신으로 화현한다.

『법화경』「서품」에서 관세음보살은 보살의 대표로 등장하여 본문의 유통분인 「관세음보살보문품」에서 대자대비로 보문시현하여 중생을 구제한다. 보살의 대승보살도 실천은 구원겁 이전에 일으킨 자비와 사홍서원의 원력으로 수행을 실천해 나가는 것으로, 귀일승의 보살행을 의미한다. 이는 본적 사상과도 맞닿아 있다.

「관세음보살보문품」에서는 관세음보살이 방편력으로 사바세계에 응현하여 중생을 구제하기 위해 33응신의 모습으로 제도한다고 설하고 있다. 관세음보살의 응현에 대해 『정법화경』에는 15응신, 서장경전에는 38응신, 『능엄경』에는 32응신 등으로 설하고 있어 경전마다 차이를 보인다.

『관음현의』에서는 『능엄경』을 통해 관세음보살의 응현을 살펴보며,

관세음보살의 응현은 관음여래께 발심하여 문·사·수를 닦아 삼매에 들어 이근원통을 얻었기 때문이라고 설명한다. 또한『능엄경』에 따르면 관세음보살이 중생의 부름을 듣고 고난에서 구제할 수 있는 능력은 이근원통을 얻어서 6도 중생의 자비심을 구함과 같아지기 때문이며, 중생에게 응현할 수 있는 것은 부처님의 본묘각심과 합하여 자비로 나타나기 때문이다. 그러므로 관세음보살이 중생에게 14무외공덕을 얻게 하여 중생을 구제할 수 있다. 즉 관세음보살의 응현은 이근원통을 통한 삼매를 얻었기 때문이며, 32응신의 나타남은 자비에 의한 보문 시현임을 내포하고 있다.「관세음보살보문품」에서 관세음보살의 응현을 보문 시현으로 묘사한 내용을 보면, '방편의 힘으로 두루 모든 법문을 나타내 보이셨다'고 하였으니, 33응신의 내용은 곧 25유 중생에 대한 교화이다.『관음의소』에서는 관세음보살의 응화 설법을 장교, 통교, 별교, 원교의 4교로 밝히고 있으며, 이는 관세음보살의 응현이 시방 세계의 모든 중생의 근기에 맞게 보문 시현하는 것임을 알 수 있다.

『법화경』에 의하면 관세음보살의 갖가지 교화행은 인행因行 시 수많은 부처님을 모시고 중생의 고뇌를 듣고 이를 제거하겠다는 청정한 서원을 세워 실천한 것이다. 지의는 본적사상에 입각하여, 관세음보살의 응현은 본지에서의 자비와 서원에 의해 중생을 교화한다고 가르치고 있다. 또한『관음현의』에서는 관세음보살을 통합적 해석과 개별적 해석으로 구분해서 다양한 관점에서 해설하고 있다.

여기서는 관세음보문觀世音普門을 개별적으로 해석한 가운데 보문과 응현에 관련된 내용을 살펴볼 수 있다.

지금 이 관세음보문은 즉 세 가지로 배대하여 부른다. 관觀은 즉 '각覺'이니 각覺은 '불佛'이라 말하고, 세음世音은 '경境'이니 경境은 즉 '여래如來'이다. 보문普門은 곧 '정변지正遍知'이니, 이 세 가지 뜻은 이루 다 궁구할 수 없다.

지의는 관觀을 깨달음에 비유하여 부처라 하였고, 세음世音은 세간의 경계를 나타내는 계위로 여래의 지위에 비유하였으며, 보문普門은 정변지라고 하였다. 즉 여래의 깨달음은 삼종지三種智 가운데 일체종지一切種智에 해당하기 때문에 정등각자로 이해할 수 있다. 삼종지는 삼승에 대해 성문은 일체지一切智, 보살은 도종지道種智, 붓다는 일체종지에 대입하는 것이다. 붓다의 일체종지는 법신, 보신, 화신의 삼신三身을 구현해 중생을 구한다고 한다. 따라서 개별적 해석에 따르면 관세음보살의 보문은 일체종지를 갖추어 중생을 구제하는 33응신을 구족하는 근거가 마련된 것이다.

『관음현의』에서는 원돈의 가르침만이 일체종지이자 중도의 바른 관법이라고 강조하며, 그 밖의 것은 모두 다 방편설이라고 설명한다.

만약 부처님의 지혜에 들면 방편은 소용이 없기 때문에 오로지 한 가지 일대사만 있을 뿐 나머지 둘이 되는 것은 진실이 아니다. 때문에 단 하나 원돈圓頓의 가르침만이 일체종지一切種智요 중도中道의 바른 관법[正觀]이니, 오직 이것이 실제의 관세음이요 나머지는 모두 방편설이다.

일체종지는 삼종지 가운데 붓다의 지혜를 가리킨다. 관음이 부처의 지위에 들어가면 중도를 관하는 이법理法의 실체를 관세음의 참모습이라고 해석한 것이다. 또한 지의는 '관세음보살의 본체는 법계 진여이며 이를 바탕으로 자재롭게 방편의 몸을 나타내어 무상無相과 무작無作의 교화를 한다'고 하였다. 이는 관세음보살의 본체가 정각을 이룬 법계 진여이며, 관음의 응화는 본적 사상에 의거한 본적불이의 모습을 드러내고 있음을 의미한다. 결국 본적 사상에 입각한 관세음보살의 응화에 대한 인식은 관세음보살의 신앙적 요소를 신행으로 구축한 첫걸음이 된다.

본적 사상에 이어 두 번째로 살펴볼 것은 관음의 일불승 사상이다. 관세음보살의 일불승一佛乘 사상은 『법화경』의 회삼귀일會三歸一에서 시작된다. 회삼귀일은 성문, 연각, 보살의 수레바퀴인 삼승三乘을 일승一乘으로 교화하는 교설이다. 부처님은 오직 일불승에 목적을 두고 설하셨으며, 본래 일불승만이 진실임을 밝히면서 삼승은 방편에 불과하다고 밝히고 있다.

관세음보살은 『법화경』「서품」에서 보살 대중의 대표로 등장하여 「관세음보살보문품」에 이르러서는 응신의 몸으로 보문시현하여 중생을 구제한다. 이 품은 경을 유포하는 화타유통他流通에 해당하며, 관세음보살의 교화행은 귀일승歸一乘의 보살행임을 알 수 있다. 관세음보살의 중생구제는 고난을 넘어 대승으로 인도하는 대승 보살도이다. 또한 대승 보살도를 실천하는 「상불경보살품」, 「약왕보살본사품」, 「묘장엄왕본사품」, 「보현보살권발품」과 함께 법화를 수지受持하여 일불승 보살도를 실천하고 있으며, 이 보살들은 인연에 따른 관세음보살의 다른 이름이다. 따라서 관세음보살의 교도敎導는 법화 정신에 부합하는 일불승 보살도임을 밝히고 있으며, 관세음보살의 중생구제는 대승 보살로서의 역할 수행임을 알 수 있다. 『관음현의』에서는 관세음보살이 무작위의 보살로 원교 보살임을 자세히 밝히고 있다.

무릇 법계는 원융하여 형상 없는 형상을 일으키고 진여는 청정하여 교화하는 바 없이 교화를 행한다. 비록 형상 없는 형상을 일으키나 나타나지 않는 곳이 없고, 교화하는 바 없는 교화를 행하지만 교화되지 않는 곳이 없다. (중략) 9도의 몸으로서 교화에 응한다.

관세음보살은 9계九界의 보살이지만 각각의 일법계는 십법계를 구족하고 있다. 즉, 불계佛界에 상즉相即하므로 언제든지 즉시 공·가·중으로 두루 편만하게 자유자재할 수 있는 것이다. 관세음보살의 위신력과 신통력은 일시에 모든 중생을 구제하여 고난에서 벗어나게 한다. 요약하면, 관세음보살은 법계가 원융하다는 점, 두루 십법계를 비추어 보고 있다는 점, 일시에 모든 중생을 구제할 수 있다는 점, 9도의 계위에 있다는 점 등에서 원교 보살의 특징을 나타내고 있다. 이를 뒷받침할 수 있는 원교 보살의 신통에 대해 지의는 『법화현의』에서 적문 10묘 중 신통묘神通妙를 강설하여 묘사하고 있다. 이에 대해 『관음현의』에서는 삼승이 모두 진실인 일승이고 일승이 즉 삼승이라는 절대묘絶待妙(『法華玄義』에서 삼승三乘은 추이며 반면에 일승一乘은 묘妙하다고 하여 이를 상대묘相待妙라고 하며, 개적開迹하여 방편인 삼승을 폐하고 삼승 즉 일승으로 삼승 또한 진실이 되어 추즉묘이니 이를 절대묘絶待妙라고 한다.)라고 설명한다. 이를 통해 관세음보살이 원교 보살임을 설명하고 있다.

> 만약 부처님의 지혜에 들면 방편은 소용이 없다. 오로지 한 가지 일대사만 있을 뿐 나머지 둘이 되는 것은 진실이 아니다. 단 하나 원돈圓頓의 가르침만이 일체종지一切種智요 중도中道의 바른 관법[正觀]이니, 오직 이것이 실제의 관세음이요 나머지는 모두 방편설이다.

지의는 『관음현의』에서 관세음보살의 십의十義나 보문의 십보十普를 강설하면서 관세음보살의 교화는 사교四敎로 베풀고 오시五時로 성숙하게 하여 일불승으로 인도하는 것이라고 설명한다. 관세음보살은 십보를 갖추고 있기 때문에 고난에 빠진 중생을 관하여 십법계를 자유자재로 거닐며 응현할 수 있다. 이는 원교 보살로서 관세음보살의 특징을 확고히 하고 있다. 지의는 관음 신행의 본뜻이 중생 고난에서 벗어나 일불승 보살도로 이끄는 원교의 실천 체계를 갖추고 있음을 설명한다. 관세음보살의 교도敎導는 법화 가르침에 맞는 일불승의 보살도임을 다시 확인할 수 있다. 관세음보살이 응화하여 설법하고 교화하는 내용은 방편을 시설하여 근기를 성숙시키고, 마침내 방편을 버리고 진실로 이끌어 일불승에 들게 하는 개혁 현실의 교설이다. 관세음보살 응현 설법이 결국 법화의 설법이므로 관세음보살은 법화를 수지하고 이를 실천하는 보살임을 말해주고 있다. 나아가 관음보살도가 곧 일불승 보살도로 무상보리를 얻는 것을 가리키고 있다.

따라서 관세음보살은 중생의 근기를 성숙하게 하기 위해 삼승이라는 방편을 사용하며, 중생의 근기가 성숙해지면 원교를 설하여 일불승으로 이끈다. 일불승은 원교의 가르침이며, 관세음보살은 원교 보살로서 일불승으로 교화함을 알 수 있다.

세 번째로 '성구성악설'에 대해 살펴본다. 천태종에서는 '부처님도 악을 끊지 않았다'고 하여 '불부단성악佛不斷性惡', 즉 여래성악설如來性惡說을 주장한다. 성악설이란 수악受惡이 아닌 성악性惡을 가리키며 중생계뿐만 아니라 불계에도 성性으로 변재遍在해 있다는 주장이다.

천태의 『관음현의』에서 제기된 성악설性惡說은 담연에 의해서 정립되었다. 담연은 성구설을 통해서 천태종의 독자성을 확보하고자 한 것이다. 지례 또한 여래성악설을 중시하였다. 그는 성악설이 천태 불교의 근본 원리라고 하면서, 이것으로 천태 불교 전체를 통일시키고자 하였다.

천태종의 성구설性具說은 『법화경』「방편품」에서 제법실상은 십여시十如是를 갖추고 있으므로 일념一念 속에 이미 모든 것을 갖추고 있다는 내용을 담고 있다.

천태종의 성구선악설은 중생의 성품에 부처가 될 가능성과 지옥에 떨어질 가능성이 모두 존재한다는 것이다. 이는 모든 중생이 불성佛性을 가지고 있다는 점을 적극적으로 표현한 것으로, 여래장 사상에 속하며, 불성과 악성을 모두 인정하는 것이다. 지의는 '불성이란 일승법이 구체적인 현실과 일치해야 한다'고 주장하며 성구설을 제시하였다. 이는 제법실상이 모든 중생에게 갖추어져 있다는 뜻이며, 따라서 불성 사상보다 더 적극적인 중생긍정 사상衆生肯定思想이라고 볼 수 있다.

지의는 『관음현의』에서 불성을 정인불성正因佛性, 요인불성了因佛性, 연인불성緣因佛性의 세 가지로 구분하고, 연인과 요인불성에는 선善은 물론 악惡도 있음을 밝힌다. 여래에게도 성으로서 악을 구족하고 있다는 여래성악설은 『관음현의』에 잘 나타나 있는 사상이다. 이에 대해 지금까지 많은 논쟁이 있었는데, 여래의 성품에 악이 존재한 다는 점에서 화두가 되고 있다.

『관음현의』는 지의가 『법화경』의 「관세음보살보문품」을 따로 강설 한 내용을 제자인 장안 관정이 정리한 것으로 천태오소부에 해당한 다. 『관음현의』에서는 사람과 법을 공空으로 관함으로써 세 가지 불 성을 알게 된다고 한다. 즉, 정인불성, 요인불성, 연인불성인 3인불 성은 성불할 수 있는 원인이다. 정인불성은 중생 모두 본래 갖춰진 본연의 진여이며, 요인불성은 진여를 비추는 지혜를 말한다. 연인 불성은 지혜를 도와 진여를 볼 수 있게 하는 육바라밀의 수행을 말 하며, 성덕의 요인불성도 아니고 연인불성도 아닌 경우를 정인불성 이라고 한다. 정인불성은 공덕을 쌓아 성취하면 이자삼점伊字三點(실 담문자의 모양이 3자로 이루어졌음을 말한다. 삼각관계는 삼즉일三 卽一·일즉삼一卽三·불일불이不一不二·비전비후非前非後에 비유하였 다.)의 법신을 이룬다고 설명한다.

『관음현의』에서 요인불성과 연인불성은 법신을 드러나게 하는 지 혜와 바라밀의 행을 말한다.('요了'란 드러나는 것이고, '연緣'이란 돕는 것으로 즉 요인불성은 지혜를 도와서 법신을 드러나게 하는 것을 말한다. 요인불성이라는 것은 '반야로 비추어 보는 지혜'며, '지혜를 수행하는 바른 도'이며, '지혜장엄'이다. 연인불성은 즉 이

것은 '해탈'이니, 행행을 돕는 도로서 '복덕장엄'이다.) 또한, 성덕의 요인불성과 연인불성이 본래 스스로 갖춰져 있음을 설명한다.

인과의 근본은 즉 성덕의 연인불성과 요인불성이다. 이 성덕은 본래 스스로 있는 것이며, 때맞춰 지금 있는 것이 아니다. 열반경에 이르기를 일체 모든 법은 본래 성품이 스스로 공이라 하니 또한 보살도 공을 닦아 익힌 연유로 모든 법이 공하다고 보는 것은 즉 요인불성의 종자며 본래 스스로 있는 것이다.

이와같이 연인불성과 요인불성은 성덕으로서 본래 스스로 구족되어 있다. 다음은 정인불성의 내용이다.

열반경에서 이르기를 중생 불성은 6가지 법에 즉해 있지도 않으며 6가지 법에 떠나 있지도 아니하다. 즉하지 않는다는 것은 정인불성이 오음五陰도 아니고 아我도 아니라는 것이다. 오음이 아니므로 법이 아니며, 아가 아니므로 사람이 아니며, 사람이 아니므로 요인불성이 아니고, 오음이 아니므로 연인불성이 아니다.

궁극에 이르면 법신이 뚜렷이 나타나며, 이는 3종류의 불성이 원만하다는 뜻이다. 법신이 구족되면 이는 인因도 아니고 과果도 아니며, 정인불성이 원만한 상태이다. 따라서 숨겨져 있을 때는 여래장이라 부르고, 나타났을 때는 법신이라고 부른다.

『마하지관』에서 설명하듯이 불성을 공·가·중으로 보게 되면 불성의 부동성과 불개성은 공제로, 불성의 종성의 측면에서는 가제로, 불성의 참된 성품은 중제로 살펴볼 수 있다. 관세음보살은 이미 구원겁 전에 성불한 본체로서 삼인불성을 이루었기 때문에 여래의 성덕으로서 선악을 갖추었더라도 더 이상 일으킬 인과가 없게 된다. 즉, 유식에서 말하는 아뢰야식을 상정하고, 그것으로 선악의 종자가 의지하는 의지처로 삼는다면 무기無記와 무명無明을 끊은 부처는 악성을 지니고 있지 않으므로 중생 세계에 들어갈 수 없다. 따라서 중생을 제도하기 위해서는 부득이하게 신통에 의지해야 한다. 바로 이 점에 주목하면 『관음현의』에서 관세음보살의 교敎를 설명하는 10의十義 가운데 요인불성과 연인불성 을 종합적으로 검토하는 부분에서 성악설을 설명하고 있음을 알 수 있다.

관세음보살의 본체는 이미 구원겁 전에 성불하여 정법명여래라고 불리며, 지금의 모습은 본지의 서원에 의하여 나타난 열응신의 모습으로, 아직 성불하지 않은 보살, 즉 보살의 모습으로 적불의 모습을 보이고 있다. 따라서 관세음보살은 중생을 제도하기 위해 본지에서 일으킨 보리심으로 신통력을 성취하여 보살도를 행하고 있다. 즉, 여래의 성악설은 본적에 입각하여 적불인 관세음보살의 입장에서 설명된 것으로 보인다. 그러므로 여래성악설은 본성을 허물 수도, 끊거나 파괴할 수도 없는, 말하자면 불성을 묘사하는 것이다. 이러한 불성은 십계에 갖춰져 있으므로 선한 기연으로 인하여 일천제一闡提(일천제'는 깨달음에 이르지 못한 상태를 나타내지만, 불교의 가르침에서는 누구나 깨달음을 향해 나아갈 수 있는 가능성을 지니고 있다는 점이 중요하다.)뿐만 아니라 누구나 삼덕三德을 얻어 깨달음에 이를 수 있다는 일불승 사상과도 같은 맥락이다. (여래성악설에 대해서는 지금까지 학계의 논쟁이 이어지고 있다. 안도토시오는 여래성악설이 천태원교의 궁극적 뜻을 구체적으로 표명한 것이라는 긍정적 입장이고, 차차석은 여래성악설이 천태를 대표하는 사상이라고 표명한 바 있다. 김성철은 여래성악설을 여래행악설如來行惡說 또는 여래용악설如來用惡說이라고 주장하면서『관음현의』의 독특함은 여래성악설이 아니라 여래용악설에서 찾아야 한다고 강조한다. 또한『관음현의』의 내용을 근거로 불성에는 선과 악이 모두 남아 있다고 보았다.)

『관음현의』에 나타난 성악설은 관세음보살이 원교 보살임을 나타내는 근거로 보이며, 불성에는 본래 선악이 두루 편만해 있기에 관세음보살은 중생구제를 자유자재하게 할 수 있다는 것이다. 또한 십법계는 각각 십여시가 구족되어 있다. 이러한 토대 위에, 지의의 사상이 모든 것을 포용하고 있다는 관점에서 바라보면 관세음보살도 부처도 편만해 있는 것이다. 일천제는 성선과 성악을 모두 갖추고 있으며, 성선이 있기 때문에 다시 선을 일으킬 수 있다. 그리하여 수선이 일어나면 모든 악을 다스려 성불할 수 있다. 이것이『관음현의』에서 말하는 중생 성불의 모습이다. 즉, 부처는 성악이 두루 널리 퍼져 있기 때문에 악을 통달하여 그것에 오염되지 않고, 이러한 성악을 활용하여 악법문을 펴서 중생을 교화한다.

만약 타인他人에 의하면, 일천제는 선을 끊어 없애지만 아뢰야식이 훈습을 받아 다시 선을 일으킬 수 있음을 밝히고 있다. 아뢰야식은 무기·무명이며 선과 악은 이러한 일체 종자에 의지한다. 일천제는 무명·무기를 끊을 수 없으므로 다시 선을 생한다. 부처는 무기·무명을 끊어 없애버려서 훈습을 받을 곳이 없어지므로 악은 다시 생하지 않는다. 만약 악으로 중생을 제도하고자 하면 다만 신통 변화를 만들어서 중생을 제도해야 한다. 여기서 보면 부처는 무명을 완전히 끊어 없애버렸기 때문에 훈습을 받아 다시 악을 일으킬 수 없다. 따라서 중생을 제도할 때는 반드시 신통 변화의 작의를 일으켜야만 한다는 것이다. 그러나 성악을 인정하게 되면 작의를 일으키는 허물은 없다.

성으로서의 선악은 두루 널리 퍼져 있기 때문에 부처든 일천제든 선악에 통달하면 삼덕을 이룰 수 있다. 또한, 누구나 불성이 있으므로 일승으로 돌아가 제법실상을 깨달을 수 있다는 점이 주목할 만하다.

이제 밝혀보면, 일천제는 성덕선을 끊지 않고 연緣을 만나 선을 발한다. 또한, 부처는 성악을 끊지 않고 기연이 생기면 자력의 훈습

을 받아 아비지옥에 들어가 모든 악사惡事로 중생을 교화한다. 성
악이 있으므로 부단不斷이라고 하고 다시 수악이 없으므로 불상不
常이라고 한다.

일천제는 선한 기연을 만나 선한 행동으로 장엄해 가고, 부처는 중
생의 기연으로 아비지옥에 들어가는 보살의 모습을 묘사하고 있다.
지의는 『마하지관』에서 다음과 같이 설하고 있다.

> 무릇 일심一心은 십법계를 갖추고, 일법계一法界는 또한 십법계를
> 갖추어 백법계百法界가 되며, 한 법계는 삼천종세간三千種世間을 갖
> 추고 있으며, 백법계는 곧 삼천종세간을 포괄한다. 이러한 삼천세
> 계가 바로 일념심一念心에 존재한다고 하였다.

중생 성불의 측면에서 보면, 『관음현의』에서 묘사한 일천제는 성선
을 갖추고 있어 선을 일으킬 수 있고, 수선이 일어나면 모든 악을
다스러서 성불할 수 있다. 이때 치애痴愛를 끊지 않고 해탈을 이룬
다. 일천제의 근기가 성숙하여 치애를 끊지 않고 해탈을 이룬다는
것은 원교에 계위에 있음을 뜻한다.

지의 이후 천태종 안에서도 성구성악설에 관한 논란이 있었으며 당
말의 형계담연荊溪湛然이 이를 체계화하면서 긍정하였다. 또한 송대
의 사명지례四明知禮도 십계호구설十界互具說과 연관하여 최고의 사상

이라고 말하였다.

관음의 성구성악설은 원교 관음을 나타내는 적극적 표현이라고 보며, 이는 『관음현의』에 나타난 십의十義와 십보문十普門의 뜻을 특징지을 수 있으므로, 이를 관음의 교설이라고 할 수 있다.

## (2) 중국 천태종의 중창조인 지례의 관음신앙

사명지례(四明知禮, 960-1028)는 송대宋代 천태종 산가파의 대표적 인물로, 천태종에서 17조(『불조통기』에 의하면 천태종의 조승祖承이 17조 지례에서 그치고, 그 뒤로는 몇 대조라고 칭하지는 않는다. 그러나 지례 이후로 천태의 법통이 단절되었다는 의미는 아니다)로 추앙받는 조사이다. 『천수안대비심주행법千手眼大悲心呪行法』을 지은 그는 고려 보운의통寶雲義通의 제자이며, 천태종 대저작가(흔히 남악혜사, 천태지의, 관정灌頂, 형계荊谿, 지례를 일컫는다.) 중 하나로 꼽힌다. 사명지례는 보운의통의 뒤를 이어 자운준식慈雲遵式과 함께 천태 교학을 부흥시켰다.

사명지례는 인간의 성품에 3,000가지 모습이 있다는 '구상설具相說' 및 '성악설性惡說'을 구체화하였다. 또한 천태종의 독자적인 수행론을 제시하였다. 이는 마음에 기초하여 부처를 관하는 '약심관불約心觀佛'과 수행의 대상으로 삼아야 하는 마음은 '구상설(具相說, 妄

208

心'을 바탕으로 한다.(임종 전 수백 번이나 아미타불의 명호를 불렀다는 기록이 있는 것으로 보아 지례는 천태 교육자天台教學者이면서도 정토왕생을 원하는 염불 수행자였다고 할 수 있다.) 여기서 '망심'은 "인식기관과 인식대상이 서로 어울렸을 때 생기는 한 순간의 마음"이다. 지례는 실천에 있어서 마음을 강조한다. 마음을 지관의 대상으로 삼는 것이 더 편하고 쉽기 때문이다. 이러한 지례의 사상은 『관무량수불경소묘종초觀無量壽佛經疏妙宗抄』에 잘 드러나 있다.

지례는 "마음의 성품이 모든 존재를 갖추고(具) 모든 존재를 만든다(作)."는 구절을 중심으로 삼아, '관무량수觀無量壽'의 '관'은 '일심삼관一心三觀'으로, '무량수無量壽'는 '일체삼신一體三身'으로 풀이하였다. 그는 4가지 삼매에 공통된 것이 염불이며, 반주삼매와 『관무량수불경』의 염불은 일심삼관을 통해 부처의 근본을 드러내는 특징이 있다고 보았다.

그러므로 네 가지 삼매를 통틀어서 염불이라고 이름한다. 다만 그 관법에서 방법으로 선택한 것이 다를 뿐이다. 예컨대 일행삼매一行三昧에서는 삼도[三道 : 惑道・業道・苦道]를 바로 보아서 본성불本性佛을 드러낸다. 방등삼매方等三昧에서는 마하단특摩訶袒特다라니를 관조해서 보호[護持]받고 있음을 드러낸다. 그리고 법화삼매法華三昧에서는 경전을 독송하는 것을 겸하고 있고, 관음觀音에서는 수식관을 겸하고 있으며, 각의삼매覺意三昧에서는 3가지 성품[선・악・

무기無記을 두루 한다. 이 삼매들은 드러난 현상[事]은 다르지만 '염불'이란 점에서는 같다. (4가지 삼매는) 다만 대각大覺의 근본을 드러낼 따름이다.

마음의 성품이 모든 존재를 갖추고 만들면 어떤 존재도 관하는 대상이 될 수 있다. 그러나 특별히 마음을 관하는 것은, 부처님이나 다른 대상을 관하면 진리의 세계에 이르기 어려운 반면에 마음을 관하면 좀 더 쉽게 도달할 수 있기 때문이다. 그렇게 할 때 실상이 분명히 드러난다.

"실상을 근본으로 삼는다."는 것은 마음으로 관조하는 것[心觀]으로 종宗을 삼아야 깊고 넓은 중도실상中道實相의 근본[體]이 드러날 수 있기 때문이다. 그 이유는 무엇인가? 만약 마음 바깥에서 부처를 관조한다면 설령 이치를 추구한다고 해도 다만 치우친 진실[偏眞]을 볼 수 있을 뿐이다. 예컨대 선길[善吉: 수보리]이 부처의 법신을 관조하였지만 다만 소승의 이치를 증득하였을 뿐이다. 지금 마음[唯心]에 근거해서 부처님의 '의보'와 '정보'를 관조한다면 그 자리에서 '중도실상'의 근본이 드러날 것이고, 그 가운데서 삼제三諦가 [수행자 마음에] 구족함을 쌍으로 비추어 볼 것이다. 그러므로 "이『관무량수불경』에서는 마음으로 관조하는 것[心觀]을 종으로 삼고, 실상으로 근본을 삼는다."고 하였다.

지례는 또한 법화참법서인『수참요지修懺要旨』,『대비참의大悲懺儀』, 『금광명삼매참의金光明三昧懺儀』등을 저술했다. 그중『수참요지』에서는 대승 수행법을 정리한 뒤, 법화삼매를 위한 관법과 참회법懺悔法, 법화삼매 수행법, 법화삼매 관문을 설명한다. 또한 모든 행법을 신의身儀에 따라 상좌, 상행, 반행반좌, 비행비좌로 분류한다.

법화삼매란『법화경』에서 묘음보살妙音菩薩이 얻은, 법화 정신을 실현하는 삼매로서, 도道를 방해하는 죄업을 참회하여 계·정·혜근 청정을 이루며, 육근의 참회를 통해 육근 청정을 이룸으로써 실상 정관이 이루어진다고 한다. 이기운은 이러한 법화 수행이 "기존의 법화삼매 참회법에 실제적이고 철저한 참회 수행법을 가미한 법화 참법"이라고 평가한다. 특히 법화삼매는 반행반좌삼매에 해당한다고 설명하는데, 이는 지의의『마하지관』에서 설명하는 사종삼매와도 같다. 이기운은『수참요지』를 인용하여 지례의 법화삼매 수행이 "원돈대승 구경의 수행법"이라고 정리한다.

지례의 염불정사念佛淨社는 1013년 2월, 연경사에서 처음 이루어진 이후 매년 수행되어 왔다. 승속 남녀 1만 명이 모여 부처님 명호를 매일 천 번 부르며 그 수를 기록하고, 매년 2월 15일에는 이 기록을 들고 절에 모였다.

지례는『관무량수경소묘종초』에서 마음으로 부처님을 생각하는

'약심관불' 또는 '즉심염불卽心念佛'을 주장하기 위해 천태의 소疏를 해석한다고 밝혔다. 즉『관경』의 16관법에 대해 "원교圓敎의 불가사의한 묘관妙觀을 밝힌 것으로 이것은 즉 극락세계의 의보依報와 정보正報의 경계에 의지해 심성을 관하면 심성을 나타내기 쉽다."고 한다. 이는 '관법에 의지해 중생의 본래 심성을 깨닫는다'는 '약심관불설約心觀佛說'이다. 지례는『기신론』의 영향을 받아 진여인 일심의 상태를 알기 위해서는 끊임없이 정진해야만 하며,『관경』에서 설한 16가지 관법으로만 가능하다고 전제하고 있다. 이에 대해 이태원은 "관법은 원교의 불가사의한 묘관을 밝힌 것이라고 단적으로 표현한 것은,『관무량수경』의 위치를 높이 본 것으로 관법이 성불하는 지름길이고, 이 관법에 의해 중생이 본래 갖추고 있는 심성인 진여를 통달할 수 있다고 단언한 것"이라고 설명한다.

지례는『관무량수경소묘종초』외에도『관음경소기觀音經疏記』,『관음경현의기觀音經玄義記』같은 천태의 경전 해석서에 대한 재 해석서를 쓰며, 다시『관심이백문觀心二百問』처럼 산외파山外派의 관심법에 대해 산가정전山家正傳의 관심법을 밝히는 글을 지었다.

지례가 송대 천태종 중흥에 크게 기여하게 된 것은『천수안대비심주행법千手眼大悲心呪行法』이라는 일종의 예참의식禮懺儀式 때문이었다. 대비주의 정식 명칭은 '광대원만무애대비심대다라니신묘장구廣大圓滿無碍大悲心大陀羅尼神妙章句'이다. 현행『천수경』에서는 '신묘장구대다라니神妙章句大陀羅尼'라 하지만, 원본『천수경』인『천수천안관세음보살광대원만무애대비심다라니경千手千眼觀世音菩薩廣大圓滿無碍大悲心陀羅尼經』에서는 '광대원만무애대비심대다라니신묘장구다라니廣大圓滿無碍大悲心大陀羅尼神妙章句陀羅尼'라고 한다. 대비주는『천수다라니경』에 의한 염송, 지례의 저작인『천수안대비심주행법』에 의한 염송, 밀교의 염송 등의 방법으로 수행되어 왔다.

『천수안대비심주행법』의 구성은 도량을 꾸미고[嚴道場], 삼업[身·口·意]을 깨끗이 하며[淨三業], 도량의 구역을 맺어 정하고[結界], 공양을 올리고[修供養], 삼보와 여러 하늘을 청하고[請三寶諸天], 우러러 찬탄하고 정성을 보이고[讚歎伸誠], 예배하고[作禮], 크나큰 원을 발하고 다라니를 받아 지니고[發願持呪], 참회懺悔하며, 바른 관행을 닦는[修觀行] 내용으로 이루어져 있다.

지례의 법화삼매 수행서인『수참요지』는 처음에는 대승 경전의 행법을 정리하고, 이어 법화삼매를 수행하기 위한 관법과 참회법, 법화삼매 수행법을 해설하고, 끝으로 법화삼매의 관문을 밝힌다.

첫째, 대승 경전의 행법에 대해서는 모든 행법을 상좌, 상행, 반행반좌, 비행비좌로 나누고, 그 수행법을 대략 소개한다. 여기서 법화삼매는 방등삼매법과 함께 반행반좌삼매에 속하므로『마하지관』의 사종삼매와 동일하게 설명하고 있다. 특히 오랫동안 수행할 때는

『법화경』안락행을 닦고, 시간이 촉박하면『관무량수경』혹은「관세음보살보문품」과 같이 예배하라고 한다.

둘째, 법화삼매를 수행할 때 원돈지관의 십승관법과『차제법문』의 삼종참법을 적용하여 법화삼매를 닦도록 하고 있다.『마하지관』에서 십승관법으로 십경을 관하듯이, 여기서도 법화삼매를 닦아 실상의 진리를 드러내는 데 장애가 되는 것들을 십승관법으로 제거하고 있다. 또한 삼종참법도 법화삼매의 육근 참회를 닦을 때 사용한다고 한다.

셋째, 법화삼매 수행법의 해설은『법화삼매참의』10장의 수행 의례를 운상법運想法을 중심으로 자세히 해설한다.

넷째, 관문에서는 이 법화삼매 수행법이 원돈지관으로 대승의 구경에 들어가는 수행법임을 밝힌다.

『천수안대비심주행법』의 수행법은 지례가 대비다라니 지송을 삼매 수행의 방편으로 채택하여 그 구체적 지송법과 관행법을 기술한 것이다. 지례는 이 대비심주행법에 대해 앉음과 다님의 형식에 구애받지 않고 여러 경의 의례법에 의해 대다라니를 지송하되 다라니 외우는 현전의 한 생각을 바로 살펴 삼매를 구현하여 여래장과 법계장에 들어간다고 말한다. 따라서 대비심주의 수행법을 사종삼매

중 수자의삼매隨自意三昧라고 설명하고 있다. 수행을 지어가는 형식 [作法]은 방등삼매 행법이나 법화삼매 예참법과 같은 반행반좌삼매 문을 따른다.

지례의 천수대비주 수행법은 참회하고 예경하는 여러 가지 의례를 수행을 도와주는 방편으로 채택한다. 또한, 다라니를 지송하고 끝내 십승관법十乘觀法으로 존재의 실상을 바로 살피는 관부사의경觀不思議境으로 본래 막힘없는 해탈의 삶을 장애 속에 구현해 가도록 하고 있다. 따라서 비록 반행반좌의 실천행을 도입하고 여러 가지 사법의 의례인 사의事儀를 세워서 수행하도록 하지만, 보이고자 하는 관행의 기본 뜻은 모습을 세우되 모습에 매이지 않고 부사의 실상을 깨닫도록 하는 원돈지관圓頓止觀이다.

또한 지례는『천수경』안에 관혜觀慧와 사의事儀가 구족되어 있으므로 수행을 위해 의지할 만하다고 말한다. 존재의 참모습을 관찰하여 그 안에 참회해야 할 죄와 업장이 존재하지 않음을 깨닫는 것을 관혜라 하며, 이는 실제 선禪적인 차원을 의미한다. 반면, 현실적 차원에서 여러 가지 죄업이 존재하므로, 그에 맞춰 참회하는 의례를 사의事儀라고 한다. 이 의례는 참회 의례로서 지례가 조직하는데, 바로『천수안대비심주행법』이다. 이렇게 지례는『천수경』을 천태학天台學의 입장에서 읽고 있으며,『법화참법』에 준하여『천수안대비심주행법』을 저술하였다. 그리하여『천수경』은 천태학과 만나 그 보편성을 높이고, 참회라는 수행법을 확립하게 된다. 지례의 법화 삼매 수행은 천태종의 오랜 전통을 이은 것으로, 참회행이 강조된 법화삼매 수행이므로 법화참법法華懺法이라 불린다.

지례의 원돈 대승 수행법의 특징은 먼저 법화삼매를 닦는 것이다. 법화삼매는 원돈대승 구경의 수행법이다. 참회에 관한 경구의 예를 들면 다음과 같다.

그러므로 제가 오늘 지극한 마음으로 대비심다라니를 받아 지녀 외우고 관세음과 시방의 부처님께 귀의하고 깨달음의 뜻을 발하고 진언행을 닦으며 모든 죄, 뭇 삶들과 더불어 드러내어 참회하길 바 라오니 한량없는 죄업장 자취 없이 모두 녹아 없어지게 되어지이 다. 원하오니 대비하신 관세음보살님은 천손으로 보살피고 천 눈 으로 살펴서 안과 밖의 모든 장애 고요하게 해 주시고 너와 내 가 모두 함께 해탈 언덕 갈 수 있는 행과 원 두렷이 이루도록 해 주소서. 본래 밝은 지혜 열어 밖의 마군 제압하고 몸과 입과 뜻의 삼업을 쉼 없이 정진하여 이 몸 다해 버릴 때 결정코 아미타불 극 락세계 태어나게 되어지이다.

### (3) 중국 천태종의 관음신앙 전개
『불조통기』에서 나타나는 천태의 조승祖承은 17조 사명지례까지이다.

그러나 그 교관의 법은 여전히 사자상승師資相承해 왔으므로 지례와 준식에 대해서 살펴 보자.

천축준식(天竺遵式, 963-1032)은 천태 영해 사람으로 성이 엽葉씨이다. 일찍이 출가하여 처음에는 선림禪林에서 선을 배우고 율학을 닦았다. 20세에 국청사로 들어가 보현보살상 앞에서 한 손가락을 태우며 천태 교학을 배워 세상에 전할 것을 맹세하였다. 22세 때 사명산 보운원으로 가서 의통의 제자가 되어 천태교를 배웠으며, 이때부터 지례와 뜻을 함께하며 가까워졌다. 28세에 의통의 강석講席을 전해 받아『법화경』,『유마경』,『열반경』,『금광명경』등을 강의하였다. 1024년에 조정에 주청하여 천태의 교문教文을 대장경에 넣게 하여 천태종의 권위를 높이는 계기를 마련하였다. 스승 의통의 입적 후 잠시 천태산으로 들어간 그는 서쪽에 암자를 짓고 대중과 함께 염불삼매를 닦았다. 그후 대중의 청으로 다시 보운원에서 나와 강의하며 교화 활동을 펼쳤다. 1015년에 자사 설안의 청으로 영산靈山 천축사로 가서 머물렀다. 이를 계기로 천축법사로 불렸고, 다시 1022년에 진종제眞宗帝로부터 자운慈雲의 법호를 받았다.

강의 외에 염불삼매를 닦으며 전교 활동에 힘써온 그는 1032년에 70세로 입적하였다. 저술에는『십불이문상해十不二門詳解』,『금광명호국의金光明護國儀』,『왕생정토결의행원이문往生淨土決疑行願二門』,『법문정토약석法門淨土略釋』「법화삼매참의감정원본서法華三昧懺儀勘定元本序」,『왕생정토참의往生淨土懺儀』, 『소미타참의小彌陀懺儀』 등이 있다. 문하에 문창·조·소·청감 등 25인의 품법자稟法者와 1천여 명의 등문登門학자가 있었다고 한다. 이 같은 준식의 활동은 천태종 중흥이라는 사명지례의 대업에 큰 힘이 되었다.

한편 지례와 준식이 활동하던 무렵 천태종에는 새로운 양상이 나타나고 있었다. 교단 내에서 산가山家·산외山外의 두 파가 발생하여 교학상의 논란과 대립이 계속되었다. 산가파는 의적-의통 이후 지례를 계승하는 사람들이 스스로 천태산의 정통임을 내세운 데서 나온 호칭이다. 반면에 산외파는 지인志因-오은晤恩 이후의 경소(慶昭, 963-1017)와 지원(智圓, 976-1022) 계통의 사람들로, 지례파가 이들을 폄하하여 부른 명칭이다. 이 일파는 전당錢塘의 항주를 중심으로 활약했기 때문에 지역적인 의미도 포함되어 있다.

산가파와 산외파의 대립은 약 40년간 지속되었다. 그 논점 중 대표적인 것은, 관심觀心에 있어서 산가파는 망심관妄心觀을, 산외파는 진심관眞心觀을 주장한 것이다. 망심관은 매 순간 일어나는 한 생각인 망념 가운데서 삼제三諦의 묘리妙理를 본다는 것이고, 진심관은 청정한 일심을 대상으로 살펴 원융삼제의 묘한 이해를 얻는다는 것이다. 이러한 차이는 산가파에서는 한 생각 망심이나 일체의 물질 등이 모두 그대로 실상實相이라고 하는 실상론實相論에 의거하고, 산외파는 삼제의 진실한 이치는 오직 청정한 마음에만 갖춰있다는 유심론唯心論을 주장한 데에서 비롯된다. 산가파는 천태의 정통인 성구설性具說에 입각하였으나, 산외파는 점차 성기설性起說과 같은 화엄의 입장에 가까워지는 경향을 띠었다.

이에 앞서 천태 교학은 당말 오대의 전란으로 오랫동안 학문 전승의 쇠퇴기를 겪었고, 오월의 충의왕과 의적의 노력으로 천태 교적을 다시 정비할 수 있었다. 이로써 북송의 치세와 더불어 교학이 부흥하게 되었지만, 학문연구의 오랜 공백으로 인해 교학에 대한 여러 가지 견해가 생긴 것은 당연한 일이다. 산가·산외파의 발생과 이들의 학문적 대립도 이런 시대적 사정이 반영된 결과이다. 그러나 수많은 논서들이 찬술된 것은 중국 불교 사상에서 특기할 만한 일로서, 이 또한 천태 교학의 발전을 가져온 것으로 평가된다.

경소와 지원의 입적으로 인해 오래지 않아 산외파의 세력이 약화된 이후, 천태 교학은 오직 산가파만이 성하게 된다. 특히 사명삼가四明三家로 불리는 상현尙賢·본여本如·범진梵臻의 계통을 중심으로 산가파의 세력이 커졌다. 그러나 남송대에 들어 국운이 쇠퇴해지면서 불교 전반이 차츰 쇠퇴하였고, 산가파 중심의 천태 교학도 점점 활력을 잃어갔다. 이런 시대를 거쳐 원元 이후로는 천태종의 세력이 더욱 미미해지고 말았다.

## 2) 요세의 고려 천태종 중흥

고려 천태종의 10대 조사인 원묘요세(圓妙了世, 1163-1243)는 의종
毅宗 17년(1163)에 태어났다. 그는 천태 사상에 정토 신앙을 조화시
켜 백련결사白蓮結社 운동을 전개하여 천태선天台禪을 선양했으며, 고
종高宗 32년(1245), 법랍法臘 70세에 입적하였다.

요세는 천태 교의에 의거한 '백련결사'를 통해 법화참법 중심의 수
행과, 구생정토求生淨土 수행을 가르쳤다. 이는 공空·가假·중中의
삼관三觀을 일심一心의 세 가지로 세운 일심삼관을 토대로 한 것으로,
일심의 변화를 세 가지로 고찰하고 활용하는 관법이다. 다시 말해
서 공·가·중이 각각 나머지를 여실히 갖추고 있음을 보는 관법
인 것이다. 이는 "이론적으로는 충분히 설명할 수 없으므로" 부사의
삼관不思議三觀이라고 말하기도 한다. 요세는 지례의 『관무량수경소
묘종초』에서 설하는 '마음으로 부처가 되고 마음이 곧 부처是心作佛
是心是佛'라는 내용을 핵심 교지로 삼고, 『법화삼매참의法華三昧懺儀』
의 행법에 근거하여 백련결사를 결성하였다. 백련결사는 일심으로
삼관을 회향하는 실천이다. 한보광은 요세가 "유심정토인 염불선을
적극적으로 수용하였으며, 천태지의의 일심삼관으로 결론을 내리고
있다"고 평가한다. 요세는 지눌의 수선사修禪社 정혜결사에 참여한
후, 중생들을 교화하는 수행법을 찾았으며, 법화삼매에 근거한 염불
과 참회에 관심을 보였다. 그는 자신의 일심삼관 사상을 기반으로

하근기 중생에 맞는 백련결사를 조직하여 참회와 본원력에 의지한 염불 결사를 실천하였다.

요세는 백련결사를 조직하고 참회행법과 염불 중심의 타력 수행을 실천할 것을 권하였다. 요세가 활동하던 고려 후기의 시대적 상황에서 하근기의 중생들에게는 본원력에 의지하는 염불과 참회 수행이 더 적합했던 것이다. 특히 천태묘해天台妙解가 아니면 연수延壽의 120가지 병에서 벗어날 수 없다는 깨달음을 얻은 후로는 법화삼매를 비롯한 천태의 수행을 실천하였다. 이는 수행자가 처한 '병'이 다양하니 그에 따른 처방 역시 다양할 수밖에 없다는 논리로, 수행 방법의 다양성을 수용하는 입장이다. 따라서 요세는 연수의 염불 수행을 적극 받아들여, 일심삼관 사상을 토대로 "자기의 마음속에 삼관이 있음을 여실히 알고, 생사에서 벗어나 열반의 경지에 들어가는 도를 닦는 것이 한마음 같이 연결되어 있음을 관찰하는 관법"과 법화참회法華懺悔를 행하였다.

오랫동안 법화참법法華懺法을 수행하며 앞뒤로 발심發心토록 권하여 『법화경』을 지송한 자가 천여 명에 이르렀다. 사부대중의 요청을 받아 교화하여 인연을 맺은 지 30년 동안에 묘수妙手로 직접 출가시킨 제자가 38명이나 되었으며, 가람과 난야를 창건한 것은 5개 소였다.

이처럼 법화참회를 활용한 법화삼매 수행은 뒤에 살펴볼 지눌의 정혜쌍수에 기반한 수행과는 차이를 보인다. 앞에서 요세의 수행이 갖는 특징을 참회와 염불이라고 언급하였는데, 요세는 매일 53불에게 12회의 예경을 올렸고, 추위나 더위에 아랑곳하지 않고 참회행을 닦아 '서참회徐懺悔'라 불렸다.

> 여러 사람에게도 참회를 닦기를 권하여 간절하고 지극하게 용맹정진을 하되 매일 53불佛께 12번씩 예경禮敬을 올렸다. 아무리 모진 추위와 무더운 더위에도 게으름을 피운 적이 없어서 좌선하는 이들이 그를 서참회徐懺悔라고 불렀다.

요세는 '서참회'라고 불릴 정도로 참회행을 중시했으며, 새로운 대안적 수행으로서 염불을 제시하였다. 그는 염불을 단순히 본원력에 의지하는 타력 수행으로만 보지 않았다. 이러한 요세의 관점을 김정희는 "마음의 본성을 통찰하기 위한 수행 방법은 다양하다는 자각 하에 선정 절대주의에 대한 대안으로서 염불을 선택"한 것이라고 평가하고 있다. 요세가 온전히 타력 신앙의 입장에서 염불 수행을 권하지 않았다는 사실은 그가 임종을 앞두고 천인과 나눴다고 하는 대화 내용에서 확인할 수 있다.

> 천인이 물었다. "임종할 때 선정禪定에 든 마음이 곧 극락정토인데 다시 어디로 가시렵니까?" 대사가 답하였다. "이 마음을 움직이지

않으면 바로 이 자리에 정토가 나타나니, 나는 가지 않으면서 가고, 저들은 오지 않으면서 온다. 감응도교感應道交는 실로 마음 밖에서가 아니다."

이는 요세의 유심정토唯心淨土 입장을 잘 보여주는 대목이기도 하다. 즉, 요세는 염불을 백련결사의 주요 수행법으로 삼기는 했으나, 이때의 염불은 정토왕생만을 위한 수행이 아니었음을 보여준다. 다시 말해, 염불을 수행하되, 선禪의 요소도 가미되어 있었다. 마음 밖에서 따로 실상을 구하지 말라는 당부는 염불을 통해 수행하되 수행하는 자의 마음에 바로 극락이 있음을 설한다. 이는 유심정토를 설한 것으로 이해된다. 이러한 요세의 유심적 염불 수행은 오늘날 한국 천태종의 수행법과도 일치한다. 마음이 깨끗하면 불토佛土도 깨끗하다는 것을 믿어야 정토에 태어날 수 있으며, 마음이 오염되면 극락세계에 태어날 수 없다고 하였다. 그리고 마음을 깨끗이 하기 위해 『법화경』을 읽어야 한다고 하였다. 『법화경』을 독송해야 정토에 왕생할 수 있다는 가르침을 통해 천태종의 종지를 선양하였고, 유심적 염불 수행을 그대로 수행하여 백련결사를 이끌어 왔던 것을 알 수 있다. 특히 요세는 지례의 약심관불에 기반하여 칭명염불을 지도하였는데, 이는 앞에서 살펴보았듯이 '마음으로써 아미타불을 관하지만 궁극적으로는 마음과 중생, 부처가 모두 절대'라고 보는 천태 염불이다.

이처럼 요세가 유심정토의 입장에서 참회와 염불을 권했던 것은 말법 시대의 하근기 중생에 초점을 맞췄기 때문이다. 요세는 「백련결사문」에서 "부처님께서 세상에 계실 때의 중생도 구원久遠의 수명에 대해 일찍이 들어 보지 못했는데, 우리들은 5백세 후에 태어나 부처님께서 열어 보이신 본지本地의 수명에 대해 듣고서 수승한 인연을 맺었으니, 이 어찌 경하할 일이 아니겠는가."라고 하였다. 요세의 백련결사에서 중심을 이루었던 법화참법과 구생정토 중 법화참법에 대해서는 『천태삼매참의』를 따랐다는 기록이 있으나 구생정토의 수행은 구체적인 언급이 없다. 다만 염불 수행의 대상과 횟수만 언급되어 있을 뿐이다.

임진년 여름 4월 8일 처음으로 보현도량普賢道場을 결성하고 법화삼매法華三昧를 닦으며, 구생정토求生淨土를 하였는데, 하나는 천태삼매의天台三昧儀에 의지하여 오랫동안 법화참法華懺을 닦았다. 그 전후에 발심하기를 권하여 이 경[법화경]을 지송하는 자가 1,000여 명에 이르렀다. 사부대중의 청을 받아들여 교화시켜 인연 맺기를 30여 년 묘수로 제자를 만든 것이 38인이나 되었다. 절을 지은 곳이 5곳이며, 왕공대인王公大人 목백현재牧伯縣宰들과 높고 낮은 사부대중들이 이름을 써서 결사에 입사한 자가 300여 명이나 되었다. 또 서로 일구일게一句一偈를 전해 듣고 멀리서 결사에 인연을 맺은 자의 숫자는 헤아릴 수가 없을 정도로 많았다. 대사가 산속에 자취를 감춘 지 50년 동안 서울 땅에 발을 들여놓지 않았고, 친히 고향의 사람들이나 친척들을 찾은 일이 없었다. 성품은 겉으로 꾸밈이 적었고, 순후하고 정직하여 눈으로 사특한 것을 보지 않았고, 입으로는 망발妄發을 하지 않았으며, 밤에는 등촉燈燭을 켜지 않았으며, 잠잘 때도 요가 없었다. 시주들이 바치는 것은 모두 다 가난한 사람들에게 나누어 주고 방장方丈室에는 삼의三衣와 바루대 하나뿐이었다. 매일 선관禪觀과 경전을 수지독송하는 여가에 『법화경』1부를 읽고, 준제신주準提神呪 1,000편을 염송하고, 아미타불을 10,000번 염불하는 것을 생활 일과로 삼았다.

한보광에 의하면, 구생정토 수행은 임종을 맞이하는 요세의 모습에서 찾을 수 있다.

대사는 을사년(고종 32, 1245) 여름 4월에 사원 안의 불사를 상수 제자인 천인(天因, 1206-1248)에게 부탁하고, 별원(別院: 龍穴庵)에 물러 나와 고요히 좌선하며 오로지 서방정토에 왕생하기를 구하였다.

요세는 구생정토와 관련하여 매일 아미타불 칭명염불을 만萬 편씩 하였으며, 평소에도 연수와 지례의 칭명염불과 유심정토에 관심을 보였다. 그는 제자와의 대화에서 유심정토와 서방정토가 다르지 않음을 설하였다. 요세의 구생정토관의 특징은 마음에서 정토를 찾으려 했던 데 있다. 이는 임종을 앞둔 요세가 제자 천인과 나눈 대화에도 잘 드러나 있음을 앞서 인용문에서 확인했다.

이로써 요세는 마음에서 정토를 찾고, 선정을 통해 정토를 구하였으며 임종시까지 염불을 하였음을 알 수 있다. 요세는 지례의 약심관불 사상과 염불결사에 근거하여 백련결사를 통해 정토 사상을 실천하였고, 그의 구생정토 사상을 유심정토 사상이 뒷받침하고 있다. 또한 그는 임종까지 염불을 실천한 수행자였다.

요세는 기존의 일심삼관 사상을 그대로 답습하지 않고, 자신만의 방식을 정립하였다. 특히 중생에게 불성이 있음을 관찰하고 수행할 수 있는 기반을 마련한 점, 일심삼관을 통해 번뇌에서 벗어나 깨달음을 얻고 열반에 들어가는 본마음, 즉 '참마음'을 밝힌 점이 특색이라 하겠다. 또한 요세는 백련결사와 구생정토 사상을 통해 참회와 예경, 법화참법을 중심으로 사부대중이 참여할 수 있는 대중불교 수행법을 펼쳤다.

# 3. 한국 천태종 중창과 관음주송 수행

## 1) 상월원각대조사의 한국 천태종 중창과 다라니 수행

소백산에서 큰 깨달음을 성취한 상월은 이후 약 10여 년간 제자들을 지도하고 대중을 교화하는 데 힘썼다. 그 사이 세상에는 변화와 혼란이 거듭되고 있었다. 국토 분단, 4·19혁명과 5·16군사정변 등 사회적 혼란이 이어지면서 국민들의 삶은 여전히 고통과 빈곤을 벗어나지 못하고 있었다. 불교계는 분열과 분규로 인해 대중들에게 안식처로서 기능을 하지 못했다. 이 같은 혼란을 보면서, 대조사는 중생구제의 서원을 적극 실행해 나가야 할 때임을 절감했다.

상월이 알려지기 시작한 것은 1963년경부터였다. 이 무렵부터 상월이 본격적인 교화를 시작하면서 그의 법력이 세상에 퍼져나감으로써 불교를 통해 안식을 찾으려는 사람들, 소원을 성취하고자 하는 사람들이 끊임없이 구인사로 모여들었다. 상월은 이들의 수준과 근기에 맞게 지도하여 구제와 교화에 힘썼다. 상월의 교화 활동은 크게 세 가지 방향에서 이루어지고 있었다. 호국불교의 실천, 생활과 불교 신행의 일체화, 모든 사람이 함께하는 대중불교의 구현이 그것이다. 상월은 이를 천태종의 3대 지표로 삼았다. 이미 본격화한 대조사의 교화 활동은 1965년(55세) 이후 새로운 모습으로 전개되었다. 그동안은 찾아오는 신도들을 대상으로 하는 구인사 도량 중심의 교화였다. 그러나 이때부터 대조사는 몸소 세상에 나가 각 지방을 순회하면서 사람들을 만나고 설법하였다. 곧 전법유행轉法遊行의 교화였다. 사부대중四部大衆이 구성되어 가면서 각종 행례行禮 절차와 규범을 마련하는 등, 교단의 형태를 갖추어 감에 따라 종단 창설을 요구하는 목소리가 높아져 갔다. 이에 상월은 구인사 대중 약 60여 명과 더불어 종명宗名을 비롯한 여러 사항들을 논의하고 점검하며 중지衆智를 모아 갔다. 마침내 1966년, 세수 56세 때 상월은 법화·천태 교법의 재흥再興이라는 염원을 담아 천태종 중창을 선포하였고, 이듬해 1월 24일에는 천태종 종정에 취임하면서 '천태종 대각불교 포교원'으로 문교부에 등록하였다. 정부가 '대한불교 조계종' 이외에 신규 종단의 등록을 제한하고 있었기 때문에, 정부의 신규 종단 등록 완화가 이루어진 1969년 12월이 되어서야 마침내 '대한불교 천태종'으로 종단을 등록할 수 있었고, 그와 함께 종헌과 종법, 종기宗旗를 제정하였다. 이처럼 종단 창설에 따른 모든 준비와 행정적 절차를 거쳐서, 상월이 60세 되던 해인 1970년 1월 5일(음력 경술년 11월 28일)에 정부로부터 종단을 인가받고 전문前文과 17장으로 구성된 종헌과 종법을 선포하였다.

조선 초기의 억불정책으로 말미암아 본종은 선종으로 합종되어 묘법은 은몰되었던 것이다. 그러나 상주불멸의 묘법은 상월원각대조사와의 인연에 따라 다시 이 강토에 감로 법우를 뿌리게 되었다. 본종에서는 오랫동안 역사의 진토 속에 묻혔던 신성한 정신 문화를 발굴하여 조국 재건 민족중흥의 과업에 이바지하고자 대한불교천태종을 재건하고, 개권현실開權顯實의 최상종승最上宗乘으로서 불교의 대중화와 생활화를 위하여 이 종헌을 선포하는 바이다.

이와 더불어 종헌과 종법에 의거한 새불교운동의 목표로서 다음의 3대 강령을 선언하였다.

① 생명의 참뜻을 자각하여 밝은 자아를 드러냄으로써, '인간이 곧 부처'라는 진리를 체득한다.
② 정법正法의 대도大道를 실천하여 밝은 생활을 창조함으로써, '생활이 곧 불법佛法'이라는 이념을 구현한다.
③ 착실한 교화를 전개하여 밝은 사회를 건설함으로써, '사회가 곧 승가僧伽'라는 이상을 실현한다.

종단에서는 본산인 구인사를 더욱 확장·개축하고 전국에 천태종 사찰을 건립하여 활동을 확대해 갔다. 더불어 득도得度·수계受戒·안거安居 등 모든 제도를 정비 확립하고 수행 방법을 관음주송으로 통일하였다. 1971년(61세) 5월에는 교화의 기본과 지침이 되는 「법어法語」를, 10월에는 종단의 방향과 종지 및 종통에 관한 「교시문敎示文」을 발표하였다. 3대 강령도 바로 이 교시문을 통해 제시된 것이다. 「상월원각대조사 법어」는 현재 개개인의 생활 속에서는 물론 종단의 모든 법회 및 행사와 의례에서 반드시 봉독하고 있다. 모든 종도가 「대조사 법어」를 통해 법화·천태의 이상과 그 실천을 끊임없이 일깨우고 함께 도모하기 위함이다.

1974년 6월 17일(음력 4월 27일) 밤, 상월은 64세를 일기로 소백산 구인사에서 "발보리심 하라."는 최후의 유훈을 남기고 열반에 들었다. 『천태종 성전』에서는 이러한 상월의 생애에 대해 "유력遊歷 구도와 수행, 큰 깨달음의 성취 그리고 대중교화와 새불교운동 등 참으로 영일寧日이 없던 평생이었다. 그런 삶 가운데서도 천태종 중창은 대조사 필생의 가장 큰 원력 불사였고 장엄한 역사의 새로운 서막이었다."라고 평가하고 있다.

한국 천태종을 중창한 상월은 수행 중에 관세음보살을 친견하는 공덕을 이루었는데, 이는 1942년의 일이다. 그는 천태산의 최고봉인 화정봉에서 두타 수행을 마치고 태백산 줄기 한 석굴에서 수행에 전념하던 중 삼매 중에 관세음보살을 친견하게 된다.

어느 날, 깊은 삼매에서 『관음경』을 독송하고 있던 새벽녘이었다. 갑자기 동굴 안팎이 환해지더니 하얀빛이 태백산맥을 따라 뻗어 내려가는 것을 "마음의 눈"으로 보았다. 스님이 그 빛을 따라가 보니, 휘황찬란한 빛은 봉우리를 하나하나 넘어 모두 아홉 번을 넘더니 아홉 개의 봉우리를 감싸 안는 것이었다. 상월 스님도 그 아홉 개의 산봉우리를 넘어 기다란 골짜기로 내려가니, 하얀 연꽃 하나가 활짝 피어 있었고, 그 위에 앉아 계시던 관세음보살이 미소를 머금은 채 이리로 오라는 듯 손짓을 하는 것이었다. 스님이 합장을 한 채 다가가니 관세음보살이 경전 한 권을 손에 쥐어 주었다. 두 손으로 받아보니 아무런 글자도 없이 표지는 금색으로 빛나는 "무자경전無字經典"이었다. 삼매에서 깨어난 스님은 서쪽을 향해 기쁨에 찬 큰절을 올렸다. 비로소 상월 스님에게 관세음보살의 친견이 실현되어 직접 가르침을 받은 것이었다.

관세음보살이 앉아 계시던 그 골짜기가 바로 오늘날 구인사가 있는 소백산 백자동 계곡의 연화지蓮華地이다. 이곳은 금닭이 알을 품고 있는 형국[禁雞抱卵形]으로, 지금의 삼보당이 위치해 있다. 또한 관세음보살이 상월대조사에게 준 무자경전無字經典은 삼장법사가 영취산에서 부처님께 받은 경전으로, 쉽게 얻을 수 없는 경전이다. 이는 대자비를 베푸는 데에 더욱 정진하라는 의미일 것이다. 상월대조사의 열반 후 법체를 모신 구봉팔문의 네 번째 봉우리가 영취봉靈鷲峰인 것은 우연이 아니라고 본다. 이렇게 하여 관세음보살을 친견한 곳에 천태종의 본산 구인사가 창건되었다. 상월이 관세음보살을 친견하던 22살 당시, 수행자의 자세에 대해 다음과 같이 강조하였다.

출가수행자는 마땅히 세속의 모든 욕심을 떨쳐 버리고 몸과 마음을 깨끗이 닦아야 하고, 참기 어려운 고행을 능히 이겨내야 한다. 두타 수행을 할 때는 집이나 동굴은 물론, 나무 그늘이나 숲에 앉아도 안 되고, 눕거나 자도 안 된다. 나는 천태법화의 묘의妙意를 국청사에서 얻었고, 일심삼관의 참된 경지는 화정봉에서 보았다.

상월은 중국 순력巡歷을 마치고 귀국한 이후에도 철저한 구도의 길을 걸었으며, 진정한 대오大悟를 향한 수행을 멈추지 않았다. 특히 생로병사의 고통에 시달리는 중생들을 위한 이타행에 모든 힘을 쏟으며 수행과 교화에 소홀히 하지 않았다. 또한 신도들에게도 수행의 목적이 도를 이루는 데 있으므로, 도를 이루는 데 마음을 쓰지 않고 그 밖의 일에 마음을 쓰는 것은 수행자의 본분에 어긋난다고 강조하였다. 언제 어느 때나 하루 24시간 모두 도를 닦는 데 시간을 할애해야 하며, 부디 마음을 다해 정진(2대 남대충대종사는 6바라밀 중 다 중요하지만, 그중에서 더욱 소중한 것은 정진이라고 하였다. 정진이 아니면 하나로 성취될 수 없으므로, 정진이야말로 6바라밀 중에 특히 소중하다고 강조했다. 정진을 비유하자면, 잠깐 동안 용맹정진하다가 쉬는 것보다, 늘 꾸준히 노력하여 나아가는 것이 바른 정진이다. 마치 불씨를 얻기 위해 두 나무를 마찰하는 것처럼,

잠깐도 중단하면 안 된다고 하였다.)하고 또 정진하길 간절히 바란다고 부탁하였다.

또한, 상월은 삼태산에서 백일기도를 하면서 삶의 방향을 가르는 경험을 하게 된다.

> 1925년 을축년 15세 되던 여름에 크게 발심하여 좁쌀 일곱 되(七升), 새옹 하나, 바가지 둘, 고추장, 된장 등과 부엌칼 한 자루를 가지고 삼태산에 들어가서 천류계곡川流溪谷 심소상深沼上에 외나무다리처럼 통나무 두세 개를 걸쳐놓고 그 위에 초막草幕을 매고 이 나무토막 위에 앉아 부엌칼을 앞에 놓고 불침불식不寢不食 천수다라니千手陀羅羅尼 비주秘呪를 염송하며 백일을 한限하고 용맹정진하였다.

천수다라니로 백일 용맹정진을 마친 상월은 천수다라니 주송의 비결을 다음과 같이 설명하고 있다.

첫째, 큰소리로 외우는 것이다. 큰소리로 해야만 번뇌가 덜 들어오고 내 목소리를 내가 들음으로써 좀 더 집중할 수 있기 때문이다. 둘째, 다라니와 주송자가 하나가 되는 것이다. 진언동법계眞言同法界의 경지에 들어가야 한다는 뜻이다. 진언을 외우면서 마음이 다른 데 가 있으면 헛수행이다. 외우는 자와 외우는 진언이 둘이 아닌 하나를 이루는 주송, 그것이 참다운 주송이다.

셋째, 오랫동안 주송하는 것이다. 현재 천태종에서 밤 10시부터 다음 날 새벽 4시까지 정진을 원칙으로 하고 있듯이 상월도 한 번 다라니를 외우면 반나절씩 하였고, 다라니가 숙달된 이후에는 한나절을 계속해서 외웠다.

틈만 나면 창호지에 한글로 천수다라니를 적어 그들에게 나누어주고 독송법을 가르쳐 주었다. 가난한 이도, 징병으로 남편과 아들을 멀리 보내고 마음 아파하는 이도, 몹쓸 병에 걸린 이도, "이 다라니를 외면 소원이 풀립니다."고 말하는 상월 스님의 가르침에 따랐으며, 그에 따라 병고를 극복해 나갔고, 그들 모두가 믿음과 희망을 품에 안았다.

이렇게 다라니를 외우는 이적으로 상월의 손길만 닿으면 허리가 아프던 사람은 허리가 펴지며 똑바로 걸을 수 있었고, 머리가 혼란스러워 정신이 없어 고생하는 사람도 머리가 맑아졌으며, 배가 불러 소변도 제대로 못 보던 사람도 부기가 빠지면서 혈색이 돌았고, 다리가 부어 걷지도 못하는 사람도 감각을 찾아 움직일 수 있게 되었고, 명이 다한 사람에게는 천수다라니를 외워 웃음을 지으며 떠날 준비를 할 수 있도록 마음을 편하게 해 주었으며, 가족들에게는 웃음을 선사하였다.

위에서 설명한 다라니 주송 비결 3가지 방법으로 숙달하다 보면 주송하는 속도가 일반 사람의 두 배는 빠르게 된다. 논자 또한 이러한 다라니를 매일 연습하고 주송한 결과, 불공할 때 『천수경』에서 다라니를 3독 하게 되어 있는 것을 33독하여 관세음보살의 가피를 받아본 영험이 있다. 또한 신도들에게도 다라니 기도를 할 때, 한 호흡에 처음부터 끝까지 다 외울 수 있도록 하여 최소한 다라니를 1독 하는 데 걸리는 시간이 30초 이내가 되도록 연습시킨다. 이처럼 빠르게 하는 것은 잡념이 들어올 틈을 주지 않기 위해서다. 잡념이 들어오지 않는 상태에서, 다라니를 외우는 자와 내가 하나가 될 때 고요한 삼매에 들 수 있으며, 그 삼매가 선정이고 선정 속에서 지혜가 나온다.

내가 만난 스님들 중에는 온갖 어려운 경전을 암송하고 교학에 밝으며 이론이 명료하여 선지식에 의심할 바 없는 스님도 있었다. 그러나 고승이라 불리는 스님들 중에는 신심도 계행도 없고 다만 증상만增上慢과 아집我執만 꽉 차 있는 스님들이 있었다. 또 어떤 분은 오로지 참선에만 매진하는 선승이지만 그것이 활선活禪이 되지 못하고 사선死禪이 되어 고목한회枯木寒灰로 일생을 보내는 이도 있었다. 어떤 이는 교학에는 무식해도 계율을 지켜 사문의 길을 철저하게 걷고 있어서 존경심을 갖게 하는 스님도 있었다. 또 어떤 분은 불교가 뭔지 각覺이 뭔지도 모르고, 중은 본래 이렇게 해야 한다는 규칙에만 얽매어 기계처럼 사는 사람도 있었다.

상월이 자신을 이끌어 줄 만한 스승을 찾지 못한 것은 고려 시대 보조국사 지눌이 "배움에는 정해진 스승이 없고, 오로지 도만을 따른다(學無常師 惟道之從)"고 말한 것과, "범처럼 날카롭게 살펴보고 소처럼 우직하게 걸어라"라고 말한 것과 같은 맥락이었으며, 상월도 무사자오의 길을 걸을 수밖에 없었다.

상월의 서원을 살펴보면 아래와 같다.

모름지기 출가자는 도道를 이루기 위해서 출가하는 것이고
도를 이루기 위해서 신명身命을 바치는 것이다.
따라서 도를 이루려는 데 마음을 쓰지 않고
그 밖의 일에 마음을 쓰는 것은
출가자의 본분에서 어긋나는 일이 되는 것이다.

내가 이제 출가하는 것은 세상 사람들처럼
자신만의 이익과 행복을 위해서가 아니다.
출가자가 존경받는 것은
자신과 남을 위하는 자리이타自利利他의 행을 하기 때문이다.
나는 도 닦기를 게을리하지 않고,
동체대비同體大悲를 실천하는
진정한 출가자가 될 것이다.

신명을 바쳐 도를 이루고 자리이타와 동체대비를 실천하는 진정한

출가자가 되겠다는 상월의 서원은 천태종 중창조로서의 그의 삶에 고스란히 녹아 있다. 뿐만 아니라, 그의 수행 정신은 오늘날 한국 천태종의 수많은 신도들에게 이어져 오고 있다.

또한, 자기의 마음을 맑게 하기 위해서는 '제악막작諸惡莫作하고 중선봉행衆善奉行하여 자정기의自淨其意함이 시제불교是諸佛敎니라'로, '무릇 온갖 악을 짓지 말고 착한 일만 행하여서 자기의 마음을 맑게 하는 것이 모든 부처의 가르침'이라고 해석한다.

모든 부처님이 가르치려고 했던 뜻은 악행은 조금도 하지 말고 선행만 하되, 그것으로 그치지 말고 자기의 마음을 바로 깨달아 청정하게 하라는 것이다. 참으로 간단명료해서 누구라도 알아들을 수 있는 쉬운 말이다. 당나라 때 항주에 도림선사라는 분이 있었는데 하루는 도림선사에게 백거이라는 유명한 사람이 찾아왔다. 그는 유·불·선에도 능통할 뿐만 아니라 당대의 시인으로도 추앙받고 있었고, 현재 군수직을 가진 벼슬아치였다. 백거이는 소나무 꼭대기에 앉아 있는 선사를 보고 위험하다고 말했다. 그러자 도림선사는 오히려 장작과 불이 만나 서로 성난 것처럼 타는 당신의 마음이 위험하다고 답하였다. 그러자 백거이는 어떤 것이 불법의 대의이냐고 물었다. 이에 선사는 대답으로 칠불통계게를 읊었다. "악한 짓 하지 말고 착한 짓만 하면서 마음을 맑히면 그게 불교지." 백거이는 실소를 지었다. "아니 스님, 그것은 세 살짜리 아이도 아는 얘기 아닙니까?' 이 물음에 선사는 "세 살짜리도 말할 수 있으나 팔십 먹은 늙은이도 행하기가 어렵다네." 하고 답했다. 백거이는 그 자리에서 절을 했다.

불법은 아는 것에 있는 것이 아니라, 행하는 것에 있는 것임을 알려주는 이 일화는 지금도 많은 이들의 귀감이 되고 있다. 악을 그치기도 어렵고 선을 행하기도 어렵다. 그러나 더욱 어려운 것은 자기의 마음을 깨달아 청정을 이루는 일이다. 작은 악이라도 범하지 말고 작은 선이라도 실천하면서 마음을 자꾸 맑게 만드는 공부를 지속하는 것이 일곱 부처님의 뜻에 부합된 불자의 생활이며 신도로서 최소한의 5계 (1. 수능엄정의 선정에 들기 위해서는 석가모니부처님께서 말씀하시기를 불사음의 계율이 과거 부처님들의 제1의 결정한 청정한 가르침이라고 하셨는데 비록 깨달음을 얻었다고 하더라도 음욕의 뿌리가 남아 있으면 생사의 윤회에서 벗어나지 못하고 보리를 이룰 수 없으며, 마도魔道에 떨어져 상품은 마왕魔王이 되고, 중품은 마민魔民이 되고, 하품은 마녀魔女가 된다고 하시면서 아난에게 "음욕을 끊지 않고 선정을 닦는다면 마치 모래와 돌을 쪄서 밥을 짓는 것과 같아서 백천겁이 지나도 뜨거운 모래일 뿐이니라"라고 말씀하셨다.

2. 수능엄정의 선정에 들기 위해서는 석가모니부처님께서 말씀하시기를 불살생의 계율이 과거 부처님들의 제2의 결정한 청정한 가르침이라고 하셨는데 비록 지혜와 선정을 많이 닦았다고 하더라도 살

생을 끊지 못한다면 귀신의 세계에 떨어져서 상품은 대력기가 되고, 중품은 비행야차가 되며, 하품은 지행나찰이 된다고 말씀하시고, 아난에게 "만약 살생을 끊지 않고 선정을 닦는다면, 사람이 자기의 귀를 막고 큰소리를 지르면서 남들이 그것을 듣지 않기를 바라는 것과 같은데, 이것은 숨기고자 하면서 더욱 드러내는 것"이라고 했다.

3. 수능엄정의 선정에 들기 위해서는 석가모니부처님께서 말씀하시기를 불투도의 계율이 과거 부처님들의 제3의 결정한 청정한 가르침이라고 하셨는데 비록 지혜와 선정을 많이 닦았다고 하더라도 도둑질을 끊지 못한다면, 사도邪道에 떨어져서 상품은 정령精靈이 되고, 중품은 요매妖魅가 되며, 하품은 도깨비 들린 삿된 사람이 된다고 말씀하시고, 아난에게 '사람이 깨진 잔에 물을 부으면서 그것이 가득 차기를 바라는 것과 같아서 헤아릴 수 없는 겁이 지나도 결국 채울 수 없다.'고 말씀하셨다.

4. 수능엄정의 선정에 들기 위해서는 석가모니부처님께서 말씀하시기를 불망어의 계율이 과거 부처님들의 제4의 결정한 청정한 가르침이라고 하셨는데 비록 깨달음을 얻었다고 하더라도 만약 얻지 못한 것을 얻었다고 하고 증득하지 못한 것을 증득하였다고 하여 대망어를 저지른다면 선정이 청정하지 못하여 애견愛見의 마魔를 이루어서 마치 칼로 나무를 베듯이 부처님의 종자가 끊어진다고 말씀하시고, 아난에게 "인분人糞을 다듬어서 전단栴檀의 모양을 만들어서 그 향기를 맡고자 하는 것"으로 비유했다.

5. 불음주) 라도 지키도록 노력해야겠다.

1973년 11월 28일 오전 10시, 구인사 광명당에 4천 명이 모인 법회에서 상월은 제자들과 대중을 향해 간곡한 부촉附囑이 담긴 마지막 설법을 하였다.

> 한 생각 일어날 때 만법이 일어나고 한 생각 멸할 때에
> 만법이 꺼지는 것이로다.
> 만법이 비었으니 나도 장차 가리로다.
> 세상의 모든 사람이 탐하여 바라는 부귀와 영화는
> 한 조각 구름과 같고 물거품과 같고 몽환夢幻과 같다.
> 죽음에 임하여 허망함을 개탄할 일이 아니다.
> 살아 있을 때에 무엇이 가장 존귀한가를 항상 생각하고,
> 영원히 빛나고 보람 있고 길이 남는 일이
> 어떤 것인가를 마음속에 새겨두어야 한다.
> 불도가 따로 있는 것이 아니다. 한마음이 근본이 되어
> 맑고 바르고 어질고 봉사하는 것이 불도이다.
> 부처님의 바른 법을 잘 알고 보호하며 실천하며
> 한없는 세상에 영원한 안락의 생활을 이루도록 하라.
> (중략)
> 생명이 있는 자는 누구나 죽지 않으면 안 되느니라.
> 일체의 존재가 생겨서는 멸하는 것이니

이 도리를 모르고 백 년 동안 사는 것보다는

이 도리를 알고서 하루를 사는 편이 낫다.

농부가 보습과 삽, 괭이를 들고 밭을 갈아

종자를 심어 열심히 가꾸고 수확을 얻듯이,

부처님의 가르침에 의해 계율을 지키고 퇴전함이 없이 수행하면

최고의 증과를 얻게 될 것이니라.

사람은 누구나 행복하기를 원한다.

그러나 남을 쓰러뜨리는 방법으로는 행복에 도달할 수 없다.

자비의 마음, 선업에 힘쓰는 것만이

사람의 운명을 진실로 행복으로 나아가게 하는 것이다.

남과 사회를 행복하게 하고자 하는 사람은

스스로도 행복하게 되는 것이다.

이러한 사람이 한 사람이라도 많으면 많을수록,

행복의 사회, 평화의 사회가 실현되는 것이다.(과거 모든 부처님들도 보살도를 닦으실 때 중생을 포섭하고 교화하는 이 네 가지 법을 실천하였다. 첫째, 나의 것을 남에게 베풀어 줌으로써 상대자를 껴안아 들이는 보시섭布施攝이다. 상대방이 무엇을 요구하거나 부족한 것이 있을 때, 나의 것을 베풀어 그들의 마음을 기쁘게 하여 친밀감을 형성하고, 그들이 나를 감사히 여기게 함으로써 그들을 포섭하는 것이다. 둘째, 상대자에게 사랑스러운 말로 껴안아 들이는 애어섭愛語攝이다. 상대자에게 사랑스러운 말을 하여 그들이 나를 친근하게 따르도록 만드는 것이다. 셋째, 상대자에게 이롭게 해 줌

으로써 껴안아 들이는 이행섭利行攝이다. 상대자에게 이익이 되는 일을 하여 그들과 친밀해지고 서로 따르게 하여 포섭하는 것이다. 넷째, 상대자를 구하기 위해 그 속에 뛰어 들어가므로 껴안아 들이는 동사섭同事攝이다. 중생을 교화하고 구제하기 위해 그들이 살고 있는 곳에 들어가 함께 살면서, 어떤 어려움이나 큰 재난이 있더라도 그것을 감수하며 그들을 포섭하는 것이다. 보살이 중생을 껴안아 받아들이는 이 네 가지 법은 6바라밀(보시, 지계, 인욕, 정진, 선정, 지혜)에서 보시를 제외한 모든 것이 자기의 이익을 위한 보살 수행법입니다. 그러나 이 사섭법은 참으로 훌륭하고 고상한 대승 보살의 길이며, 사회를 교화하고 모든 중생을 올바른 길로 인도하는 방법이다. 이는 사회의 악과 부조리를 제도하여 모두가 부처님의 가르침을 따르게 하여 정복淨福과 안락의 밝은 세계를 실현하는 길임을 강조하였다. 불교를 믿는 사람은 세속살림에도 더욱 충실해야 하며, 모든 일에 착실하고 충실한 것이 곧 참된 신앙생활이며, 법화경에 "생산업을 잘 다스리는 것이 곧 불법이다." 또 선종의 큰 조사인 조계혜능대사는 "불법이 세간에 있으니 세간을 여의지 않고 깨달으라. 세속을 여의고 보리를 찾으면 마치 토끼의 뿔을 구하는 것과 같다."고 법문했다.)

사람은 뜻하지 아니한 재난을 만나면 불행에 울고 슬퍼하며,
뜻하지 아니한 행운을 만나면 정신없이 기뻐한다.
그러나 두 가지가 다 잘못된 일이다.
행운을 만나는 것은 행운을 만날 업이 과거에 쌓인 것이다.

즉 선업의 저금貯金이 쌓여서 언제라도 쓸 수 있는 것을

꺼내어 쓰는 것과 같다.(2대 남대충대종사는 선업을 쌓아가기 위

해서 종도들에게 "불교를 믿는 종도는 한 푼이라도 낭비하지 말고,

남을 위해 돕는 일, 이익되는 일을 하므로 그 복은 더욱 커지고 재

물은 길이 보전할 뿐 아니라 자손까지 그 복을 받게 된다. 또한 직

업에는 귀천이 없는데, 양심껏 노력으로 공을 쌓아나가면 마침내

제불諸佛과 선신善神의 가호로 잘 사는 길이 열린다."하고, 그런 가

운데 신념으로 염불하고, 기도하고, 참회하는 생활을 잊어서는 안

된다고 법문했다.)

재난을 만나는 것도 재난을 만나게

될 과거의 악업이 쌓인 결과이다.

이 세계는 일심의 세계이며, 인생은 업이 짜서 만든 무늬에

지나지 않는다. 그러므로 이 업을 맑게 하고자 하는

반성과 노력이 있지 않으면 안 된다.

앞으로 나의 설법을 직접 들을 기회가 없을 것인즉

이번 주간이 특히 중하다는 것을 명심하라.


또 내가 먼 곳으로 떠나가서 있더라도 퇴굴심을 내지 말고

스스로 항상 반성하여 마음자리를 바로 잡아야 한다.

지금은 말법 시대이므로 믿음이 얇은 사람은 좋은 인연을 놓칠 것

이요, 믿음이 굳고 여일如一한 사람은 좋은 결실을 볼 것이다.

요약하면, 상월은 천태 종지, 즉 '일승묘법의 새불교운동 이념'을 바탕으로 3대 지표를 실천하여 지상에 불국을 실현해야 함을 교시하였다. 이에 따라 밝은 자아自我의 개발開發, 밝은 생활生活의 창조創造, 밝은 사회社會의 건설建設이라는 행법을 통해 지상에 불국을 실현해야 함을 교시한 것이다.


## 2) 관음주송 수행

기존의 승가에는 간화선을 비롯하여 다양한 수행 방법이 있었지만, 현실과 차이가 있는 느낌이 있었다. 이에 상월은 수행 방법(관음주송을 하는 사람은 무엇보다도 먼저 계행을 철저히 지키고 그 기본 위에 관음주송을 해야 불법을 성취할 수 있으며 맑은 마음자리를 만들어 가는 것을 마음공부라고 하였다. 그리고, 염불을 지성으로 하면 모든 잡념, 망상이 소멸되고 정신 통일이 빨리 되며 선정 삼매를 성취하므로 견성성불見性成佛의 가장 지름길이다. 참선은 자기 마음속의 부처를 직접 보는 공부 즉 견성見性이고 염불은 자기 마음속의 부처님을 늘 생각하는 공부이다. 참선도 그 마음부처를 보기 전에는 그 부처님을 늘 생각해야 되고, 염불도 그 마음을 끊임없이 생각하다 보면 그 마음부처가 드러나는 것이다. 그러므로 참선이나 염불이나 결국 말은 다르지만 그 내용은 같다고 했다. 또한, 경을 배우는 것은 불교의 길을 배우는 것이며, 밤으로 밤새워 가며 주송을 하고, 이것이 옳은 불교요 옳은 기도요 옳은 신행이다."라고 하였다. 또한, 염불 신행을 할 때는 첫째, 매일매일 하루도 빼놓지 않고 항상 늘 해야 하며, 어디를 가든 어느 곳에 있든 관음주송을 하루도 거르지 말고 해야 한다. 둘째, 관음주송을 간격을 두지 말고, 염염불망念念不忘으로 순간순간 마음을 다잡아서 조금도 빈틈없이 해야 한다. 빈틈의 간격이 생기면 그 틈으로 번뇌가 들어오므로 불법과 상응할 수 없다. 셋째, 변하지 않는 믿음을 가지고 해야 청정한 마음자리가 이루어지고, 불법을 반드시 성취할 수 있다는 마음이 확고부동하여 절대 움직이지 않는 자리가 되어야 한다고 했다. 천태지자대사의 『천태소지관』에서 "마음을 닦는데 간격이 있게 되면 업을 짓게 하는 번뇌가 닿는 곳마다 일어날 것인데 어떻게 빨리 불법과 상응할 수 있겠는가?" 망념妄念을 그친 자리가 정定이고 그 자리에서 진리를 사무쳐 보는 것이 혜慧이다. 망상을 그쳐서 진여에 통달하는 것이 마음공부이다. 라고 하였다. 천태종 2대종정 남태충대종사도 "늘 염염불망念念不忘이 머리 속에 있어야 한다."고 강조했다. 또한, 사람이 세상에서 살아 가는데 가장 뿌리가 되는 것이 탐심과 욕심이다. 코끼리에게 상아뼈를 뽑으면 쓰러지듯이 사람에게서 욕심을 빼놓으면 쓰러진다. 그러므로 보살도를 수행하는 사람은 먼저 탐욕과 욕심부터 항복받고 그것을 보살의 마음으로 바꾸는 것이 보시이며 보시는 곧 자비정신이라고 했다. 6바라밀 중에서 보시가 제1이 되고 "물질에 간탐함은 악마의 권속이고 자비로 보시하는 것은 법왕法王 즉 부처님의 아들이다."고 법문했다.)에 있어 선행되는 지식이 필요 없으며, 대중적으로 누구나 쉽게 할 수 있는 염불의 대중화를 강조하였다. 염불 수행은 붓다의 가르침인 사성제를 바탕으로 궁극적인 깨달음을 얻어 자리이타自利利他를 실천하는 방법이며, 수많은 중생의 염원을 반영하여 많은 보살을 현현하게 하고, 현실의 고통에서 벗어나는 수행 공덕을 쌓게 한다.

상월은 한국 천태종의 소의 경전인『법화경』에 근거하여 관음주송 觀音呪誦을 종단의 핵심 수행법으로 삼았다. 관음주송은 "관·세·음·보·살 다섯 글자를 주문처럼 구송하는 방법"으로, 고려 시대의 염불 수행 전통인 백련결사와도 상통한다.『법화경』「관세음보살보문품」에서 관세음보살 일심칭명을 설하고,「다라니품」에서 다라니 주문의 신묘력을 설한 것에 근거한 관음주송을 천태종 사부대중이 닦아야 할 수행으로 삼았다. 이처럼 관음주송을 채택한 것에 대해 다음과 같은 이유를 제시하였다.

　첫째, 수행법이 어렵거나 복잡하지 않아 어른, 아이 할 것 없이 누구나 할 수 있다.
　둘째, 학식이 많은 사람이나 적은 사람 모두 구애받지 않는 수행 방법이다.
　셋째, 직위가 높거나 낮거나 상관없이 누구나 실천할 수 있는 수행이다.

넷째, 출가·재가의 구별도 없다.

다섯째, 염불 수행은 부자이거나 가난하거나 관계가 없이 누구나
　　　수행할 수 있다.

여섯째, 별도의 시간을 내지 않아도 염불 수행은 할 수 있다.

관음주송은 특히 죄 업장이 무거운 중생이 수행하면 속히 청정심을
증득할 수 있다고 『좌선삼매경坐禪三昧經』에서 설하고 있다. 수행이
라 하면 삼매에 들기 위해 마음을 모으는 방법, 즉 정학定學을 가리
키는데, 중생의 근기가 다양하고 인연도 천차만별이므로 수행 방법
도 부정관, 수식관, 인연관 등 다양하다. 상월은 현대 중생들의 근기
에 맞는 수행 방편으로 이 관음주송을 선택한 것이다. 천수다라니
구송口誦을 통해 대각을 성취하였는데, 그는 15세 때 고향 삼척의 삼
태산에서 처음 수행을 시작한 이래 소백산 구인사에서 대각을 성취
할 때까지 이 구송을 놓지 않았다. 이후 제자들을 지도할 때 처음에
는 천수다라니 구송을 하다가 아미타 염불, 궁궁강강弓弓降降, 궁궁을
을강강弓弓乙乙降降을 염송했다. 대중들이 늘어나면서 『천수경』암송,
준제진언이나 육자대명왕진언 구송, 불보살 명호 암송, 『대방광불화
엄경』같은 경 명 암송, '나는 누구인가?'와 같은 자문법自問法을 사
용하기도 하다가, 마침내 '관세음보살' 다섯 글자만 외우는 것으로
정착되었다. 그러나, 일제 강점기와 해방, 6·25전쟁 등 현세의 삶을
외면하는 일이 있었다. 이때는 현재의 삶을 알 수 없기에 회피적인
미타 염불 또는 준제진언, 천수다라니경 등을 수행하였으며, 1976년

전후 사회가 안정됨에 따라서 현세를 그릴 수 있는 여유가 생겨 현세의 이익을 가져다주는 관세음보살을 부르게 되었다. 또한 관음신앙은 민중의 삶이 힘들어짐에 따라 민중 속에서 커져 갔고, 관세음보살을 믿는 민중이 많아지면서 믿음의 관음은 수많은 현현의 모습을 보이게 된다. 『삼국사기』, 『해동고승전』과 같은 문헌에 수록된 설화와 다수의 관음 도량 등을 통해 이미 민중 속에 관음신앙이 자리를 잡고 있음을 유추해 볼 수 있다. 상월은 관세음보살을 암송할 때 "세속적 욕심으로 관세음보살에게 의존하거나 관세음보살을 형상화하지 말고 빈 마음으로 외우라."는 의미에서, 이 수행을 '관음주송' 이라고 부르도록 했다.

관음주송은 '관·세·음·보·살' 다섯 글자를 다라니처럼 염송하는 방식이다. '옴 마니 반메 훔' 이나 '옴 치림' 같은 주문처럼 의미를 염두에 두지 않고 지속적으로 외워야 한다. 관음주송 수행은 기본적으로는 앉아서 하는 좌선의 형식을 취한다.(천태종에서는 서거나 앉거나 가거나 눕거나 하는 모든 행위로 수행을 할 수 있지만, 눕는 것은 침혼 즉 졸음이 많이 올 수 있고, 서 있는 것이 많으면 쉽게 피로하고, 가는 것이 많으면 생각이 어지러워서 마음을 모으기 어렵고, 앉아서 수행하는 것은 허물이 적어 많이 사용되고 있다. 쉽게 말해, 동작을 크게 하고 거칠게 하면 마음이 쉽게 산란해져서 집중하기 어려워지나 앉아서 수행하면 이러한 거친 행위가 없기 때문에 일심을 이루기가 더 쉽다.) 흔히 '기도'라고 칭하지만 "인간보다 능력이 뛰어나다고 생각하는 어떠한 절대적 존재에게 빎. 또는 그런 의식"이라는 (국립국어원 표준국어대사전 https://stdict.korean.go.kr/search/searchView.do?word_no=47843&searchKeywordTo=3 (검색일자 : 2024.9.5) 국립국어원 표준국어대사전의 정의에 비춰 본다면 그 내용이나 방법에서 관음주송과는 차이가 있다.

관음주송을 하면 망상이 차츰 없어지고 청정한 마음자리가 만들어지는데 가장 좋은 방법은 자기에게 적합하고 그 효과가 가장 잘 나타나는 방법이다. 관음주송을 할 때는 수행자가 자리를 잡고 허리를 세워 단정히 앉은 뒤(몸을 바르게 세우기 위해서는 척추가 구부러지거나 튀어나오면 안 되고 반듯하게 펴져야 한다. 몸을 바르게 세우는 방법은 산란을 피할 수 있고, 피로를 쉽게 피할 수 있고, 몸에 병이 생기는 것을 쉽게 막을 수 있고, 내장이 편하게 자리를 잡기 때문에 호흡하기가 보다 쉬워져서 염불할 때 소리를 편하게 낼 수 있고, 머리를 숙이고 있을 때보다 혈액이 머리 위로 올라가기 때문에 수마를 쉽게 쫓을 수 있으며, 삼매에 쉽게 들 수 있다. 또한 목도 바르게 세워야 하는데, 목을 중심으로 균형이 잡혀 근육이 긴장하지 않고, 피로와 졸음이 덜 오게 되며 혈액 순환이 원활해져 피로감이 줄어든다. 몸을 세운 후에 염불을 열심히 하다 보면 몸에 열이 나는데 상의를 다소 풀어서 공기가 잘 통하도록 하고, 호흡을 할 때 방해가 되지 않도록 허리띠는 다소 느슨하게 하고, 안경과 손목시계는 가능하면 벗고 하는 것이 좋다.) 호흡을 가다듬고 가부좌跏趺坐나 반가부좌

半跏趺坐 자세로 앉기를 권장한다. 불편한 사람은 본인이 편한 자세로 하면 된다. 『천태종 성전』에서는 관음주송 수행 방법을 다음과 같이 기술하고 있다.

결가부좌 혹은 반가부좌를 틀고 허리와 어깨를 바르게 한 채 방석 위에 앉는다. 턱은 내밀지 말고 당기도록 한다. 합장을 하여 귀의와 축원을 한 뒤 양손은 금강권金剛拳 (금강권이란 엄지를 손바닥으로 감싸서 주먹을 쥐는 것이다. 이때 엄지의 손톱 끝이 약지손가락의 3번째 눈금에 오도록 한다. 손바닥이 하늘 방향으로 해야 하지만 어려운 사람은 손등이 하늘 방향으로 해도 무방하다.) 형태로 주먹을 쥐어 양 무릎 위에 올려놓는다. (몸이 앞으로 수그러지는 것을 막기 위해 손으로 무릎을 미는 듯한 느낌으로 무릎 위에 엎어서 놓으면 된다. 이때 염주는 될 수 있으면 삼간다. 염주를 돌리면 돌리는 것에 신경이 써져서 마음 집중이 어렵다. 염주는 산란한 마음이 있을 때 보조적인 수단으로 사용하는 것이 좋다.) 눈을 가볍게 감고 몸 안의 탁한 기운을 모두 내뱉는다는 기분으로 심호흡을 한다. 이어서 '관·세·음·보·살' 다섯 음절을 뚜렷한 소리로 염송하는데 숨을 내쉬면서 관세음보살을 연이어 부르고 다 내쉬면 짧게 숨을 들이쉰 뒤 다시 내쉬면서 관세음보살을 부른다. 아랫배에 힘을 주어 높은 소리로 부르면 단전호흡이 되면서 졸음도 쫓을 수 있다. 잡념이 일어나면 떨쳐 버리고 일심과 지심으로 주송에 몰입한다. 다리가 저리거나 등이 아픈 것을 참아내고 졸음도 이겨내어 일정 시간 유지하면 지신법持身法이 일어나 몸이 곧게 퍼지면서 편안해지게 된다. 지신법이 일어나면 오래지 않아 고요한 가운데 정신은 또렷한 상태인 삼매, 즉 정定에 들게 되니 더욱 지극한 마음으로 정진에 몰두하도록 한다. (관음주송을 한마디로 말한다면, 일심으로 '관세음보살'의 다섯 글자를 열심히 부르는 것을 말한다. 관음주송을 할 때 눈을 지그시 감는 것이 좋다. 눈을 떠서 두리번거리면 산란한 마음이 생겨 사물에 대해 생각이 그치질 않는다. 눈을 감고 무심이 되도록 해야 한다. 또한, 호흡을 잘해야 하는데 복식호흡을 하는 것이 좋다. 처음에 앉으면 숨을 깊게 들이마시고 길게 내뱉는 것을 몇 번하고 나서 소리를 내는 것이 바람직하다. '깊고 길게' 하여야 한다. 숨을 들이마실 때는 깊게 하여야 하고 내뱉으면서 소리를 길게 하여야 한다. 내뱉고 들이마시는 사이의 간격이 클수록, 그 사이로 번뇌와 수마가 밀려 들어올 가능성이 매우 높아진다. 배를 움직여 깊게 숨을 들이쉰 다음 천천히 "관세음보살, 관세음보살, 관세음보살…"하고 주송을 시작한다. 그리고 뱃속에 있는 숨이 다 나올 때까지 길게 소리를 낸다. 이때 중요한 점은 배가 쑥 들어갈 때까지 숨을 내뱉으면서 소리를 내는 것이 중요하다. 이렇게 하면 다시 들이마시는 숨이 훨씬 쉬워지고 또한 깊게 들이마실 수가 있다. 이러한 방법을 계속하면 복식호흡이 자연스럽게 이루어지고 소리에 힘이 실리게 되어 고성으로 염불을 할 수 있다. 이러면 건강에도 좋고 번뇌와 수마를 쫓아내는 데 아주 좋은 방법이다. 그런 다음 순식간에 숨을 들이마시면서 "관세음보살, 관

세음보살, 관세음보살…"하고 주송을 이어가고 소리가 되도록 끊이지 않도록 호흡의 연결을 잘해야 한다. 소리를 내고 다시 들이마시는 것을 연속적으로 부드럽게 하는 것이 기술이므로 부단히 노력해야 한다.)

본격적인 관음주송에 들어가기 전에, 먼저 자세를 잡고 합장하여 귀의와 축원으로 시작한다. 관음주송을 시작하면 졸음을 쫓기 위해 단전 호흡을 하면서, 잡념과 통증을 이겨내며 주송에 집중하기 위해 자신이 입으로 내는 소리를 들어야 한다.

본격적인 수행에 앞서, 먼저 전면을 향해 합장하고 부처님께 귀의한 후, 자신의 소원을 발원하는 축원祝願을 한다.(관음주송에 앞서 먼저 속으로 지극한 마음으로 축원을 드려야 한다. 축원할 때와 부처님께 3배 절을 할 때, 첫째 '부처님, 부처님, 부처님' 3번 부르고 '영원히 변하지 않는 부처님의 제자가 되겠습니다.' 둘째 '몇 년(본인 나이) 동안 살아오면서 알게 모르게 지은 죄 진심 참회 드립니다. 셋째 '(주소, ○○생, 성명)' 먼저 고하고, 본인의 소원을 급한 것부터 1·2·3 순서대로 하라고 천태종 2대 종정이신 남대충대종사님께서 말씀하셨다. 기도를 마칠 때도 합장하고 동일하게 축원하면 된다. 이와 같이 축원드리는 이유는 관음주송의 방향을 설정하는 것이고 또한 부처님의 제자로서 반드시 성불하겠다는 서원의 다짐이라고 할 수 있다. 이를 통해 첫째 부처님께 귀의, 둘째 참회, 셋째 본인의 축원 내용임을 알 수 있다. 상월대조사는 '님'이라는 존칭은 '선생님', '판사님' '(누구)님'이라고 아무에게나 붙일 수 있는 존칭이므로 부처님을 부를 때 '임林'을 사용하도록 가르쳤다고 천태종 동명 스님은 회고한다. 따라서 대한불교천태종 출판부에서 발행한 책 제목도 『상월대조사-부처님으로 부르고 싶은 임』(2013)이다.) 이어서 '관·세·음·보·살, 관·세·음·보·살, …' 식으로 연이어 뚜렷한 목소리로 관세음보살을 부르기 시작한다. 보통 대중들이 함께 수행할 때, 앞에서 누군가 목탁으로 리듬을 잡아 주어 모두가 함께 외울 수 있도록 돕는 경우가 있다.(이처럼 목탁을 치며 선창하고 대중들이 이에 맞춰 합창하는 방식은 관음주송 수행 시 졸음이나 잡념으로 인해 산만해질 때 집중력을 다시 높이는 데 도움이 된다고 한다.) 이처럼 소리를 내어 관세음보살을 연속해서 부를 때, 소리와 함께 숨을 다 내쉬고 나면, 순간적으로 빠르게 숨을 들이쉬어 다시 관세음보살을 부르게 된다. (중략) 주의해야 할 것은 일체의 다른 생각을 하지 않는 것이다. 자신이 축원했던 기원의 내용이 무엇이고 관세음보살이 어떻게 자신을 도와줄지 등 모든 생각을 멈추고 오직 관세음보살 정근에만 집중해야 한다. 집중하는 방법으로, 지금 입으로 내고 있는 자신의 소리를 자신의 귀로 듣도록 한다. (중략) 관음 염송을 마칠 때는 다시 한번 전면을 향해 합장을 하고 귀의와 축원을 한다.

관음주송 수행을 할 때 될 수 있으면 큰 소리로 하는 것이 좋다.(수마를 쫓는 방법에는 고성염불이 최고 좋은 방법인데 처음부터 큰 소리로 부르면 목이 빨리 쉬어 소리를 내기 힘들므로 차츰 소리를 높여가며 부르는 것이 좋다. 목이 쉬어 소리를 못 내면 산란한 마음이 찾아오기 쉽고 수마에도 쉽게 끌려 가게 된다. 소리를 작은 소리부터 차츰 올리는 것이 운동하기 전 준비운동이라고 비유할 수 있다. 소리를 약하게 부르는 것보다 힘있게 부르는 것이 좋은 방법이다. 고성염불 십종공덕高聲念佛 十種功德 : ①능배수면能排睡眠 - 능히 잠을 밀어낸다. ②천마경포天摩驚怖 - 천마가 놀라서 두려워한다. ③성변시방聲遍十方 - 소리가 시방에 두루 가득하다. ④삼도식고三途息苦 - 삼도의 고통이 쉬게 된다. ⑤외성불입外聲不入 - 바깥소리가 들어오지 아니한다. ⑥염심불산念心不散 - 마음이 흩어지지 않는다. ⑦용맹정진勇猛精進 –용맹하게 정진하여 나아가게 된다. ⑧제불환희諸佛歡喜 - 모든 부처님이 크게 기뻐하신다. ⑨삼매현전三昧現前-삼매가 앞에 나타난다. ⑩왕생정토往生淨土 - 극락정토에 왕생한다. 이 10가지 공덕 가운데 수마를 쫓을 수 있고 산란한 마음을 없애고 마음을 모을 수 있는 것이 중요하다.) 고성으로 하면 번뇌가 사라지며 산란한 마음을 잠재우고 일심을 이루어 갈 수 있으며 자기가 부르는 관세음보살의 소리를 자기가 들음으로써 흐트러지는 마음을 다잡아 갈 수 있다. 이렇게 자기의 소리를 듣는 것에 집중하여 마음을 다잡아 가다 보면 청정한 일심이 만들어진다. 논자의 관음주송 체험에 비춰 보면 첫째, 큰 소리로 기도하면 타인의 기도 소리가 들리지 않아 집중할 수 있다. 둘째, 큰 소리를 2-3시간 정도 내면 에너지가 많이 소비되어 지치게 되므로 거친 번뇌와의 싸움에서 한숨 돌릴 수 있다. 그렇게 지친 상태에서 관음주송을 하면 고요한 가운데 관세음보살을 부르는 정근 소리가 덩실덩실 춤을 추듯 신명 나서 관음주송에 집중하게 된다.(이는 논자가 관음주송 중 직접 체험한 내용으로, 리듬과 멜로디 없이 단순한 소리로 쭉 나가면 쉽게 수마가 밀려오게 된다. 리듬과 함께 멜로디를 넣어서 파도가 출렁이듯 하면 재미도 있고 쉽게 마음을 모을 수 있다. 리듬과 함께 멜로디를 넣은 자신의 목소리에 귀를 기울이면 쉽게 마음이 모아지고 주변의 소리가 잘 들리지 않게 된다. 그러면 거친 번뇌도 잠재워지게 된다. 이것은 마치 바다가 모든 것을 받아들여 끊임없는 파도의 움직임으로 그것을 정화하는 것과 같다. 관세음보살을 부르는 소리를 파도처럼 출렁이듯 하면 모든 일어나는 잡된 생각이 정화되고 번뇌가 소멸된다. 번뇌가 소멸된 그 자리에 일심상청정이 이루어지게 된다. 이러한 마음자리에서 지혜가 일어나 중생을 구제하는 것이다. 그리고 관음주송을 하다 보면 중간에 중국말이나. 일본말, 민요 같은 노래를 부르는 경우도 있는데, 놀라거나 두려워 하지 말고, 신기해 하거나 집착하지도 말고 흘려보내야 하며, 너무 심할 경우에는 지도 스님에게 가서 신행 상담을 받기를 권한다.) 관음주송을 하다 보면 오로지 주송에만 마음을 집중한다는 것이 생각보다 쉽지 않음을 알게 된다. 자신의 의지와는 상관없이, 끊임없이 생각이 움직이기 때문이다. 잠시의 틈만 생기면 어디로 흘러갈지 모르는 생각의 흐름은 초보 수행자는 물론 오래된 수행자에게도 힘든 난제다. 간절한 소원의 내용이나 불보살의 형상, 공덕도 관음주송 수행에 있어서는 '생각'이자 '잡념'일 뿐이다. 이러한 생각의 흐름은 오직 오랜 시간 수행을 반복할 때 잊게 된다. 관세음보살을 연속해서 부르고 있지만 그 소리는 자신의 귀에서 멀어지고 머릿속은 어느덧 잡념이 지배하고 있음을 깨닫게 된다. 이는 염불 수행 중에 나타날 수 있는 자연스러운 현상이므로 스스로 자책하지 말고 다시 관음주송에 집중하면 된다. 생각이라는 흐름이 잊히는 결과는 오랜 시간 수행을 반복하는 과정에서 얻을 수 있다.

잡념이 잦아들어 마음이 집중되면 '졸음'이라는 경계에 부딪히게 된다. 일정한 소리를 일정한 리듬으로 반복함으로써 신경이 안정되고 몸이 편안히 이완되었기에 나타나는 자연스러운 현상이다. 이럴 때는 졸음이 수행의 장애 요소임을 명심하고 잠을 쫓을 수 있는 염송을 해야 한다. 김영주는 이럴 때 "호흡을 가능한 깊게 하여 혼미해지려는 정신을 염송에 집중 시킴"으로써 "자연스럽게 단전호흡이 이루어지며 졸음으로부터도 자신을 지킬 수 있다."고 한다.

이처럼 잡념과 졸음을 이겨낸 고요한 무심無心의 상태로 '관세음보살'을 부르는 데에만 전념해야 한다. 대략 30분, 1시간이 지나 신체 어느 부위가 가렵거나(논자의 경험과 기도를 30-40년 이상 하신 신도분들의 경험이기도 하다. 가려운 것이 마치 파리가 콧구멍이나 귓구멍에 들어간 것처럼 느껴진다. 이때 절대로 확인하기 위해 손을 갖다 대어서는 안 된다. 이는 신장님이 기도하는 사람과 같이 하겠다는 표적이다.) 다리가 저리더라도 자세를 바꾸거나 긁지 말고 참아야 한다. 사실 통증이나 가려움 등을 참는 것이 쉬운 일은 아니지만 굳은 의지로 몇 번 이겨내면 자세를 고쳐 앉거나 몸을 움직이지 않고 3-4시간 정도 정진할 수 있게 된다. 이를 '몸을 항복 받았다'라고 한다.

이렇게 관음주송을 하다 보면 마장이나 선병禪病 등의 특이한 현상을 경험할 수도 있으나 개의치 말고 오로지 관세음보살 염송에만 집중해야 한다. 관음주송은 관세음보살 명호를 계속해서 염송한다는 점에서 만트라 수행과 비슷해 보이지만, 만트라 수행과 유사한 밀교의 진언 수행과는 차이가 있다. 밀교에서는 진언을 외울 때 특정 수인手印 ("모든 불·보살의 서원을 나타내는 손의 모양, 또는 수행자가 손이나 손가락으로 맺는 인印. 시대별로 본다면 삼국시대에는 여원·시무외인이 유행하였고, 통일신라 8세기에는 주로 항마촉지인이 많았으며, 9세기 이후 지권인이 유행하였다. 그리고 고려 시대에는 보다 다변화된 형태 등을 주목할 수 있다. 또한, 조선 시대에는 비로소 불상의 존명에 따라 수인의 형태가 정립되어 갔으나 항마촉지의 수인이 가장 많이 나타나고 있다.")과 관상觀想을 병행하는 데 반해, 관음주송은 칭명에 집중한다.

상월은 관음주송에 집중해 가는 과정을 4단계로 설명하였다.

첫째, 밖으로 칭명의 소리를 관찰하는 단계

둘째, 칭명하는 내면의 소리에 집중하는 단계

셋째, 내면의 깊숙한 곳에서 우러나오는 참 나의 소리에 집중하는
      단계

넷째, 칭명의 소리조차 사라져 마침내 마음이 적정해지는 단계

처음에는 자신이 내는 소리에 집중하다가 점차 내면의 소리, 깊은 내면에서 나오는 참나의 소리에 마음을 집중하는 과정을 거친다. 이 과정에서 소리조차 사라지고 마음이 적정해지는 실상관의 단계에 이른다. (이러한 과정은 『수능엄경』에서 설하는 이근원통 수행 과정과 상통한다. 이근원통 수행 과정을 단계별로 요약하면, ①처음에는 귀로 들으면서 관하는 흐름에 따라 들어가 대상을 벗어나고, 대상과 흐름이 고요해져 움직이고 멈춘다는 2가지 상이 전혀 생기지 않게 된다. ②이렇게 조금씩 정진하여 듣는 것과 들리는 것이 다하고, 듣는 것이 다했다는 생각에도 머물지 않는다. ③깨달음과 깨달음의 대상이 다 공空하고, 공과 깨달음이 더할 수 없이 원만하여 공과 공의 대상이 죄다 없어진다. 생기고 없어짐이 다 없어지니 적멸寂滅이 앞에 나타난다. 이는 각각 자성염불 단계, 일념 단계, 무념無念 단계의 3단계로 나뉜다.) 이렇게 되면 생활이 곧 수행이자 선이 된다. 김동림은 이와 같은 관음주송 수행 과정에 대해 "색심불이色心不二와 처염상정處染常淨의 도리가 천태종의 가르침 안에서 보편적이고 고유한 대승적인 수행법으로 현실에서 구현됨을 보여주는 관

법"이라고 해석한다. 이처럼 상월은 관음주송 수행을 통해 근기나 수행 정도에 따라 크고 작은 성취와 공덕을 이룰 수 있음을 핵심 수행법으로 삼은 것이다.

관세음보살의 구제행은 『대방광불화엄경』「입법계품入法界品」에도 나타난다. 관세음보살은 선재 동자에게 일체중생 구호를 서원했다고 말하면서 중생이 처하게 되는 18가지 두려움을 열거한다. 18가지 두려움이란 ①험난한 길의 두려움 ②심한 번뇌의 두려움 ③알지 못하는 데서 오는 두려움 ④속박되는 두려움 살해되는 두려움 ⑥가난의 두려움 ⑦생활고의 두려움 ⑧나쁜 소문이 퍼지는 두려움 ⑨죽음의 두려움 ⑩대중 앞에 서는 두려움 ⑪삼악도의 두려움 ⑫어둠의 두려움 ⑬나쁘게 변할까 하는 두려움 ⑭사랑하는 이와 헤어지는 두려움 ⑮원수와 만나는 두려움 ⑯몸이 핍박받는 두려움 ⑰마음이 핍박받는 두려움 ⑱근심 걱정의 두려움이다. 이처럼 관세음보살은 고난에 처한 중생을 구제하여 깨달음의 길로 인도한다. 관세음보살 칭명 수행의 공덕에 대해서는 『법화경』「관세음보살보문품」에서 온갖 고뇌에서 벗어날 수 있다고 설하였음을 앞에서 이미 확인한 바 있다.

세존이시여, 관세음보살은 무슨 인연으로 이름이 관세음입니까? 부처님께서 무진의보살에게 대답하셨다. 선남자여, 만일 헤아릴 수 없는 백천만억 중생이 온갖 고뇌를 겪을 때 관세음보살의 이름을 듣고 일심으로 그 이름을 부르면, 관세음보살은 즉시 그 소리를 관하여 모든 중생이 고뇌에서 벗어나게 하느니라.

중생이 일심으로 관세음보살을 생각하고 이름을 부르는 소리를 듣고 조금도 지체하지 않고 즉시 달려가서 그를 구원한다는 것이『법화경』의 핵심이다. 오로지 한마음으로 간절히 불러야 한다. 즉시 '관기음성觀其音聲' 한다는 것은 현대사회에서 화재나 수재 등 재난 신고나 인명 구조, 도둑으로부터 구제 등의 신고 소리와도 같다. 다시 말해 관세음보살의 명호를 부르는 것은 112나 119 재난 구조센터에 신고하는 것과 유사하다. 관세음보살은 어려움에 처한 중생들이 단지 "관세음보살"이라고 명호만 부르면 중생구제의 모든 장비를 갖추고 즉시 달려온다. 이는 관세음보살이 이미 무수한 겁에 걸쳐 공덕을 쌓고 중생구제의 원력을 세워서 보살행을 닦아 왔기에 무엇이든, 어디든지, 누구든지 구제할 수 있는 능력을 갖추고 있기 때문이다.

경전에서는 중생의 고뇌에 대해 화난火難, 수난水難, 풍난風難, 도장난刀杖難, 나찰난羅刹難, 가쇄난枷鎖難, 원적난怨賊難의 칠난七難을 열거하면서 관음 칭명으로 구제될 수 있다고 설하였다. 이 칠난은 그 성격에 따라 4가지로 분류할 수 있다. 첫째는 화난, 수난, 풍난과 같은 자연적 고통이다. 관세음보살은 이처럼 대자연의 현상에서 오는 삼재三災로부터 구원의 손길을 베푼다. 둘째는 검난, 옥난, 적난과 같은 사회적인 고통이다. 즉 타인과의 관계나 공동체의 사회생활에서 오는 갈등과 재난으로 칠난七難에 처했을 때 구원의 자비를 베푼다. 셋째는 자신의 심리적인 고통이다. 탐진치 삼독심에서 오는 고통, 아들이나 딸을 구하든지, 재물이나 명예, 부귀를 구하는 등 자신의 마음에서 오는 정신적인 고통에서 벗어날 수 있도록 소원을 성취시켜준다. 넷째는 귀신의 고통이다. 이는 신화적이라고 할 수 있지만, 유명계幽冥系의 고통이라고 할 수 있다. 야차나 나찰로부터 오는 고통, 귀신으로부터 받는 고통 등을 해결해 준다.

천태종에 입문하는 초보자의 경우 4박 5일간의 구인사 관음주송 수행에 참여해야 한다. 관음주송의 기본 방법은 좌선의 형식이지만, 일상 중의 행주좌와行住坐臥에 염송하거나 암송할 수도 있다. 일상생활에서도 관세음보살을 지송하여 마음이 방일放逸하지 않게 하는 것은 삼업을 다스리는 데 도움이 되고, 습관화하여 끊임없는 수행의 길을 걷는다면 승려가 아니라 일반 대중이라도 깊은 경지까지 이를 수 있다. 이것은 경설經說에서 보거나 현실적인 상황으로 목격할 수 있다. 즉, 타력 신앙의 요소로 수행을 시작하였더라도, 수행의 경험이 계속 누적되면 삼매에 들어가 자력 수행을 경험하게 된다. 삼매는 자력 수행의 결과이기 때문이다. 관음주송 수행은 기복을 방편으로 타력 수행에서 시작하여 자력 수행으로 발전해 나간다. 결국 삼매와 높은 지혜의 증득證得은 개인적인 소원 성취뿐만 아니라 공공의 이익도 성취하게 한다. 요컨대 관음주송은 '칭명과 소리에 집중'하는 데 주안점을 두고 스스로 수행하기를 독려한다는 점에서 자력 수행이며, 신체적 통증과 졸음, 마장과 선병 등의 여러 장애를 극복하고 노력한다는 점에서 난행도難行道라 할 수 있다. 즉 정토종의 수행은 타력 신앙의 성격이 강하고, 천태종의 수행은 자력 신앙의 성격이 강하다.

관음주송은 일상에서 매일 수행되어야 하며, 보통 일과를 마친 후 밤 10시경에 전국의 지방 말사나 회관, 혹은 집에서 시작하여 새벽 4시경에 마무리한다. 이때 상월은 특히 00:00시부터 새벽 4:00시까지의 시간에 기도하는 것이 중요하다고 강조하였다.(관음주송을 하려고 할 때, 수량을 목표로 세우는 것보다 (예전에는 콩이나 염주로 염불하는 수량을 셈) 미리 마음속으로 시간을 정해 놓고 하는 것이 더 편리하다. 시간을 정하는 것은 하나의 목표점을 설정하는 것이 되며, 그 시간이 될 때까지 쉬지 않고 주송을 해야 한다. 이는 목표를 향해 나아가다 보면 여러 가지 번뇌 망상이 나타나기 때문이다. 이러한 번뇌 망상을 이겨내고 끝까지 나아가면 곧 성공하게 되고, 마음의 공부를 이룬 것이라고 할 수 있다. 논자는 23:00시에 정진에 들어가면 새벽 예불을 하지 않을 경우 07:00까지 정진하는 것을 목표로 세우고, 휴대폰에 07:00시에 알람을 설정하였다. 알람이 울리기 전까지는 눈을 뜨지 않고 방석에서 일어나지 않으며 정진했다. 기도를 하다가 졸고, 또 졸다가 몸이 지치고 도저히 더 기도를 할 수 없게 되었다. 10번 이상 눈을 뜨고 기도를 마치려는 유혹을 참고 또 참았지만, 결국 한계에 다다라 기도를 마치고 축원을 올린 후 눈을 떴다. 그때 시계는 06:59:58초를 가리키고 있었다.)

상월은 관음주송 100만 독을 실천하라는 유훈을 남겼다. 그는 기도를 "공부한다"라고 표현하며, 한 달을 공부 주간으로 정했다. 또한, 수행을 소금에 비유하여, "소금이 짠맛을 잃으면 가치가 없는 것과 같이, 불자가 수행하지 않으면 참된 불자라 할 수 없다"라고 말하며 수행자가 게으름 피우는 것을 경계하였다.(어떤 신도가 사업이 잘 안된다고 2대 큰스님을 찾아가 친견하였는데, 큰스님께서는 "사업이 잘되게 해 주십시오 하고 축원하고 기도를 열심히 하라"고 증명을 내리셨다. 신도가 나가면서 부적은 없고 그냥 기도만 하면 되겠냐고 다시 여쭈었더니, 큰스님께서는 "여기는 알아보는 데가 아니야, 되도록 노력하는 곳이야"라고 답하시며 "사람의 힘으로 안 되는 것을 되게 하는 것이 기도다. 라고 가르치시고, 된다고 하면 신장이 도와 이루게 해주고 자신이 포기하면 도와주던 신장도 손을 놓게 된다"라고 말씀하셨다. 또 운에 대해 자주 언급하시며, 운을 신장에 비유하셨다. 큰스님이 증명을 내리면 신도가 "예"하고 답하면, 운(신장)은 그 신도가 실천하는지에 따라 돕는다는 것이다. 이때 삼보당에 모인 신도들 사이에 바늘 하나 들어갈 곳이 없을 정도로 운이 가득 차 있다고 하시면서 운(신장)은 신도가 기도하다가 포기하면 운(신장)도 2대 큰스님께 "못 돕고 왔다"고 울면서 돌아와 하소연한다는 것이다. 그러므로 기도하다가 중간에 절대로 포기하지 말고,

끝까지 믿고 열심히 하라고 가르치셨다.) 구인사 적멸보궁으로 올라가는 푯말에는 "게으른 자여, 성불을 바라는가?"와 "이 세상에 내 것이 어디 있나. 사용하다 버리고 갈 뿐이다."라는 문구가 적혀 있다. 이는 게으른 마음에 대한 경각심을 일깨워 주며, 무소유의 마음가짐을 강조한다. 또한 관음주송에 대해 "내가 믿고 내가 실천하라. 가족이 나를 만들어 줄 수 없다"라고 하였다. 이는 원효대사가 "나를 제도하지 않고는 남을 제도할 수 없다."라고 한 말과도 같은 맥락이다.

상월은 "관세음보살을 단순히 부르는 것이 아니라 주송으로 해야 한다"고 하며, "100만 독이 엄청난 숫자처럼 보일 수 있지만, 일심으로 수행하면 얼마 지나지 않아 이 목표를 이룰 수 있다."고 하여, 100만 독을 부르는 마음가짐과 자세의 중요성을 특히 강조하였다. (상월은 일심으로 관음주송을 하라고 하였는데 일심은 망념을 일으키지 않고 지극한 마음으로 일심전념一心專念 또는 일심불란一心不亂으로 염불해야 한다. 일심에는 '사일심事一心과 이일심理一心' 두 가지가 있는데 마음을 집중하여 오로지 한마음으로 부르는 것이 사일심이고, 마음이 불생不生임을 알아서 공의 이치과 상응하게 되면 곧 이것이 이일심이다. 또한, 공부하는 사람들이 뭘 급히 이루겠다는 생각을 내어서는 안 되며, 마음공부라는 것이 눈에 띄게 금방금방 달라지는 것이 아니다. 조금씩 쌓아 욕심을 버리고 마음은 넉넉히 정해서 될 때까지 변하지 않고 한 번 먹은 마음을 변하지 않겠다는 굳은 결심으로 청정부동의 마음의 자리에 이르기까지 정진에 힘써야 한다고 했다.) 하루 만에도 100만 독을 달성할 수 있으며, 느긋하게 하면 한 달, 일 년, 혹은 평생을 해도 100만 독을 이루기 어렵다. "100만 독을 하고 나면 불교의 모든 실력이 길러진다. 각자覺者가 얼마 지나지 않아 도움을 받을 것임을 알고 실천하라"고 당부하였다. 여기서 '각자'는 깨달은 사람을 의미하며, 누구나 불성을 가지고 있기 때문에 일심 청정으로 100만 독을 수행하면 모두가 '각자'가 될 수 있다. 또한 공부든 기도든 "가만히 앉아서 듣고 연구하라."고 하였다. 여기서 연구는 마음공부를 의미한다. 어떤 것이든 연구 없이는 발전할 수 없으며, 이러한 연구는 조계종의 참선 수행에서 화두를 두고 의심을 곰곰이 연구하는 것과도 일맥상통한다.

상월은 관음주송의 생활화를 통한 '생활불교' 실천을 적극 권장하였으며, 이를 실천하기 위해 관음주송을 생활화하여 매일 수행하는 것이 중요하다고 강조하였다. 거리를 걸을 때나 옷을 입고, 씻고, 청소할 때, 작은 소리로 주송하거나, 심지어 밥을 먹을 때도 밥을 씹으면서 속으로 관세음보살을 주송하는 습관을 들이는 것이 중요하다. 또한 마음이 가는 곳을 관하여 일상생활 속에서 남에게 피해를 안 주면서 관음주송을 자연스럽게 실천하도록 하였다. 이러한 관음주송의 생활화는 지의의 지관법을 실천하는 것으로, 수행 조건인 방편문, 수행 원리인 삼지와 삼관, 수행 방법으로서의 삼종지관 등이 모두 관음주송 수행 중에 적용되도록 실천하는 것이다.

## 3) 주경야선 수행

천태종 수행에서 특징적인 점으로, 낮에는 일을 하고 밤에 수행하는 주경야선晝耕夜禪을 꼽을 수 있다. 주경야선 수행은 오랜 시간 좌선함으로써 몸이 굳어지는 것을 막고 몸을 풀어주기 위한 방편으로 노동을 하는 것이다. 굳은 몸을 풀어주면서 노동을 통한 생산도 이루어지므로 일석이조一石二鳥의 방침이라 할 수 있다.

상월은 주경야선에 대해서 다음과 같이 설한 바 있다.

주경야선이란 말은 본래 유가의 주경야독晝耕夜讀에서 온 말로, 글을 읽는 것보다 마음을 맑히는 일이 더 중요함으로 주경야선이라고 한다. 내가 말하는 주경야선은 참선 수행을 열심히 하는 것만이 아니라, 출가자가 놀아서는 안 되며 땀 흘려 일해야 한다는 것을 강조하기 위함임을 명심해야 한다.

주경야선晝耕夜禪이라는 말은 글자 그대로
낮에는 밭에서 일하고, 밤에는 참선하자는 말이다.
내가 이 말을 강조하는 것은
출가자라고 해서 일하지 않으면 안 된다는 것이니.
놀고먹는 수행은 있어서는 안 된다는 뜻이다.
우리 천태종의 중요한 기본 방침 중의 하나이다.

상월은 종문宗門에서 수행과 일을 겸하는 것이 최선이라는 종지를 갖추었다. 즉, 낮에는 밭에 나가 일하고 밤에는 부지런히 공부하는 주경야선晝耕夜禪 선농불교禪農佛敎를 주창하였다. 천태대사에게 배운 사종삼매를 사람에 따라 적절히 활용하도록 가르쳤으며 어떤 사람에게는 좌선을 위주로 하는 상좌삼매를, 직업이 특별한 사람에게는 서서 염불을 위주로 하는 상행삼매를 가르쳤으며, 자질이 뛰어난 사람에게는 좌선과 염불을 병행하는 반행반좌삼매를 가르쳤다. 그밖에 수행을 전문으로 하는 제자들에게는 행주좌와 언제나 하는 비행비좌삼매를 전수하였다. 또한 치료차 묵고 있는 환자들에게도 일을 하도록 했는데, 구인사에서는 일이 곧 수행이었기 때문이다. 제자들에게 혹독하리만큼 울력을 요구하였고, 정성 들여 일하는 마음에서 진정한 다라니 수행이 이루어진다는 믿음을 심어주었다.

일단 수행을 시작하고 나면 걸음걸이라도 말이나 행동도 모두
바꿔어야지,
수행 전이나 후나 똑같다면 무엇 하러 수행하는가?
행동이나 말이나 생각이 저절로 달라지기를 바란다면
좋아지는 것이 아니라 오히려 나빠지는데 그대들은 어찌 정신
차리지 못하는가?
마음이야 금방 안되지만,
말이나 행동은 작심만 하면 바로 고칠 수 있는데 어찌 고치려
하지 않는가?

상월은 매우 엄격하게 제자들을 지도했으며, 수행뿐만 아니라 일상생활의 행동 하나하나가 수행자다워야 함을 강조하였다. 또한 초발심자는 반드시 구인사에 와서 3일 기도, 즉 4박 5일간의 관음주송수행을 한 뒤, 각 지역 말사로 가서 낮에는 각자의 생업에 종사하고, 저녁에 사찰에 모여 수행하거나, 사찰에 나올 여건이 안 되면 개인의 집에서 관음주송 수행을 해야 한다. 이처럼 재가자의 생활불교는 일상생활에 종교적 수행을 일치시켜 나가는 것이다. 천태종은 출가 승려와 재가 신도가 다 같이 수행에 임하는 '승속일체僧俗一切'의 특징을 갖고 있다. 출가자 또한 낮에는 행정이나 울력 등 자신이 맡은 소임에 임하고, 밤에는 선방에 들어가 관음주송으로 삼업을 닦는 데에 몰두한다. 이는 3대 지표 중 하나인 '생활불교' 실천의 하나로, '생산불교'를 지향한다. 여기에는 승속이 모두 상구보리 하화중생의 보살도로써 성불하자는 목표와 염원이 담겨 있다. 이렇게 출가자가 일-생활-수행을 하나로 연결 짓는 생활불교의 실천은 제법과 실상, 현실과 이상을 대립 관계로 보지 않고 '제법즉실상諸法卽實相'이라고 하는 원교지관을 실현하기 위한 대승지관大乘止觀이며, 일승지관一乘止觀을 지향하는 것이다. 천태종에서 일은 곧 수행의 연장이며 의지관意止觀을 닦는 수행 방편이라는 점에서 불법과 세간을 둘로 보지 않는 진속불이眞俗不二, 처염상정處染常淨의 원천이 그대로 실생활 가운데 있음을 보여주는 좋은 본보기가 되고 있다.

## 4) 안거 수행 제도

범어梵語로 '우기'라는 뜻인 안거安居는 인도에서 석가모니부처님이 살아게실 때 시작되었다. 인도는 약 3개월가량 우기가 지속되므로 다니기도 힘들고 병에 걸리기도 쉽다. 또 다니다가 벌레들을 밟아 죽이게 될 가능성도 높다. 이런 상황을 피하기 위해 우기 3개월간은 한 장소에 머물면서 집중적으로 수행을 했던 것이 안거의 기원이 되었다.

안거의 명칭과 시기는 남방 불교와 북방 불교에서 서로 다르다. 남방 불교에서는 우안거(雨安居, rainy season retreat)라고 하며, 북방 불교에서는 하안거(夏安居, summer retreat)라고 부른다. 남방 불교에서는 일 년에 한 번 우안거를 보내지만, 북방 불교에서는 일 년에 두 번 하안거와 동안거를 실시한다. 부처님 재세 시부터 전해져 내려온 안거 제도는 일반 재가불자들이 참여하는 수행 기간이라기보다는, 속세를 떠나 출가한 스님들에게 주어진 수행의 기간이었다. 한국 천태종은 독특한 안거 제도로 승려 안거와 재가 신도의 안거를 함께한다.(하안거를 맞아 종도들에게 2대 남대충대종사는 "출가했거나 재가하거나를 구분하지 않고, 오직 지성심至誠心으로 불법을 신봉하는 불자만이 참된 불제자이며, 재빨리 부처님의 도道를 성취할 것을 모든 부처님께서 증언하신 바이다." 또한 안거수행의 참뜻의 비유를 어린아이는 우는 것으로 힘을 삼고, 출가한 비구는 인욕

忍辱으로 힘을 삼고, 보살은 정진精進으로 힘을 삼고, 부처님은 자비慈
悲로 힘을 삼고, 탐심은 보시로써, 진심은 인욕으로써, 치심은 지혜
로써 다스리어 보리심을 내어야 한다. 정진을 마치 장수가 갑옷과
투구, 큰 칼을 갖춘 뒤에 싸움터에 나가듯이 불자는 용맹정진이 곧
갑옷이요 투구며 좋은 칼이라고 비유했다. 안거 주간에 끊임없는
정진으로 번뇌를 끊고 복덕을 성취하고 무수한 중생을 제도하여 최
상의 공덕 지혜를 원만히 이룩하여 최후의 불도를 성취하라고 법문
했다.) 승려 안거는 연 1회 겨울철에 55일 동안 진행되며, 신도 안거
는 동·하계 각 30일씩, 연 2회 실시한다. 안거 기간 동안 승려는 하
루 중 17시간 30분 동안 관음주송 기도를 하며, 재가 신도에게는 하
루 13시간이 주어진다.(2대 남대충대종사는 안거 기간에 아무리 세
속적으로 바쁘고 피치 못할 일이 있어도 1주일이나 2주일, 또는
3일 동안이라도 동참하여 용맹정진해야 한다. 정진을 유교경遺敎經의
비유를 들어 "물방울이 끊임없이 떨어지면 바위를 뚫고, 나무를 서
로 마찰하여 불을 일으키려고 할 때 더워지려 하다가 중단하면 불
을 내지 못하는 것과 같다."고 했다. 옛조사의 말씀에 따라 사흘 동
안 마음 닦는 것은 천년 보배요, 백 년 동안 탐착한 물건은 하루 아
침에 티끌이 된다고 법문했다. 삼일수심천재옥三日修心千載玉, 백년탐물
일조진百年貪物一朝塵)

안거 제도는 상월대조사 중창 당시 구인사에서 시작되었으며, 1964
년경부터 출가자와 재가자를 구분하여 시행되었다. 그러나 수행 정

신과 방법은 지금도 동일하게 유지되고 있다. 재가 신도의 하안거는 음력 7월 초순경, 동안거는 음력 11월 초순경에 구인사를 포함한 전국 200여 개의 말사에서 동시에 진행되며, 구인사에서 안거를 하는 신도 수는 1,000여 명에 이른다.(BTN뉴스 https://www.btnnews.tv/news/articleView.html?idxno=45922 (검색 일자 : 2024.9.2)) 안거 기간 동안 낮에는 일을 하고 저녁 10시부터 새벽 3시까지 함께 모여 관음주송 수행에 정진한다. 지역 말사에서는 출석부를 활용하며, 3일 이상 결석한 경우, 안거 이수증을 받지 못한다. 출가자들은 전체 동안거가 끝난 후 6일 뒤에 55일간 별도의 안거 기간을 갖는다. 출가자 안거 때에도 낮에는 각자의 소임을 다하며, 저녁 8시부터 새벽 6시까지 관음주송 수행에 정진한다.

한국 불교계에서 안거는 주로 스님들이 참여하며, 신도들은 스님들에게 적당한 공양을 올리는 역할을 한다. 간혹 신도들이 안거에 동참하는 보살 선원이 있으며 교구 본사별로 조금씩 다르게 운영된다. 천태종에서는 출가자나 재가자가 동일한 수행법으로 함께 수행할 수 있도록 전국 모든 말사에 기도실을 마련하고 있다. 낮에는 가정과 사회를 돌보고, 밤에는 관음주송 기도에 전념하는 주경야선의 실천이 진정한 대중불교의 모습이다.

지금까지 한국 천태종 중창과 상월원각대조사의 새불교운동, 천태종의 수행 방법과 특징 등을 살펴보았다. 특히 3대 지표와 3대 강령,

십선계 수지, 주경야선과 안거 제도 등으로 대표되는 천태종의 관음주송 수행은 수많은 신도들의 영험과 가피 사례를 통해 널리 알려지고 있다. 다음 장에서는 이러한 사례들을 바탕으로 관세음보살 신행 기도와 영험 사례 분석을 해보겠다.

# IV
# 관음 신행의
# 영험 사례 분석

천태지의는 대승불교 신행에서 관음 신행이 '감응'을 통해 중생을 제도 교화하는 대표적 방편이며, 관세음보살을 칭명하면 즉시 응하여 구제해 주는 '현기현응'에 해당하는 대표적인 신앙이라고 하였다. 근·현대 동아시아에서도 관음세음보살 신행의 영험담이 가장 많으며 불교문학의 주류를 이룬다. 이것 또한 관음 신행의 특징인 현기현응을 잘 보여준다. 관세음보살의 원력은 주로 현재 당면한 문제 해결, 위기 극복, 소원 성취 같은 현세적인 내용이기 때문에 상월원각대조사는 언제 어디서나 관세음보살을 부를 수 있도록 관음주송 100만 독을 강조하였다.

이번 장에서는 관세음보살 칭명염불로 대표되는 관음 신행, 특히 한국 천태종의 관음주송 수행을 통한 영험 사례와 그 특징을 분석해 보고자 한다. 또한 『삼국유사』와 『법화영험전』에 수록된 관음 신행 영험 사례의 특징을 현대 불자들의 관음 신행 영험 사례의 특징과 비교해 볼 것이다.

# 1. 삼국유사에 나타난 관세음보살 영험 사례 분석

『삼국유사』에 수록된 영험담 중에서 관음 신행과 관련된 사례는 총 14편이다. 아래의 〈표 IV-1〉에서 보는 바와 같이, 대부분의 영험담이 「탑상塔像」편에 실려 있으며, 「기이紀異」편, 「의해義解」편, 「감통感通」편에 수록된 이야기도 각각 하나씩이다. 각 사례의 번호는 『삼국유사』에 수록된 순서에 따라 부여하였다. 이들 14편을 질병 치유, 재난 구제, 소원 성취, 기타 사례의 4가지 유형으로 분류하여 구체적인 내용과 가피 유형, 감응 형태에 대해 분석할 것이다. 하나의 사례에 두 가지 영험 유형이 포함된 경우가 있어 사례 수는 총 14편이지만 분석 유형 수는 총 16건으로 차이가 있다.

〈표 IV-1〉『삼국유사(三國遺事)』관세음보살 영험 사례

| 번호 | 사례 제목 | 수록 | 영험 내용 |
|------|-----------|------|-----------|
| 1 | 문호왕 법민<br>(文虎王法敏) | 기이2 | 당나라 감옥에 투옥돼 있던<br>김인문을 위해 인용사라는 관음 도량을 지었고,<br>후에 석방되었음 |

| 2 | | 탑상 | 최은함이 아들이 없어 중생사 관세음보살 앞에서 기도를 드렸더니 태기가 있어 아들을 낳음. |
|---|---|---|---|
| 3 | | 탑상 | 아들이 태어난 지 3개월도 못 되어 후백제와 전쟁이 벌어져 중생사 관음상 예좌 밑에 포대기에 싼 아기를 감춰두고 피함. 반 달이 지나 돌아와 보니 아이가 무사함. (이 아기가 고려 최승로) |
| 4 | 세 곳에 나타난 관음상과 중생사 (三所觀音衆生寺) | 탑상 | 절의 살림이 어려워 다른 절로 옮겨가려 했으나 꿈에 관음보살을 보고 그대로 머묾. 13일 뒤 어떤 스님을 따라 시주 물품을 실은 사람들이 찾아왔고, 법당의 관음상을 보고 바로 그 스님이라고 말함. 이후 해마다 시주가 끊이지 않음. |
| 5 | | 탑상 | 절에 화재가 발생했는데 관음상이 법당이 아니라 뜰 가운데 서 있었으나 누가 밖으로 내왔는지 아무도 몰라 관음의 신력이라고 앎. |
| 6 | | 탑상 | 글을 알지 못하는 승려 점숭에게서 절을 빼앗으려고 소문을 거꾸로 주었으나 줄줄 읽어내니 관음의 보호를 받는 사람으로 알고 빼앗지 않음. |
| 7 | 백률사 (栢栗寺) | 탑상 | 국선 부례랑이 적적(狄賊)에게 잡혀 두 달이 지나 부례랑의 부모가 백률사 관음상 앞에서 여러 날 저녁 기도를 올리자 갑자기 부례랑과 그를 쫓아간 안상이 불상 뒤에 와 있었음. 적국의 종이 되어 말을 먹이고 있는데, 단정한 스님이 나타나 바닷가로 데려가 안상과 만나서 스님이 둘로 쪼개준 피리를 타고 바다를 건너 잠깐 사이에 고향으로 돌아옴. |
| 8 | 민장사 (敏藏寺) | 탑상 | 상선을 타고 바다로 나갔으나 돌아오지 않는 아들이 걱정되어 7일간 관음 기도를 하니 아들이 무사히 돌아옴. 다른 사람들은 모두 죽고 자신만 살아남아 타국 사람의 종이 되었으나, 어떤 스님이 이끌어주어 도랑을 건너고 보니 만장사 관음상 앞에 왔다고 함. |

| 9 | 분황사의 천수대비가 눈먼 아이의 눈을 뜨게 하다 (盲兒得眼) | 탑상 | 희명이라는 여인의 아이가 태어난 지 5년 만에 갑자기 눈이 멀자 어느 날 희명이 아이를 안고 분황사 천수관음도 앞에서 아이에게 노래를 지어, 빌게 하니 눈이 떠졌음. |
|---|---|---|---|
| 10 |  | 탑상 | 의상이 관음 진신 친견하고 산마루에 한 쌍의 대나무가 솟아나는 곳에 절을 지으라는 명에 따라 그 자리에 금당을 짓고 관음상을 모시니 대나무가 도로 없어지므로 관음 진신의 거처임을 알고 낙산사라 이름 지음. |
| 11 | 낙산의 두 보살 관음, 정취와 조신 (洛山二大聖) | 탑상 | 원효가 낙산사에 가는 길에 여인으로 화현한 관음을 만났으나 알아보지 못함. 낙산사 관음보살상 앞에 와서야 그 사실을 앎. |
| 12 |  | 탑상 | 승려 조신이 한 여인을 마음에 품어 낙산사 관음상 앞에서 빌었으나 배필이 되지 못해 원망하며 울다가 잠이 듦. 꿈속에서 여인과 부부가 되어 50년을 떠돌며 살다가 늙고 병들어 헤어지기로 하고 길을 떠나는데 잠이 깸. 이후 탐심도 없어지고 세상일에 뜻이 없어졌으며, 관음상에 잘못을 뉘우침. |
| 13 | 오대산에 있는 오만 진신 (臺山五萬眞身) | 탑상 | 효명과 보천, 두 태자가 출가의 뜻을 품고 오대산에 들어가 다섯 봉우리에 예불하러 올라가니 관음, 지장, 대세지, 문수 보살 각 1만과 5백 대아라한이 나타나 5만 보살의 진신(眞身)에게 일일이 예를 올림. |
| 14 | 오대산 월정사의 다섯 성중 (臺山月精寺五類聖衆) | 탑상 | 신효거사가 활로 학 다섯 마리를 쏘아 그중 한 마리의 날개깃이 떨어져서 주웠음. 후에 출가하여 살 만한 곳을 찾던 중 어느 부인이 골짜기를 일러주고 사라져 관음의 가르침인 것을 앎. 그 골짜기에서 만난 다섯 승려를 통해 그 학 다섯 마리가 다섯 성중의 화신임을 알게 됨. |
| 15 | 자장이 계율을 정하다 (慈藏定律) | 의해 | 자장의 아버지가 아들이 없어 천부관음에게 아들 낳기를 빌자 그 어머니가 별 하나가 떨어져 품 안으로 들어오는 꿈을 꾸더니 태기가 있어 아들을 낳음. |

| 16 | 경흥이 큰 성인 문수보살을 만나다 (憬興遇聖) | 감통 | 병이 들어 오랫동안 낫지 않았으나 어느 날 한 비구니 스님이 찾아와 우스꽝스러운 놀이를 구경하면 나을 거라고 알려줌. 병이 낫자 떠나는 비구니를 뒤따라가 보니 스님은 보이지 않고 십일면관세음보살상 앞에 비구니 스님이 갖고 다니던 대나무 지팡이만 놓여 있음. |

## 1) 질병 치유 사례

『삼국유사』에 수록된 관음 영험 관련 사례 16건 중 질병 치유 사례는 2건(12.5%)으로, 〈표 IV-1〉의 9번 사례와 16번 사례가 여기에 해당된다. 각각 「탑상」편 「맹아득안盲兒得眼」조에 실려 있는 이야기와 「감통」편 「경흥우성憬興遇聖」조에 실려 있는 이야기이다.

먼저 9번 사례를 살펴보면, 신라 경덕왕 때(742-765) 한기리漢岐里에 사는 희명希明이라는 여인의 아이가 갑자기 눈이 멀게 되었다. 희명이 분황사芬皇寺 천수관음도千手觀音圖 앞에 아이를 데려가 노래를 지어, 빌게 했더니 아이의 눈이 떠졌다.

경덕왕 때 한기리에 사는 여인 희명의 아이는 태어난 지 5년 만에 갑자기 눈이 멀었다. 하루는 어머니가 그 아이를 안고 분황사 왼쪽 전각 북쪽 벽에 그려진 천수대비千手大悲 앞으로 갔다. 거기서 거기

서 아이에게 노래를 지어, 빌게 했더니 멀었던 눈이 떠졌다. 그 노
래는 다음과 같다.


무릎 꿇으며 두 손바닥을 모아
천수관음 앞에 비옵나이다.
천 개의 손과 천 개의 눈을 가졌으니
하나를 내놓아 하나를 덜기를
눈이 둘 다 없는 저에게
하나만이라도 주시옵소서.
아 아, 저에게 주시면,
그 자비가 얼마나 크시나이까.


기리어 말한다.


대나무 말 타고 파피리 불며 거리에서 놀더니
하루아침에 두 눈이 멀었네.
보살님이 자비로운 눈을 돌려주지 않았다면
몇 번의 봄 제사[社春]를 버들꽃 못 보고 지냈을까.


이 사례는 눈을 뜨고자 하는 간절한 마음에 대한 현기현응이자 현
전 가피라고 할 수 있다. 현전 가피는 관음 신행을 통해 직접적으로
불보살의 상호를 감득함으로써 원하는 바가 성취되는 것을 뜻하고,

현기현응은 "현재 삼업으로 부지런히 신행 정진한 결과가 현세에 드러나 영응靈應을 발현하는 것"을 뜻하므로, 여기서는 여인 희명과 그 딸의 간절한 관음 기도 결과가 현세에 직접적이고 현실적으로 드러난 것으로 보아야 한다.

16번 사례는 앞서 언급한 바 있는, 신라 신문왕 때(681-692) 경흥국 사憬興國師의 일화이다. 경흥국사가 삼랑사三郞寺에 기거하던 중 병이 들어 한 달이나 앓았는데, 어느 날 한 비구니 스님이 찾아와 병이 낫는 방법을 일러주었다.

> 이때 한 여승이 와서 그에게 문안하고 『화엄경』속의 '착한 벗의 병을 고쳐 준다.'는 말을 얘기하고 나서 말하였다.
> "지금 스님의 병은 근심으로 인해 생긴 것이니, 기쁘게 웃으면 나을 것입니다."
> 이렇게 말하고 열한 가지 모습을 지어 저마다 각각 우스운 춤을 추게 하니, 그 모습은 뾰족하기도 하고 깎은 듯도 하여 그 변하는 형용을 이루 다 말할 수가 없이 모두 우스워서 턱이 빠질 지경이었다. 이에 법사의 병은 자기도 모르게 씻은 듯이 나았다. 여승은 드디어 문을 나가 남항사南巷寺에 들어가 숨었고, 다만 그가 가졌던 지팡이만 십일면원통상十一面圓通像을 그린 그림 앞에 있었다.

이는 십일면관음보살이 열한 가지 탈을 쓰고 춤을 추어 경흥국사의 병을 낫게 한 사례이며, 「관세음보살보문품」에서 "비구·비구니·우바새·우바이로 되어 깨닫게 할 자에게는 곧 비구·비구니·우바·우바이의 몸을 나타내어 법을 설한다."라고 한 내용 중 '비구니의 몸'을 나타낸 사례이다.

앞의 사례는 천수천안관세음보살과 관련 있고, 뒤의 사례는 십일면관음보살과 관련 있으며, 그림이나 보살상과 같은 도상圖像에 얽힌 영험담이라는 특징이 있다.

## 2) 재난 구제 사례

『삼국유사』에 수록된 재난 구제 사례는 5건(31.25%)으로, ⟨표 IV-1⟩의 1번, 3번, 5번, 7번, 8번이 여기에 해당된다. 『삼국유사』에는 옥난, 화난, 풍난 등 다양한 재난 구제 사례가 수록되어 있다. 각 사례를 구체적으로 살펴본다.

### ① 문호왕법민(文虎王法敏)

1번 사례는 「기이2」편 「문호왕법민文虎王法敏」조에 실린 이야기이다. 여기서 '문호왕'은 신라 '문무왕文武王'을 말한다. 고려 혜종의 이름인 '무武'를 피하기 위해 '호虎'로 바꿔 썼다고 한다.

668년에 당나라와 합세하여 고구려를 멸망시킨 신라가, 잔류하고 있던 당나라 군사를 쳤던 일로 인해 김인문은 당나라 감옥에 갇혔다. 신라인들은 김인문의 석방을 위해, 관음 도량 인용사仁容寺를 지었고, 왕은 김인문의 석방을 청하는 표문表文을 지어 보냈다. 표문을 받은 당나라 황제는 눈물을 흘리며 김인문을 돌려보냈다.("신라왕은 (중략) 강수強首 선생에게 명하여 인문의 석방을 청하는 표문表文을 지어 사인舍人 원우遠禹를 시켜 당나라에 아뢰게 했더니 황제는 표문을 보고 눈물을 흘리면서 김인문을 용서하고 위로해 돌려보냈다. 인문이 옥중에 있을 때 신라 사람들은 그를 위하여 절을 지어 인용사仁容寺라 하고 관음 도량을 열었는데 인문이 돌아오다가 바다 위에서 죽었기 때문에 미타도량彌陀道場으로 고쳤다.") 그러나 김인문은 돌아오는 길에 죽었다.

이는 관음 도량 불사를 통해 옥난에서 구제된 재난 구제 사례이며, 현전 가피이자 현기현응의 감응 형태이다.

### ③ 세 곳에 나타난 관음상과 중생사 - 최은함

3번 사례는 「탑상」편 「삼소관음중생사三所觀音衆生寺」조에 수록된 이야기다. 신라 말엽(926-929) 최은함이 나이 들어 뒤늦게 아들을 얻었는데, 아들이 태어난 지 3개월도 못 되어 후백제가 침략하였다. 최은함은 포대기에 싼 아들을 안고 중생사 관음상 앞에 와서 관세음보살의 자비의 힘으로 아이를 길러달라고 청하면서 관음상 예좌猊座(부처가 앉는 자리. 부처는 인간 세계에서 존귀한 자리에 있으므로 모든 짐승의 왕인 사자에 비유하였다.) 밑에 아들을 숨겨두고 몸을 피했다. 적병이 물러간 후 최은함이 돌아와서 아들을 찾아보니 아이가 무사하였다.

후백제의 견훤이 서울을 침범해 와서 성안이 크게 어지러웠다. 최은함이 그 아이를 안고 이 절에 와서 말하였다.
"이웃 나라 군사가 갑자기 쳐들어와서 일이 급합니다. 이 어린 자식이 매우 귀하지만 함께 피할 수 없습니다. 참으로 대성大聖께서 이 아이를 주신 것이라면, 원컨대 큰 자비의 힘을 내려 길러 주시어 우리 부자가 다시 만나게 해 주십시오."
슬피 세 번 울면서 세 번 아뢰고 난 후에 아이를 포대기에 싸서 관음의 예좌猊座 밑에 감추고 몇 번이나 돌아보면서 떠나갔다. 반 달이 지나 적병이 물러간 뒤에 와서 아이를 찾아보니 살결이 마치 새로 목욕한 것 같고 모양도 매우 예쁜데 아직도 입에서 젖 냄새가 났다.

이 아이가 후에 고려의 재상이 된 최승로(崔承老, 927-989)이다. 이 사례는 전란戰亂 중에 관세음보살의 위신력에 의해 갓난아기가 살아남은 영험담이며, 현전 가피이자 현기현응의 감응 형태라 할 수 있다.

## ⑤ 세 곳에 나타난 관음상과 중생사 - 주지승 성태

5번 사례 역시 「탑상」편 「삼소관음중생사」조에 실려 있다. 승려 성태性泰가 중생사 주지승으로 있던 어느 날, 절에 화재가 발생했는데 관음상이 법당이 아니라 뜰 가운데 서 있었다. 누가 밖으로 내왔는지 아무도 모르니 모두 다 관세음보살의 신령한 힘이라고 알았다고 한다.("어느 날 저녁에 절 문에 화재가 나서 마을 사람들이 달려와 불을 껐다. 그런데 법당에 올라가 보니 관음상이 없으므로 살펴보니 이미 뜰 가운데 서 있었다. 누가 밖으로 내왔느냐고 물었으나 아무도 모른다고 했다. 그제야 모두들 관음대성의 신령스러운 힘을 알았다.") 이는 화난에서 구제된 사례로, 현전 가피이자 현기현응의 감응 형태라고 할 수 있다. 또한, 구제된 대상이 어떤 인물이 아니라 관음상이라는 점이 독특하다.


## ⑦ 백률사(栢栗寺)

7번 사례는 「탑상」편 「백률사栢栗寺」조에 수록되어 있다. 693년 3월, 국선國仙 부례랑이 무리와 함께 지금의 원산元山인 북명北溟에 놀러 갔다가 적에게 잡혀갔다. 다른 일행은 돌아왔으나 안상은 그를 쫓아갔다. 5월 15일에 부례랑의 부모가 백률사에 찾아가 불상 앞에서 여러 날 저녁 기도를 올렸는데, 어느 날 부례랑과 안상이 불상 뒤에 와 있었다. 부례랑의 양친이 자초지종을 물으니 적국에서 말 치는 일을 하고 있었는데 어느 날 단정한 스님이 고향에 데려다 주겠다고 하여 바닷가로 따라갔고 그곳에서 안상을 만나 스님이 준 피리를 타고 바다를 건너왔다고 하였다.("5월 15일에 부례랑의 부모가 백률사 불상 앞에 나가 여러 날 저녁 기도를 올리자, 갑자기 향탁香卓 위에 현금과 신적 두 보배가 놓여 있고, 부례랑과 안상 두 사람도 불상 뒤에 와 있었다. 두 부모가 매우 기뻐하여 어찌된 일인지 물으니 부례랑이 말했다. "저는 적에게 잡혀간 뒤 적국의 대도구라大都仇羅의 집에서 말을 치는 일을 맡아 대오라니大烏羅尼의 들에서 말에게 풀을 뜯기고 있었는데 갑자기 모양이 단정한 스님 한 분이 손에 거문고와 피리를 들고 와서 위로하기를, '고향 일을 생각하느냐?' 하기에 저도 모르는 사이에 그 앞에 꿇어앉아서 '임금과 부모를 그리워하는 마음을 어찌 다 말하겠습니까?' 라고 했습니다. 스님은 '그러면 나를 따라오너라' 하고는 저를 데리고 바닷가까지 갔는데 거기에서 다시 안상과 만나게 되었습니다. 이에 스님은 피리를 둘로 쪼개어 우리 두 사람에게 주어서 각기 한 조각씩 타게 하고, 그는 거문고를 타고 바다에 떠서 돌아오는데 잠깐 동안에 여기에 닿았습니다.")

이는 적에게 잡혀갔으나 무사히 돌아왔다는 점에서 적난에서 구제된 사례라 할 수 있다. 또한, 피리를 타고 바다를 무사히 건넜다는 점에서 수난에서 구제된 사례라 할 수 있으며, 현전 가피이자 현기현응의 감응 형태이다. 한편, 『삼국유사』에서 다른 관음 영험담은 발원자 자신이 구제나 치유의 당사자인 반면, 이 사례는 발원자가 부례랑의 부모이고 구제된 사람은 아들인 부례랑이라는 점이 독특하다.

## ⑧ 민장사(敏藏寺)

8번 사례는 「탑상」편 「민장사敏藏寺」조에 수록되어 있다. 가난한 여인 보개寶開의 아들 장춘長春이 바다의 장사꾼들을 따라갔는데, 오래도록 소식이 없자 어머니 보개가 민장사 관음상 앞에서 7일간 기도했더니 장춘이 돌아왔다는 영험담이다. 무탈하게 돌아온 장춘은 다음과 같은 이야기를 들려주었다.

"바다 가운데에서 회오리바람을 만나 배는 부서지고 동료들은 모두 죽음을 면치 못했지만 저는 널판 조각을 타고 오나라 바닷가에 닿았는데, 오나라 사람이 저를 데려다가 들에서 농사를 짓도록 해주었습니다. 어느 날 스님 한 분이 마치 고향에서 온 것처럼 은근히 위로하더니 저를 데리고 같이 가는데, 앞에 깊은 도랑이 가로막히자 스님이 저를 겨드랑이에 끼고 도랑을 뛰어넘었습니다. 저는 정신이 가물가물했는데 우리 시골집 말소리와 우는 소리가 들리므로 정신을 차려 보니 어느덧 여기에 와 있었습니다." 저녁때에 오나라를 떠났는데, 이곳에 도착한 것이 겨우 오후 7~8시였다. 이때는 바로 천보 4년 을유(754)년 4월 8일이었다. 경덕왕이 이 말을 듣고 민장사에 밭을 시주하고 또 재물도 바쳤다.

이는 「관세음보살보문품」에서 말하는 '풍난'으로부터 구제된 사례이다. 또한 현전 가피이자 현기현응의 감응 형태라고 볼 수 있다. 이 사례 역시 위의 7번 사례와 마찬가지로 발원자는 어머니 보개이지만 구제 당사자는 아들인 장춘이라는 특징이 있다.


## 3) 소원 성취 사례

『삼국유사』에 수록된 소원 성취 사례는 2건(12.5%)으로, 〈표 IV-1〉
의 2번과 15번이 여기에 해당된다. 2건 모두 자녀 출산에 관한 내용
이다.

2번 사례는 「탑상」편 「삼소관음중생사」조에 수록된 이야기이며, 앞
서 재난 구제 사례에서 본 최은함과 그 아들의 사례이다. 신라 말엽
(926-929), 최은함이 나이가 들도록 아들이 없어 중생사 관음보살상
앞에서 기도를 드렸더니 아들을 얻게 되었다.("신라 말년 천성天成
연간(926-929)에 정보正甫 최은함崔殷誠이 나이 많도록 아들이 없어,
이 절의 관음보살 앞에 나가서 기도를 드렸더니 태기가 있어 아들
을 낳았다.") 이 아들이 바로 앞의 재난 구제 사례에서 관음상 밑에
감추어 두었더니 무사히 살아남은 최승로이다.

15번 사례는 「의해」편 「자장정률慈藏定律」조에 실려 있는, 신라 고승
자장(慈藏, 590-658)에 관한 이야기이다. 자장의 아버지 김무림金茂林
이 천부관음에게 아들을 낳기를 빌었다. 갑자기 자장의 어머니가

별이 떨어져 품 안으로 들어오는 꿈을 꾸더니 태기가 있어 아들을 낳았는데, 그 아이가 바로 훗날 대덕大德이 된 자장이다.

대덕大德 자장慈藏은 김씨이다. 본래 진한辰韓의 진골 소판蘇判 무림
茂林의 아들이다. 그의 아버지는 청렴한 관리로 여러 요직을 지냈
으나 뒤를 계승할 아들이 없으므로 삼보三寶에 마음을 돌려 천부관
음千部觀音에게 아들 하나를 낳기를 바라고 이렇게 빌었다.
"만일 아들을 낳게 되면 그 아이를 내놓아 법해法海의 다리津梁로
삼겠습니다." 그러던 중, 어머니의 꿈에 갑자기 별 하나가 떨어져
품 안으로 들어오더니, 곧 태기가 있어 아이 하나를 낳았다. 아이
가 태어난 날이 석존釋尊과 같은 날이었기에 이름을 선종랑善宗郎이
라 지었다.

자장의 아버지 김무림이 천부관음에게 소원을 빌었던 구체적인 장
소나 시기는 『삼국유사』에 기록되어 있지 않으나, 자장이 590년
4월 초파일에 태어난 것으로 보아 589년의 일임을 추정할 수 있다.
천부관음에게 소원을 빌어 아들을 얻은 이 사례는 「관세음보살보문
품」에서 "만일 여인이 아들을 낳고자 하여 관세음보살을 예배하고
공경하면, 곧 복덕과 지혜를 갖춘 아들을 낳는다."라고 한 내용에
해당되며, 현전 가피이자 현기현응의 감응 형태이다.

## 4) 기타 사례

『삼국유사』에 수록된 16건의 관음 영험 사례 중 질병 치유, 재난 구제, 소원 성취를 제외한 나머지 '기타 사례'는 총 7건(43.75%)이다. 〈표 IV-1〉의 4번, 6번, 10번부터 14번까지가 여기에 해당한다. 주목할 것은, 이들 기타 사례는 대부분 관세음보살 진신 혹은 응신을 친견한 사례이며, 사례자들이 특별히 진신 친견의 소원을 빌지 않았음에도 그러한 영험을 체험했다는 점이다. 각 사례를 구체적으로 살펴보면 다음과 같다.

### ④ 세 곳에 나타난 관음상과 중생사 - 주지승 성태

4번 사례는 「탑상」편 「삼소관음중생사」조에 수록된, 중생사 주지승 성태와 관련된 또 다른 이야기다. 992년 3월에 중생사 주지승 성태가 절의 살림이 어려워지자 다른 곳으로 옮겨 가기로 마음먹고 관세음보살상 앞에서 하직 인사를 올리다가 졸게 되었다. 그때 꿈에서 관세음보살이 나타나 비용을 충분히 마련해 줄 테니 떠나지 말고 머물라고 이른다. 꿈에서 깬 성태는 그대로 중생사에 남았다. 꿈을 꾼 지 13일 뒤, 두 사람이 말과 소에 물건을 싣고 찾아와서 어떤 스님이 시주하러 왔기에 그 스님을 따라 물건들을 가져왔다고 말하였다. 성태가 그들을 법당 앞으로 데려가니 관세음보살상을 본 사람들이 '시주를 하러 온 바로 그 스님'이라고 하였다. 그 뒤로 중생사에 시주가 끊이지 않았다고 한다.

사주寺主인 승려 성태性泰가 보살 앞에 꿇어앉아 말했다.

"저는 오랫동안 이 절에 살면서 정성껏 부지런히 향화를 받들어 밤낮으로 게으르지 않았습니다. 하오나 절의 토지에서는 나는 것이 없어서 향사香祀를 계속할 수가 없으므로 장차 다른 곳으로 옮기려고 하직 인사를 올립니다." 이날 성태가 조금 졸다가 꿈을 꾸었는데 관음대성觀音大聖이 말하였다. "법사는 아직 여기에 머무르고 멀리 떠나지 말라. 내가 시주를 해서 제사에 쓸 비용을 충분히 마련해 주겠다."

그는 기뻐하여 꿈에서 깨어 그 절에 머무르며 다른 곳으로 가지 않았다. 그런지 13일 만에 갑자기 두 사람이 말과 소에 물건을 싣고 문 앞에 이르렀다. 절에 있던 성태가 나가서 어디서 왔느냐고 물었다.

"우리들은 금주金州 지방 사람인데 지난번에 스님 한 분이 우리를 찾아와서, 나는 동경東京 중생사에 오랫동안 있었는데 공양에 쓸 비용이 어려워서 시주를 얻으려고 여기에 왔다고 했습니다. 그래서 우리는 이웃 마을에 가서 시주를 모아다가 쌀 여섯 섬과 소금 넉 섬을 싣고 온 것입니다."

성태가 말했다. "이 절에는 시주를 구하러 나간 사람이 없는데, 그대들이 필경 잘못 들은 것 같소." 그 사람들이 또 말했다.

"그 스님이 우리를 데리고 오다가 이 신견정神見井 가에 이르러서 말하기를, 절이 여기서 멀지 않으니 내가 먼저 가서 기다릴 것이라고 했습니다. 그래서 우리는 따라온 것입니다."

절의 스님이 그들을 데리고 법당 앞으로 가니 그 사람들이 관음대성을 쳐다보고 절하면서 말하였다. "이 부처님이 바로 시주를 구하러 왔던 스님의 모습입니다." 그들은 말하면서 놀라고 감탄하기를 마지않았다. 이로부터 여기에 바치는 쌀과 소금이 해마다 끊어지지 않았다.

이는 관세음보살이 중생사 주지승 성태의 꿈을 통해 시주를 약속한 뒤, 스님의 모습으로 화현하여 직접 시주를 얻어 옴으로써 중생사의 어려움을 해결해 준 사례이다. 또한, 비구·비구니의 모습으로 화현하여 중생을 구제한 몽중 가피이자 현기현응의 감응 형태이다.

## ⑥ 세 곳에 나타난 관음상과 중생사 - 점숭

6번 사례는 4번 사례와 마찬가지로 「탑상」편 「삼소관음중생사」조에 수록된, 승려 점숭에 관한 이야기다. 1173년 무렵, 승려 점숭이 중생사에서 지내고 있었는데, 그는 글을 읽을 줄 모르지만 성품이 순수하였다. 어떤 승려가 점숭으로부터 그 절을 빼앗고 싶어서 점숭을 시험하도록 꾀를 내었다. 소문疏文을 거꾸로 내어주고 읽어보라고 했는데 점숭은 받은 즉시 술술 읽어냈다.("어떤 승려 하나가 그 절을 빼앗아 살려고 친의천사襯衣天使에게 호소했다. (중략) 그 사람을 시험하려 하여 소문疏文을 거꾸로 주어 보았다. 그러나 점숭은 이것을 받는 즉시로 줄줄 읽는다. 천사는 이에 마음속으로 탐복하고 방 가운데로 물러앉아 그에게 다시 읽어 보라고 했다. 그런데 점숭은 입을 다물고 한 마디도 읽지 못했다. 이것을 보고 천사가 말하였다. "스님은 참으로 관음대성이 보호하여 주시는 사람이로다." 이리하여 끝내 이 절을 빼앗지 않았다.")

이는 관세음보살의 보호로 인해 일종의 신통력이 발휘된 사례라고 할 수 있으며, 현전 가피이자 명기현응의 감응 형태라 할 수 있다.

### ⑩ 낙산의 두 보살 관음, 정취와 조신 - 의상

10번 사례는 「탑상」편 「낙산이대성洛山二大聖」조에 실린 의상의 영험담이다. 낙산洛山에서 재계齋戒한 지 7일 만에, 의상은 동해 용의 여의보주如意寶珠, 수정 염주를 받아왔고, 다시 7일 동안 재계하니 관세음보살을 친견하게 되었다.

관음이 말하였다.
"네가 앉아 있는 산마루에 한 쌍의 대나무가 솟아날 것이니, 그곳에 불전佛殿을 짓도록 하여라."
법사가 듣고 굴에서 나오니 과연 대나무가 땅에서 솟아 나왔다. 여기에 금당金堂을 짓고 관음상을 만들어 모시니, 그 둥근 얼굴과 고운 바탕이 마치 자연적으로 생긴 것 같았다. 대나무가 도로 없어지므로 비로소 관음의 진신이 살고 있는 곳임을 알았다. 이 때문에 법사는 그 절 이름을 낙산사洛山寺라 하고, 자기가 받은 두 구슬을 성전聖殿에 모셔 놓고 그곳을 떠났다.

낙산사 창건과 관련된 이 영험 사례는 현전 가피이자 현기현응의 감응 형태이다.

### ⑪ 낙산의 두 보살 관음, 정취와 조신 - 원효

11번 사례는 위의 10번 사례에 바로 이어지는 내용이다. 의상에 뒤이어 원효가 같은 장소에서 예를 올리고자 찾아가는 길에 논에서 벼를 베던 흰옷 입은 여인, 다리 밑에서 빨래하던 여인에게 벼를 달라거나, 물을 달라고 청하는 모습이 묘사되고, 이어서 들에 서 있는 소나무 위에서 그를 말리는 새 소리가 들린다. 원효는 새가 날아간 자리에 신발 한 짝이 떨어져 있는 것을 보았는데, 낙산사에 이르러 관세음보살상 앞에 가니 같은 신발 한 짝이 벗겨져 있었다. 그때서야 그는 앞서 만난 여인이 관세음보살의 화신이었음을 깨달았다.("논 가운데에서 흰 옷을 입은 여인이 벼를 베고 있었다. 법사가 장난삼아 그 벼를 달라고 청하니 여인은 벼가 잘 영글지 않았다고 대답했다. 또 가다가 다리 밑에 이르니 한 여인이 월수백月水帛을 빨고 있었다. 법사가 물을 달라고 청하자 여인은 그 더러운 물을 떠서 바쳤다.

292

법사는 그 물을 엎질러 버리고 다시 냇물을 떠서 마셨다. 이때 들 가운데 있는 소나무 위에서 파랑새 한 마리가 그를 불러 말했다. "제호醍醐스님은 그만 쉬십시오." 그러고는 갑자기 숨고 보이지 않았 는데 그 소나무 밑에는 신 한 짝이 벗겨져 있었다. 법사가 절에 이 르자 관음보살상의 자리 밑에 또 전에 보던 신 한 짝이 벗겨져 있으 므로 그제야 전에 만난 여인이 관음보살의 진신眞身임을 알았다.")

이 사례 또한 의상의 사례와 마찬가지로 현전 가피이자 현기현응의 감응이라 할 수 있다.

### ⑫ 낙산의 두 보살 관음, 정취와 조신 - 조신

세규사世逵寺에서 승려 조신調信을 장원莊園에 보내어 관리를 맡게 했 는데, 조신은 그곳 태수의 딸을 좋아하게 되었다. 그는 낙산사 관음 보살 앞에서 그 여인과 인연을 맺게 해달라고, 여러 차례 남몰래 빌 었다. 그러나 그 여인이 다른 사람과 배필이 되자, 조신은 불당에 가서 관음보살을 원망하며 슬피 울다가 지쳐 잠이 들었다가 꿈을 꾸게 되었다.

꿈속에 갑자기 김씨 낭자가 기쁜 낯빛을 하고 문으로 들어와 활짝 웃으면서 말했다.
"저는 (중략) 이제 부부가 되기를 원해서 왔습니다."

이에 조신은 매우 기뻐하며 그녀와 함께 고향으로 돌아갔다. 그녀와 40여 년간 같이 살면서 자녀 다섯을 두었다. (중략) 이제 내외는 늙고 병들었다. 게다가 굶주려서 일어나지도 못하니, (중략) 부인이 눈물을 씻더니 갑자기 말했다. "(중략) 고왔던 얼굴과 예쁜 웃음도 풀잎 위의 이슬이 되었고, 지초芝草와 난초 같은 약속도 바람에 나부끼는 버들가지가 되었습니다. 이제 당신은 내가 있어서 더 누가 되고 나는 당신 때문에 더 근심이 됩니다. 옛날 기쁘던 일을 생각해 보니, 그것이 바로 근심의 시작이었습니다. (중략) 원컨대 이 말을 따라 헤어지기로 합시다."

조신이 이 말을 듣고 크게 기뻐하여 (중략) 서로 작별하고 길을 떠나려 하는데 꿈에서 깨었다.

이처럼 꿈속에서 50년 세월을 보낸 조신은 수염과 머리마저 모두 하얗게 되었고, 세상일을 비롯하여 재물을 탐하는 마음까지도 깨끗이 없어졌다. 이에 조신은 관음보살상을 대하기가 부끄러워 깊이 참회하게 되었다.

이러한 조신의 영험담은 깨달음을 얻고 참회하도록 이끌어준 몽중가피이자 현기현응의 감응 형태라 할 수 있다. 다만, 꿈에서 관세음보살의 화신이 직접적인 가르침을 주었다기보다는, 50년 인생을 꿈에서나마 겪어 보게 함으로써 간접적인 깨달음을 주었다는 점에서 다른 영험 사례와는 차이를 보인다.

## ⑬ 오대산에 있는 오만 진신 - 효명, 보천 태자

13번 사례는 「탑상」편 「대산오만진신臺山五萬眞身」조에 실려 있는 영험담이다. 효명과 보천, 두 태자가 유람하다가 어느 날 밤, 속세를 벗어나기로 약속하고 일행들 몰래 도망쳐 오대산으로 들어갔다. 두 형제가 각각 푸른 연꽃이 피어난 자리에 암자를 짓고 살면서 부지런히 수행하였다. 그러던 어느 날, 형제가 다섯 봉우리에 예불하러 함께 올라가 보니 동대東臺 만월산滿月山에 관세음보살의 1만 진신을 비롯하여 남쪽과 서쪽, 북쪽과 중앙대에 각각 지장보살, 대세지보살, 5백 아라한, 문수보살 등 5만 보살의 진신이 나타나 일일이 예를 올렸다고 한다. 이 사례는 현전 가피이자 현기현응의 감응 형태이다.

## ⑭ 오대산 월정사의 다섯 성중 - 신효거사

14번 사례는 「탑상」편 「대산월정사오류성중臺山月精寺五類聖衆」조에 실려 있는 이야기이다. 지금의 충남 공주에 효성으로 어머니를 봉양하는, 신효거사信孝居士라는 사람이 있었다. 고기가 아니면 먹지 않는 어머니를 위해, 신효는 고기를 찾아 산과 들을 다녔다. 그러다가 학 다섯 마리를 보고 활로 쏘았는데, 그중 한 마리가 날개깃 한 조각을 떨어뜨리고 갔다. 신효가 그 깃을 집어 눈에 대고 보니 사람들이 모두 짐승으로 보였다.

후에 그는 승려가 되었는데, 지금의 강릉 하솔에서는 깃으로 사람들을 보아도 모두 사람으로 보였다. 이에 그곳에 살고 싶은 마음이 든 신효거사는 한 노부인에게 살 만한 곳을 물었다.

그 부인이 말했다.
"서쪽 고개를 넘으면 북쪽으로 향한 골짜기가 있는데 거기가 살 만합니다." 그 부인은 말을 마치자 보이지 않았다.
거사는 이것이 관음보살의 가르침임을 깨닫고, 곧 성오평을 지나 자장법사가 처음 모옥茅屋을 지은 곳으로 들어가 살게 되었다.

이렇게 신효거사가 자리 잡고 사는 곳에 어느 날 승려 다섯 명이 오더니 갖고 온 가사袈裟 한 폭이 어디 있느냐고 물었다. 영문을 몰라 하는 신효거사에게 승려는 그가 갖고 있던 학의 날개깃이 바로 가사라고 하였다. 신효거사가 깃을 내주자 승려가 그 깃을 가사의 뚫어진 폭에 갖다 대니, 딱 맞았다. 다섯 승려가 가고 나서 신효거사는 그들이 다섯 성중聖衆의 화신임을 깨달았다.("거사가 그 깃을 내주자 승려는 그 깃을 가사의 뚫어진 폭 속에 갖다 댔고 서로 꼭 맞았는데, 그것은 깃이 아니고 베였다. 거사는 다섯 승려와 작별하고 나서야 비로소 이들이 다섯 성중聖衆의 화신임을 알았다.")

이 사례는 현전 가피이며, 특별히 어떠한 관음 신행에 대한 언급이 없었음에도 이와 같은 현전 가피를 체험한 것으로 보아 명기현응의 감응 형태라고 볼 수 있다.

지금까지『삼국유사』에 수록된 관음 신행 영험 사례 14편을 질병 치유, 재난 구제, 소원 성취, 기타 사례로 나누어 16건의 사례에 대해 살펴보았다.『삼국유사』에는 질병 치유 사례 2건(12.5%), 소원 성취 사례 2건(12.5%), 재난 구제 사례 5건(31.25%), 기타 사례 7건 (43.75%)이 소개되고 있었다. 특히 기타 사례 7건 중 5건이 관세음보살 진신 또는 화신을 친견한 사례여서,『삼국유사』에는 비교적「관세음보살보문품」의 내용에 충실한 관음 신행 영험담이 소개되어 있음을 알 수 있다.

[그림 Ⅳ-1] 삼국유사 영험 사례 분석 (단위 : 건)

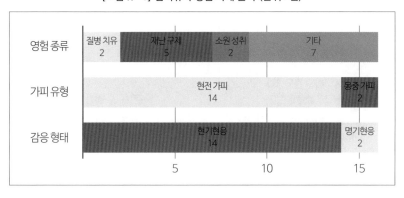

가피 유형별로는 현전 가피가 14건(87.5%), 몽중 가피가 2건(12.5%) 이고, 감응 형태별로는 현기현응이 14건(87.5%), 명기현응이 2건 (12.5%)이다. 이는「관세음보살보문품」에서 "관세음보살이 즉시 그 음성을 관하고 다 고뇌에서 풀려나 해탈을 얻게 하느니라."라고 설한 내용에 부합되는 결과이다. 배금란은 이러한 특성에 대해 "구제의 현세성과 즉시성이 관음보살 구제의 대표적 특징"이라고 한다. 요컨대 관음 신행의 공덕에는 '즉시성'이라는 특징이 있음을 알 수 있으며, 이러한 영험 사례를 공유함으로써 현대 불자들이 더욱더 수행에 매진하는 원동력으로 작용할 수 있음을 알 수 있다.

이상의 사례 분석 결과를 [그림 IV-1]과 〈표 IV-2〉에 제시하였다.

〈표 IV-2〉『삼국유사(三國遺事)』관세음보살 영험 사례

| 번호 | 사례 제목 | 사례자 | 관련 장소 | 시기 | 영험 종류 | 가피 유형 | 영험 내용 |
|---|---|---|---|---|---|---|---|
| 1 | 문호왕 법민(文虎王法敏) | 김인문 | 인용사 | 671 (문무왕) | 재난 구제 -옥난 | 현전 | 현기 현응 |
| 2 | 세 곳에 나타난 관음상과 중생사(三所觀音衆生寺) | 최은함 | 중생사 | 926-929 | 소원 성취 -득남 | 현전 | 현기 현응 |
| 3 | 세 곳에 나타난 관음상과 중생사(三所觀音衆生寺) | 최은함 | 중생사 | 926-929 | 재난 구제 -전란 | 현전 | 현기 현응 |
| 4 | 세 곳에 나타난 관음상과 중생사(三所觀音衆生寺) | 주지승 성태 | 중생사 | 992 | 기타 -화신 감득 | 몽중 | 현기 현응 |
| 5 | 세 곳에 나타난 관음상과 중생사(三所觀音衆生寺) | 주지승 성태 | 중생사 | 992 | 재난 구제 -화난 | 현전 | 현기 현응 |
| 6 | 세 곳에 나타난 관음상과 중생사(三所觀音衆生寺) | 점숭 | 중생사 | 1173 | 기타 -신통 | 현전 | 명기 현응 |
| 7 | 백률사(栢栗寺) | 부례랑 모친 | 백률사 | 693 | 재난 구제 -수난/적난 | 현전 | 현기 현응 |
| 8 | 민장사(敏藏寺) | 장춘의 모친 | 민장사 | 745 | 재난 구제 -수난 | 현전 | 현기 현응 |
| 9 | 분황사의 천수대비가 눈먼 아이의 눈을 뜨게 하다 (盲兒得眼) | 희명의 아이 | 분황사 | 경덕왕 때 (742-765) | 질병 치유 -신체 | 현전 | 현기 현응 |

| 10 | 낙산의 두 보살 관음,<br>정취와 조신(洛山二大聖) | 의상 | 낙산사 | 언급없음 | 기타<br>-진신 친견 | 현전 | 현기<br>현응 |
|---|---|---|---|---|---|---|---|
| 11 | 낙산의 두 보살 관음,<br>정취와 조신(洛山二大聖) | 원효 | 낙산사 | 언급없음 | 기타<br>-화신 감득 | 현전 | 현기<br>현응 |
| 12 | 낙산의 두 보살 관음,<br>정취와 조신(洛山二大聖) | 조신 | 낙산<br>관음 | 언급없음 | 기타-깨달<br>음과 참회 | 몽중 | 현기<br>현응 |
| 13 | 오대산에 있는 오만 진신<br>(臺山五萬眞身) | 효명,<br>보천 | 오대산 | 언급없음 | 기타<br>-진신 친견 | 현전 | 현기<br>현응 |
| 14 | 오대산 월정사의 다섯 성중<br>(臺山月精寺五類聖衆) | 신효<br>거사 | 월정사 | 언급없음 | 기타<br>-화신 감득 | 현전 | 명기<br>현응 |
| 15 | 자장이 계율을 정하다<br>(慈藏定律) | 김무림 | 천부<br>관음 | 589-590 | 소원 성취<br>-득남 | 현전 | 현기<br>현응 |
| 16 | 경흥이 큰 성인<br>문수보살을 만나다<br>(憬興遇聖) | 경흥 | 남항사 | 신문왕 때<br>(681-692) | 질병 치유 | 현전 | 현기<br>현응 |

## 2. 법화영험전에 나타난 관세음보살
## 영험 사례 분석

『법화영험전法華靈驗傳』은 요원이 지은 것으로 알려져 있다. 오늘날 전해지는『법화영험전』은 1534년(조선 중종 29년)에 간행된 전남 고창군 문수사본, 1544년(중종 39년)에 간행된 황해도 안변 석왕사 본, 1652년(효종 3년)에 간행된 전라도 보성군 개흥사본이 있다.

『법화영험전』은 당나라의『홍찬법화전弘贊法華傳』과 송나라의『현응 록現應錄』, 고려 시대『해동전홍록海東傳弘錄』에 수록된 영험담을 중심 으로 하여『영서집靈瑞集』,『속고승전續高僧傳』,『해동고승전海東高僧傳』 등 총 19종의 출전에서 영험 사례를 수록하였다. 그중에는 우리나 라 영험담 15편도 포함되어 있다.

『법화영험전』상하 2권에 수록된 총 118가지 이야기 중 114가지는 별도의 제목이 명시되어 있고, 나머지는 다른 제목의 이야기에 첨 부되어 있다. 요원은 천태지의의 삼주설법三周說法에(제2「방편품」과

제3 「비유품」은 삼승을 열어 일승을 드러내는 개삼현일을 설하는 법설주, 제3 「비유품」과 제6 「수기품」은 비유로써 설하는 비설주, 제7 「화성유품」과 제9 「수학무학인기품」은 과거로부터의 인연으로서 설하는 인연주라고 하였다.) 기초하여 구성한 듯 보이지만, 비설주는 생략하고 법설주는 「방편품」에, 인연주는 「화성유품」에 대입代入하여 찬술하였다. 『법화경』 28품을 17단으로 분류하여 영험담을 배치했으며, 그중 「관세음보살보문품」에 해당하는 15편 중에 본 연구에서 분석하고자 하는 영험 사례들이 많이 수록되어 있다. 『법화영험전』의 구성에서 한 가지 흥미로운 점은, 총 17단 가운데 제15단까지 『법화경』 28품에 대입되는 영험담을 수록한 뒤에 제16단에서 고려의 만덕산과 백련결사에 관련된 이야기를 배치했다는 점이다. 이에 대해 오지연은 "『법화영험전』을 과거의 이야기가 아니라 현재진행형과 미래지향적으로 승화시키려 한 것"이라고 추정한다.

『법화영험전』에 수록된 영험담은 아래의 〈표 IV-3〉과 같이 정토왕생을 비롯하여 득남, 경제적 이익, 귀신 퇴치, 신체적·정신적 치유, 신이한 체험 등 여러 범주에 걸쳐 폭넓게 다뤄지고 있다. 본 연구에서는 그중 관음 신행과 관련하여 현생에 질병이 치유된 사례, 재난을 면하거나 구제된 사례, 소원이 성취된 사례와 그 밖의 관음 신행 영험 사례에 대해 분석해 보고자 한다. 이는 현대 관음 신행 수행자들의 영험 사례와 비교하는 데에 동일한 기준을 적용하기 위함이다.

<표 Ⅳ-3> 『법화영험전』의 사례

| 분류 | 『법화영험전』의 제목 |
|---|---|
| 보살 출현 | 좌상생향(座上生香), 보살내승육아상(菩薩來乘六牙象) |
| 생천<br>정토왕생<br>천도 | 묘자시성변생승처(妙字始成便生勝處), 제목재사이탈명사(題目纔寫已脫冥司), 매지지시천당이화(買紙之時天堂已化), 망부생천(亡婦生天), 우족관문이변탈업구(羽族慣聞而便脫業軀), 신탁연태(身托蓮胎), 명표화좌(名標花座), 합수인신(鴿受人身), 귀탈측보(鬼脫厠報), 야계전보(野鷄轉報), 천제요상각향서방(天帝邀相却向西方), 망모탈고(亡母脫苦), 염왕지송제사천(閻王指送第四天), 보암도지혹강혹의(寶岩徒之或講或疑), 연화원지야독야설(蓮華院之若讀若說), 망매고징(亡妹告徵) |
| 소원성취 | 구남득남(求男得男) |
| 수기 | 불기천궁(佛記天宮) |
| 소생<br>수명 연장 | 창제지경지옥개공(唱題之頃地獄皆空), 신인지로(神人指路), 경권중이죄안경(經卷重而罪案輕), 시환전이수산영(時患痊而壽筭永), 염왕용연탄지(閻王聳然彈指), 제친시통(帝親試通), 사수제견(賜壽題肩), 상사이정기기연수(相師已定豈期延壽), 시녀명통범부(侍女冥通梵部) |
| 질병 치유 | 응병수약(應病授藥), 단향원달(檀香遠達), 불수친마(佛手親摩), 약정입회(藥精入懷), 지수료병(池水療病), 라창즉유(癩瘡即愈), 기력울증(氣力鬱增), 급질내추(急疾乃瘳), 대풍역리(大風亦利), 현비구니신(顯比丘尼身), 숭자출두(崇自出竇) |
| 귀신 퇴치 | 비구암송이득이귀난(比丘暗誦而得離鬼難), 귀막능해(鬼莫能害), 귀내구두(鬼乃扣頭) |
| 보살 출현 | 신인경침이진선(神人警寢而進船), 조객환송본전(皂客還送本錢), 함경화위초속이증생(函經化爲草束而拯生), 수불능표(水不能漂), 호후퇴적(虎吼退賊), 화불능소(火不能燒), 수불능표(水不能漂), 탈라찰난(脫羅刹難), 흑풍취기선방(黑風吹其船舫), 도단단괴(刀段段壞), 가쇄자탈(枷鏁自脫), 적불능해(賊不能害), 적불능해(賊不能害), 주인호섭(舟人護涉) |
| 보살 출현 | 천제사금(天帝賜金), 융소만기(融酥滿器), 선옹특청일품(仙翁特請一品), 감가최목백경회(堪歌崔牧伯慶會) |

302

『법화영험전』에서 관음 신행과 관련된 영험 사례가 등장하는 것은 제14단「관세음보살보문품」부분이다. 여기에는 별도의 제목을 붙인 이야기가 11편, "또(又)"라는 표현과 더불어 같은 주제의 사례가 추가된 이야기가 4편으로 총 15건의 영험 사례가 소개된다. 본 연구에서는 이 15건을 각각 개별 사례로 분석하였다. 따라서 아래의 〈표 IV-4〉와 〈표 IV-5〉에서 같은 제목 아래 두 가지 사례가 소개된 경우가 있다.

〈표 IV-4〉『법화영험전』 관세음보살 영험 사례

| 번호 | 사례 제목 | 출처 | 영험 내용 |
|---|---|---|---|
| 1 | 불도 태우지 못하다 [火不能燒] | 진조사부 관음전 | 혼자 넓은 못가를 걷고 있는데 갑자기 맹렬한 불길이 사방에서 덮쳤으나 땅에 엎드려 일심으로 관세음보살을 칭명하니 그 자리만 불에 타지 않고 무사함. |
| 2 | 물에도 떠내려가지 않다 [水不能漂] | 영서집, 현응록 | 강을 건너다가 배가 침몰했으나 "부처님을 염하고 경을 외우기만 하면 절대로 죽지 않을 것이다."라는 소리를 세 번 듣고 나서 강기슭에 닿아 살아남. |
| 3 | | 사부관음전 | 물에 빠져 다른 사람들은 모두 죽었으나 관세음보살을 일심칭명하다가 우연히 바위를 만나 잠이 들었는데, 배를 타고 가던 사람들이 배 위로 불러들이는 꿈을 꾸었고, 실제로 그와 같은 일이 벌어져 살아남. |
| 4 | 나찰귀의 환란을 모면하다 [脫羅刹難] | 사부관음전 | 바다에서 폭풍을 만나 나찰 귀신들의 나라에 떨어졌으나 관세음보살 칭명으로 화를 모면함. |
| 5 | 폭풍이 배에 휘몰아치다 [黑風吹其船舫] | 민장사기, 계림고기, 해동전홍록 | 상선을 타고 바다로 나갔으나 돌아오지 않는 아들이 걱정되어 7일간 관음기도를 하니 아들이 무사히 돌아옴. 아들은 모두 죽고 자신만 살아남아 타국 사람의 종이 되었으나, 어떤 스님이 이끌어 주어 도랑을 건너고 보니 만장사 관음상 앞에 왔다고 함. |

| 6 | 칼로 내리쳤으나 칼이 조각조각 부러지다 [刀段段壞] | 사부관음전 | 도둑으로 몰려 참형을 받게 되었으나 쇳소리만 날 뿐이어서 상투를 풀어보니 금불상에 흠이 세 군데 나 있었고, 이로 인해 죄를 사면 받음. |
|---|---|---|---|
| 7 | | 언급 없음 | 죄를 지어 처형을 받게 되었는데 일심으로 귀의했더니, 옥졸이 칼로 목을 내리쳐도 칼이 부러짐. |
| 8 | 칼과 쇠사슬이 저절로 벗겨지다 [枷鑷自脫] | 진사부 관음전, 현응록 | 어떤 사건에 관계되어 옥에 갇혔으나 「관세음보살보문품」을 1천 번 독송하여 생각과 말이 지극해지자 칼과 쇠사슬이 저절로 끊어지고 부서져 처벌을 면함. |
| 9 | | | 옥에 갇혀 죽게 되었는데 사흘 밤낮으로 관세음보살을 일심칭명하니 관세음보살이 빛을 비추어 자물쇠가 벗겨지고 옥문이 열려 빠져나옴. |
| 10 | 도적이 해치지 못하다 [賊不能害] | 천태별행소 | 사람마저 잡아먹던 굶주린 오랑캐들에게 붙잡혔으나 관세음보살을 일심칭명하고 「관세음보살보문품」을 독송하였더니 죽기 전날 호랑이가 나타나 오랑캐를 쫓아내고 갇혀 있던 우리를 부수고 가서 달아남. |
| 11 | | 사부관음전 | 도둑에게 붙잡혀 두 발이 땅에 묻히고 머리가 나무에 묶인 상태에서 일심으로 관세음보살을 염하다가 잠들었는데 꿈에 어떤 사람이 나타나 깨워서 일어나 달아남. |
| 12 | 아들을 소원하여 낳다 [求男得男] | 사부관음전 | 50이 넘도록 자식이 없었으나 어느 날 한 스님이 관세음보살 일심칭명과 「관세음보살보문품」 독송을 권하여 그대로 따르니 아들을 얻음. |
| 13 | 몸을 나타내 법을 설하다 [現身說法] | 언급 없음 | 문종 황제가 반찬으로 오른 조개를 기이하게 생각하여 향을 피우고 기원을 하니 조개가 문득 청정한 보살의 형상으로 변함. |
| 14 | 소녀의 몸을 나타내다 [顯童女身] | 언급 없음 | 말 타고 활쏘기 좋아하는 협우 지방 사람들에게 소녀의 모습으로 나타나 불교 경전을 외우면 혼인하겠다고 함으로써 부처님 법을 전함. |
| 15 | 비구니의 몸을 나타내다 [顯比丘尼身] | 해동고승전 제5 | 병이 들어 오랫동안 낫지 않았으나 어느 날 한 비구니 스님이 찾아와 우스꽝스러운 놀이를 구경하면 나을 거라고 알려줌. 병이 낫자 떠나는 비구니를 뒤따라가 보니 스님은 보이지 않고 십일면관세음보살상 앞에 비구니 스님이 갖고 다니던 대나무 지팡이만 놓여 있음. |

위의 〈표 IV-4〉에 제시된 15건을 영험 유형에 따라 질병 치유, 재난 구제, 소원 성취, 기타 사례로 분류하여 구체적인 내용을 살펴보기로 한다.


## 1) 질병 치유 사례

『법화영험전』에 수록된 관음 영험 관련 15개 사례 중 질병 치유 사례는 1건이며, 위의 〈표 IV-4〉에서 15번 "비구니의 몸을 나타내다[顯比丘尼身]"가 여기에 해당된다. 『해동고승전』 권5에서 인용된 이 사례는 앞서 『삼국유사』의 영험 사례에서도 보았던 신라 신문왕 때 경흥국사憬興國師의 일화이다.

하루는 한 비구니 스님이 찾아와 국사를 뵙기 청하였다. 제자가 그를 국사께 인도하였더니 말하였다.

"스승께서는 큰 법(大法)을 깨달으셨지만, 사대四大가 합하여 몸이 되었으니, 어찌 병이 없으실 수 있겠습니까? 병에는 네 가지가 있는데 다 사대에서 생겨납니다. 첫째는 몸의 병(身病)이니 풍병風病·황병黃病·담병痰病·열병熱病이 위주가 되고, 둘째는 마음의 병(心病)이니 미치광이(顛狂)·정신착란(昏亂)이 위주가 되고, 셋째는 외부로부터 받는 병(客病)이니 굶주림·추위·더위·괴로움·즐거움·근심·걱정이 위주가 됩니다. 그 밖에 여러 가지 요소들이 어울려 서로 원인이 되어 만일 사대 중 하나라도 조화롭지 못하면 백 가지 병이 다 일어납니다. 지금 스승의 병환은 약으로 다스려 치료될 것이 아닙니다. 만약 우스꽝스러운 놀이를 구경하신다면 나으실 것입니다." 그래서 여러 사람이 열한 가지의 탈을 만들어 쓰고 춤을 추었다. 국사는 그 야릇하고 괴상한 모습을 보며 매우 즐거워하였고, 어느덧 자신의 병이 모두 사라진 줄도 모를 정도였다.

비구니가 떠나자 국사가 곧 사람을 시켜 그 뒤를 따라가 보게 했더니, 스님은 남화사南花寺 불전佛殿으로 들어가 숨어 버렸는데, 그가 가지고 있던 대나무 지팡이가 십일면관세음보살의 상 앞에 놓여 있었다.

이는 십일면관음보살이 열한 가지 탈을 쓰고 춤을 추어 경흥국사의 병을 낫게 한 사례로, 「관세음보살보문품」에서 "비구·비구니·우바새·우바이로 되어 깨닫게 할 자에게는 곧 비구·비구니·우바새·우바이의 몸을 나타내어 법을 설한다."라고 한 내용 중 비구니의 몸을 나타낸 사례이다. 또한 현전 가피이자 현기현응의 감응 형태라고 볼 수 있다.

한편, 『삼국유사』에서는 비구니 스님이 말한 내용이 한 문장으로 표현된 데 반해, 『법화영험전』에서는 병의 종류와 원인에 대해 자세히 설명하고 있다는 차이가 있다.

## 2) 재난 구제 사례

『법화영험전』에 수록된 관음 영험 사례 15건 중 재난 구제 사례는 11건으로, 〈표 IV-4〉의 1번에서 11번까지가 여기에 해당된다. 재난 구제 사례는 다시 화난 구제 1건, 수난 구제 2건, 풍난 구제 2건, 검난 구제 2건, 옥난 구제 2건, 적난 구제 2건으로, 칠난 중 귀난을 제외한 여섯 가지가 고르게 수록되어 있다. 이제 각 사례를 구체적으로 살펴본다.

### ① 불도 태우지 못하다[火不能燒]

이 이야기는 『진조사부관음전晉朝謝敷觀音傳』에 수록된 이야기를 인용한 것이다. 구체적인 시기나 지역은 알 수 없지만, 사문 법지法智가 재가자였을 때의 일이다. 어느 날 넓은 못가를 혼자 걷고 있는데 갑자기 맹렬한 불길이 일시에 사방에서 일어나자 법지는 땅에 얼굴을 대고 지극한 마음으로 관세음보살을 칭명하였다. 그랬더니 불이 더이상 번져오지 않아서 못가의 풀은 모두 타버렸으나 법지가 엎드려 있던 곳은 타지 않고 남아 있었다. 이는 「관세음보살보문품」에서 "만일 관세음보살 명호를 지니는 자는 설령 큰불에 들어가더라도 불이 능히 태우지 못하니, 이 보살의 위신력 때문이다."라고 한 내용에 해당된다. 즉 '화난'에서 구제된 사례로, 현전 가피이자 현기현응의 감응 형태로 볼 수 있다. 법지가 화난을 맞아 지극히 관음 신행을 한 결과가 현세에 직접적이고 현실적으로 드러난 것으로 보아야 하기 때문이다.


## ② 물에도 [떠내려가지 않다[水不能漂]-1

구체적인 시기는 알 수 없으나, 오늘날 중국 호북성湖北省의 강릉江陵에 사는, 평소에 「관세음보살보문품」을 항상 독송하던 잠문본岑文本이라는 사람이 겪은 사례로,『영서집靈瑞集』과『현응록現應錄』에서 인용한 이야기이다. 잠문본은 강을 건너가다가 바람 때문에 배가 침몰했을 때 어디선가 들려오는 '부처님을 염하고 경을 외우라'는 소리를 듣고 나서 강기슭에 닿아 해를 면하였다.

> 한번은 오송강吳松江을 건너다가 중류에서 바람이 일어 사람과 배가 모두 침몰하였다. 그때 문본이 수면 위로 떠오르니, 어디선가 사람의 말소리가 들려왔다.
> "부처님을 염하고 경을 외우기만 하면 절대로 죽지 않을 것이다."
> 이와 같이 세 번 듣고 나서, 그는 물결에 따라 흘러가 강기슭에 닿을 수 있었다.

이러한 사례는 「관세음보살보문품」에서 "만일 큰물에 빠졌을지라도 그 명호를 부르면 곧 얕은 곳에 이르리라."라고 한 구절에 근거하는 것으로, '수난'으로부터 구제된 사례이다. 또한, 현전 가피이며, 평소에「관세음보살보문품」을 항상 독송한 데 대한 현기현응의 감응 형태로 볼 수 있다.


### ③ 물에도 떠내려가지 않다[水不能漂]-2

세 번째 사례 역시 '수난'으로부터 구제된 사례로,『사부관음전謝敷觀音傳』에서 발췌한 이야기이다. 중국 절강성 해염현海鹽縣의 어떤 사람이 물에 빠져 함께 있던 사람들은 모두 죽었으나, 그 사람은 '관세음보살'을 일심으로 염하다가 우연히 바위를 만나게 되었다. 바위 위에서 지쳐 잠이 들었던 그는 배를 타고 가던 사람들이 그를 배 위로 불러들이는 꿈을 꾸었다. 꿈에서 깨어보니 꿈에서 본 대로 어떤 사람이 그를 배에 태워 강기슭까지 데려다주고는 사라졌다. 이 역시 앞의 2번 사례와 같이 '수난'으로부터 구제된 사례로서, 꿈을 통해 문제를 해결해 준 몽중 가피이자 현기현응의 감응 형태이다.


### ④ 나찰귀의 환란을 모면하다[脫羅刹難]

네 번째 사례는 시기나 장소에 대한 언급은 따로 없고, '외국 사람 백여 명'이 배를 이용하여 지금의 태국에 있던 사자국師子國 부남扶南으로 가던 중에 벌어진 일이라고 기록되어 있다. 이 영험담은『사부관음전謝敷觀音傳』에서 인용한 것으로, 배를 타고 가다가 폭풍을 만났으나 관세음보살을 불러 화를 면한 이야기이다.

외국 사람 백여 명이 배를 타고 사자국 부남으로 가다가 폭풍을 만나 나찰 귀신들의 나라에 떨어졌다. 귀신들이 달려들어 뱃사람들을 잡아먹으려 하자, 모두 두려워하며 함께 '관세음보살'을 외쳤다. 그러나 그중 한 소승小乘 사문은 이를 믿지 않고 '관세음보살'을 부르지 않았다. 귀신들이 '관세음보살'을 부르지 않은 사람을 찾아내어 잡아먹으려 하자, 그 사문도 두려워져 진심으로 '관세음보살'을 불러 화를 모면하였다.

이는 「관세음보살보문품」에서 "가령 폭풍이 불어서 그 배가 표류하여 멀리 나찰귀의 나라에 떨어지게 되었을지라도 만일 한 사람이라도 관세음보살의 명호를 부르면 이 모든 사람은 나찰귀의 환난을 벗어나게 된다."고 한 내용에 해당된다. 이는 '풍난'에서 구제된 사례로, 현전 가피이자 현기현응의 감응 형태이다. 「관세음보살보문품」에서 한 사람이라도 관세음보살 칭명을 하면 모든 사람이 환난에서 벗어나게 된다고 하였으나, 이 사례에서 처음에 관세음보살 칭명을 하지 않던 사문을 나찰귀가 찾아내어 잡아먹으려고 했다는 점에서 「관세음보살보문품」의 내용과는 약간의 차이를 보인다. 이는 관세음보살 일심칭명의 중요성을 더욱 부각시키고 사문의 믿음이 부족함을 대비시키려는 의도에서 비롯된 것이 아닌가 생각된다.

## ⑤ 폭풍이 배에 휘몰아치다[黑風吹其船舫]

다섯 번째는 앞서『삼국유사』의 영험 사례에서 이미 소개된 내용으로, 요원이『민장사기敏藏寺記』,『계림고기雞林古記』,『해동전홍록海東傳弘錄』에서 발췌한 영험담이다. 신라 경덕왕 4년(745)에 지금의 경주 우금방隅金坊에 살던 여인 보개의 아들 장춘이 배를 타고 바다로 나갔으나, 돌아올 날짜가 지나도 소식이 없자 어머니 보개는 근심·걱정으로 몸이 상해 가고 있었다. 그러다가 관세음보살의 위신력에 대한 이야기를 듣고 관음 기도를 하였고, 이레째 되는 날 아들 장춘이 갑자기 돌아왔다. 이들 모자의 모습을 본 민장사敏藏寺 스님이 사연을 물어보자, 장춘이 다음과 같이 대답하였다.

"내가 집을 떠나 바다로 들어갔다가 갑자기 폭풍을 만나 함께 배에 탔던 다른 사람들은 다 고기밥이 되고 나만 혼자 널빤지를 타고 표류하다가 오吳나라에 도착했는데, 그 나라 사람이 나를 데려다가 종으로 부렸습니다. 하루는 들에 나가 밭을 갈고 있는데 기이한 차림의 스님이 와서 말하기를, '고국이 생각나지 않느냐?'라고 하기에, 나는 그의 앞에 꿇어앉아서, '늙으신 어머님이 계시어 그리운 마음이 간절합니다'라고 하였습니다. 그러자 '만약 어머니를 만나고 싶거든 나를 따라오라!'라고 하여 동쪽으로 가기에 나는 곧 뒤를 따라갔습니다. 깊은 도랑이 있어 스님이 내 손을 잡아 이끌어 건너는데 정신이 몽롱해져서 마치 꿈속과 같더니, 갑자기 우리나라의 말이 들리고, 민장사의 관음상 앞에 와 있었습니다. 이내 우리

어머님인 줄 알았지만 오히려 꿈속과 같았습니다."

당 현종 천보天寶 4년 을유(745, 신라 경덕왕 4년) 4월 8일 신시(申時, 오후 3-5시)에 오나라를 떠나 술시(戌時, 오후 7-9시)에 이곳에 닿은 것이다.

이는 어머니 보개의 지극한 관음 기도의 공덕으로 아들 장춘이 '풍난'에서 구제된, 현전 가피이자 현기현응의 감응 형태라고 볼 수 있다. 또한 관음 기도를 드린 당사자가 아니라, 그 아들이 구제되었다는 점에서, 관세음보살의 위신력이 미치는 범위는 관음 신행을 닦는 당사자에게 제한되지 않음을 알 수 있다. 특히 이 사례는 일시日時마저 매우 구체적으로 기록되어 있어 영험담에 대한 신뢰를 더한다.

### ⑥ 칼로 내리쳤으나 칼이 조각조각 부러지다[刀段段壞]-1

여섯 번째 사례는 『사부관음전』에서 인용한 것으로, 진晉나라 태원太元 때(376-396) 팽성彭城에 사는 어떤 사람이 도둑으로 몰려 체포되었을 때의 이야기이다. 그는 평소에 금불상을 상투 속에 넣어서 가지고 다녔다. 참형을 받게 되어 칼을 세 번이나 내리쳤으나 세 번 모두 '쨍그랑' 하는 쇳소리만 날 뿐 아무렇지도 않았고, 결국 죄를 사면받았다. 이는 「관세음보살보문품」에서 "만일 사람이 해를 입게 되어 관세음보살의 명호를 부르면, 저들이 가지고 있는 칼과 막대기가 모두 조각으로 부서져 벗어나게 되리라."라고 한 내용에 해당되며,

현전 가피이자 현기현응의 감응 형태이다.


### ⑦ 칼로 내리쳤으나 칼이 조각조각 부러지다[刀段段壞]-2

일곱 번째 사례는 출처와 지역, 시기에 대한 언급이 따로 없으며, 고간高簡이라는 사람이 '검난'에서 구제된 이야기를 전하고 있다. 그가 법을 어겨 처형을 받게 되었을 때 일심으로 귀의하였더니 칼로 목을 내리치면 오히려 칼이 부러지고, 목을 조르면 오히려 그 끈이 끊어져 목숨을 건지게 되었다고 한다. 이후 고간은 자신과 처자를 팔아 5층 탑을 세웠다. 이 사례 역시 현전 가피이자 현기현응의 감응 형태이며, 비록 한때의 어리석음으로 악업을 지었다 하더라도 진심으로 참회하고 일심으로 관세음보살을 부르면 구제를 받을 수 있음을 보여주는 사례이다.


### ⑧ 칼과 쇠사슬이 저절로 벗겨지다[枷鏁自脫]-1

여덟 번째 영험담은 『진사부관음전』과 『현응록』에서 발췌한 사례로, 진나라 때 장창張暢이 '옥난'에서 구제된 사례이다.

진나라 장창이 초왕譙王이 되었는데, 그는 장사왕長史王과 함께 어떤 사건에 관계되어 정위廷尉에 체포되어 갇히게 되었다. 장창은 일찍부터 바른 믿음을 가지고 있었기에 곧 발심하여 『법화경』의

「관세음보살보문품觀世音菩薩普門品을 1천 번이나 독송하며 죄를 면하고 벗어날 수 있기를 간절히 구했다. 마음속 생각과 입으로 하는 말이 지극해지자, 칼과 쇠사슬이 저절로 끊어지고 부서져, 두 사람이 함께 처벌을 면하게 되었다.

이러한 사례는 「관세음보살보문품」에서 "가령 또 사람이 죄가 있거나 혹은 죄가 없거나 쇠고랑으로 채우고 칼을 씌워서 그 몸을 결박하였을지라도 '관세음보살' 명호를 부르면 다 끊어지고 부서져서 곧 벗어나리라."라고 한 내용에 해당된다. 또한 현전 가피이자 현기현응의 감응 형태이다.

### ⑨ 칼과 쇠사슬이 저절로 벗겨지다[枷鏁自脫]-2

아홉 번째 영험담도 앞의 사례와 마찬가지로 '옥난'에서 구제된 사례로, 『진사부관음전』과 『현응록』에서 발췌한 이야기이다. 중국 강소성의 산양山陽에 사는 개호蓋護가 옥에 갇혀 죽게 되었을 때 사흘 밤낮을 쉬지 않고 관세음보살을 칭명하였다. 그러자 관세음보살의 모습이 보였고, 보살이 그에게 빛을 비추니 옥문의 자물쇠가 부서지고 문이 열려 빛을 따라 멀리 달아나서 화를 면했다고 한다. 이 사례 또한 현전 가피이자 현기현응의 감응 형태이다.

## ⑩ 도적이 해치지 못하다[賊不能害]-1

열 번째 이야기는 진나라 융안(隆安, 397-401) 때 혜달慧達 스님의 영험담으로, 『천태별행소』에서 발췌한 이야기이다.

진나라 융안 때 스님 혜달이 산 북쪽 등성이에서 감초를 캐고 있었다. 이때 서쪽 오랑캐 강인羌人들이 굶주려 사람들까지 잡아먹고 다녔다. 스님이 그만 그들에게 잡혀 여러 사람과 함께 우리 안에 갇혔다. 살찐 사람부터 골라서 잡아먹으니, 스님은 두려워서 일심으로 관세음보살의 이름을 부르고 「관세음보살보문품」을 독송하였다.

한 사람 한 사람 다 잡아먹고 이젠 스님과 어린아이 하나만 남아서 목숨이 하루밖에 남지 않았다. 스님은 여전히 일심으로 관세음보살을 부르고 「관세음보살보문품」을 독송하는 것을 포기하지 않았다. 이튿날 아침이 되자, 갑자기 호랑이 한 마리가 풀 속에서 뛰쳐나와 크게 울부짖으니, 온 산이 진동하였다. 그 광경에 강인들이 두려워하며 달아나자, 호랑이는 입으로 우리를 물어뜯어 부수어 놓고 떠났다. 덕분에 스님과 어린아이는 달아나 화를 면할 수 있었다.

굶주림으로 인해 사람까지 잡아먹는 오랑캐들에게 붙잡힌 혜달 스님이 일심으로 관세음보살을 칭명하고 「관세음보살보문품」을 독송하니 호랑이가 나타나 오랑캐들을 쫓아내고, 갇혀 있던 우리를 부

수고 간 덕분에 목숨을 건진 이 영험담은 「관세음보살보문품」에서
"삼천대천 국토에 원한 맺힌 도둑이 가득하다면, (중략) 두려워하지
말고 일심으로 관세음보살의 명호를 불러라. 이 보살은 능히 모든
중생들의 두려움을 없애주시는 분으로 너희들이 이 보살을 칭명한
다면 원한과 도적의 난에서 해탈할 것이다."라고 한, '적난'에서 구
제된 사례이며, 현전 가피이자 현기현응의 감응이다.


## ⑪ 도적이 해치지 못하다[賊不能害]-2

열한 번째 사례는 『사부관음전』에서 인용한 것으로, 위의 열 번째
와 마찬가지로 '적난'에서 구제된 이야기이다. 진나라 말엽 서의徐
義는 나라가 어지러운 시기에 도둑에게 붙잡혔다. 그들은 서의의 발
을 땅에 묻고 머리는 나무에 묶어 놓았다. 일심으로 관세음보살을
염念하던 서의는 잠시 잠이 들었는데, 꿈속에서 어떤 사람이 이처럼
위급한 때에 잠을 자는 것을 나무라는 소리에 놀라 잠에서 깼다. 깨
어보니 자신을 감시하던 자들이 깊이 잠든 것을 알고서 묶여 있던
머리를 풀고 발을 빼내어 숲속으로 달아났다. 얼마 후 도둑들이 횃
불을 들고 서의를 쫓아왔으나 아무도 그를 발견하지 못했고, 날이
밝자 도둑들이 모두 가버려 서의는 목숨을 건질 수 있었다. 이러한
사례는 관세음보살이 꿈을 통해 위신력을 펼친 몽중 가피이자 현기
현응의 감응에 해당한다.

이상 11가지의 재난 구제 사례를 살펴보았다. 이들 사례의 가피 형태는 현전 가피 9건, 몽중 가피 2건이었고, 감응 형태는 11건 모두 현기현응에 해당되며, 간절한 마음으로 관세음보살을 칭명하면 현세에 바로 구제될 수 있음을 다시 한번 확인시켜 주었다.


### 3) 소원 성취 사례

『법화영험전』에 수록된 관음 영험 관련 사례 15건 중 소원 성취 사례는 1건으로, 〈표 IV-4〉의 12번이 여기에 해당된다. 이 영험담은 『사부관음전』에서 발췌한 것으로, 진나라 때 중국 사천성의 익주益州에 사는 손도덕孫道德의 이야기이다. 그는 50살이 넘도록 자식이 없었는데, 어떤 스님이 관세음보살 일심으로 칭명하고 「관세음보살보문품」 독송을 권해주어 그대로 하였더니 마침내 아들을 얻었다.

> 진晉나라 때 익주益州 사람 손도덕孫道德은 나이 50이 지나도록 자식이 없었다. 어느 날 한 스님이 일러 주기를, "일심으로 관세음보살을 부르고 「보문품」을 독송해 보시오." 하여 그는 곧 이르는 대로 하였다. 며칠이 지나서 도덕이 꿈을 꾸고, 부인은 태기가 있어 마침내 아들을 낳았다.

이는 "만일 여인이 아들을 낳고자 하여 관세음보살을 예배하고 공경하면, 곧 복덕과 지혜를 갖춘 아들을 낳는다."라고 한 내용에 해당된다. 또한 현전 가피이자 현기현응의 감응 형태이다.

## 4) 기타 사례

『법화영험전』에 수록된 관음 영험 관련 15건의 사례 중 기타 사례는 2건으로, 〈표 IV-4〉의 13번과 14번이 여기에 해당된다.

"몸을 나타내 법을 설하다[現身說法]"라는 제목이 붙은 열세 번째 영험담은 출처에 대한 언급은 없으나, 당나라 태화(太和, 827-835) 때 문종文宗의 영험 사례이다.

하루는 황제의 반찬으로 조개가 올랐는데, 틈은 있으나 벌어지지 않은 상태였다. 황제는 이를 기이하게 여기고 곧 향을 피우며 기원하였다. 그러자 조개가 문득 보살의 형상으로 변하였고, 그 모습은 매우 청정하고 아름다웠다. 황제는 계수나무와 향나무로 만든 함에 넣어서 아름다운 비단으로 덮어 흥선사興善寺에 내려주고 스님들로 하여금 예배하게 한 다음 신하들에게 물었다.
"이것은 무슨 상서인가?"

한 신하가 앞으로 나아가 아뢰었다.

"대일산大一山에 유정惟政이라는 선사가 있는데 불법에 매우 밝고 학식이 많다고 합니다."

그리하여 황제는 곧 선사를 불러들여 그 일에 관해 물었다. 스님이 말하였다.

"신이 듣건대 세상일은 반드시 감응하는 바가 있다 하오니, 이는 폐하의 신심이 나타난 것으로 생각됩니다. 경전에서도 말하기를, '이 몸으로 응하여 깨달음을 얻을 사람에게는 곧 이 몸을 나타내어 법을 설한다' 라고 하였습니다." 그러자 황제가 말하였다.

"보살의 몸이 이미 나타났는데 나는 설법을 듣지 못하였고."

그러자 선사가 물었다.

"폐하께서는 이것을 보시고, 이것이 예삿일이라고 생각하십니까? 아니면 예삿일이 아니라고 생각하십니까? 이것을 믿으시겠습니까, 믿지 못하시겠습니까?"

"이것은 희유하고 기이한 일이오. 나는 깊이 믿습니다."

"그러면 폐하께서는 이미 설법을 들으신 것입니다."

이에 황제는 기분이 좋고 감동을 받아 이전에 맛보지 못한 큰 감명을 받았으며, 천하의 모든 절에 조서를 내려 각 절마다 관음상을 모시도록 하여 이 큰 경사에 보답하게 하였다.

황제의 반찬으로 오른 조개에서 기이함을 느낀 황제가 향을 피우고 기원을 하니 조개가 보살의 형상으로 변하였다. 유정 선사가 「관세음보살보문품」의 "선남자여 만일 어떤 국토에 중생으로서 부처님의 몸이 되어 깨닫게 할 자에게는 관세음보살이 곧 부처님의 몸을 나타내어 법을 설하며"라는 구절을 예로 들며 황제의 신심에 관세음보살이 감응한 것이라고 알려준 사례이다. 이는 관세음보살의 '응신'에 해당하는 사례로, 현전 가피이자 명기현응의 감응 형태이다. 앞서 살펴본 질병 치유, 재난 구제, 소원 성취 사례와는 달리, 여기서는 문종이 어떠한 형태로든 관음 신행을 닦았다는 이야기가 드러나 있지 않다. 그럼에도 불구하고 관음의 응신을 체험하였고, 이를 스님들에게 내려주어 예배하게 했다는 점에서, 과거의 선근善根이 현세에 현전하여 이익을 얻은 명기현응에 해당한다고 볼 수 있다.

이 영험담의 끝에는 특별히 『법화영험전』의 저자인 요원이 "내가 찬탄한다. 관세음보살은 몸을 혀 삼아 법을 설하고, 문종은 마음을 귀 삼아 법을 들었네."라는 기록을 덧붙여 두었다.

이어서 "소녀의 몸을 나타내다[顯童女身]"라는 제목의 14번 사례 또한 출처가 명시되지 않았다. 불교가 크게 융성했던 당나라 때에 말타고 활쏘기를 즐겨하던 협우陝右 지방 사람들은 부처님 법을 알지 못하였다. 이들을 불쌍히 여겨 소녀의 모습으로 나타나 총명하고 착하며 불경을 독송하는 남자와 결혼하려 한다고 말하며 다음과 같은 조건을 제시하였다.

여인은 이들의 어리석음을 불쌍히 여겨 그곳 사람들에게 소녀의 모습으로 나타나 홀로 단신이니 양녀가 되고 싶다고 하였다. 또한 말하기를, " (중략) 총명하고 착한 사람으로 능히 불경을 독송하는 분이라면 섬기고자 합니다."라고 했다. (중략) 그녀는 그들에게 「보문품」을 나누어 주고 말하였다.

"이것을 하룻밤 사이에 다 외우는 분에게 시집가겠습니다."

이튿날, 보문품普門品을 완전히 외운 사람이 20여 명이나 되었다. 그러자 여인은 말하였다.

"여자의 몸은 정조가 곧고 행동이 깨끗해야 합니다. 한 몸으로 여러 사람을 섬길 수는 없습니다. 여러분은 다시 다른 경전을 외워 보도록 하십시오."

이번에는 『금강반야경金剛般若經을 주었다. 이튿날 아침, 10여 명이 『금강반야경을 외워 가지고 왔다. 다시 여인은 『법화경法華經 7권을 주면서 말하였다.

"사흘 동안 이것을 외워 보십시오."

약속한 날이 되었는데 마씨馬氏 아들 한 사람만이 『법화경』을 외워 가지고 왔다.

그렇게 해서 마랑馬郎의 아내가 되기로 한 소녀는 혼인식을 치르기 전에 죽었고, 며칠이 지나 한 스님이 찾아왔다.

하객들이 돌아가기도 전에 그 여인은 이미 숨을 거두었다. 시신은 곧바로 썩어 문드러졌기에 서둘러 장사를 지내 주었다.

며칠이 지났다. 자색의 승가리僧伽梨를 하였고, 모습이 남루한[古野]

한 스님이 찾아와서 그 여인을 찾았다. 마씨가 그를 무덤으로 인도
하였다. 스님이 석장으로 모래땅을 파헤치니, 시체는 이미 없어지
고 도익 금쇄골金鏁骨만이 남아 있었다.

스님은 강물로 가지고 가서 목욕시켜 깨끗이 닦아 석장 끝에 매달
고 대중에게 말하였다.

"이 성자는 당신네가 불교[正法]를 믿지 않음을 불쌍히 여겨 방편
으로 타일러 교화한 것이니, 좋은 인연을 생각하여 고해에 떨어지
는 것을 면하도록 하시오."

그러고는 갑자기 공중으로 솟아올라 어디론지 가 버렸다. 모두들
슬피 울며 우러러보고 수없이 예배하였다. 이때부터 이 지방 사람
들은 모두 부처님을 받들고 경전을 독송하게 되었는데, 이는 오로
지 그 여인의 공덕 덕분이었다.

이처럼 소녀의 모습을 나타내어 법을 전한 사례는 「관세음보살보문
품」에서 "동남동녀의 몸이 되어 깨닫게 할 자에게는 동남동녀의 몸
을 나타내어 법을 설한다."라고 한 내용에 해당한다. 또한 현전 가
피이며, 앞의 13번 사례와 마찬가지로 명기현응의 감응 형태라고
할 수 있다. 부처님 가르침을 아직 모르던 마랑이 소녀가 제시한 대
로 「관세음보살보문품」, 『금강반야경』, 『법화경』을 제한된 기간 내
에 외울 수 있었던 것은 과거의 선근이 현세에 현전하여 부처님 가
르침을 외우고 받들 수 있는 이익을 가져다주었기 때문이라고 볼
수 있다.

지금까지 『법화영험전』에 수록된 관음 신행 관련 영험 사례를 분석해 보았다. 질병 치유 사례 1건(6.67%), 재난 구제 사례 11건(73.33%), 소원 성취 사례 1건(6.67%), 기타 사례 1건(13.33%)으로 재난 구제 사례가 가장 많았다. 이는 관세음보살의 중생 구제 서원이 그만큼 위신력을 발휘하는 것으로 이해할 수 있다. 또한 가피 유형 중에서는 현전 가피가 13건(86.67%), 몽중 가피가 2건(13.33%)이었고, 감응 형태로는 현기현응 13건(86.67%), 명기현응 2건(13.33%)이었다. 이는 관음 신행이 현세에 즉각적이고 직접적인 이익을 가져오는 것으로 이해할 수 있다. 따라서 말법 시대인 현대 대중들에게 관음 신행을 권장하고 이를 실천할 수 있는 장을 마련해 주는 것이 오늘날 불교 포교의 과제라고 하겠다.

이러한 분석 결과를 아래의 [그림 Ⅳ-2]와 〈표 Ⅳ-5〉에 제시하였다.

[그림 Ⅳ-2] 법화영험전 영험 사례 분석 (단위 : 건)

<표 Ⅳ-5> 『법화영험전』 관세음보살 영험 사례 분석

| 번호 | 사례 제목 | 사례자 | 지역 | 시기 | 영험 종류 | 가피 유형 | 영험 내용 |
|---|---|---|---|---|---|---|---|
| 1 | 불도 태우지 못하다 [火不能燒] | 사문 법지(法智)의 재가 시절 | 언급 없음 | | 재난 구제 -화난 | 현전 | 현기 현응 |
| 2 | 물에도 떠내려가지 않다 [水不能漂] | 잠문본 (岑文本) | 중국 강릉 (江陵) | 언급 없음 | 재난 구제 -수난 | 현전 | 현기 현응 |
| 3 | | 중국 해염현 (海鹽縣)의 어떤 사람 | 중국 해염현 (海鹽縣) | | 재난 구제 -수난 | 몽중 | 현기 현응 |
| 4 | 나찰귀의 환란을 모면하다 [脫羅刹難] | 외국 사람 백여 명 | 사자국 부남으로 가는 바다 | 언급 없음 | 재난 구제 -풍난 | 현전 | 현기 현응 |
| 5 | 폭풍이 배에 휘몰아치다 [黑風吹其船舫] | 신라 여인 보개 (寶開)와 아들 장춘(長春) | 신라 경주 우금방 (隅金坊) | 신라 경덕왕 4년(745) | 재난 구제 -풍난 | 현전 | 현기 현응 |
| 6 | 칼로 내리쳤으나 칼이 조각조각 부러지다 [刀段段壞] | 중국 팽성(彭城)의 어떤 사람 | 진(晉)나라 팽성 | 효무제 때 (376-396) | 재난 구제 -검난 | 현전 | 현기 현응 |
| 7 | | 고간(高簡) | 언급 없음 | | | | |
| 8 | 칼과 쇠사슬이 저절로 벗겨지다 [枷鏁自脫] | 장창(張暢) | 진(晉)나라 | 언급 없음 | 재난 구제 -옥난 | 현전 | 현기 현응 |
| 9 | | 개호(蓋護) | 중국 산양 (山陽) | | | | |
| 10 | 도적이 해치지 못하다 [賊不能害] | 승려 혜달 (慧達) | 진(晉)나라 | 융안 때 (397-401) | 재난 구제 -적난 | 현전 | 현기 현응 |
| 11 | | 서의(徐義) | | 진나라 말엽 | | 몽중 | 현기 현응 |
| 12 | 아들을 소원하여 낳다 [求男得男] | 손도덕 (孫道德) | 중국 익주 (益州) | 진(晉)나라 때 | 소원 성취 -득남 | 현전 | 현기 현응 |
| 13 | 몸을 나타내 법을 설하다 [現身說法] | 당나라 문종(文宗) | 당나라 | 태화 때 (827-835) | 기타 -응신 | 현전 | 명기 현응 |

| | | | | | | | |
|---|---|---|---|---|---|---|---|
| 14 | 소녀의 몸을 나타내다 [顯童女身] | 마랑(馬郎)의 아내 | 당나라 협우(陝右) | 진(晉)나라 때 | 당나라 때 | 현전 | 명기 현응 |
| 13 | 몸을 나타내 법을 설하다 [現身說法] | 신라 경흥 국사 (憬興國師) | 신라 경주 삼랑사 (三郎寺) | 태화 때 (827-835) | 언급 없음 | 현전 | 현기 현응 |
| | | 『법화영험전』에는 구체적인 시기가 언급되어 있지 않으나, 경흥국사가 신라 신문왕이 그를 국사로 삼았다는 기록을 통해 신문왕 재위 기간인 681년에서 692년 사이의 일임을 추정할 수 있다. | | | | | |

# 3. 천태종 신도의 영험 사례 분석

현대 관음 신행을 통한 영험 사례를 분석하기 위해 1997년 1월에 대한불교천태종에서 발행한 신행 수기 모음집인『믿음으로 피운 연꽃』(이하 '수기 모음 I'),『내가 만난 관세음보살』(이하 '수기 모음 II')의 신행 수기와 대한불교천태종에서 운영하는 〈금강신문〉(〈금강신문〉 https://www.ggbn.co.kr/index.html?editcode=MAIN_1.(검색일자 : 2024.6.7-8))에 게재된 천태종 신행 수기 당선작을 수집하여 총 92편의 사례를 읽고 그 특징을 분석하였다.

[그림 IV-3] 신행 수기 출처별 편수 (단위 : 편)

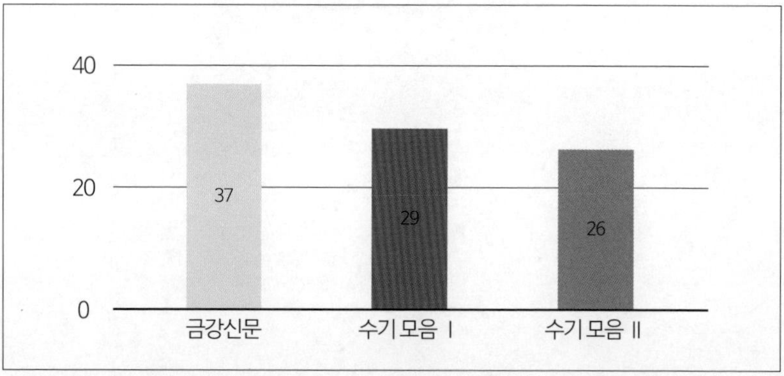

수기 모음 Ⅰ에는 모두 29편의 신행 수기가 수록되어 있고, 수기 모음 Ⅱ에는 26편의 신행 수기가 수록되어 있다. 2007년부터 2015년까지 격년으로 〈금강신문〉에 게재된 천태종 신행 수기 당선작은 37편이다. 출처별 신행 수기의 수를 위의 [그림 Ⅳ-3]에 제시하였다.

〈금강신문〉의 신행 수기 당선작은 구체적으로 다음과 같다. 2007년 4월부터 10월까지 게재된 제1회 신행 수기 공모전 당선작은 총 7편으로, 여성 수행자 4명, 남성 수행자 3명이었다. 2009년 4월부터 9월까지 게재된 제2회 당선작은 총 9편으로, 여성 수행자 5명, 남성 수행자 4명이었다. 2011년 5월부터 8월까지 게재된 제3회 당선작은 총 8편으로, 여성 수행자 6명, 남성 수행자 2명이었다. 제4회 당선작은 2013년 5월부터 8월까지 총 7편이 게재됐으며, 여성 수행자 3명, 남성 수행자 4명이었다. 제5회 당선작은 2015년 10월부터 12월까지 총 6편이 게재됐으며, 여성 수행자 3명, 남성 수행자 3명이었다. 따라서 여성 수행자는 모두 21명, 남성 수행자는 모두 16명이었다. 이들은 대부분 가족이나 친구, 이웃 등 지인의 권유로 관음 신행을 시작했으며, 잡지에 실린 구인사 소개 기사를 보고 찾아간 사례, 구인사에 단풍 구경 갔을 때 지나가던 신도의 권유로 시작한 사례도 있었다.

92편의 신행 수기는 크게 '질병 치유 사례', '재난 구제 사례', '소원 성취 사례', '기타 사례'로 분류할 수 있었다. 질병 치유 사례에

는 정신적, 육체적 질병이 모두 포함되었고, 재난 구제 사례는 화재
나 사업 실패 등의 위기 상황에서 벗어나거나 극복한 사례가 포함
되었다. 소원 성취 사례는 두드러진 어려움은 없었으나 수행자가
어떤 소원을 품고 관음 신행에 정진하여 성취된 사례들이 포함되며,
기타 사례는 이들 셋에 해당되지 않는 내용이다. 하나의 수기에 두
가지 이상의 사례가 포함된 경우가 있어 사례의 수는 중복 처리하
였고 사례의 합계는 전체 사례 수 92편보다 많은 118건이었다. 총
118건 가운데 질병 치유 사례는 56건(47.46%)으로 가장 많았고, 재
난 구제 사례 34건(28.81%), 소원 성취 사례 26건(22.03%), 기타 사
례 2건(1.69%) 순이다. 92편의 목록은 본고 344쪽에 〈부록〉으로 제
시하였다.

신행 수기의 사례 번호를 부여한 기준은 다음과 같다. 먼저 〈금강
신문〉에 게재된 신행 수기의 경우, 게재 날짜가 빠른 순서대로 번호
를 부여하였다. 이를테면 2007년 4월 30일에 게재된 제1회 신행 수
기 공모전 대상 당선작을 사례 번호 1번으로 시작하여 2015년 12월
4일에 게재된 제5회 공모전 장려상 당선작을 사례 번호 37번으로
하였다. 각 사례의 제목은 〈금강신문〉에 게재된 제목 그대로 하였
으며, (게재 당시 별도의 제목 없이 공모전 당선작으로만 소개된 수
기는 논자가 수기의 핵심 내용이 드러나도록 임의로 제목을 정하고,
목록에 *표시를 표기해 두었다.) 수기 모음집 두 권에 수록된 사례
와 제목은 각 도서의 목차에 따랐다. 즉, 수기 모음 Ⅰ의 목차에서

가장 먼저 등장하는 '돌풍 속에 맞이한 관음보살의 가피력' 사례에
는 사례 번호 Ⅰ-1번을 부여하고, 사례 제목은 그대로 표기하는 방
식을 취하였다.

이제 영험 종류별로 살펴보기로 한다.


## 1) 질병 치유 사례

신행 수기 모음집 두 권과 〈금강신문〉에 게재된 신행 수기 92편 총
118건 중 질병 치유 사례 56건을 질병의 양상에 따라 재분류하였다.
하나의 사례에 두 가지 이상의 질병이 치유된 경우도 있어 중복 처
리한 결과, 총 60건이 확인되었다. 아래의 〈표 Ⅳ-6〉에서 제시한 바
와 같이, 신체적 질병이 치유된 사례가 46건, 정신적 질병이 치유된
사례가 10건, 질병에 대해 구체적인 언급이 없는 사례가 1건, "무당
병"(무당병(신병) : 무당이 되기 전 앓게 되는 병으로, 신내림을 받
기 위한 과정에서 나타나는 증상. 이 병은 남녀노소를 가리지 않고
발생할 수 있으며, 신의 선택을 받기 위한 중요한 단계이다.)이나
"이름 없는 질병"과 같이 분류가 모호한 사례가 3건으로, 신체적 질
병 치유 사례가 정신적 질병 치유 사례의 4.6배였다. (이 수치는 신
행 수기로 제출된 사례에 한하는 것으로, 전체 영험 사례를 대표하

지는 않는다.)

<표 Ⅳ-6> 현대 신행 수기 - 질병 치유 사례 분석

| 사례 번호 | 사례 제목 | 사례자 | 출처 | 영험 내용 | 영험 종류 | 가피 유형 | 영험 내용 |
|---|---|---|---|---|---|---|---|
| 1 | 부처님이 덤으로 주신 행복 | 허○○ | 금강 신문 | 심장병 치유 | 질병 치유 -신체 | 현전 | 현기 현응 |
| 2 | 관음정진으로 찾은 행복 | 이○○ | 금강 신문 | 위장병, 뇌종양 치유 | 질병 치유 -신체 | 현전 | 현기 현응 |
| 3 | 관절염 치유* | 김○○ | 금강 신문 | 류마티스 관절염 치유 | 질병 치유 -신체 | 몽중 | 현기 현응 |
| 4 | 중풍 치유* | 박○○ | 금강 신문 | 중풍 치유 | 질병 치유 -신체 | 현전 | 현기 현응 |
| 6 | 교원불자로 입문, 가정과 학교서 전법 | 성○○ | 금강 신문 | 퇴행성 관절염 치유 | 질병 치유 -신체 | 현전 | 현기 현응 |
| 11 | 울화병 | 안○○ | 금강 신문 | 울화병 치유 | 질병 치유 -정신 | 현전 | 현기 현응 |
| 16 | 불면증 치유* | 권○○ | 금강 신문 | 불면증 치유 | 질병 치유 -정신 | 현전 | 현기 현응 |
| 17 | 행복의 원천, 기도 | 이○○ | 금강 신문 | 어깨 통증 치유 | 질병 치유 -신체 | 현전 | 현기 현응 |
| 18 | 수행으로 병마 극복 | 박○○ | 금강 신문 | 원인 모를 가슴앓이, 불면증 치유 | 질병 치유 -정신 | 몽중 | 현기 현응 |
| 21 | 부처님 인연 | 권○○ | 금강 신문 | 사망 위기에서 회생 | 질병 치유 -신체 | 현전 | 현기 현응 |
| 23 | 나의 삶을 바꾼 뜨거운 도전 | 정○○ | 금강 신문 | 조현병, 우울증 치유 | 질병 치유 -정신 | 현전 | 현기 현응 |
| 24 | 천태종의 위력 | 이○○ | 금강 신문 | 말기 간경화 회복 | 질병 치유 -신체 | 몽중 | 현기 현응 |
| 25 | 경전 속에 답이 있다 | 최○○ | 금강 신문 | 다리뼈 종양 치유 | 질병 치유 -신체 | 몽중 | 현기 현응 |

| 26 | 상자 안 산토끼는 죽는다 | 이○○ | 금강 신문 | 고혈압, 위궤양, 심장병 치유 | 질병 치유 -신체 | 현전 | 현기 현응 |
|---|---|---|---|---|---|---|---|
| 28 | 나의 잃어버린 20년과 다시 찾은 행복 | 편○○ | 금강 신문 | 천식, 갑성선 질환, 어지럼증 치유 | 질병 치유 -신체 | 현전 | 현기 현응 |
| 29 | 발보리심하면 모든 것이 이뤄진다 | 황○○ | 금강 신문 | 심장 질환 치유 | 질병 치유 -신체 | 현전 | 현기 현응 |
| 33 | 내 인생에 구인사가 없었다면 | 강○○ | 금강 신문 | 무당병 치유 | 질병 치유 | 현전 | 현기 현응 |
| 36 | 대자대비 관세음보살 | 김○○ | 금강 신문 | 언급 없음 | 질병 치유 | 현전 | 현기 현응 |
| 37 | 그 님을 따라서 | 심○○ | 금강 신문 | 직장암 치유 | 질병 치유 -신체 | 현전 | 현기 현응 |
| 1-2 | 병고를 물리치고 집안의 화평을 얻다 | 류○○ | 수기 모음 I | 쇠약+편마비, 신경통 치유 | 질병 치유 -신체 | 현전 | 현기 현응 |
| I-5 | 구원의 손길로 늘 지켜주시는 부처님 | 신○○ | 수기 모음 I | 손 마비, 불면증 등 치유 | 질병 치유 | 몽중 | 현기 현응 |
| I-6 | 아내의 정성과 부처님의 가피력 | 목○○ | 수기 모음 I | 중풍, 허리 디스크, 안면 마비, 십이지장 궤양, 우측 시력 상실 치유 | 질병 치유 -신체 | 몽중 | 현기 현응 |
| I-8 | 꿈 속에 현몽하신 큰스님의 은혜 | 조○○ | 수기 모음 I | 하혈병, 심한 속쓰림 치유 | 질병 치유 -신체 | 몽중 | 현기 현응 |
| I-9 | 부처님의 대자대비로 새 희망을 찾다 | 김○○ | 수기 모음 I | 쇠약, 어깨 통증 치유 | 질병 치유 -신체 | 현전 | 현기 현응 |
| I-11 | 시어머님 병구완 으로 터득한 불심 | 권○○ | 수기 모음 I | 중풍 치유 | 질병 치유 -신체 | 현전 | 현기 현응 |
| I-15 | 교통사고로 되돌아 본 나의 신심 | 정○○ | 수기 모음 I | 중풍 차도 | 질병 치유 -신체 | 현전 | 현기 현응 |
| I-16 | 불연으로 되찾은 사람답게 사는 삶 | 배○○ | 수기 모음 I | 요추 손상 +악성위장병 +심한 노이로제 치유 | 질병 치유 | 현전 | 현기 현응 |

| | | | | | | | |
|---|---|---|---|---|---|---|---|
| I-17 | 관음정진으로 관절염이 완치되다 | 윤○○ | 수기 모음 I | 교통사고 후유 증으로 인한 관절염 치유 | 질병 치유 -신체 | 현전 | 현기 현응 |
| I-18 | 기적같이 치유된 나의 병상일기 | 서○○ | 수기 모음 I | 만성 위·십이 지장궤양 치유 | 질병 치유 -신체 | 현전 | 현기 현응 |
| I-19 | 간절한 믿음으로 아들의 병을 고치다 | 이○○ | 수기 모음 I | 다리 통증 치유 | 질병 치유 -신체 | 현전 | 현기 현응 |
| I-20 | 평생에 두 가지 원을 세우다 | 김○○ | 수기 모음 I | 안면 경련 치유 | 질병 치유 -신체 | 현전 | 현기 현응 |
| I-21 | 영원히 잊지 못할 대조사님의 은덕 | 윤○○ | 수기 모음 I | 당뇨병 치유 | 질병 치유 -신체 | 현전 | 현기 현응 |
| I-22 | 병고와 가난을 딛고 인생의 새 출발을 | 신○○ | 수기 모음 I | 몸의 마비 치유 | 질병 치유 -신체 | 현전 | 현기 현응 |
| I-23 | 관세음보살을 향한 끝없는 기도 | 오○○ | 수기 모음 I | 고혈압+당뇨+ 심장 합병증 치유 | 질병 치유 -신체 | 몽중 | 현기 현응 |
| I-27 | 불제자가 되기 위해 관음정진합니다 | 김○○ | 수기 모음 I | 관절염+위장병 +오른쪽 눈 시력 상실, 다리 부상 치유 | 질병 치유 -신체 | 현전 | 현기 현응 |
| I-28 | 묘한 법이 서려 있는 도량 구인사 | 김○○ | 수기 모음 I | 병명 확실치 않은 허리병 치유 | 질병 치유 -신체 | 현전 | 현기 현응 |
| I-29 | 기도정진의 오묘한 공덕 | 이○○ | 수기 모음 I | 신병 치유 | 질병 치유 -신체 | 현전 | 현기 현응 |
| II-2 | 새 삶을 열어주신 부처님 은덕 | 이○○ | 수기 모음 II | 목구멍으로 피가 넘어오는 증상 +한쪽 눈 시력 상실 치유 | 질병 치유 -신체 | 현전 | 현기 현응 |
| II-3 | 조카 곁으로 오신 관세음보살 | 정○○ | 수기 모음 II | 다리 골수암 치유 | 질병 치유 -신체 | 현전 | 현기 현응 |
| II-4 | 상월대조사님의 중생 보살피심 | 이○○ | 수기 모음 II | 갑상선 질환 치유 | 질병 치유 -신체 | 현전 | 현기 현응 |
| II-5 | 악몽의 지난 세월 이렇게 극복했다 | 김○○ | 수기 모음 II | 심신 쇠약 +정신이상 치유 | 질병 치유 | 현전 | 현기 현응 |

| | | | | | | | |
|---|---|---|---|---|---|---|---|
| Ⅱ-6 | 제가 날마다 만나는 부처님 | 최〇〇 | 수기 모음Ⅱ | 만성 축농증 치유 | 질병 치유 -신체 | 몽중 | 현기 현응 |
| Ⅱ-7 | 꿈에서 인도받은 구인사 | 윤〇〇 | 수기 모음Ⅱ | 2회 신장 수술 후 스트레스성 신경질환, 극심한 불면증 치유 | 질병 치유 -정신 | 몽중 | 현기 현응 |
| Ⅱ-11 | 기도로 다시 찾은 잃어버린 나의 불성 | 정〇〇 | 수기 모음Ⅱ | 이름 없는 질병 치유 | 질병 치유 | 현전 | 현기 현응 |
| Ⅱ-12 | 관음정근으로 극복한 큰 아이의 역경 | 김〇〇 | 수기 모음Ⅱ | 3도 화상 치유 | 질병 치유 -신체 | 현전 | 현기 현응 |
| Ⅱ-14 | 기도는 어려움을 극복하는 힘 | 송〇〇 | 수기 모음Ⅱ | 허벅지 동맥 파손, 신경병 치유 | 질병 치유 -신체 | 현전 | 현기 현응 |
| Ⅱ-16 | 끊임없는 시련 속에 감사하는 마음 | 신〇〇 | 수기 모음Ⅱ | 자궁암 치유 | 질병 치유 -신체 | 현전 | 현기 현응 |
| Ⅱ-17 | 천태종도로서의 소중한 인연 | 김〇〇 | 수기 모음Ⅱ | 완치를 보장할 수 없는 질병과 그로 인한 강박 관념+노이로제 치유 | 질병 치유 | 몽중 | 현기 현응 |
| Ⅱ-18 | 아들의 정신병을 기도로 치유하다 | 양〇〇 | 수기 모음Ⅱ | 조현병 치유 | 질병 치유 -정신 | 몽중 | 현기 현응 |
| Ⅱ-19 | 신비롭고 조화로운 부처님의 법력 | 이〇〇 | 수기 모음Ⅱ | 다리 통증, 귓병 치유 | 질병 치유 -신체 | 몽중 | 현기 현응 |
| Ⅱ-20 | 병으로 인해 되찾은 돈독한 신심 | 김〇〇 | 수기 모음Ⅱ | 만성 위장장애 개선 | 질병 치유 -신체 | 현전 | 현기 현응 |
| Ⅱ-22 | 내 아이에게 오신 관세음보살 | 김〇〇 | 수기 모음Ⅱ | 잦은 경기 +호흡곤란 +실명 위기 치유 | 질병 치유 -신체 | 몽중 | 현기 현응 |
| Ⅱ-23 | 구인사에서 맞은 불보살의 가피 | 조〇〇 | 수기 모음Ⅱ | 정맥혈전증 치유 | 질병 치유 -신체 | 몽중 | 현기 현응 |
| Ⅱ-24 | 지성으로 매진하는 관음정근의 공덕 | 노〇〇 | 수기 모음Ⅱ | 손발 마비 치유 | 질병 치유 -신체 | 몽중 | 현기 현응 |

| Ⅱ-25 | 부처님 향한 마음 못 이룰 것 없다 | 김○○ | 수기 모음Ⅱ | 심한 태열 치유 | 질병 치유 -신체 | 몽중 | 현기 현응 |
|---|---|---|---|---|---|---|---|
| Ⅱ-26 | 시어머님 감화로 비로소 눈뜬 불심 | 안○○ | 수기 모음Ⅱ | 담낭관 수술 성공 | 질병 치유 -정신 | 몽중 | 현기 현응 |

\* : 기사에 제목이 명시되지 않아서 논자가 임의로 제목을 표기함
- 조현병의 경우 수기 본문에는 '정신분열증'이라고 표기되어 있으나, 현재 사용되는 공식 용어는
  '조현병'이므로 본 연구에서도 '조현병'으로 표기하기로 한다.

신체적 질병 중 위궤양을 비롯한 소화기계 질환이 치유된 사례는
사례 번호 2번, 26번, Ⅰ-6번, Ⅰ-8번, Ⅰ-16번, Ⅰ-18번, Ⅰ-27번, Ⅱ-
20번의 8건(17.39%)이어서 신체적 질병 치유 사례 46건 중 가장 많
았다. 이어서 심장 질환이 치유된 사례가 1번, 26번, 29번, Ⅰ-23번,
Ⅱ-23번의 5건(10.87%), 안면마비 등 신체 부위의 마비 증상이 치유
된 사례가 Ⅰ-2번, Ⅰ-5번, Ⅰ-6번, Ⅰ-22번, Ⅱ-24번의 5건(10.87%)이
었다. 한쪽 눈이 보이지 않거나 실명 위기였으나 치유된 사례가 Ⅰ-
6번, Ⅰ-27번, Ⅱ-2번, Ⅱ-22번의 4건(8.70%), 중풍이 치유된 사례가
4번, Ⅰ-6번, Ⅰ-11번, Ⅰ-15번의 4건(8.70%), 뇌종양, 다리뼈의 종양,
직장암 등 종양 질환 치유 사례가 2번, 25번, 37번, Ⅱ-13번의 4건
(8.70%)이었고, 류마티스 관절염과 퇴행성 관절염 등 관절 질환 치
유 사례가 3번, 6번, Ⅰ-17번의 3건(6.52%)이 있었으며, 그밖에 말기
간경화에서 회복된 24번, 천식과 갑상선 질환, 어지럼증이 치유된
28번, 고혈압이 치유된 26번, 당뇨병이 치유된 Ⅰ-21번, 3도 화상이
치유된 Ⅱ-12번, 어깨 통증이 치유된 17번, 하혈병이 치유된 Ⅰ-8번,

요추 손상이 치유된 Ⅰ-16번, 안면 경련이 치유된 Ⅰ-20번, 병명이 확실치 않은 (논자에게도 이런 불자가 찾아온 적이 있다. 서울에서 가장 큰 병원에 가도 병명이 없었고, 큰 절에서 천도재를 지내고 여러 가지 방법을 시도해 보았지만 효과가 없었다고 하였다. 그 불자는 초등학교 3학년으로, 3개월 동안 아무것도 먹지 않고 공부도, 식사도, 운동도 하지 않으며 항상 힘없이 시무룩하게 학교생활을 하고 있었다. 잘 지내던 아들이 환자처럼 생활하니 부모의 걱정은 이루 말할 수 없었다. 부모는 귀신병에 걸렸다고 생각하고 귀신을 쫓기 위해 물어물어 서울에서 울산까지 찾아왔다. 그러던 중 논자의 포교당에서 정초기도 신중불공 기간에 찾아와 신중불공을 한 번만 했는데, 그 이후로는 밥도 잘 먹고 학교도 잘 다니며 운동도 활발히 하는 등, 정상적인 생활을 되찾았다고 한다. 이는 학생의 부모님이 상갓집에 갔다가 잡귀신이 붙어 잠시 학생에게 영향을 미쳤던 것으로 보인다.) 허리병이 치유된 Ⅰ-28번, 갑상선 질환이 치유된 Ⅱ-4번, 만성 축농증이 치유된 Ⅱ-6번, 허벅지 동맥이 파손됐으나 치유된 Ⅱ-14번, 다리 통증과 귓병이 치유된 Ⅱ-19번, 잦은 경기와 호흡곤란이 치유된 Ⅱ-22번, 정맥혈전증이 치유된 Ⅱ-23번, 심한 태열이 치유된 Ⅱ-25번, 담낭관 수술이 성공적으로 이루어져 치유된 Ⅱ-26번 사례 등이 있었다.

정신적 질병에는 불면증이 치유된 사례가 16번, 18번, Ⅰ-5번, Ⅱ-7번의 4건(40%)으로 가장 많았고, 조현병이 치유된 23번과 Ⅱ-18번,

노이로제가 치유된 Ⅰ-16번과 Ⅱ-17번, 정신 이상이 치유된 Ⅱ-5번, 울화병이 치유된 11번, 우울증이 치유된 23번 사례가 있었다.

그밖에, '무당병'이 치유된 33번 사례와 '신병'이 치유된 Ⅰ-29번 사례, '심신 쇠약'이 치유되었다고만 표현된 Ⅱ-5번, 어떤 질병인지 구체적인 언급이 없었던 36번 사례, '이름 없는 질병'이 치유되었다고 표현된 Ⅱ-11번 사례도 있다.

구체적인 영험 체험 내용을 살펴보면 다음과 같다.

〈표 Ⅵ-6〉의 사례 번호 Ⅰ-6번 사례는 수기 모음 Ⅰ의 제2장에 "아내의 정성과 부처님의 가피력"이라는 제목으로 실려 있다. 사례자 목○○씨는 중풍으로 인해 수족을 못 쓰게 되었고, 안면마비에다 오른쪽 눈의 시력이 상실되는 등 견딜 수 없는 통증이 여기저기서 생겨났으며, 십이지장 궤양이 심해 죽으로 연명하였다. 견딜 수 없이 괴로운 생활이 이어진 데다가 가세마저 기울어 감에 따라 자포자기하게 되었다. 극심한 고통으로 인해 몸과 마음이 모두 피폐해진 사례자 목○○씨는 스스로 목숨을 끊으려는 생각을 하기에 이르렀다. 발병 2년째 되는 날까지 차도가 없으면 구입해 둔 수면제 30여 알을 먹기로 결심하였다고 한다. 몇 달 뒤, 사례자의 아내가 '마음을 단단히 먹고 구인사에 가서 기도 정진을 열심히 했으면 한다. 그러면 반드시 영험을 얻어 회복할 것'(논자도 이와 유사한 경험을 한 적이 있다. 10년의 군 장교 생활을 마치고 제대했으나 빚 보증과 신용불량자라는 단어만이 남아 앞길을 막았다. 군 장교 생활에서는 1·2차 중대장 시절 최우수 중대장에, 사단에서 실시하는 교관 경연대회에 3년 연속 1등을 하는 영예를 차지했고, 군 생활에서 너무 경쟁자가 없다고 자만해서 전역을 선택했다. 그러나 논자의 형이 화장실 비데 사업을 하는데 모든 빚보증을 쓰게 되었고, 신용불량자로서는 아무것도 할 수 없었다. 매일 채권자와 3류 금융업에서 깡패 같은 사람들이 찾아와서 행패를 부리면 장교 시절답지 않게 스스로가 너무나 초라해져서 자살할 생각을 하루에 10번 이상한 것 같다. 따라서 신용불량만 풀린다면 무슨 일이든 다 할 수 있겠다는 심정이었다. 그러다가 "기도를 열심히 하면 소원이 성취된다"는 어느 노보살의 말을 듣게 되었다. '기도를 택하느냐? 자살을 택하느냐?'의 갈림길에서, 이왕 죽는 김에 기도라도 해보고 죽자는 결심으로 충북 단양 소백산 구인사를 찾아가 하루 최소 8시간, 많이 할 때는 19시간 동안 관음정진을 하였다. 물을 마셔도 화장실도 가면 안 되고, 앉아서 졸든 소리를 내든 상관없이 좌부동坐不動: '앉아서 움직이지 않다'라는 의미로 해석, 참선이나 명상 시 사용)에서 8시간 이상 엉덩이를 떼지 않는 훈련부터 하였다. 이렇게 해야만 몸을 조복 받는다고 선배 도반들이 조언해 줘서 무조건 이렇게 해야만 하는 줄 알았다. 앉아서 정진하지 않을 때도 비행비좌로 입에서는 행주좌와 언제라도 관세음보살을 불렀다. 기도 중 논자의 가까운 미래가 궁금하면 축원을 올리고 기도했는데, 4박 5일 동안 기도

중에 부처님으로부터 답을 얻지 못하면 구인사에서 내려오지 않고 답을 찾을 때까지 기도를 연장하면서 꼭 답을 찾아오는 수행 연습을 하였다. 이렇게 한 덕분에 불치병이 있는 사람, 몸 안에 귀신이 있는 사람, 장사나 사업이 안 되는 사람들을 위해 신중독불공이나 관음독불공으로 중생을 제도해 주는 득력이 생겼다.)이라고 하여 바로 다음 날 구인사로 향했다.

목○○씨는 4박 5일간의 기도에 참여해 참회와 기도를 했으나 몸은 더욱 아팠다고 한다. 그렇게 4박 5일간의 관음 기도에 세 번째 참여했을 때, 기도 중에 잠이 들었다가 꿈을 꾸게 되었다.

4박 5일씩 3차에 걸쳐 구인사에 갔을 때의 일입니다. 기도와 번뇌 망상으로 시간을 보내고 새벽에 잠이 들었는데 꿈을 꿨습니다.
제가 기도를 하고 있는데 어떤 노스님이 3층 기도실 문을 열고 제 이름 석 자를 부르며 나오라고 하시는 것이었습니다. 그래서 따라 나가보니 큰 화장실 앞으로 저를 끌고 가시더니 말씀하셨습니다.
"저 화장실 첫 번째 칸에 들어가 변을 많이 보고 나오너라."
때마침 저 역시 변이 보고 싶을 때였습니다. 속이 다 후련할 만큼 변을 다 보고 나오니 그때까지 밖에 서 노스님이 기다리고 계셨습니다. 전 말했습니다.
"스님, 다 보고 나왔습니다."
그러자 스님은 빙그레 웃으시면서 말씀하셨습니다.

"이제는 밥을 잘 먹을 것이다."

밥을 잘 먹는다는데 기뻤지만 욕심을 더 내보았습니다.

"대단히 고맙습니다만, 마비로 잘 못 쓰는 팔다리는 어떻게 합니까?"

스님은 이렇게 대답해 주셨습니다.

"그곳에 백 번 올라가면 나을 것이다."

그러시고는 온데간데없이 사라지셨습니다.


꿈에서 깨어 실제로 화장실 첫 번째 칸에 들어가 변을 보고 나온 사례자는 그날부터 죽 대신 밥을 먹었는데도 속이 편안했고, 꿈에서 본 노스님에게 한없는 고마움을 느꼈다고 한다. 사례자는 한참 후에 그 노스님이 상월원각대조사였음(논자도 영천 보리암에서 주지 소임을 보고 있을 때 이런 경험을 한 적이 있다. 그날은 관음재일이었다. 혼자서 과일장을 보고 관음불공을 드리려는데 서울에서 전화가 왔다. 그 전날, 포항 포스코에서 1미터 높이에서 용접을 하다가 뒤로 넘어졌고, 포항 성모병원, 대구 경대병원을 거쳐 서울 아산병원까지 앰뷸런스를 타고 갔지만, 모두 사고가 난 시점에서 72시간 이내에 죽는다는 결론이 나왔다고 하였다. 이제 하루밖에 시간이 남지 않아, 무당에게 굿이라도 해보자는 심정으로 용한 무당을 알아보던 중, 논자에게도 전화를 했다는 말에 천도재에 대해 상담을 했다. 그때 논자는 전화 상담을 통해 사람이 죽으려면 년, 월, 일, 시가 모두 죽을 운이어야 하는데, 년年은 죽을 운이지만, 월月 운세는 하늘과 땅이 돕는 운세이고, 그날이 마침 관음재일이니 관세음보살님께 매달려 보자고 제안하였다. 스님은 관음불공을 드리고, 보호자에게는 비행비좌로 항상 관세음보살을 염송하라고 당부했다. 불공을 마친 후, 논자는 다음날이면 환자가 죽을 것이라는 마음으로 축원장을 휴지통에 버리고(보관할 필요가 없으므로) 평상시처럼 기도를 하였다. 기도 중에 상월원각대조사님으로부터 "오늘 관음불공 때 축원해준 사람, 신중불공 3회를 해주면 살릴 수 있다"고 증명을 받았다. 아침에 서울 병원에 있는 보호자에게 전화하여 3일 연속 신중불공을 해주면 살릴 수 있다고 전해 주었다. 보호자는 불공에 참석할 수는 없지만 스님이 혼자서 해달라고 부탁했고, 병원에서는 오늘이나 내일 죽으니까 퇴원하고 장례 준비를 하라고 말했다고 한다. 그날부터 3일 연속 신중불공을 드렸더니, 환자는 기적적으로 살아났고, 담당 의사는 영안실에 가야 할 사람이 살아났다고 병원에서 대서특필하였다고 한다. 그 의사만 유명인사가 되었고, 72시간이 지났음에도 환자는 건강을 회복할 수 있었다.)을 알게 되었다. 그러나 백 번 올라가야 할 '그곳'이 어디인지는 알 수 없어 고민하던 차에 젊은 신도들이 주고받는 이야기를 얼핏 듣고 적멸보궁에 참배를 다니게 되었다. 지팡이에 의지하여 적멸보궁 참배를 다녀온 횟수가 70회 되는 날, 무겁던 다리가 가벼워졌고, 그날부터는 지팡이 없이 맨몸으로 다닐 수 있게 되었다.

그러던 어느 날 관음주송을 하던 중 잠이 들어 꿈을 꾸게 되었다.

비구니 스님 세 분이 제게로 오더니 제 허리에 약을 바르고 허리밴드를 매어주는데 한 분은 꼭 붙들고 두 분은 꼭 조이며 매어주는 것이었습니다. 갑자기 통증이 없어져서 좋아하며 깨어보니 입으로는 관음주송을 계속하고 있는 것이었습니다. 그래서 화장실에 다녀올까 하고 일어나는데 허리에서 우두둑 하는 소리가 났습니다. 그런 이후로 허리의 통증을 전혀 느끼지 않았습니다. (논자도 이런 경험을 한 적이 있다. 경산 장엄사에서 밤 10시부터 아침 7시까지 정진할 때 일이다. 논자가 교통사고를 당해서(신호대기 하는데 뒤에서 차를 박음) 허리가 안 좋아 정진을 할 수가 없었다. 병원에서 7일 넘게 물리치료를 받아도 호전이 없자 의사 선생님이 "뭐 하시기에 젊은 사람이 물리 치료해도 호전이 없냐?"고 묻기에 밤에 잠안 자고 앉아서 기도한다고 했더니 그럼 안 낫는다며 밤 기도를 못하게 했다. 의사 선생님 말씀처럼 절에는 갔으나 기도는 안 하고 법당 한쪽에 앉아 쉬고 있으니 같이 기도하는 도반이 "부처님 약을 받아 먹어야지. 관세음보살을 열심히 불러서 관세음보살님께 허리 아프니 약주세요 하고 축원 드리고 증명을 받아야 빨리 낫지." 하시는 것이었다. "기도하는 사람이 의사 선생님의 말씀보다 관세음보살을 믿어야지." 하시는 말씀에 한편으론 서운한 마음이 들기도 했지만 "신용불량자로 이리 살 바에는 차라리 기도하다가 죽자." 라는 마음으로 기도를 했다. 정말로 기도한 지 5시간쯤 지나서 비몽사몽간에 관세음보살님이 찻사발 같은 곳에 검은색 한약을 가득 담아 주시는 것이었다. 기도를 마치고 그 도반에게 이야기하니 "아프기는 많이 아팠던 모양이제, 주로 종발이 같은 작은 잔(소주잔 크기)에 약을 주시는데 많이 아프니까 큰 사발에 주신 모양이제" 하셨다. 기도 마치고 병원에 가니 의사 선생님이 다 나았다고 오지 말라고 했다. 이때부터 기도를 열심히 하면 정말로 소원이 이루어지거나, 기도 중에 어떤 것을 보여주시기도 하며, 그렇지 않은 경우에는 꿈을 통해 알려주신다는 것을 확신하게 되었다. 불자라면 꿈으로 보여주시는 가피는 누구나 한 번쯤 경험하는, 가장 기본적인 가피라고 할 수 있다.)

사례자의 아내는 꿈에서 허리에 밴드를 메어주었던 비구니 스님이 관세음보살이라고 말하며 당장 관음전에 가서 복전함에 돈을 넣고 감사의 인사를 올리라고 독려해 주었다고 한다. 이는 「관세음보살보문품」에서 "비구·비구니·우바새·우바이로 되어 깨닫게 할 자에게는 곧 비구·비구니·우바새·우바이의 몸을 나타내어 법을 설한다."라고 한 내용 중 비구니의 몸을 나타낸 사례에 해당한다.

이 꿈을 꾸었던 때는 적멸보궁 참배 횟수가 100번을 넘긴 때였고, 그 후 병고에서 해방되었음을 알았다고 한다. 이처럼 두 차례의 꿈을 통해 사례자 목○○씨의 질병이 치유된 것은 몽중 가피이자 현기현응의 감응 형태이다.

위의 목○○씨가 관음 신행을 통해 신체적 질병이 치유된 사례라면,

정신적 질병이 치유된 사례도 볼 수 있다. 위의 〈표 IV-6〉의 사례 번호 II-18번에 해당하는 사례로, 수기 모음 II에 "아들의 정신병을 기도로 치유하다."라는 제목으로 수록돼 있다. 사례자 양○○씨의 아들이 중학교 3학년 2학기에 들어서면서부터 성적이 떨어지면서 극도로 예민해졌고, 상급학교에 합격한 뒤부터는 더욱 심해졌다고 한다. 담임 선생님과 상담 후 병원에 찾아가 검사를 받은 결과, 조현병이라는 진단을 받았다. 양○○씨는 병원, 절, 한의원은 물론 무당까지 찾아다니며 매달려 봤으나 차도가 없자 결국 아들을 입원시 켰는데, 병원에서 퇴원을 종용하여 집으로 데리고 왔다. 이틀째 되는 날, 혹시나 하는 마음으로 아들을 데리고 부부가 함께 구인사를 찾아갔다.

구인사에서 기도하는 동안에도 양○○씨의 아들은 발작을 했기 때문에, 부부는 아들이 잠든 시간 동안에만 간절한 마음으로 열심히 기도했다고 한다. 1주일의 관음 신행을 끝내는 날까지도 아들의 병세에 차도가 없어 실망감을 안고 집으로 돌아왔지만, 아내의 끈질긴 요청으로 양○○씨 부부는 다시 관음 신행을 시작했다. 그리고 3일째 되는 날 꿈을 꾸게 되었다.

구름 위에 올라앉은 할아버지 한 분이 제게로 다가와 말씀하셨습니다.
"네 아들 몸에서 잡귀가 빠져나가고 있으니 열심히 기도하거라."

그리곤 할아버지는 구름을 타고 큰 절 속으로 사라지시는 것이었습니다.

꿈에서 깨어난 양○○씨가 아들에게 가보니 온몸이 땀 범벅이었지만 숨소리가 그렇게 고를 수가 없었다고 한다. 이에 양○○씨 부부는 확신을 갖고 더 열심히 기도했고, 아들의 병세도 차츰 호전되어 건강한 몸으로 학교에 잘 다니게 되었다. 이 사례는 꿈을 통해 가피를 드러낸 몽중 가피이자 현기현응의 감응 형태이다.

질병 치유 사례 56건 중에서 몽중 가피는 17건(30.36%), 현전 가피는 39건(69.64%)으로 현전 가피가 2배 이상 많은 것으로 나타났으며, 현대 관음 신행 사례는 실제로 관음주송을 수행했던 천태종 신도의 수기를 수집한 것이기에 모두 다 현기현응의 감응 형태인 것을 알 수 있다.

## 2) 재난 구제 사례

신행 수기 모음집과 〈금강신문〉에 게재된 신행 수기 92편 총 118건의 영험 사례 중 재난 구제 사례가 담긴 수기 34건을 재난의 양상에 따라 재분류하였다. 총 34건 중에서 가족이 사망한 후 겪게 된 삶의 위기를 극복한 사례가 4건(11.76%)으로 가장 많았다. 10번, 19번, Ⅰ-24번, Ⅱ-16번 사례가 여기에 해당한다. 교통사고로부터 구제된 사례는 4번, 21번, Ⅰ-15번으로 3건(8.82%), 화재로부터 구제된 사례는 25번, Ⅰ-19번, Ⅱ-8번의 3건(8.82%), 사업 위기나 퇴직/실직으로 인한 위기를 극복한 사례가 24번, 26번, 34번의 3건(8.82%), 가난을 극복한 사례는 12번, Ⅰ-22번, Ⅱ-4번의 3건(8.82%), 흡연이나 알코올 등의 중독을 극복한 사례는 30번과 Ⅰ-20번, 15번과 Ⅰ-20번으로 각 2건(5.88%), 가정불화를 극복한 사례는 32번과 Ⅰ-25번의 2건(5.88%)이었다. 그 밖에도 왕따를 극복한 17번, 도둑이 들었으나 무탈했던 Ⅱ-16번, 교도소 수감 생활 중 형량이 감형된 31번 사례와 지난 삶을 깊이 참회한 9번, 20번, 35번 사례, 심한 풍랑 속에서도 무사했던 Ⅰ-1번, 남편의 음주와 폭행 습관이 개선된 Ⅱ-1번, 복잡한 채무 관계가 해결된 Ⅱ-10번과 집안의 어려운 일이 잘 해결된 Ⅱ-9번 사례, 이상행동이 개선된 Ⅱ-14번, 악몽과 갑작스러운 실어증을 극복한 Ⅱ-24번 사례 등이 있었다.

앞서 살펴본 『삼국유사』나 『법화영험전』에 비해 적난이나 옥난 등의 재난에서 구제된 사례는 없었으며, 화난과 풍난에서 구제된 사례는 드물게 볼 수 있었다. 이는 현대의 생활상이 반영된, 당연한 결과일 것이다. 34건의 재난 구제 사례를 분석한 내용을 아래의 〈표 Ⅳ-7〉에 제시하였다.

## 〈표 IV-7〉 현대 신행 수기 - 재난 구제 사례 분석

| 사례<br>번호 | 사례 제목 | 사례자 | 출처 | 영험 내용 | 영험 종류 | 가피<br>유형 | 영험<br>내용 |
|---|---|---|---|---|---|---|---|
| 4 | 차량 무사고* | 박○○ | 금강<br>신문 | 차량 고장에도<br>무사고 | 재난 구제 | 현전 | 현기<br>현응 |
| 9 | 절망의 늪에서 만난<br>부처님 | 김○○ | 금강<br>신문 | 수감 생활 중<br>참회, 평온, 각종<br>자격증 취득 | 재난 구제 | 현전 | 현기<br>현응 |
| 10 | 사찰 근무, 마음 열고<br>새 삶 살게 돼 | 박○○ | 금강<br>신문 | 가족의 죽음 후<br>삶의 위기 극복 | 재난 구제 | 현전 | 현기<br>현응 |
| 12 | 염불삼매로<br>삶의 고난과<br>역경을 극복하라 | 손○○ | 금강<br>신문 | 사업 실패 후<br>파산 극복 | 재난 구제 | 현전 | 현기<br>현응 |
| 15 | 알코올 중독 극복* | 이○○ | 금강<br>신문 | 알코올 중독<br>극복 | 재난 구제 | 현전 | 현기<br>현응 |
| 17 | 행복의 원천, 기도 | 이○○ | 금강<br>신문 | 왕따 극복 | 재난 구제 | 현전 | 현기<br>현응 |
| 19 | 두 번째 인생 | 곽○○ | 금강<br>신문 | 실직, 가족 사망<br>후 괴로움 극복 | 재난 구제 | 현전 | 현기<br>현응 |
| 20 | 구도의 길 | 이○○ | 금강<br>신문 | 죄의 참회 | 재난 구제 | 현전 | 현기<br>현응 |
| 21 | 부처님 인연 | 권○○ | 금강<br>신문 | 교통사고에서<br>무탈 | 재난 구제 | 현전 | 현기<br>현응 |
| 24 | 천태종의 위력 | 이○○ | 금강<br>신문 | 사업 위기 극복 | 재난 구제 | 몽중 | 현기<br>현응 |
| 25 | 경전 속에 답이 있다 | 최○○ | 금강<br>신문 | 화재 위기 극복 | 재난 구제 | 몽중 | 현기<br>현응 |
| 26 | 상자 안 산토끼는<br>죽는다 | 이○○ | 금강<br>신문 | 퇴직 후 불안<br>극복 | 재난 구제 | 현전 | 현기<br>현응 |
| 30 | 울 일이 하도 많아<br>저는 울지 않습니다 | 이○○ | 금강<br>신문 | 금연 성공 | 질병 치유<br>-신체 | 현전 | 현기<br>현응 |
| 31 | 내 마음속에<br>피어난 연꽃 | 김○○ | 금강<br>신문 | 형량 감형 | 질병 치유<br>-신체 | 현전 | 현기<br>현응 |

| 32 | 또 다른 인생 | 정○○ | 금강 신문 | 가정 불화 극복 | 재난 구제 | 현전 | 현기 현응 |
|---|---|---|---|---|---|---|---|
| 34 | 기도로 극복한 삶의 고난 | 안○○ | 금강 신문 | 사업 위기 극복 | 재난 구제 | 현전 | 현기 현응 |
| 35 | 하루하루가 윤회 | 김○○ | 금강 신문 | 죄책감, 자기혐오 극복 | 재난 구제 | 현전 | 현기 현응 |
| I -1 | 돌풍 속에 맞이한 관음보살의 가피력 | 신○○ | 수기 모음 I | 심한 풍랑 속에서 무사 | 재난 구제 | 현전 | 현기 현응 |
| I -4 | 우리 곁에 계시는 고마우신 부처님 | 김○○ | 수기 모음 I | 협심증+부정맥 수술 성공 | 재난 구제 | 현전 | 현기 현응 |
| I -9 | 부처님의 대자대비로 새 희망을 찾다 | 김○○ | 수기 모음 I | 화재 위기 모면 | 재난 구제 | 몽중 | 현기 현응 |
| I -10 | 기적을 이루신 부처님의 가피력 | 강○○ | 수기 모음 I | 알코올 중독 극복 | 재난 구제 | 현전 | 현기 현응 |
| I -15 | 교통사고로 되돌아 본 나의 신심 | 정○○ | 수기 모음 I | 교통사고에서 무사 | 재난 구제 | 현전 | 현기 현응 |
| I -20 | 평생에 두 가지 원을 세우다 | 김○○ | 수기 모음 I | 금연 성공 | 재난 구제 | 현전 | 현기 현응 |
| I -22 | 병고와 가난을 딛고 인생의 새 출발을 | 신○○ | 수기 모음 I | 사업 실패 후 가난 극복 | 재난 구제 | 현전 | 현기 현응 |
| I -24 | 슬픔과 고통을 관음정진으로 극복 | 안○○ | 수기 모음 I | 갑작스런 남편 사망 후 위기 극복 | 재난 구제 | 몽중 | 현기 현응 |
| I -25 | 대조사님 함께 계심에 더 바랄 것이 | 이○○ | 수기 모음 I | 가정 불화 극복 | 재난 구제 | 현전 | 현기 현응 |
| II -1 | 절망과 좌절 속에 싹틔운 불심 | 윤○○ | 수기 모음 II | 남편의 음주 +폭행 개선 | 재난 구제 | 몽중 | 현기 현응 |
| II -4 | 상월대조사님의 중생 보살피심 | 이○○ | 수기 모음 II | 실직 후 가난 극복 | 재난 구제 | 현전 | 현기 현응 |
| II -8 | 앞 일을 예견하시는 부처님의 은덕 | 김○○ | 수기 모음 II | 화재 위기 모면 | 재난 구제 | 몽중 | 현기 현응 |
| II -9 | 부처님의 진실한 제자가 되기까지 | 김○○ | 수기 모음 II | 집안의 어려운 일 해결 | 재난 구제 | 몽중 | 현기 현응 |

| | | | | | | | |
|---|---|---|---|---|---|---|---|
| Ⅱ-10 | 바른 길로 인도해 주신 큰스님의 가피력 | 류○○ | 수기 모음Ⅱ | 복잡한 채무 관계 해결 | 재난 구제 | 몽중 | 현기 현응 |
| Ⅱ-14 | 기도는 어려움을 극복하는 힘 | 송○○ | 수기 모음Ⅱ | 이상행동 개선 | 재난 구제 | 현전 | 현기 현응 |
| Ⅱ-16 | 끊임없는 시련 속에 감사하는 마음 | 신○○ | 수기 모음Ⅱ | 둘째 아들 사망 충격 극복, 도둑 침입에도 무탈 | 재난 구제 | 현전 | 현기 현응 |
| Ⅱ-24 | 지성으로 매진하는 관음정근의 공덕 | 노○○ | 수기 모음Ⅱ | 악몽+갑작스런 실어증 극복 | 재난 구제 | 몽중 | 현기 현응 |

\* : 기사에 제목이 명시되지 않아서 논자가 임의로 제목을 표기함

몇 가지 재난 구제 영험 사례를 살펴보면 다음과 같다.

먼저, 화난에서 구제된 사례로 〈표 Ⅳ-7〉의 Ⅰ-9번 사례를 살펴보면, 수기 모음 Ⅰ에 "부처님의 대자대비로 새 희망을 찾다."라는 제목으로 소개된 사례이다. 천태종 신도인 이웃을 따라 구인사에 갔던 사례자 김○○씨는 처음 관음주송을 할 때 '관세음보살' 소리가 잘 나오지 않아서 졸다가 돌아왔고, 4월 초파일에 여의도 법회에도 참가해 봤으나 가장 뒤쪽에 앉게 되는 바람에 무료하게 앉아 있다가 후회하며 돌아왔다고 한다. 그런데 며칠 뒤, 밤에 정전이 된 상태에서 월간 〈금강〉을 읽으려고 촛불을 켜놓고는 잠이 들었는데 큰스님이 호통치는 꿈을 꾸게 되었다.

밤 12시쯤 되었을 때, 집에서 남편을 기다리고 있었는데 갑자기 정전이 되었습니다. 남편이 들어올 때까지 『금강』지를 읽을 생각으로 저는 촛불을 켜놓고 기다리다가 깜빡 잠이 들었습니다.

꿈속에서 저는 저도 모르게 여의도 행사장에 나가 맨 뒤에 서 있었습니다. 그때, 큰스님 모습의 한 분이 "이리 오너라" 하고 두 번 부르시는 것이었습니다. 제가 쳐다보니, 그분께서 "빨리 일어나라는데 무얼 하느냐"라고 벽력같은 호령을 하셨습니다. 그 소리에 놀라 저는 벌떡 일어났습니다.

깨어나 보니, 방 안에서 촛불이 옮겨붙어 불이 나 있었습니다. 여기저기서 '윙윙' 소리가 나고 방 안에 연기가 가득 차 있었는데, 옆에서 두 남매가 코를 골며 잠들어 있었습니다. 저는 급히 불을 끄고 창문을 열어 연기를 빼낸 후, 무섭고 떨리는 마음을 달래며 열심히 관세음보살 기도를 하였습니다. 2시가 다 되었을 무렵에 돌아온 남편은 "부처님이 살려주셨다"며, 앞으로 더욱 열심히 신앙생활을 하라고 격려해 주었습니다. (논자도 이런 경험을 한 적이 있다. 경산 장엄사에서 하루 8시간 3년을 기도하던 도중 허리가 너무 아프고 졸음이 쏟아져 법당 한구석에 잠시 누워 잠이 들었다. 그때 신장님 한 분이 오셔서 법당에 함부로 눕는다고 호되게 꾸짖으시며 전기로 온몸을 지져댔다. 잘못했다고 빌어도 계속해서 전기로 지지기를 5분 정도 반복했는데, 그 시간은 정말로 길게 느껴졌다. 겨우 일어나 앉은 자리에서 바로 축원을 올리고 참회하며, '다시는 법당에 눕지 않겠습니다.' 라고 다짐했다. 이후 해우소로 가서 세수하고 법당에 돌아와 104위 화엄성중 탱화를 자세히 살펴보니, 전기로 지진 신장님이 계셨다. 얼굴빛은 붉고, 입은 크게 벌려 무언가를 잡아먹을 것 같은 무서운 인상이었지만, 칼 같은 무기는 들고 계시지 않았다(신장님들은 보통 칼을 들고 계심). 그 이후로는 법당에 눕는 일도 없고, 음식조차 먹으면 안 된다는 것을 깊이 되새기며 실천해 오고 있다.)

이는 「관세음보살보문품」에서 "만일 관세음보살 명호를 지니는 자는 설령 큰불에 들어가더라도 불이 능히 태우지 못하니, 이 보살의 위신력 때문이니라."라고 한 내용에 해당되는, 화난에서 구제된 사례이며, 큰스님 꿈을 통해 큰불을 면한 몽중 가피이자 현기현응의 감응 사례라 할 수 있다.

이어 풍난에서 구제된 사례도 볼 수 있다. 〈표 IV-7〉의 I-1번 사례로, 수기 모음 I에 "돌풍 속에서 맞이한 관음보살의 가피력"이라는 제목으로 실려 있다. 사례자 신○○씨는 100톤급의 배를 타고 원양에 나가 어로 작업을 하며 살아왔다. 폭풍우나 풍랑을 몇 번 겪어 보긴 했으나 100톤급의 배라서 다소 안심이 되었다고 한다.

그런데 1990년 8월 14일 오후 3시경, 신○○씨가 탄 배를 포함한 선단이 해상에서 갑작스럽게 돌풍을 맞이해 사경을 헤매는 지경이 되자, 신○○씨는 관음정진을 계속하였다.

제가 타고 있던 □□□□호도 선상으로 바닷물이 얼마나 올라오는지 감당할 길이 없었습니다. 저는 '부처님, 부처님, 부처님의 참 불제자가 되길 맹세합니다. □□선단 선원 44명 모두 무사하게 하여주십시오' 하고 계속 관음정진을 하였습니다.

산더미 같은 파도가 순식간에 성난 맹수처럼 우리를 집어삼킬 듯 요동쳤습니다. 기관실까지 물이 들어오면서 배는 마치 바다 밑으로 가라앉을 것 같았습니다. 그때 저는 조타실에서 오직 '관세음보살, 관세음보살, 관세음보살'이라고 끊임없이 관음 정진을 하며, '우리 □□선단이 무사히 육지에 도달할 수 있게 해주십시오'라고 간절히 기도했습니다. 또한, '부처님, 참다운 불제자가 되겠습니다. 우리 선원들이 무사하기만 하게 해주십시오'라며 입에 침이 마르고 목이 메일 정도로 계속 기도했습니다.

수 시간 동안 그렇게 기도하는 동안, 우리는 관세음보살님의 가피력으로 풍랑 속에서 죽음의 고비를 넘기고 가까스로 육지에 다가갈 수 있었습니다. 그 순간 파도는 점차 잔잔해지기 시작했습니다. '대자대비하신 관세음보살님의 가피력 덕분에 우리가 육지에 도달할 수 있었다'는 생각이 들자, 관세음보살님의 은혜에 대한 감사함은 마치 어머니의 따뜻한 마음과도 같아서 표현할 길이 없었습니다.

이 Ⅰ-1번 사례는 「관세음보살보문품」에서 말하는 풍난에서 구제된 사례로, 신○○씨가 입에 침이 마르고 목이 메이도록 관세음보살을 일심칭명함으로써 돌풍에서 무사히 빠져나온 현전 가피이자 현기 현응의 감응 형태이다.

한편, 교통사고가 나는 상황에서 영험을 체험한 사례도 있다. 〈표 IV-7〉의 21번 사례로, 2011년 7월 1일 〈금강신문〉에 제3회 신행 수기 공모전 동상 수상작 "부처님 인연"으로 소개되었다. 사례자 권○○씨는 손님을 태우고 운전을 하고 가던 중 큰 트럭과 정면충 돌할 상황을 맞게 되었는데, 그 순간 차의 시동이 저절로 꺼지고 차는 인도로 올라가 무탈했다고 한다.

뒤에 손님을 태우고 볼일을 보러 운전하고 갈 때였습니다. 신호등 이 없는 삼거리인데 난데없이 큰 트럭이 다가와 정면충돌할 순간, 소리를 질렀습니다. '아차' 하는 순간이었어요. 그런데 신기하게도 제 차는 시동이 저절로 꺼지고 누가 들어서 인도로 올려놓은 것처 럼, 차는 인도에 있고 찻길에는 차들이 줄을 지어 내다보고 있었습 니다. 뒤에 있던 차들이 다가와서 괜찮으냐며 어떻게 사고도 면하 고 차가 인도로 올라갔냐고 물었어요. 저는 "부처님 고맙습니다" 하 고 속으로 관세음보살을 불렀습니다. 그 순간 누가 차를 덜렁 들어 서 인도에 올려놓은 것 같았다고 뒤에 차에 탄 사람들이 얘기했습 니다. 저는 물론 차에 탄 사람들도 모두 차가 붕 떠서 누가 옮겨준 것 같다며 신기해했습니다. (논자 역시 비슷한 경험을 한 적이 있 다. 비가 조금씩 내리는 저녁 무렵, 식사를 마치고 도반을 집에 태위다 주고 오는 길이었다(대략 저녁 7시경). 한여름이라 제법 어두운 밤 길이었고, 낡은 경운기 한 대가 밭에 거름을 주기 위해 검은 거름을 가득 싣고 가고 있었다. 그런데 경운기의 헤드라이트는 켜지지 않았고, 후미등도 없이 암흑천지였다. 논자가 1차선밖에 없는 어두운 시골 농로를 가다가 경운기를 미처 발견하지 못하고 뒤에서 박는 사고가 발생하였다. 경운기의 뒷부분은 망가지고, 논자의 차도 본네트가 운전석까지 들어오는 큰 사고였다. 결국 경운기와 논자의 차 모두 폐차하였다. 그럼에도 불구하고 논자는 다친 곳이 하나도 없었고, 병원도 한번 가지 않고 사고 처리를 마쳤다. 이때 경운기 운전자는 차가 오는 것을 보고 뛰어내려 다치지 않았다. 이 사고 이후, 논자는 사람 몸이 하나도 다치지 않은 것에 감사하며, 기도에 대한 확신이 더욱 깊어졌다. 즉, 기도를 하는 사람은 신장이 돕거나 관세음보살님이 사고 날 때 안고 떠받쳐 준다는 믿음을 갖게 되었다. 그래서 법당에서 하루 평균 8시간 이상 관음주송을 하고, 일상생활에서도 비행비좌로 항상 관음주송을 하고 있다.)

권○○씨를 비롯하여 동승자들도 마치 누군가가 차를 들어 옮겨놓은 것 같이 느꼈다. 평소 관음 신행을 닦아온 권○○씨의 공덕에 대한 현전 가피이자 현기현응의 감응이라 할 수 있다.

재난 구제 사례 34건 중 현전 가피는 25건(73.53%), 몽중 가피는 9건(26.47%)으로, 현전 가피 사례가 약 3배 가까이 많았다.

## 3) 소원 성취 사례

신행 수기 모음집과 〈금강신문〉에 게재된 신행 수기 92편 총 118건 중 소원 성취 사례가 담긴 수기 26건을 소원의 양상에 따라 재분류 하였다. 입시나 학업에 관한 소원이 성취된 사례가 1번, 10번, 13번, 14번, 29번, I-14번, I-29번, II-9번, II-16번의 9건(34.62%)으로 가장 많았다. 이어서 출산에 관한 소원이 성취된 사례가 5번, I-7번, I-12번, I-26번, II-19번의 5건(19.23%)이었고, 사업에 관한 소원이 성취된 사례가 27번, I-10번, II-16번의 3건(11.54%), 취업에 관한 소원이 성취된 사례가 II-13번, II-15번의 2건(7.69%)이었다. 결혼에 관한 소원이 성취된 사례가 21번, II-19번의 2건(7.69%)이며, 가족에게 불법(佛法)을 전한 4번, 천태종 지회를 설립한 7번, 해외에 천태종 법당을 개원한 8번, 기도하는 힘을 성취한 I-3번, 천태종 사찰 내에 불교유치원을 건립한 I-13번, 산 값에 집을 얻은 II-10번 사례 등이 있었다. 이러한 분석 내용을 아래의 〈표 IV-8〉에 제시하였다.

〈표 IV-8〉 현대 신행 수기 - 소원 성취 사례 분석

| 사례 번호 | 사례 제목 | 사례자 | 출처 | 영험 내용 | 영험 종류 | 가피 유형 | 영험 내용 |
|---|---|---|---|---|---|---|---|
| 1 | 부처님이 덤으로 주신 행복 | 허○○ | 금강 신문 | 학업, 취업 성취 | 소원 성취 | 현전 | 현기 현응 |
| 4 | 마음의 위안* | 박○○ | 금강 신문 | 마음의 위안 | 소원 성취 | 현전 | 현기 현응 |

354

| 5 | 불심 돈독 친정 어머니 아들로 환생 | 이○○ | 금강 신문 | 득남 | 소원 성취 | 몽중 | 현기 현응 |
|---|---|---|---|---|---|---|---|
| 6 | 교원불자로 입문, 가정과 학교서 전법 | 성○○ | 금강 신문 | 가족에게 전법 | 소원 성취 | 현전 | 현기 현응 |
| 7 | 주경야선 수행종풍에 반해 천태종 귀의 | 차○○ | 금강 신문 | 천태종 지회 설립 | 소원 성취 | 현전 | 현기 현응 |
| 8 | 서둘지 마시게 | 이○○ | 금강 신문 | 해외에 법당 개원 | 소원 성취 | 현전 | 현기 현응 |
| 10 | 사찰 근무, 마음 열고 새 삶을 살게 됨 | 박○○ | 금강 신문 | 학업, 성적 성취 | 소원 성취 | 현전 | 현기 현응 |
| 13 | 관세음보살 일념 기도…예고 합격 | 이○○ | 금강 신문 | 입시, 성적 성취 | 소원 성취 | 현전 | 현기 현응 |
| 14 | 힘든 길 따스한 손 내미시는 고마운 부처님 | 정○○ | 금강 신문 | 입시 성공, 장학생 선발 성취 | 소원 성취 | 현전 | 현기 현응 |
| 21 | 부처님 인연 | 권○○ | 금강 신문 | 자녀 결혼 | 소원 성취 | 현전 | 현기 현응 |
| 27 | 관음정진으로 소원을 이루다 | 박○○ | 금강 신문 | 사업 성공 | 소원 성취 | 현전 | 현기 현응 |
| 29 | 발보리심하면 모든 것이 이뤄진다 | 황○○ | 금강 신문 | 진로(입시) 고민 해결 | 소원 성취 | 몽중 | 현기 현응 |
| I -3 | 간절한 기도 속에 싹틔운 희열 | 마○○ | 수기 모음 I | 기도하는 힘 성취 | 소원 성취 | 현전 | 현기 현응 |
| I -7 | 참된 불법 안에서 만난 득남의 기쁨 | 고○○ | 수기 모음 I | 득남 | 소원 성취 | 몽중 | 현기 현응 |
| I -10 | 기적을 이루신 부처님의 가피력 | 강○○ | 수기 모음 I | 사업 성공 | 소원 성취 | 현전 | 현기 현응 |
| I -12 | 지극한 불심으로 아들을 얻다 | 이○○ | 수기 모음 I | 득남 | 소원 성취 | 현전 | 현기 현응 |
| I -13 | 불교유치원 건립을 발원하여 성취하다 | 이○○ | 수기 모음 I | 천태종 사찰 내 불교유치원 건립 | 소원 성취 | 현전 | 현기 현응 |
| I -14 | 불심이 이루어준 자녀의 대학 입학 | 장○○ | 수기 모음 I | 자녀 대학 합격 | 소원 성취 | 현전 | 현기 현응 |

| | | | | | | | |
|---|---|---|---|---|---|---|---|
| Ⅰ-26 | 관음보살 원력으로 원하던 아들을 낳다 | 김○○ | 수기 모음 I | 득남 | 소원 성취 | 몽중 | 현기 현응 |
| Ⅰ-29 | 기도정진의 오묘한 공덕 | 이○○ | 수기 모음 I | 입시 성공 | 소원 성취 | 현전 | 현기 현응 |
| Ⅱ-9 | 부처님의 진실한 제자가 되기까지 | 김○○ | 수기 모음 Ⅱ | 자녀 대학 합격 | 소원 성취 | 몽중 | 현기 현응 |
| Ⅱ-10 | 바른 길로 인도해주신 큰스님의 가피력 | 류○○ | 수기 모음 Ⅱ | 싼 값에 집 계약 | 소원 성취 | 현전 | 현기 현응 |
| Ⅱ-13 | 자비하신 부처님의 불가사의하신 원력 | 임○○ | 수기 모음 Ⅱ | 취업 성공 | 소원 성취 | 몽중 | 현기 현응 |
| Ⅱ-15 | 큰스님의 은덕으로 승진시험에 합격하다 | 고○○ | 수기 모음 Ⅱ | 투병 중 승진시험 합격 | 소원 성취 | 몽중 | 현기 현응 |
| Ⅱ-16 | 끊임없는 시련 속에 감사하는 마음 | 신○○ | 수기 모음 Ⅱ | 셋째 아들 대학 합격, 큰아들 사업 안정 | 소원 성취 | 몽중 | 현기 현응 |
| Ⅱ-19 | 신비롭고 조화로운 부처님의 법력 | 이○○ | 수기 모음 Ⅱ | 득남, 시동생 결혼 | 소원 성취 | 몽중 | 현기 현응 |

\* : 기사에 제목이 명시되지 않아서 논자가 임의로 제목을 표기함

소원 성취 사례 중 가장 높은 비율을 차지했던 입시 및 학업 등에 관한 사례로 〈표 Ⅳ-8〉의 29번 사례를 살펴보면, 2013년 7월 26일자 〈금강신문〉에 "발보리심하면 모든 것이 이뤄진다"라는 제목으로 실린 신행 수기이다. 사례자 황○○씨가 큰딸과 둘째 딸의 진학 문제로 고민하던 때에 구인사에서 관음정진 후 진로를 정하고 입시에 성공한 사례이다.

큰딸이 고등학교 3학년 때의 일이다. 대학 진로 문제로 한창 고민할 즈음, 딸아이가 구인사로 기도하러 가자며 나에게 이야기를 꺼냈다. (중략) 딸은 교대에 원서를 낸 상태였지만 별로 탐탁지 않게 생각하고 있었다. 아이가 원하는 직업은 동시통역사였기 때문이다. 새벽기도 시간이 끝나고 모두 잠자리에 들었을 무렵, 나는 비몽사몽간에 아주 부드럽고 인자하신 목소리를 들을 수 있었다.(논자도 이런 경험을 한 적이 있다. 경산 장엄사에서 밤 11시부터 다음 날 07시까지 정진하고 있을 때의 일이다. 태권도를 하는 남동생을 둔 불자가 있었는데, 승단 심사를 앞두고 매우 긴장하고 있다며 염려하였다. 우연히 논자에게 기도 도움을 요청하여 논자도 그 동생을 위해 기도를 해주기로 했다. 기도 중 비몽사몽간에 태권도 승단 심사를 보는 동생이 태극기를 양손에 들고서, 마치 올림픽에서 1등한 선수처럼 나오는 장면을 보았다. 기도 중 태극기를 보고 난 증명으로, 그날 그 동생은 태권도 승단 심사에서 무사히 합격할 수 있었다.) 마치 커다란 동굴 속에서 울려 퍼져 나오는 그런 음성이었다.

"교대도 괜찮지!"

이후 나는 가슴이 벅차서 아무 말도 할 수 없었다. 집으로 돌아올 때 (중략) 시간이 꽤 흐른 후, 딸에게 새벽녘의 꿈 이야기를 들려주었다. 조용히 내 이야기를 듣던 첫째 딸은 교대 입학 후 적성이 맞으면 졸업까지 하겠다고 말했다. 이렇게 적성 문제로 고민하던 딸이 이제는 선생님이 되어 아이들과 행복하게 학교생활을 하는 모습을 보면 대견하고 감사하다.

둘째 딸도 비슷한 경험을 했다. 대학에 입학한 후 1년 반을 다니다가 적성에 맞지 않아 제수를 결심했고, 두 대학에 입학원서를 냈다. 감사하게도 두 곳 모두 합격했지만, 어느 대학을 선택할지 고민스러워 이번에도 부처님께 의탁하기로 했다. 기도 마지막 날, 꿈에서 한 남자 교수님이 교단에서 딸의 이름이 적힌 두툼한 봉투를 건네주는 모습을 보았다. 이어 탁자 속에서 포장이 잘 된 흰옷을 한 벌 꺼내며, 딸아이 것이라고 주시는 것이었다.

꿈에서 딸에게 흰옷을 주신 부처님의 뜻이 간호사라는 것을 깨달았다. 나는 그 꿈 이야기를 둘째 딸에게도 해주었고, 딸은 이번 봄에 대학을 졸업한 후 경쟁이 치열한 서울의 한 대학병원에 예비합격했고, 현재는 발령을 기다리고 있다.

논자 또한 팔공 총림 동화사 승가대학 1학년 때 이와 유사한 경험을 한 적이 있다. 경북대학교에서 학사와 석사학위를 취득했으나, 임용고시에 계속 떨어져 3년째 준비 중인 한 불자를 만났다. 그 불자는 1차 필기시험 성적이 좋지 않았지만, 울산에서 진행될 2차 면접시험을 준비하고 있었다. 경쟁이 치열했고, 면접에서 최고 점수를 받지 못하면 떨어질 것이 확실했다.

나는 밤을 새우며 학생의 면접시험을 잘 보게 해달라고 축원하고 관음주송 기도를 했다. 기도 중에 면접에서 나올 4문제 중 3문제의 답을 받았다. 새벽 예불 후 학생에게 전화하여 기도 중에 나온 답에 대해서 철저히 준비할 것을 당부했고, 실제로 면접관이 그 3문제를 질문했다. 학생은 미리 준비한 덕분에 답변을 잘할 수 있었고, 나머지 1문제는 본인이 잘 알고 있던 질문이어서 만점에 가까운 답변을 할 수 있었다. 결국 그 학생은 울산 지역에서 수석으로 임용고시에 합격하여 지금도 교사로서 잘 지내고 있다.

이처럼 부처님만을 생각하고 사심 없는 생활을 한다면, 천수천안을 가지신 관세음보살님께서 모든 것을 꿰뚫어 보시고, 모든 이에게 알맞은 자리를 찾아 주신다.(논자도 이런 경험을 한 적이 있다. 영천 보리암에서 생활하던 시절, 태고종 스님으로서 하루 평균 신중독불공(1-4가족)을 하며 중생 제도를 위해 노력하고 있었다. 이때 기도 중에 상월원각대조사님으로부터 '신중불공으로 중생 제도하라'는 증명을 받았다. 태고종 스님 이전에 구인사에서 3년 넘게 관음주송을 정진하였고, 천태종 말사에서도 정진을 놓지 않고 있었다. 그 결과, 3개월의 불공이 모두 예약될 정도로 많은 불자들이 불공하러 찾아왔다. 매일 밤 11시부터 다음 날 새벽 4시 30분까지 정진하고, 4시 30분에 예불을 모신 후 오전 10시 불공 전까지 잠시 휴식하는 것이 전부였다. 같은 일상이 반복되며 지칠 때쯤, 새벽 정진 도중 아미타부처님(영천 보리암주불)께서 '이제 모든 것을 정리하고 큰절로 공부하러 가라'고 말씀하셨다. 그래서 불자들로부터 기도 접수는 더 이상 받지 않고 태고종에서 조계종으로 가고자 하였다. 하지만 세납은 많고 고집은 세서, 은사가 되어 주겠다고 받아주는 사람이 아무도 없었다. 관세음보살님께 '부처님이 가라고 증명을 내려 주셨는데, 은사가 되어 주실 분이 아무도 나타나지 않는다' 고 기도를 올렸다. 그러자 3일차 기도 중에 태고종 사형의 얼굴이 나타났다. 사형에게 사정을 이야기하니, 그는 설 명절을 맞아 자신의 머리를 깎아준 조계종 은사님께 인사드리러 간다고 하였다. 그래서 그 사형을 따라 경북 칠곡 극락사로 가게 되었고, 그곳에서 스승과 제자 간의 인연이 맺어진 지금의 은사님을 만났다. 그는 전 동화사 주지를 역임하고 대한불교조계종 전 원로의원이신 일응당 지성 대종사이시다. 기도 중 은사 스님의 얼굴을 보여주더라도 논자는 알아보지 못할 것이기 때문에 사형의 얼굴을 보여준 것이었다. 이렇게 되면 자동으로 은사와 인연이 맺어지기 때문이다. 이는 『금강경』의 '실지실견悉知悉見'의 내용과 같다.)

이는 관음 신행 후에 꿈을 통해 진로 문제에 대한 답을 찾은 사례로서 몽중 가피이자 현기현응의 감응 형태라 할 수 있다.

자녀 출산의 소원을 성취한 사례 중 〈표 Ⅳ-8〉의 5번 사례는 돌아가신 친정어머니가 아들로 태어난 이야기로, 제1회 신행 수기 공모전에서 장려상을 수상하여 2007년 8월 10일자 〈금강신문〉에 실린 이야기이다.

사례자 이○○씨는 돌아가신 어머니를 극락으로 인도해 주기를 발원하며 관음 정진을 열심히 하였는데, 어느 날 어머니가 아기로 변해 자신의 품속으로 파고드는 꿈을 꾸었고, 얼마 지나지 않아 임신을 하여 아들을 낳았다. 태어난 아들은 돌아가신 친정어머니와 생일도 같고 성격도 그대로였으며, 생전에 비구니 스님이었던 어머니의 법명을 스스로 말하는 등, 친정어머니의 환생임을 확신할 만한 상황들이 벌어졌다. 이에 이ㅇㅇ씨는 관세음보살의 위신력이라 믿으며 감사했다고 한다.

어느 날 어머니가 꿈속에 나타나 갑자기 아주 어린 아기로 변하더니 내 품속으로 파고들었다. 놀란 나는 잠에서 깨어났고 (중략) 건강한 사내아이가 태어났다.

아이 이름은 △△이라고 지었다. 아이가 말을 하기 시작하면서 나를 깜짝깜짝 놀라게 했다. 내가 가끔 "△△아! △△이는 옛날 옛날에, 어디 살았어?"하고 물으면 △△이는 거침없이 대답하기를 "응! 나 산에 살았어."라고 대답했다. 사실 △△이는 지금까지 산에서는 살아보지 않았다. 그리고 또 "△△이는 옛날 옛날에 이름이 뭐였어?" 하면 거침없이 "응! 나 신◇◇이야" 했다. 나는 소름이 돋을 정도로 놀랐다. 어머니 법명이 성은 신이고 호는 ◇◇이었다. 그리고 △△이는 내가 염불을 하면 목탁을 두드리면서 혼자만 알 수 있는 말로 흥얼 흥얼 염불을 한다. 한참을 염불 삼매에 빠져서 혼자 옆도 돌아보지 않고 하는 것이다. 성격도 다정다감한 어머니 성격 그대로였고 생일 또한 칠월칠석에 사주오행간지 중 정미丁未일로 똑같았다.

어머니는 내세에 남자 몸을 받아 어린 나이에 출가하기로 원을 세우고 하루하루 기도하곤 했다. 이 마음 부처님이 알고 어머니를 이 생에 남자의 몸으로 보내 수행의 기회를 준 것이다. 난 △△이를 끌어안고 마음속으로 '어머니! 제게 다시 오셨군요. 관세음보살님 제 어머니를 다시 보내주셨군요. 감사합니다.'라고 외쳤다. (논자도 이와 유사한 경험이 있다. 장엄사에서 관음주송 기도를 하고 있는데 잘 나오던 관세음보살 기도 소리가 갑자기 나오지 않았다. 입만 뻥긋뻥긋할 뿐 소리는 나오지 않았고, 말과 글로도 설명할 수 없는 일이었다. 기도를 많이 하신 덕분에 천안과 천이통이 열린 노보살 도반이 계셨는데, 잠시 눈을 감으시더니, 5대 조상 할아버지가 불교가 무엇인지, 기도가 무엇인지 몰라서 내 손자라고 꼭 껴안고 안 놓아 준다고 말씀하셨다. 그러면서, 조상이 방해할 때면 부처님도 신장님도 도와줄 수 없다고 하였다. 기도를 할 때 부처님께나 신장님께 잘 되기 위해 조상 천도를 하라고 하는 것도 이런 맥락일 것이다. 논자는 5대 조상 할아버지가 누구인지도 몰라 족보책을 뒤져보았고, 고향에 계시는 5촌 어르신에게 자문을 구하여, 月城朴氏 집안에 가장 큰 벼슬을 하신 박호달 할아버지라는 것을 알게 되었다. 천도재를 지낸 후에는 관세음보살 소리를 더 우렁차고 크게 부르며 정진할 수 있었다. 조상 천도 덕분에 지금도 무탈하게 승려 생활을 잘하고 있다. 문경 봉암사, 해인사, 통도사, 직지사, 불국사 등 제방 선원에서 11안거를 성만하고, 통도사 율원승가대학원 전문반을 졸업하였으며, 팔공총림 동화사에서 승가대학 부교수로 3년간 생활하였다. 또한, 은적사 교무국장을 역임하고, 현재는 동화사 포교소 금강사에 5대 조상 할아버지뿐만 아니라 모든 일가 친족 영가를 영구 위패로 모시고 조석예불과 불공 시마다 축원 드리고 있다.)

이 사례는 「관세음보살보문품」에서 "만일 여인이 아들을 낳고자 하여 관세음보살을 예배하고 공경하면, 곧 복덕과 지혜를 갖춘 아들을 낳는다."라고 한 내용에 해당되며, 몽중 가피이자 현기현응의 감응 형태이다.

26건의 소원 성취 사례 중 현전 가피는 16건(61.54%), 몽중 가피는 10건(38.46%)으로, 현전 가피 사례가 몽중 가피 사례보다 1.6배 많았다. 이는 2배 이상 차이가 났던 질병 치유 사례나 재난 구제 사례와는 다른 양상으로, 소원 성취 사례에서는 몽중 가피의 비율이 조금 더 높다는 것을 알 수 있다.

## 4) 기타 사례

기타 사례 2건은 특별한 바람이나 지향 없이 관음 정진을 하며 깊은 참회를 한 사례 번호 22번, 천태종 사찰과 인연이 맺어진 사례 번호 II-21번의 사례가 있다.

사례 번호 22번은 구인사 스님들이 사례자 임○○씨에게 빨리 구인사로 오라고 부르는 꿈을 꾼 후 구인사를 찾아 관음주송 4박 5일 정진을 하게 되면서 깊은 참회의 눈물을 흘리게 되었고, 이후 충실한 신행 생활을 하게 된 경우이다. 사례 번호 II-21번의 사례자 김○○씨는 어머니와 외할머니가 천태종 신도여서 함께 신행 생활을 하자고 권유했으나 거부했다고 한다. 그러던 어느 날 할머니와 어머니가 사례자와 함께 구인사에 있는 꿈을 꾸었고, 꿈속에서 할머니가 다음부터는 김○○씨 혼자 찾아와야 하니 잘 봐두라는 말씀을 하셨다고 한다. 그 후 실제로 구인사에 가보게 되었고, 천태종 신도가 되어 청년회원으로 활동하게 되었다고 한다. 이들 두 사례는 모두 몽중 가피이자 현기현응에 해당된다.

〈표 IV-9〉 현대 신행 수기-기타 사례 분석

| 사례 번호 | 사례 제목 | 사례자 | 출처 | 영험 내용 | 영험 종류 | 가피 유형 | 영험 내용 |
|---|---|---|---|---|---|---|---|
| 22 | 4박 5일 기도 | 임○○ | 금강신문 | 참회 | 기타 | 몽중 | 현기현응 |
| II-21 | 불심으로 다져가는 삶 | 김○○ | 수기모음 II | 구인사, 성룡사와의 인연 | 기타 | 몽중 | 현기현응 |

지금까지 천태종 신행 수기를 중심으로 현대 관음 신행의 영험 사례를 분석해 보았다. 92편의 신행 수기에서 총 118건의 영험 사례를 대상으로 분석해 본 결과 질병 치유 사례가 가장 많았고, 가피 유형 중에는 현전 가피가, 감응 형태로는 현기현응이 가장 많았다. 이러한 결과를 [그림 IV-4]에 제시하였다.

# 4. 관음 신행 영험 사례의 통시적 고찰

근·현대 이전의 영험 사례와 현대의 영험 사례 간에는 어떤 공통점 및 차이점이 있을지, 『삼국유사』, 『법화영험전』, 천태종 신행 수기의 결과를 서로 비교해 보기로 하자.

## 1) 영험 유형별 특징 비교

먼저 영험 유형별 분석 결과를 비교해 보면, [그림 IV-5]와 같이 『삼국유사』에서는 질병 치유 2건(12.50%), 재난 구제 5건(31.25%), 소원 성취 2건(12.50%), 기타 7건(43.75%)으로 기타 사례가 가장 많았고, 『법화영험전』에서는 질병 치유 1건(6.67%), 재난 구제 11건(73.33%), 소원 성취 1건(6.67%), 기타 2건(13.33%)으로 재난 구제 사례가 가장 많았으며, 천태종 신행 수기에서는 질병 치유 56건(47.46%), 재난 구제 34건(28.91%), 소원 성취 26%(22.03%), 기타

2건(1.69%)으로 질병 치유 사례가 가장 많았다.

[그림 IV-4] 현대 신행 수기 영험 사례 분석

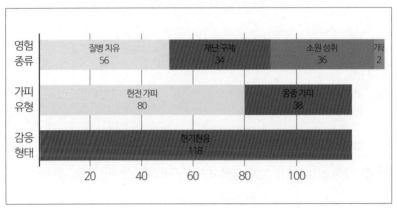

## (1) 질병 치유 사례의 특징 비교

『삼국유사』에서 질병 치유 사례 2건은 실명된 아이가 관세음보살상 앞에서 발원을 담은 노래를 지어 불러 눈을 뜨게 된 사례와 경흥국사의 사례이다. 특히 경흥국사의 사례는 구체적인 병명이나 증상에 대한 언급은 없었으나, 즐거운 경험을 통해 치유된 것으로 보아 심인성 질환이었던 것으로 추정된다. 『법화영험전』에서 질병 치유 사례 1건은 앞의 『삼국유사』와 동일한 경흥국사의 사례이다. 결국, 근대 이전의 영험담 문헌에서 질병이 치유된 사례가 소개된 것은 실명 1건, 심인성 질환 1건이라고 보아도 무방할 것이다.

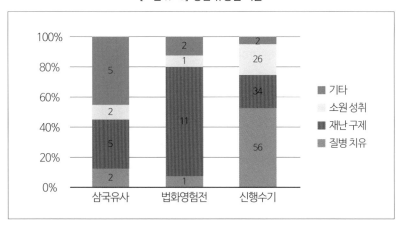

[그림 IV-5] 영험 유형별 비율

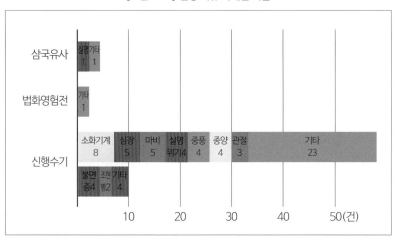

[그림 IV-6] 질병 치유 사례별 비율

이에 반해, 현대 신행 수기에서 질병 치유 사례는 모두 60건으로, 소화기계 질환(8건), 심장 질환(5건), 신체 마비 증상(5건), 눈 질환 (4건), 중풍(4건), 종양 질환(4건), 관절 질환(3건) 등 46건의 다양한 신체적 질병이 치유되었다. 또한, 불면증(4건), 조현병(2건) 등 10건의 다양한 정신적 질병이 치유되었다. 질병 치유 사례별 비율을 위의 [그림 IV-6]에 제시하였다.

특히, 현대 신행 수기에 나타난 영험 사례에서 질병 치유 비율이 높았던 것은, 앞서 II장에서 살펴보았듯이 『반야바라밀다심경유찬』 상권에서 '기원하는 곳에 반드시 나타나고, 마땅히 병을 치료하여 준다.'고 설한 내용이 그대로 드러난 것이다. 다만, 근대 이전은 암이나 심장 질환과 같은 질병을 진단할 수 없고, 자연재해나 전쟁으로 인한 사망, 호랑이와 같은 맹수의 공격에 의한 사망 비율이 높았다는 점에서, 질병보다는 '재난'이 더 중대한 고난으로 인식되는 경향이 있었을 것으로 추정되며, 이로인해 현대의 치유 영험 사례와 근대 이전의 치유 영험 사례에 차이가 나타난 것으로 보인다.

현대 신행 수기와 『삼국유사』, 『법화영험전』에서 공통된 질병 치유 사례는 '실명失明'이다. 시대를 막론하고 실명은 괴로움을 가져다주는 장애일 수밖에 없다. 이는 근대 이전에 비해 상대적으로 시각 장애인을 위한 편의시설이나 장치들이 등장하고 장애인에 대한 인식이 개선되고 있는 현대에도 시각 장애인들의 불안감이나 우울감이 높다는 연구에서도 확인할 수 있다. 흥미로운 점은, 중국 당나라 때 편찬된 『법화전기法華傳記』에는 열병으로 실명되었던 아이가 『법화경』「수량품壽量品」 제목을 수지하여 눈을 뜬 사례가 수록되어 있고,

12세기에 일본에서 편찬된『금석물어집今昔物語集』에도『법화경』을 독송하여 실명이 치유된 승려 묘쇼妙照의 설화가 소개되고 있다는 사실이다. 우리나라뿐만 아니라 중국과 일본에서도 관음 신행을 통해 실명이 치유된 사례가 전해진다는 점에서, 본 연구의 분석 결과 실명에서 치유된 사례가 공통적이었다는 점과 일맥상통한다고 볼 수 있다.

한편, 황상준의 연구에서는 후두암 완쾌, 심장병 완치, 뇌출혈 완치, 목 디스크 완쾌 등, 질병 치유 사례가 17건(26.98%)이어서, 본 연구의 결과인 47.46%의 1/2 수준에 그쳤다. 이처럼 차이가 난 것은 황상준이 분석한 자료에 천태종뿐 아니라 조계종 신도의 수기도 포함되어 있기 때문이 아닌가 추정해 본다. 특히 본 연구의 질병 치유 사례자 중 상당수가 관음주송 수행의 영험을 직·간접적으로 체험한 사람들의 권유를 받아서 치유 효과에 대한 믿음을 갖고 관음주송 수행에 임했다는 점에서, 황상준의 연구 결과와 차이가 발생한 것으로 볼 수 있다. 수행자의 철학적·종교적 신념과 수행이 결합되었을 때 치유 효과가 월등히 높다는 이 연구에 비춰 본다면, 조계종 신도는 칭명염불보다는 참선에 더 비중을 두는 조계종의 종풍으로 인해 '신념'에서 차이가 있었기 때문에 이러한 차이가 나타났다고도 생각해 볼 수 있다. 또한 관세음보살 칭명염불을 구조화하여 개발한 기도집중수행 프로그램 참여자들이 불면증 개선, 몸의 이완과 피로 개선, 마음의 평안 등을 보고한 천윤성의 연구 결과에 비해 천태종 신도의 신행 수기에 나타난 질병 치유는 한층 구체적이고 심도 깊은 치유 사례이다. 관음 신앙의 치유 사례를 분석한 윤재철의 연구에서는 5명의 사례자가 허리 협착증, 위장병, 난소암, 갑상선암, 조현병, 폐가 녹아 위독한 질병으로부터 치유되었음을 보고하였다. 이는 본 연구에서 암 등의 종양 질환, 소화기계 질환, 조현병이 치유된 사례와 비슷한 경향으로 보인다.

부처님 당시에는 법문을 듣는 것만으로도 질병이 나은 사례가 있었다. 그러나 정법 시대를 지나 상법上法 시대에 접어든 시기의 영험담을 다룬『삼국유사』와『법화영험전』, 말법 시대인 현대의 신행 수기에서 그러한 결과를 기대하기는 어렵다. 선정의 강력한 효과를 통해 몸과 마음의 병이 치유될 수 있기는 하지만, 일상을 살아가는 재가자들에게 그와 같은 선정을 성취하기가 쉽지는 않다. 그런 점에서 상대적으로 재가자들이 접근하기 쉬운 관세음보살 칭명염불이나 관음주송을 통해 질병 치유를 경험했으며, 소리를 내서 염불하면 알파파가 활성화된다는 점에서, 심신 치유가 더욱 촉진되었다고 이해할 수 있다.

## (2) 재난 구제 사례의 특징 비교

『삼국유사』에서는 재난 구제 사례가 5건이었고,『법화영험전』에서는 11건이었으며, 현대 신행 수기에서는 34건이었다.『법화영험전』

에서 재난 구제 사례가 전체의 3/4에 가까운 비율을 보인 것은 삼국시대부터 이어져 온 전쟁과 외세 침략 등으로 인해 고통을 겪는 백성들에게 희망을 북돋워 주고자 관음 신앙을 통해 재난으로부터 구제될 수 있다는 점에 초점을 맞췄던 것으로 이해할 수 있으며, 이는 『법화영험전』이 편찬될 당시의 시대상이 반영된 결과라고 볼 수 있다.

반면에 현대의 관음주송 신행 수기에서는 재난 상황보다 건강하고 행복한 개인의 삶에 더 큰 관심을 가지게 된 현대인의 가치관 변화가 반영된 결과로 보인다.

『삼국유사』와 『법화영험전』은 물론, 현대 신행 수기에서도 다양한 재난 구제 사례가 수록되어 있다는 공통점이 있다. 다만, 재난의 세부 양상에서는 근대 이전과 현대에 차이가 있다. 먼저, 『삼국유사』에는 옥난, 화난, 수난, 적난과 전란에서 살아남은 영험담이 소개되었다. 『법화영험전』에도 옥난, 화난, 수난, 적난, 풍난, 검난에서 구제된 영험담이 수록되어 있다. 반면에 현대 신행 수기에는 가족이 갑작스럽게 사망한 후 맞이한 여러 위기 상황에서 무사히 벗어난 사례가 4건, 화재 위기에서 구제된 사례가 3건, 교통사고에서 무탈했던 사례가 3건, 사업 실패나 실직 위기를 극복한 사례가 3건, 가난을 극복한 사례가 3건이었고, 가정불화를 극복했거나 중독에서 벗어나는 등, 다양한 사례들이 있다.

'화재'에서 구제된 사례는 『삼국유사』와 『법화영험전』, 현대 신행 수기에서 공통된 내용이고, 현대에 들어서는 '재해'나 '재난'의 유형보다는 교통사고, 실직, 사업 실패, 중독과 같이, 일상생활에 밀착된 '위기' 사례들이 다뤄지는 차이를 보였다. 이처럼 차이가 나타나는 원인은 『삼국유사』와 『법화영험전』이 편찬되던 당시 고려 사회가 처한 현실과 영험담 편찬 의도에서 찾을 수 있다. 전쟁과 기근, 그로 인한 전염병 등 국가적으로 재난에 지속되던 상황에서, 신앙과 신행을 통해 재난을 극복하고 구제될 수 있음을 알리고자 했던 의도가 재난 구제 사례에 비중을 두게 했다. 이러한 경향은 고려의 진정국사 천책天頙이 편찬한 『해동법화전홍록海東法華傳弘錄』에서도 비슷하게 나타난다. 다만 천책의 『전홍록』에서는 『법화경』 독송이나 사경 등, 법화 신행에 초점이 맞춰져 있어서 관세음보살 칭명염불 등의 관음 신행이 두드러지지 않으며, 영험 사례자가 지배 계층이거나 승려들이라는 특징을 보인다.

한편, 이효원은 관음 영험담의 구조를 분석하면서 고려 시대부터 구한말까지의 관음 신행 영험담 11건을 소개하였는데, 여기서는 6건(54.55%)의 재난 구제 사례가 다뤄진다. 6건 중 4건은 잘 알려진 오세암 설화, 『삼국유사』에 수록된 최은함의 아들 최승로가 전란 중에 관음상 밑에서 살아남은 이야기, 한용운이 독립운동을 하다가 총에 맞고 쓰러졌으나 살아난 이야기 등이다. 이효원은 이러한 사례를 '인명 구제' 사례라고 명명하였다. 그 밖에 화난에서 구제된 사례가 1건, 옥난에서 구제된 사례가 1건이다.

[그림 IV-7] 재난 구제 사례별 비율

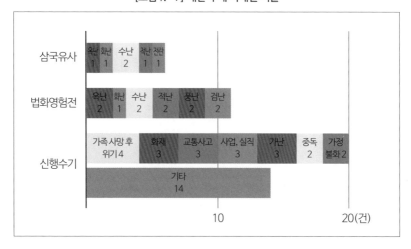

또, 황상준이 현대 재가불자의 가피 사례를 분석한 연구에서는 총 63건의 사례 중 4건이 재난 구제에 해당한다. 4건 중 3건은 황상준이 "재난(차량) 면함"이라고 분석한 사례이고, 나머지 1건은 "재난(선박) 면함"이라고 분석한 사례이다. 황상준의 연구에서 한 가지 눈에 띄는 점은 재난 구제 사례의 비율이 전체의 6.35%에 그쳤다는 점이다. 이는 이효원의 연구(54.55%)나 본 연구에서 천태종 신행 수기에 나타난 재난 구제 사례(28.81%)에 비해 현저히 낮은 비율이다. 이는 현대, 특히 21세기의 재가 불자들에게 '재난 구제'의 위신력을 지닌 관세음보살의 위상보다는 '소원 성취'라는 염불 수행의 공덕이 더 크게 인식되는 경향을 보이는 것으로 추정해 볼 수 있다. 이러한 경향은 기복불교가 아닌 작복불교로 나아가야 한다고 강조한 상월의 새불교운동의 방향성과 역행하는 결과라고 할 수 있다. 따라서 관세음보살의 위상과 칭명염불 수행, 관음주송 수행의 목적과 공덕에 대해 재가불자들에게 바르게 알릴 필요가 있으며, 이를 위한 제반 환경, 즉 칭명염불 수행을 할 수 있는 공간, 수행 프로그램 등이 마련되어야 할 것이다.


### (3) 소원 성취 사례의 특징 비교

『삼국유사』에서는 소원 성취 사례가 2건이었고, 『법화영험전』에서는 1건이었으며, 현대 신행 수기에서는 26건이었다. 『삼국유사』와 『법화영험전』 모두 '아들 출산'에 대한 소원이 성취된 사례이다. 천태종 신행 수기에서는 입시나 학업 성취에 관한 소원 9건, 아들 출산에 대한 소원 5건, 사업 성공에 대한 소원 3건, 취업에 대한 소원 2건, 그 밖의 소원 7건이었다. 이로써 각 영험담에서 '아들 출산'에 대한 소원이 성취되었다는 공통점을 확인할 수 있다. 다만, 천태종 신행 수기에서 아들 출산의 소원이 성취된 5건 중 4건은 1997년에 출판된 수기 모음집에, 나머지 1건은 2007년에 〈금강신문〉에 소개된 사례라는 점에서, 2010년대 들어서는 아들 출산에 대한 소원 성취 사례가 소개되지 않았다는 특징을 보인다. 이는 최근 아들보다 딸을 선호하는 사회 분위기가 반영된 결과로 보인다.

천태종 신행 수기의 소원 성취 사례에서 입시나 학업, 사업, 취업 관련 사례를 '개인의 진로 · 직업'이라는 큰 범주로 묶어 본다면, 전체 26건의 소원 성취 사례 중 14건(54.85%)으로, 절반이 넘는 비율이다. 이는 '아들 출산' 사례인 5건(19.23%)과 비교하면 약 3배에 이른다. 『삼국유사』와 『법화영험전』에서는 '아들 출산'이 유일한 소원 성취 사례였던 것에 비해 현대에는 아들 · 딸을 막론하고 개인의 진로나 직업이 안정되는 것이 더욱 중요한 요인임을 보여주는 것이다. 또한 앞의 재난 구제 사례와 연결하여 생각해 본다면, 근대 이전의 중생에게는 '생존'이 더 중대한 문제였다면, 1970년대 이후 사회가 발전하며 안정화된 현실에서는 생존보다는 '안정된 삶'을 영위하는 것이 더 중요한 문제로 떠올랐기 때문에 '개인의 진로 · 직업'에 관한 소원을 성취한 사례가 과반의 비율을 차지한 것으로도 이해할 수 있다.

[그림 IV-8] 소원 성취 사례별 비율

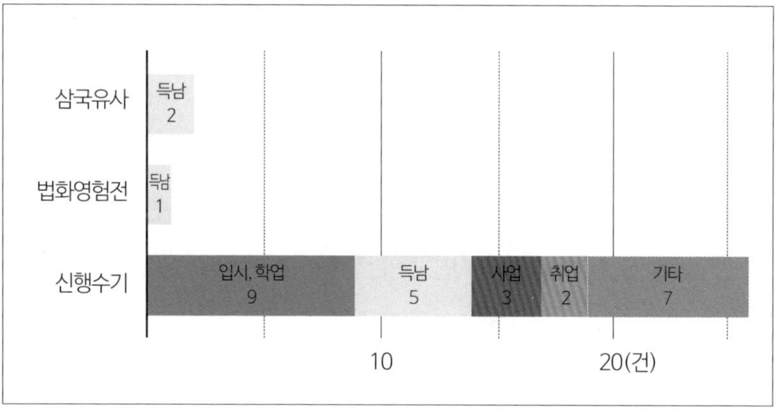

앞서 살펴본 이효원의 연구에서는 고려 시대부터 구한말舊韓末까지의 관음 영험담 11건 중 2건이 소원 성취에 해당된다. 결혼에 관한 사례와 아들 출산에 대한 사례가 각각 1건씩이다. 황상준의 현대 재가불자 가피 사례 연구에서는 63건 중 33건(52.38%)이 소원 성취에 해당하는 사례였다. 이들을 하위 범주로 세분화하여 살펴보면 '자신의 변화'가 6건, '삶의 안정'이 5건, 아들 출산이 5건, '시험 합격'이나 '입시 합격'이 4건, '공무원 합격' 등 취업에 성공한 사례가 4건이었다. 이외에도 '결혼', '주택 구입' 등의 사례가 있었다. 입시나 취업에 관한 사례를 '개인의 진로·직업'이라는 큰 유형으로 묶어 보면 8건으로, 전체 33건의 24.24%에 해당된다. 이는 본 연구의 결과인 54.85%의 절반에 못 미치는 비율이다. 황상준의 연구에서 '아들 출산'의 비율은 15.15%로, 본 연구의 결과인 19.23%와 유사한 경향을 보였다. 황상준이 분석한 현대 재가불자의 가피 체험에서 눈에 띄는 것은 '자신의 변화'라든가 '삶의 안정'과 같은 소원을 성취한 사례가 전체의 1/3에 달한다는 점이다. 본 연구에서 천태종 신행 수기에 '마음의 위안'을 얻었다거나 '기도하는 힘을 성취했다'는 사례가 각 1건씩이었던 것과는 차이가 있다. 다만 황상준의 연구에는 각 사례자들의 구체적인 체험이 소개되지 않았기 때문에 '자신의 변화'나 '삶의 안정'이 구체적으로 어떤 체험을 의미하는지 파악하기는 어렵다. 본 연구의 신행 수기에서 '기도하는 힘 성취'와 '마음의 위안' 사례도 각각 '자신의 변화'와 '삶의 안정'에 해당된다고 볼 수 있기에 분석 결과만을 가지고 두 연구의 차이점을 논하기는 어렵다. 차후에 조계종을 비롯한 다른 종단의 염불 수행자들과 천태종 관음주송 수행자들의 경험 내용을 질적으로 비교해 보는 연구가 진행된다면 이러한 차이의 원인이나 배경, 경향성 등을 비교 고찰해 볼 수 있을 것이라 사료 된다.

### ⑷ 기타 사례의 특징 비교

위의 [그림 IV-9]에 제시된 바와 같이 『삼국유사』에서 7건의 기타 사례 중 5건은 관세음보살의 진신 혹은 응신을 친견한 사례로서 『삼국유사』에서는 관음 신앙 자체에 좀 더 초점을 맞추는 경향을 보였다. 『법화영험전』에서도 역시 기타 사례는 2건 모두 관세음보살 응신을 친견한 사례이다. 반면에 천태종 신행 수기에서 기타 사례 2건은 지나온 삶에 대한 참회, 구인사와 인연이 맺어진 사례로, 근대 이전의 영험 사례와는 차이를 보인다.

천태종 관음 신행 수기에서도 관세음보살의 진신 혹은 응신을 친견한 사례가 없지 않았으나, 질병 치유나 재난 구제, 소원 성취의 발원을 갖고 수행에 임했던 수행자들이 대부분이어서 친견 그 자체보다는 친견 이후 발원 내용에 대한 결과를 중심으로 기술되었기 때문에 기타 사례에 포함되지 않은 경향이 있다.

[그림 VI-9] 기타 사례별 비율

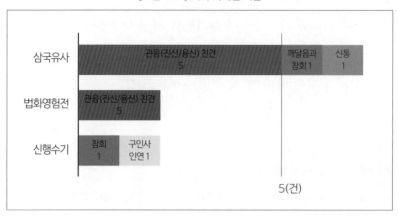

## 2) 가피 유형별 특징 비교

[그림 IV-10] 가피 유형별 비율

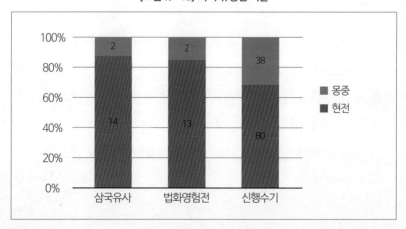

다음으로 가피 유형별 분석 결과를 비교해 보면, 위의 [그림 IV-10]과 같이, 『삼국유사』에서는 몽중 가피 2건(12.50%), 현전 가피 14건(87.50%)이었고, 『법화영험전』에서는 몽중 가피 2건(13.33%), 현전 가피 13건(86.67%)이었으며, 현대 신행 수기에서는 몽중 가피 38건(32.20%), 현전 가피 80건(67.80%)이었다. 전반적으로 현전 가피의 비율이 더 높았으나, 과거에 비해 오늘날 몽중 가피의 비율이 2배 이상 높은 것을 알 수 있다.

그런데, 몽중 가피 사례의 꿈속에 나타난 인물에서 천태종 신행 수기의 내용이 독특한 특징을 보인다는 점이 흥미롭다. 『삼국유사』의 몽중 가피 사례에서는 승려 조신이 마음에 품었던 여인과 관세음보살이 나타났고, 『법화영험전』에서는 '배를 타고 가던 사람들'과 '어떤 사람'이 나타났다. 반면에, 천태종 신행 수기에서는 상월원각대조사가 꿈에서 보호해 주었다거나 어떤 가르침을 주었다는 사례가 자주 등장한다. 신행 수기에서 몽중 가피 38건 중 상월원각대조사를 본 경우는 모두 14회(36.84%)로, 가장 높은 비율을 보였다. 사례 번호 3번, 5번(2회), 24번, I-5번, I-6번, II-6번, II-10번(3회), II-16번, II-19번(2회), II-23번이 그러한 경우이다. 이어서, 2대 종정 큰스님을 본 경우도 11회(28.95%) 있었는데, 사례 번호 5번, I-8번, I-9번, II-8번, II-10번(5회), II-15번, II-16번이 그러하다. 비구 또는 비구니를 보았다거나 '스님'을 보았다고 기술한 경우는 6회(15.79%)로, 사례 번호 22번, I-5번, I-7번, I-9번, II-13번, II-22

번이다. '백발노인'이나 '수염 허연 할아버지', '할머니'를 본 경우
는 6회(15.79%)로, 사례 번호 3번, Ⅰ-24번, Ⅰ-26번, Ⅱ-7번, Ⅱ-18번,
Ⅱ-19번이 여기에 해당한다. 사례자가 꿈에서 본 인물을 관세음보
살이나 그 화신으로 이해한 사례는 5회(13.16%)로, 사례 번호 5번,
25번, Ⅰ-6번, Ⅰ-16번, Ⅱ-19번이 여기에 해당한다. 25번의 사례자는
꿈에서 한 노인을, Ⅰ-6번의 사례자는 비구니 스님을, Ⅱ-19번의 사
례자는 할머니를 보았는데 꿈에서 깬 후 관세음보살이라고 느꼈다.
Ⅰ-16번의 사례자는 꿈에서 하얀 두 손이 아픈 부위에 약을 발라주
는 모습을 보았는데, 그것이 관세음보살의 손이라고 느꼈다. Ⅱ-19
번 사례자는 꿈에서 부처님을 본 경우가 2회 있었다.

[그림 Ⅳ-11] 몽중 가피 내용별 비율

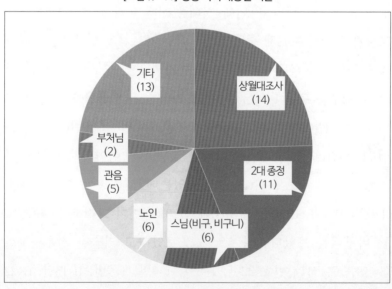

이처럼 천태종 신도들이 상월원각대조사의 꿈을 통해 가피를 받았다고 느낀 것은, 상월이 한국 천태종을 중창하면서 십선계를 수지하고, 관음주송 수행과 주경야선 수행, 승속이 함께하는 안거 수행에 정진하도록 하였으며, '새불교운동'을 통해 애국불교, 생활불교, 대중불교의 3대 지표와 밝은 자아의 개현, 밝은 생활의 창조, 밝은 사회의 실현이라는 3대 강령을 보다 구체적이고 현실성 있게 실현했기 때문일 것이다. 특히 관세음보살 100만 독 정진이라는 상월의 유훈을 종도들이 성실히 실천해 온 것이 가장 큰 바탕이 되었다고 볼 수 있다. 김청진의 연구에서 『법화경』에 대한 굳은 신념이 심신 치유 공덕의 원리로써 작용했다고 본 것과 유사하게, 관음주송 수행을 정립한 상월에 대한 믿음이 영험 체험을 견인한 것으로 이해할 수 있다.

지금까지 『삼국유사』와 『법화영험전』, 천태종 신행 수기의 영험 사례를 분석하여 관음 신행을 통한 영험 사례의 특징을 살펴보았다. 『삼국유사』와 『법화영험전』으로 대표되는 고대 및 중세의 영험 사례에서는 재난 구제와 관련된 영험 사례나 관세음보살 친견과 관련된 영험 사례가 많았던 반면, 천태종 관음주송 수행자들에게는 질병 치유와 관련된 영험 사례가 많은 특징을 보였으며, 이는 시대상이 반영된 결과임을 알 수 있다. 현대의 질병 치유 사례에서는 위궤양, 십이지장궤양 등 소화기계 질환, 심장 질환, 신체 마비, 직장암 관절 질환 등의 신체 질환, 조현병, 우울증, 불면증과 같은 정신 질환 등 다종다양한 질병에서 치유를 경험하는 것으로 나타났다. 현대 신행 수기의 또 한 가지 특징은 『삼국유사』와 『법화영험전』에 비해 몽중 가피의 비율이 2배 이상 높았으며, 특히 상월원각대조사의 꿈을 통한 영험 체험 비율이 높았다는 것이다. 이는 한국 천태종의 중창조에 대한 믿음, 관음주송 수행을 통한 영험 체험자들의 권유 등이 영향을 미친 결과로 이해된다. 따라서 향후 여러 불교 종단에서도 불자들에게 관음 신행의 득익과 공덕, 영험 사례를 적극적으로 알리고 수행 환경을 조성함으로써 불자들의 피부에 와닿는 실질적 수행 이득을 제공할 필요가 있다고 본다.

# V
# 결론 및 제언

# 1. 결론

본 연구는 한국 천태종의 관음주송 수행자들의 영험 사례를 비교·분석하여 칭명염불과 불교 수행에 대해 깊이 이해하는 데 유용한 정보를 제공하고, 말법 시대의 불교 신자들이 칭명염불의 중요성과 필요성을 인식할 수 있도록 가이드라인을 제시하는 것이 목적이다.

이를 위해 한국 천태종의 관음 신행이 정립된 이론적 배경으로『법화경』과『화엄경』등의 불교 경전과 논서, 천태종 관련 경전과 논서, 한국 천태종에서 발간한 서적을 통해 관음 신행과 관음주송 칭명염불 수행의 개념과 전개 양상을 고찰하였다. 이러한 이해를 바탕으로, 관음 신행 영험담이 수록된『삼국유사』『법화영험전』한국 천태종 불자들의 관음 신행 체험 수기를 질병 치유, 재난 구제, 소원 성취, 기타 사례의 네 가지로 분류하여 이들 영험담의 가피 유형 및 감응 형태를 비교하여 분석하고 특징을 기술하였다.

지금까지 논의된 내용을 요약하면 다음과 같다.

Ⅱ장에서는『법화경』『화엄경』『수능엄경』『반야바라밀다심경』을 비롯하여 다라니 계열 경전과 정토삼부경인『무량수경』『관무량수경』『아미타경』등을 통해 관음 신앙의 배경과 전개 양상을 고찰하고, 여러 경론에 나타나는 관음 신행의 양상과 관음 신앙의 성격 및 특징을 살펴보았다. 관세음보살은 다양한 명호로 불렸으며, 특히 '관자재'는 지혜의 덕에 중점을 둘 때 사용되었고, '관세음'은 대자비의 덕에 중점을 둘 때 사용되었다. 또한 관세음보살의 중생구제 본원과 위신력, 그에 따른 응신 및 화현에 대한 사상이 관음 신앙으로 정착되면서 염불 수행은 물론 관상 수행이나 지관 수행을 통해 오늘날 많은 불자들이 관음 신행을 실천하고 있음을 확인하였다. 특히 말법 시대 현대의 불자들에게 칭명염불을 통한 관음 신행은 질병 치유, 소원 성취, 재난 구제와 같은 세간적 이익은 물론, 불퇴전의 지위를 얻어 해탈·열반에 이르는 출세간적 이익에 대한 희망과 수행 정진의 의지를 북돋울 수 있음을 알 수 있었다.

이어서 한국에 전해진 관음 신앙의 특징과 관음 신앙의 수용 및 전개 양상, 산과 바다를 중심으로 한 관음 신앙이 어떻게 뿌리내리게 되었는지 살펴보았다. 한반도에 유입된 관음 신앙은 왕실과 국가를 수호하는 기제로서 외적 위안을 도모하는 데 일조하였다. 또한 관세음보살은 신분과 무관하게 일체중생의 구제자로서 감응하고 화현한다는 믿음을 심어줌으로써 내적 위안을 도모하는 역할을 하였으며,『삼국유사』에 많은 영험담이 수록되어 있다. 이처럼 관음 신앙은 삼국 시대에 불교가 전해진 이후 한반도에서 외세 침략과 전쟁, 가난 등으로 고통받던 중생들에게 안식을 제공하였음을 알 수 있다. 또한 산, 바다와 인연 있는 관음 주처 신앙은 3면이 바다로 둘러싸여 있고 국토의 70%가 산지인 한반도 지형과 맞물려 곳곳에 관음 도량이 형성되어 관음 성지로 자리매김하였고, 수많은 불자의 귀의처가 되어 왔음을 확인하였다.

III장에서는 한국 관음 신앙이 삼국에서 고려, 조선, 현대에 이르기까지의 어떻게 수용하고 전개되었는지를 살펴보고, 고려의 대표적인 천태종 승려인 의천과 요세의 관음 신앙을 고찰하여, 중국 천태종의 지의와 지례의 천태 사상을 통해 양국 천태종이 발생하고 발전해 온 양상을 살펴보았다. 대각국사 의천에 의해 중국 천태종이 고려 천태종으로 이어졌다. 의천은 교장 수집 활동을 활발히 하였으며, 천태 교학을 연구하여 교관겸수 사상을 펼쳤다. 이로써 의천은 회삼귀일 사상과 더불어 선교를 포섭한 고려 천태종을 개장하였다. 지의는 중국 천태종의 개조로, 최고의 진리를 갖춘 경전인『법화경』에 주목하여 법화 원교의 교리를 확립하고, 그에 따른 실천 체계로서 지관 수행, 사종삼매, 25방편, 십승관법 등의 관문을 정립하였다. 그는 다양한 저술을 통해 관음 신앙 및 신행을 정비하였고, 사종삼매에 염불 수행을 포함시켰을 뿐만 아니라, 임종 시에도 염불을 하는 등 천태종과 관음 신행에 지대한 영향을 미쳤다.

이처럼 지의는 석존의 입멸 이후 마하가섭으로부터 용수를 거쳐 혜사에게 전해진 불법과 다양한 수행법을 통섭하여 중국 천태종을 개창하였고, 천태종은 지의로부터 그의 제자 관정을 거쳐 지례로 이어졌다. 지례는 마음으로 부처님을 생각하는 '약심관불' 또는 '즉심염불'을 주장함으로써 실천에 있어서 마음의 중요성을 강조하였으며, 『천수안대비심주행법』이라는 예참의식을 통해 수자의삼매, 법화삼매예참법 등을 설하였다.

의천 이후 백련결사로 대표되는 원묘요세에 의해 고려 천태종이 중흥되었으나, 조선 시대의 억불 정책과 종단 통합으로 인해 종단으로서의 명맥이 표면적으로 끊어진 것처럼 보였다. 그러나 고려 천태종의 신앙 및 신행은 백성들의 신앙과 생활에 깊이 침투되었고, 오늘날 상월원각대조사에 의해 중창된 한국 천태종에도 영향을 미치고 있음을 확인하였다.

상월원각대조사는 한국 천태종을 중창하면서 십선계를 수지하고, 관세음보살을 일심으로 칭명하는 관음주송 수행과 주경야선 수행, 승속이 함께하는 안거 수행에 정진하도록 하였으며, '새불교운동'을 통해 애국불교, 생활불교, 대중불교의 3대 지표와 밝은 자아의 개현, 밝은 생활의 창조, 밝은 사회의 실현이라는 3대 강령을 보다 구체적이고 현실성 있게 실현하였다. 특히 관세음보살 100만 독을 실천하라는 유훈 아래 현재 구인사를 비롯한 천태종 말사에서 100

만 독 실천 운동 릴레이를 성실히 실천하고 있다. 이는 IV장에서 분석한 바와 같이 많은 천태종 신도의 수많은 영험 사례로 이어졌다.

IV장에서는 II-III장에서 논의한 이론적 배경을 토대로, 한국 천태종 관음 신행 수행자들의 영험 사례를『삼국유사』,『법화영험전』에 소개된 영험 사례와 비교·분석하였다. 질병 치유, 재난 구제, 소원 성취, 기타의 4개 유형으로 분류하여 분석한 결과, 오늘날 관음 신행 수행자들은 기타 사례를 제외한 3가지 유형의 영험을 비교적 고르게 체험하고 있었다. 그중에서도 질병 치유의 영험 체험이 가장 많았으며(47.46%), 이는『삼국유사』(12.50%)나『법화영험전』(6.67%)과는 다른 결과였다.『삼국유사』에서는 관세음보살의 진신이나 응신을 친견한 영험 사례가 질병과 재난의 영험 사례보다 많았고 (43.75%),『법화영험전』에는 재난 구제 사례가 가장 많았다 (73.33%). 이는 전쟁이나 자연재해 등이 현저히 줄어든 현대사회의 생활상이 반영된 결과라고 이해할 수 있다.

또한 한국 천태종의 관음 신행 수행자들이 몽중 가피를 통해 영험을 체험한 비율이 32.20%로 나타났다. 이는『삼국유사』의 12.50%,『법화영험전』의 13.33%에 비해 2배 이상 높은 비율이다.『삼국유사』, 『법화영험전』, 현대 관음주송 수행자들의 영험 사례들은 모두 현기 현응의 감응 형태가 절대적으로 높은 비율을 보였는데, 이는「관세음보살보문품」에서 설하는 바와 같이 관세음보살의 위신력이 현세에 즉시 발현된다는 뜻으로 이해되었다. 이러한 결과는 앞서 언급했던 '줄탁동시'의 비유와 연결하여 이해할 수 있다. 즉 껍질을 경계로 새끼와 어미, 두 존재의 힘이 하나로 모아졌을 때, 새로운 세상이 만들어진다는 이 비유는 결국 이 세상은 혼자의 것이 아니라, 자신의 삶과 타인과의 관계 속에서 형성된다는 불교의 자타일시성불도自他一時成佛道를 깨닫게 해 준다. 병아리는 깨달음을 향하여 앞으로 나아가는 수행자이고, 어미 닭은 수행자에게 깨달음의 방법을 알려주는 스승, 곧 관세음보살이라 할 수 있다. 알 속의 병아리와 같은 수행자가 관세음보살을 부르면, 어미 닭과 같은 관세음보살은 그 소리를 관하고 즉시 응답해 준다. 마치 스승이 제자를 깨우쳐 주듯, 제자는 수행을 통해 안에서 쪼아 나오고, 스승은 제자를 잘 보살피고 관찰하다가 시기가 무르익었을 때 깨달음의 길을 열어 주어야 한다. 이때 시점이 일치해야 비로소 진정한 깨달음이 일어난다. 병아리와 어미 닭이 동시에 알을 쪼지만, 어미 닭은 새끼가 알을 깨고 나오는 데에 작은 도움을 줄 뿐, 실제로 알을 박차고 나오는 것은 병아리 자신이다. '하늘은 스스로 돕는 자를 돕는다'라는 말과 상월원각대조사의 '게으른 자여 성불을 바라는가'라는 말은 '줄탁동시'의 개념과 유사한 표현이라고 할 수 있다. 어찌 보면 말법 시대를 살아가는 중생에게 나침반의 역할을 하는 것으로 여겨진다. 요즘 사람들은 '탁'의 의미를 '줄'의 의미보다 더 강조하는 경향이 있어 아쉬움이 많다. 스승의 역할은 옆에서 격려해 주고 약간의 '탁'을 해 주는 것이고, 제자는 스승의 도움을 받아 스스로 깨달아

자기의 삶을 개척해 나가야 한다. 21세기를 살아가는 수행자들은 '줄탁동시'를 염두에 두고 제자와 스승의 위치를 다시 한번 되돌아볼 필요가 있다. 관세음보살 역시 일심칭명이라는 자력적 요소, 즉 '줄'을 행하는 중생을 제도해 준다는 사실을 잊어서는 안 될 것이다. 이 줄탁동시를 상월원각대조사 법어와 연계하여 설명하자면, 중생은 무명으로 인해 업을 짓고 생사의 고통을 받는다. 마치 어두운 알 속에 있는 병아리와 같다. 알 속의 어둠은 무명이고, 껍질에 갇혀 있음은 업에 속박되어 있는 모습이며, 알 속에서 삶과 죽음의 기로에 처해 있음은 생사의 고통을 겪고 있는 모습이다. 무명으로 업을 짓고 생로병사의 고통을 받고 있는 중생이 보리의 마음을 내고 관세음보살에 대한 믿음을 일으켜 그의 명호를 일심으로 칭명한다. 이것은 마치 병아리가 알 속에서 밖으로 나오기 위해 껍질을 쪼아대는 것과 같다. 관세음보살께서 중생의 소리를 관하여 그를 구제해주시는 것은 마치 어미 닭이 병아리의 쪼는 소리를 듣고 껍질을 쪼아 깨뜨려 주는 것과 같다. 껍질이 깨지면 병아리는 광명을 보고 알 속에서 나와 생명을 얻는다. 광명은 무상보리요, 알 속에서 나오는 것은 무애해탈이며, 생명을 얻는 것은 무한생명을 드러냈음을 의미한다. 이와 같이 구인사의 금계포란은 관세음보살의 중생구제을 나타내고 있다. 또한, 관세음보살 100만 독을 실천하라는 상월원각대조사의 유훈 아래, 신도들은 필요할 때마다 충북 단양 구인사나 천태종 사찰의 지역 말사에서 밤낮을 가리지 않고 관음주송에 매진하였고, 이것이 바탕이 되어 일상생활 속에서도 일심칭명을 실천했음을 확인하였다. 이는 천태종 사찰이 대웅전과 별도로 지관전止觀殿에서 24시간 기도를 할 수 있도록 개방하였기 때문에 가능한 일이었음을 알 수 있었다.

칭명염불을 통해 소원 성취는 물론, 깨달음을 증득할 수도 있다. 관세음보살의 이름을 계속해서 부르면서 실제로는 머릿속에 아무런 생각도 하지 않아야 한다. 오로지 염송에만 집중함으로써 정신과 육체의 안정과 균형, 정신적 조화를 이룰 수 있다. 또한 수행 중에 신비한 체험을 하여 더 깊은 수행으로 이끌어 주며, 종교적 회심을 일으켜 새로운 인생관을 형성하게 하는 가치와 공덕이 있음을 본 연구에서 밝혔다. 칭명염불 기도를 지속하면 얼굴이 환해지고, 음식 섭취와 소화가 잘되며, 생체의 리듬을 조절하는 효과가 있다. 또한 육체적 질병이 치료되며, 심리적으로 안정감을 준다. 즉 칭명염불 기도를 통해서 마음이 변화하여 회심하게 되고, 몽중 가피와 명훈 가피를 받게 된다.

본 연구에서는 이처럼 현대 한국 천태종을 중심으로 '관음주송'으로 대표되는 관세음보살 칭명염불 수행에 의한 영험담을 분석하고, 그 특성을 규명하였다. 염불 수행자들이 직접 경험한 영험 사례를 분석하여 염불 수행의 중요성과 필요성, 그로 인해 얻는 이익을 불자들에게 제공한 본 연구의 결과는, 신자는 물론 비 불자들에게도 신심과 신행을 더욱 견고히 하는 기반이 될 수 있을 것이다. 이는 말법 시대 중생들이 염불 수행을 통해 선정과 지혜를 얻는 데 유익한 동기를 제공할 수 있을 것이다.

## 2. 연구의 제한점 및 제언

본 연구는 〈금강신문〉에서 2007년부터 2015년까지 시행한 천태종 신행 수기 공모 당선작과 한국 천태종에서 1997년에 발간한 신행 수기 모음집 두 권에 수록된 사례를 대상으로 분석하였으므로, 그 이후의 영험 사례나 공개되지 않은 영험 사례는 분석 대상에 포함되지 못한 한계가 있다. 또한 사례자들이 재가 불자들이어서 출가 수행자들의 체험 특성은 고려되지 않았다. 본 연구를 계기로 차후에는 출가 수행자들의 영험 사례 분석 연구도 이뤄질 수 있기를 기대한다.

천태종 신행 수기 중 몽중 가피 사례에서 1/3 이상의 사례자들이 상월원각대조사의 꿈을 통해 가피를 입었다고 받아들였는데, 조계종이나 다른 종단 불자들이 염불 수행을 통해 몽중 가피를 입은 영험 사례를 조사하여 천태종 신도의 영험 사례와 비교해 보는 연구 또한 흥미로운 연구 주제가 될 수 있을 것이다. 이는 추후의 연구 과제로 제안한다.

본 연구의 결과를 바탕으로 몇 가지 제언을 하면 다음과 같다.

첫째, 관음주송 수행자들의 영험 사례에서 확인하였듯이, 칭명염불 수행을 할 수 있는 기도실을 24시간 개방하여 칭명염불의 소리로 인해 타인의 기도 수행에 방해가 되지 않도록 하고, 칭명염불 수행에 전념할 수 있는 여건을 마련해야 한다. 이러한 공간은 냉난방을 비롯한 물리적 환경과 수행자들이 언제라도 찾아올 수 있는 입지적 환경을 고려하여 조성돼야 할 것이다. 이를 통해 더 많은 불자들이 칭명염불 수행에 매진하여 소원을 성취하고, 나아가 깨달음을 얻는 데 큰 도움이 될 것이라고 확신한다.

둘째, 젊은 사람들의 불교 포교를 위해 칭명염불의 가치와 공덕을 더 많은 사람이 경험하고 느낄 수 있도록 가족이 함께 참여할 수 있는 염불 수행 프로그램을 개발하고 보급할 필요가 있다. 특히 코로나19 감염병 유행으로 인해 온라인 환경에서 참여하기를 선호하는 젊은 세대들의 특성을 고려할 때, 온라인으로 가족들이 함께 모여 참여할 수 있는 염불 수행 프로그램이 개발되어야 한다.

셋째, 위의 제언과 연계하여, 메타버스를 활용한 사이버 법당, 사이버 템플스테이, e-경전을 개발하고 운영하여 적극 활용할 필요가 있다. 이렇게 하면, 스마트폰이나 테블릿으로 정보를 접하는 젊은 불자들이 포교 될 수 있을 것이다. 이를 통해 일상생활에서 자동차를 운전할 때, 설거지할 때, 운동할 때, 화장실에서 볼일 볼 때, 샤워하거나 세수할 때, 밥 먹을 때 밥을 씹으면서까지도 속으로는 '관세음보살'을 주송 한다면, 상월원각대조사의 유훈대로 관음주송 100만독을 실천할 수 있을 것이다.

넷째, 칭명염불 수행을 비롯한 불교 수행을 통해 대한민국의 위상을 더욱 높이는 것이다. 상월원각대조사는 우리의 사상과 정신 문화를 전 세계에 알려야 한다고 강조하였다. 그는 지구의 모양을 소[牛]에 비유하여, "문명이 일어나는 것은 소가 일어나는 형국이다."라고 하였다. 중국은 소의 가슴(심장) 부분에 해당하여, 심장이 박동하고 혈액 순환이 이루어지면서 가장 먼저 문명이 발전하여 일어났고, 그 다음으로 유럽(영국, 스페인)이 소의 앞다리 부분에 해당하여 아편전쟁으로 일어났다. 이어서 아메리카(미국, 캐나다)는 소의 뒷다리 부분에 해당하여 미국은 2차 세계대전을 통해 일어났다. 마지막으로 한국은 소의 머리 부분에 해당하여 전쟁이 아닌 문화로 일어난다. 그는 21세기가 정신 문화의 시대이며, 한민족의 정신 문화가 세계의 중심으로 나아갈 것이라고 말하였는데, 한국이 일어나는 시점이 바로 지금이라는 것이다.

한국은 1988 서울 올림픽을 계기로 세계에 알려지기 시작하였다. 외국인들은 한글, 한복, 김치, 전주의 한옥마을 등으로 대표되는 한국의 전통문화와 전통 사찰의 템플스테이, K-드라마, K-POP, 한국의 야경과 현대문화의 다채로운 매력에 놀라며 한국을 사랑하고 배우고 싶어 한다. 뿐만 아니라, 한국은 살고 싶어 하는 나라가 되었다. 상월원각대조사가 비유한 것처럼, 이제 소의 머리가 일어나고 있다. 불교 수행을 통해 청정한 불국토를 만들어 나간다면, 대한민국은 세계 속의 중심 국가로 힘차게 나아갈 것이다.

# 참 고 문 헌

## 1. 원전

大正新脩大藏經：T

卍新纂續藏：X

韓國佛敎全書：H

『長阿含經』(T1).

『增一阿含經』(T1).

『大般若波羅蜜多經』(T5).

『般若波羅蜜多心經』(T8).

『大方廣佛華嚴經』(T9).

『妙法蓮華經』(T9).

『正法華經』(T9).

『華嚴經』60卷(T9).

『大方廣佛華嚴經』(T10).

『華嚴經』80卷(T10).

『無量壽經』(T12).

『阿彌陀經』(T12).

『佛說阿彌陀經』(T12).

『般舟三昧經』(T13).

『文殊師利般涅槃經』(T14).

『維摩經』(T14).

『佛說自誓三昧經』(T15).

『佛說海龍王經』卷3(T15).

『坐禪三昧經』(T15).

『金剛頂瑜伽中略出念誦經』(T18).

『大毘盧遮那成佛神變加持經』(T18).

『大日經』(T18).

『大佛頂如來密因修證了義諸菩薩萬行首楞嚴經』(T19).

『佛說大乘莊嚴寶王經』卷20(T20).

『佛說十一面觀世音神呪經』(T20).

『十一面神呪心經』(T20).

『千光眼觀自在菩薩祕密法經』(T20).

『千手千眼觀世音菩薩廣大圓滿無碍大悲心大陀羅尼經』(T20).

『請觀世音菩薩消伏毒害陀羅尼呪經』(T20).

『高音聲王大陀羅尼』(T21).

『大智度論』(T25).

『十住毘婆沙論』(T26).

『俱舍論』(T29).

『大般若波羅蜜多經般若理趣分述讚』(T33).

『妙法蓮華經玄義』(T33)

『般若波羅蜜多心經幽贊』(T33).

『觀音義疏』(T34).

『觀音玄義』(T34).

『法華玄義』卷下(T34).

『大方廣佛華嚴經疏』(T35).

『華嚴經探玄記』卷19(T35).

『觀無量壽佛經疏妙宗鈔』(T37).

『金光明經文句』(T39).

『十一面神呪心經義疏』(T39).

『請觀音經疏』(T39).

『華嚴一乘教義分齊章』(T45).

『國請百錄』第4(T46).

『摩訶止觀』(T46).

『修習止觀坐禪法要』(T46).

『千手眼大悲心呪行法』(T46).

『略論安樂淨土義』(T47).

『佛祖通記』(T49).

『三國遺事』(T49).

『續高僧傳』(T50).

『宋高僧傳』(T50).

『隋天台智者大師別傳』(T50).

『神僧傳』(T50).

『海東高僧傳』(T50).

『大唐西域記』(T51).

『往生西方淨土瑞應傳』(T51).

『翻譯名義集』(T54).

『一切經音義』(T54).

『東域傳燈目錄』(T55).

『華嚴經行願品別行疏鈔』(X5).

『大佛頂如來密因修證了義諸菩薩萬行首楞嚴經要解』卷11(X14).

『華嚴經』「十地品」(X77).

『觀世音持驗紀』(X78).

『法華靈驗傳』(X78).

『法華經現應錄』(X78).

『白衣解』(H6).

『釋迦如來行蹟頌』(H6).

『禪家龜鑑』(H7).

『高麗史』卷28.

『東文選』.

『東國李相國集』.

『三國史記』卷18,「高句麗本紀」.

『三國史記』卷24,「百濟本紀」.

『新增東國輿地勝覽』제47권.

『入唐求法巡禮行記』卷2.

Andersen, D., & Smith, H.(eds.), Suttanipāta, London: Pali Text Society, 1984.

## 2. 국내 문헌

### 가. 단행본

각묵 스님 옮김, 『네 가지 마음 챙기는 공부』, 울산: 초기불전연구원, 2017.

고익진, 『현대 한국불교의 방향』, 서울: 이바지, 1998.

金大隱, 『觀音信仰의 傳布 : 念彼觀音力과 그 靈驗』, 서울: 三藏苑, 1992.

김대현, 성재헌 옮김, 『선학입문』, 서울: 동국대학교 출판부, 2013.

김무생, 『현대밀교』, 서울: 해인행, 1996.

김영태, 『삼국신라시대 불교금석문 고증』, 서울: 민족사, 1992.

김호성, 『천수경과 관음 신앙』, 서울: 동국대학교 출판부, 2006.

대한불교천태종, 『천태종 성전』, 서울: 대한불교천태종 출판부, 2017.

대한불교천태종, 『상월대조사-부처님으로 부르고 싶은 임』, 서울: 대한불교천태종 출판부, 2013.

대한불교천태종 총무원, 『내가 만난 관세음보살 : 대한불교천태종 신행수기모음 제2권』, 서울: 열린불교, 1997.

대한불교천태종 총무원,『믿음으로 피운 연꽃 : 대한불교천태종 신행수기모음 제1권』, 서울: 열린불교, 1997.

동국역경원,『대방등대집경』, 서울: 동국대학교 동국역경원, 1992.

望月信亨, 李太元 옮김,『중국정토교리사』, 서울: 운주사, 1997.

법정 옮김,『신역화엄경』, 서울: 동국대학교 역경원, 1988.

불교성전편찬회,『불교성전』, 서울: 동국대학교 역경원, 1972.

불교와 사상의학 연구회 편저,『명상 어떻게 연구되었나?』, 서울: 올리브그린, 2013.

서성운 편저,『묘법연화경』(전7권), 서울: 호암출판사, 1994.

서윤길,『한국밀교사상사』, 서울: 운주사, 2006.

스와미 하르쉬아난다, 김석진 옮김,『힌두의 신화와 철학』, 서울: 소나무, 1987.

심상현,『佛敎儀式各論』VI, 서울: 한국불교출판부, 2001.

요원, 오지연 옮김,『법화영험전』, 서울: 동국대학교 출판부, 2017.

이광도,『상월원각대조사 법어의 정해』, 서울: 대한불교천태종 출판부, 2020.

이광도,『상월원각대조사 교시문과 천태법화사상』, 서울: 대한불교천태종 출판부, 2019.

이광도,『함께 배우는 관세음보살』, 단양: 대한불교천태종 출판부, 2016.

이규보,『동국이상국집』41권.

이기운,『법화삼매의 전승과 수행: 법화경 수행법인 법화삼매의 사상과 실천 체계』, 서울: 성불사, 2002.

이만,「고려시대의 관음신앙」, 동국대학교 불교문화연구원 편,『한국관음신앙연구』, 서울: 동국대학교 출판부, 1988.

이병욱,『한국 불교사상의 전개』, 서울: 집문당, 2010.

이봉순,『보살사상 성립사 연구』, 서울: 불광출판부, 1998.

이영자,『천태불교학』, 서울: 해조음, 2006.

이영자,「법화경의 보살사상」, 태공 송월주스님 화갑기념논총『보살사상』, 서울: 조계종출판사, 1996.

이태원,『念佛의 源流와 展開史』, 서울: 운주사, 2003.

일귀,『수능엄경 역주』, 서울: 샘이 깊은 물, 2003.

일아 옮김,『숫따니빠따』, 서울: 불광출판사, 2015.

일연, 김원중 옮김,『삼국유사』, 서울: 민음사, 2007.

일연, 이민수 옮김,『삼국유사』, 서울: 을유문화사, 2013.

전운덕,『남대충종정법어집』, 단양: 대한불교천태종 총무원, 1986.

正覺,『千手經 硏究』, 서울: 운주사, 1997.

정각,『천수경 연구 : 현행『천수경』의 성립 및 구조에 대한 분석』, 서울: 운주사, 2011.

정승석,『불전해설사전』, 서울: 민족사, 1989.

佐保田鶴治, 이태영 역,『般若心經의 올바른 理解』, 서울: 미맘사, 1990.

주세규,『대승보살의 염불수행』, 서울: 비움과 소통, 2013.

中村 元,「華嚴經의 思想史的 意義」, 大韓傳統佛敎硏究院 편,『亞細亞에 있어서 華嚴의 位相』, 서울: 東邦苑, 1991.

中村 元, 金知見 譯,『佛陀의 世界』, 서울: 김영사, 1990.

지창규,『天台敎觀』, 서울: 法華學林, 발행년 불명.

天台宗敎典編纂會,『天台宗略典』, 서울: 天台宗總務院, 1970.

천태종성전편찬회,§『천태종교전』I, 단양: 대한불교천태종, 1972.

천태학연구회 편저,『天台宗統紀』, 단양: 大韓佛敎天台宗, 1983.

K.S. 케네쓰첸 지음, 박해당 옮김,『중국불교』, 서울: 민족사, 1991.

학담,『천수관음과 대비다라니』, 서울: 큰수레, 2008.

홍윤식,「조선시대 진언집의 간행과 의식의 밀교화」,『한국불교사 연구』, 서울: 교문사, 1988.

홍정식,「관세음보살님경전」,『대자대비관세음보살』, 단양: 대한불교천태종 총무원, 1986.

활한, 법인 편,『세계의 관음 신앙』, 가평: 불교통신교육원, 2006.

황수영,『한국의 불상연구』, 서울: 삼화출판사, 1972.

휴정, 박재양·배규범 옮김,『선가귀감』, 서울: 예문서원, 2006.

히라카와 아키라, 이호근 옮김,『인도불교의 역사』상, 서울: 민족사, 2004.

## 나. 연구 논문

강삼혜, 「토함산석굴의 11면관음보살상 연구」, 『강좌미술사』 44호, 2015.

강희정, 「통일신라 관음보살상 연구 시론」, 『인문논총』 제63집, 2010.

고승학, 「신라 불교사에 나타난 願力의 의미: 『삼국유사』를 중심으로」, 『한국불교학』 63집, 2012.

고우익, 「천태종 안거제도의 특성과 수행」, 『천태학연구』 제15호, 2013.

고익진, 「한국 고대불교사상사 연구」, 동국대학교 박사학위 논문, 1987.

곽성영, 「관음시식에 내재된 불성과 고찰」, 『불교문예연구』 6집, 2015.

권민화(단원), 「염불 수행과 벤슨의 이완반응」, 『정토학연구』 제28집, 2017.

김동림(보덕), 「염불삼매의 연원과 실천행 연구」, 동국대학교 박사학위 논문, 2017.

김동림, 「대한불교천태종 삼대지표의 실천에 대한 연구」, 『大覺思想』 제24집, 2015.

김세운, 「한국 천태종의 염불수행 전통과 그 계승」, 『한국선학』 제30호, 2011.

김수현, 「조선시대 관음도상과 신앙연구」, 동국대학교 박사학위 논문, 2005.

김영미, 「고려후기 『法華經』 靈驗譚 유포와 그 의의-『海東法華傳弘錄』을 중심으로」, 『이화사학연구』 제45집, 2012.

김영미, 「불교의 수용과 신라인의 죽음관의 변화」, 『한국고대사연구』 제20집, 2000.

김영주(세운), 「상월원각의 연구 - 천태종 중창과 새 불교운동을 중심으로」, 동국대학교 박사학위 논문, 2016.

김영주, 「대한불교천태종 관음 염송 수행의 실제」, 『한국선학』 제41호, 2015.

김영주, 「한국 천태종의 염불수행 전통과 그 계승」, 『한국선학』 제30호, 2011.

김재성, 「코로나19 시대의 건강과 위빠사나 수행」, 『禪學』 제59호, 2021.

김정희, 「한국의 천수관음 신앙과 천수관음도」, 『정토학연구』 제17집, 2012.

김정희, 「원묘국사 요세의 천태정토사상에 대한 소고」, 『철학연구』 제69집, 2005.

김종두(혜명), 「天台智顗의 念佛思想에 관한 고찰 : 常坐와 常行三昧를 중심으로」, 『한국선학』 제21호, 2008.

김종두(혜명), 「摩訶止觀 修行體系 연구」, 동국대학교 박사학위 논문, 2004

김중석, 「회심향대(回心向大)를 위한 염불수행 : 한국 천태종의 관음주송 수행 중심」, 대구

가톨릭대학교 석사학위 논문, 2018.

김지은, 「천태의 관음신행에 대한 연구」, 동국대학교 박사학위 논문, 2023.

김청진, 「『법화경』의 신행과 심신치유 사례 분석 연구」, 동국대학교 박사학위 논문, 2022.

김청진, 「법화신행의 치유효과 연구 - 『법화영험전』을 중심으로」, 『정토학연구』 29집, 2018.

김태식, 「고대 동아시아 서왕모 신앙 속의 신라 선도산성모」, 『문화사학』 27, 2007.

김현준, 「元曉의 懺悔思想」, 『불교연구』 제2호, 1986.

김혜미, 「한국 후천적 시각장애인의 우울과 영향요인에 관한 연구」, 『한국산학기술학회논문지』 17(7), 2016.

김호귀, 「『淨土或問』의 칭명염불관 및 수행법 고찰」, 『한국불교학』 제74집, 2015.

대주, 「염불선(念佛禪) 수행(修行)에 대한 재조명」, 『제88차 월례학술대회 선(禪)과 염불(念佛)』, 보조사상연구원, 2014.

문순회(퇴휴), 「『법화영험전』 판본의 서지적 특징 고찰」, 『禪學』 제55호, 2020.

박규해(법현), 「상월원각의 칭명염불 수행관」, 『한국선학』 제66호, 2023.

박진태, 「『삼국유사』를 통해 본 고대사회의 제의문화」, 『비교민속학』 21, 2001.

배금란, 「신라 관음신앙 연구 - 관음성현의 구조와 기능을 중심으로」, 서울대학교 박사학위 논문, 2020.

배금란, 「염불 공효의 실천적 의미 연구: 운제산 자장암 사리분신 영응 사례를 중심으로」, 『한국불교학』 90집, 2019.

변동명, 「신라의 관음 신앙과 바다」, 『한국학논총』 제34집, 2010.

서길수, 「관정(寬淨)의 정토선(淨土禪) 수행법에 관한 연구」, 『정토학연구』 제23집, 2015.

서윤길, 「고려의 호국법회와 도량」, 『불교학보』 제14집, 1977.

소은애, 「신라 문무왕대의 낙산 관음 신앙」, 『한국학논총』 30집, 2008.

송법엽, 「韓國의 觀音信仰에 관한 硏究 : 佛典과 文化財를 中心으로」, 중앙승가대학교 박사학위 논문, 2014.

송화섭, 「智異山의 山神, 聖母에서 老姑까지」, 『남도문화연구』 20, 2007.

송화섭, 「변산반도의 관음 신앙」, 『지방사와 지방문화』 제5권2호, 2002.

신동호(거성), 「상월원각대조사 녹취록 연구」, 금강대학교 박사학위 논문, 2021.

신명희, 「힐링을 위한 염불행법의 현대적 의미」, 『동아시아불교문화』 25집, 2016.

안양규, 「불교명상의 의학적 적용」, 『불교상담학연구』 13집, 2019.

안양규, 「불교 교학에서 본 MBSR(명상에 기반을 둔 스트레스 완화)의 치유 원리」, 『佛教學報』 제62집, 2012.

오지연, 「백련결사 보현도량의 의미에 관한 고찰」, 『불교학연구』 제33호, 2012.

오지연, 「천태 三種止觀에서 不定止觀의 의미」, 『불교연구』 제21집, 2004.

오지연, 「天台智顗의 圓頓止觀 연구」, 동국대학교 박사학위 논문, 1999.

유시준, 「상월원각대조사 새불교운동의 이념과 행법 · 법화사상과 관음신행을 중심으로」, 금강대학교 박사학위 논문, 2021.

윤재철, 「관음신앙의 치유에 대한 사례연구 - 천태종의 관음신앙을 중심으로」, 동국대학교 석사학위 논문, 2018.

이기운, 「觀音신앙의 構造와 信行體系」, 『동아시아불교문화』 31집, 2017.

이기운, 「심신치유 프로그램 구축을 위한 지관명상(止觀冥想) 수행법 연구」, 『佛教學報』 제70집, 2015.

이기운, 「四明知禮의 법화삼매연구」, 『한국불교학』 제47집, 2007.

이기운, 「天台 智顗의 觀音 一佛乘 사상」, 『천태학 연구』 제4집, 2002.

이기운, 「법화삼매의 사상체계 연구」, 동국대학교 박사학위 논문, 1997.

이동하(동하), 「한국 불교 수선 결사에 관한 연구」, 동국대학교 박사학위 논문, 2022.

이병욱, 「四明知禮의 天台淨土思想」, 『정토학연구』 제8집, 2005.

이숙희, 「통일신라시대 밀교계 도상 연구」, 홍익대학교 박사학위 논문, 2003.

이숙희, 「中國 四川省 川北지역 石窟의 初期密教 造像」, 『미술사연구』 13, 1999.

이종섭, 「觀世音菩薩 信行 研究 : 大乘經論을 中心으로」, 동국대학교 박사학위 논문, 2009.

이태원, 「天台宗 知禮의 淨土修行觀에 대한 研究」, 『中央增伽大學論文集』 제9집, 2001.

이혜옥, 「三昧(Samādhi) 修行論 研究」, 동국대학교 박사학위 논문, 1997.

이효원, 「한국의 관음 신앙 연구」, 한국학중앙연구원 박사학위 논문, 2010.

이효원, 「법화경 관세음보살보문품에 나타난 고통과 구원의 구조」, 『천태학 연구』 제9집,

2006.

임병정, 「『능엄경』의 수행과 구제의 상관성 연구」, 동방문화대학원대학교 박사학위 논문, 2022.

임안수·마원민, 「시각장애 학생의 불안 정도」, 『시각장애연구』 19권 2호, 2003.

임인영(현암), 「질병 치유의 관점에서 본 초기불교 수행론 연구」, 동국대학교 박사학위 논문, 2020.

정광균, 「정토 염불과 실상염불선」, 『정토학연구』 제29집, 2018.

정광균, 「永明延壽의 淨土觀 研究」, 동국대학교 박사학위 논문, 2010.

정병조, 「문수보살의 연구」, 동국대학교 박사학위 논문, 1987.

정태혁, 「佛敎의 三尊佛과 印度敎의 三神」, 『韓國佛敎學』 3권, 1977.

조명제, 「고려후기 계환해 능엄경의 성행과 사상사적 의의」, 『釜大史學』 12집, 1988.

조서호, 「일심삼관을 통한 원묘요세의 정토 사상 고찰」, 『원불교사상과 종교문화』 제87집, 2021.

지창규, 「21세기, 불국정토 실현을 위한 천태종단의 역할-불교교의의 천태해석과 원융사상의 구현」, 『천태학연구』 제11집, 2008.

차차석, 「법화사상과 밀교, 그 교류의 가능성」, 『불교문예연구』 2집, 2014.

차차석·김세현, 「一心三觀과 올바른 자기 정체성의 확립:『천태소지관』의 證果를 중심으로」, 『불교문예연구』 제15집, 2020.

차차석·김신옥, 「『불설아미타경』 칭명염불의 연원과 의의에 관한 小考」, 『불교문예연구』 19집, 2022.

천윤성, 「기도집중수행 프로그램 개발 - 관음기도를 중심으로」, 동국대학교 박사학위 논문, 2021.

최기표, 「천태종의 관음주송과 그 이론적 토대」, 『동아시아불교문화』 제3집, 2009.

최연식, 「월출산의 관음 신앙에 대한 고찰」, 『천태학연구』 10권, 2007.

최정범, 「한국불교 관음설화에 내재된 자비실천과 생명존중 양상」, 동방문화대학원대학교 박사학위 논문, 2021.

한보광, 「원묘요세의 정토관」, 『佛敎學報』 제36집, 1999.

홍윤식,「한국불교의례의 밀교신앙적 구조 - 일본불교 의례와의 비교를 중심으로」,『불교학보』제12집, 1975.

황상준,「대한불교 천태종의 관음신앙과 중생구제」,『天台學硏究』제23집, 2020.

황상준,「관음신앙을 중심으로 본 근현대 한국 고승의 가피사례」,『한국불교학』제91집, 2019.

황상준,「염불신앙을 통한 현대재가불자의 가피사례 연구」,『한국불교학』제86집, 2018.

황상준,「현대 재가불자의 관음신앙 유형에 대한 고찰」,『天台學硏究』제15집, 2012.

# 3. 외국 문헌

## 가. 단행본

干潟龍祥,『本生經類の思想史的 研究』, 東京: 山喜房佛書林, 1978.

近藤隆晃,『日本佛教學年報』제14권.

梅尾祥雲,『秘密佛教史』, 京都: 臨川書店, 1985.

濱田 隆,「密教觀音像の成立と展開」,『密教美術大觀』第2卷, 東京: 朝日新聞社, 1984.

山田龍城,『大乘佛教成立論序說』, 京都: 平樂寺書店, 1977.

安藤俊雄,『天台學』, 京都: 平樂寺書店, 1969.

巖本 裕,『觀音の表情』, 東京: 淡交社, 1968.

岩本裕,「觀音-この不思議なほとけ-」,『佛教說話の傳乘と信仰』, 佛教說話研究 第3卷, 東京: 開明書院, 1978.

宇井伯壽,『佛教哲學の 根本問題 : 佛教經典史』, 東京: 大東出版社, 1968.

佐和隆研,『密教美術論』, 京都: 便利堂, 1955.

中野玄三,「變化觀音の諸形式とその作例(その二)」, 上野記念財團助成研究會 編,『變化觀音の成立と展開』, 上野記念財團助成研究會, 1979.

中村 元,『原始佛教の思想』, 東京: 春秋社, 1971.

荒木見悟,「明代における楞嚴經の流行」,『陽明學の展開と佛教』, 東京: 硏交出版, 1984.

後藤大用,『觀世音菩薩の硏究』, 東京: 山喜房佛書林, 1978.

Diana Paul, "Kuan-Yin : Savior and Savioress in Chinese Pure Land Buddhism," in Carl Olson (ed.), The Book of the Goddess, Past and Present, New York: The Crossroad Publishing Company, 1992

Hajime Nakamura, Indian Buddhism, Delhi: Motilal Banarsidass. Pub., 1987.

### 나. 연구 논문

芳岡良音,「觀世音菩薩の起源」,『印度學佛教學硏究』12卷 1號, 1963.

山田耕二,「十一面觀音菩薩の成立」,『東海佛教』21, 1971.

韓普光,「高麗, 了世の白蓮結社について」,『印度學佛教學硏究』50-1, 2001.

C. N. Tay, "Kuan-Yin; The Cult of Half Asia", History of Religions 16(2), 1976, pp.147-177.

Wong, Dorothy C. "Early Transmission of Esoteric Images from China to Japan in the Seventh and Eighth Centuries," Huasue(華學) 9, 2008.

## 4. 기타

국립국어원 표준국어대사전 https://stdict.korean.go.kr/search/searchView.do?word_no=47843&searchKeywordTo=3

금강신문 https://www.ggbn.co.kr

BTN뉴스 https://www.btnnews.tv/news/articleView.html?idxno=45922

춘천 삼운사TV-정산 스님의 상월원각대조사 법어(2022.09.21.) https://youtu.be/z6H_O5882zE?si=ue2I3RLn7DlZpUJr

총지신문 http://www.chongji.or.kr/bbs/board.php?bo_table=news_archive&wr_id=5033

학술연구정보서비스 https://www.riss.kr

Chaṭṭha saṃgāyanā tipiṭaka  https://tipitaka.app/?a=er1-449-ro

# ABSTRACT

# A Study on Miraculous Cases of Avalokiteśvara Belief in Korea.

Park, Gyu hae(Peob hyun)

Department of Buddhist Studies

Graduate School of Dongguk University

This study aims to provide useful information for a deep understanding of Chingmyong-Yeombul(稱名念佛) and Buddhist practice by comparing and analyzing the spiritual cases of Cheontae Order in Korean Buddhism. of Avalokitesvara practitioners, and to provide guidelines for Buddhists practitioners in the era of the Dharma-ending age to recognize the importance and necessity of Chingmyong-Yeombul(稱名念佛).

To this end, the concept and development of the Incarnation of Avalokitesvara Chingmyong-Yeombul(稱名念佛) performance were examined through Buddhist scriptures and treatise, including the The Lotus S tra and the of the Avatamska Sutra, Cheontae Order of Korean Buddhism-related scriptures and treatise, and books published by the Korean Cheontae Order of Korean Buddhism. Based on this understanding, the The Samguk Yusa containing the Avalokitesvara Chingmyong-Yeombul(稱名念佛) spirituality story, the The Beophwayeongheomjeon(法華靈驗傳), and the Cheontae Order of Korean Buddhism Buddhists' experiences of Avalokitesvara experience were analyzed into four types : disease healing, disaster relief, wish fulfillment, and other cases. In addition, the types of Gapi(divine grace, 加被) and the forms of spiritual response in these miraculous stories were compared and their characteristics were described.

The Samguk Yusa classified spiritual cases into four types: disease healing, disaster relief, wish fulfillment, and others, and as a result of analyzing them, disaster relief cases among diseases, disasters, and wishes(31.25%) and other cases(43.75%) related to the Avalokiteshvara Goddess or incarnation were the most common. This can be said to reflect the Devotional

Practice to Avalokitês vara spirituality story that is faithful to the contents.

『The Beophwayeongheomjeon(法華靈驗傳) also had the most cases of disaster relief(73.33%) among the four types, and the most experienced disease healing(47.46%) was the winning work of Cheontaejong's Shinhaeng handwriting published in "Lotus Blooming With Faith," "Avalokitesvara I Met," and "Geumgang Sinmun." This can be understood as a result of reflecting the life of modern society, where wars and natural disasters have significantly decreased.

In addition, a comparative analysis of the Gapi(加被) type and the Gamung(感應) type showed that the experience rate of Gapi in a dream was 32.20%. This is more than twice as high as that of 『The Samguk Yusa』, 12.50% of 『The Beophwayeongheomjeon(法華靈驗傳)』, and 13.33% of 『The Beophwayeongheomjeon(法華靈驗傳)』, 『The Samguk Yusa』, and the spiritual cases of modern voyeurists all showed that the Gamung(感應) form of the Immediate prayer showed an absolutely high percentage, which can be understood to mean that the prestige of the Avalokitesévara vara Bodhisattva is immediately expressed in this world.

Many of the cases of Gwaneum Shinhaeng Yeongheom devoted themselves to Gwaneum Jusong at Guin Temple or Cheontae Order of Korean Buddhism Temple in Danyang, Chungcheongbuk-do, whenever necessary day and night, and confirmed that they practiced the name of Gwaneum in their daily lives based on this. This was possible because the Cheontae Order of Korean Buddhism Temple was opened to pray for 24 hours in Jigwanjeon (止觀展) apart from Daeungjeon Hall.

In this study, we analyzed the spiritual stories of the performance of Avalokitesvara Chingmyong-Yeombul, represented by 'Incantation of Avalokitesvara', focusing on the modern Korean Cheontae Order of Korean Buddhism, and identified its characteristics. The results of this study, which analyzed the spiritual experienced by chanting practitioners and provided the importance and necessity of chanting and the benefits of chanting to Buddhists, can be a foundation for strengthening faith and behavior not only for believers but also for non-Buddhists. This can provide a useful motivation for living beings in the Dharma-ending Age to acquire meditative absorptions (dhyana) and wisdom through the practice of reciting the Buddha's name. Based on the results of this study, some suggestions are as follows.

First, as confirmed by the miraculous cases of practitioners of Incantation of Avalokitesvara practitioners, the prayer room where Chingmyong-Yeombul can be performed should be opened 24 hours a day to prevent the sound of Chingmyong-Yeombul from interfering with the performance of others' prayers, and to prepare conditions to concentrate on Chingmyong-Yeombul performance. Such a space should be created in consideration of the physical environment, including cooling and heating, and the locational environment in which the practitioners can come at any time. I am confident that this will greatly help more Buddhists achieve their wishes and further develop enlightenment by devoting themselves to Chingmyong-Yeombul performance.

Second, it is necessary to develop and disseminate a chanting practice program in which families can participate together so that more people can experience and feel the value and merit of Chingmyong-Yeombul for the missionary work of Buddhism among young people. In particular, considering the characteristics of the younger generation who prefer to participate in the online environment due to the COVID-19 infectious disease epidemic, a chanting practice program should be developed in which families can come together and participate online.

Third, in connection with the above suggestions, it is necessary to develop and operate cyber sanctuaries cyber temple stays, and e-Gyeongjeon using metaverse and actively utilize them. In this way, young Buddhists who encounter most of the information on their smartphones or tablets will be able to spread the word "Incantation of Avalokitesvara" on their inside while driving a car in their daily lives, washing dishes, exercising, in the bathroom, taking a shower or washing their face, even chewing rice while eating. As Sangwol Wongak(上月圓覺) has done, Incantation of Avalokitesvara 1 million poison can be practiced.

Fourth, it is possible to further raise the status of Korea through Buddhist practices, including the practice of Chingmyong-Yeombul. Sangwol Wongak(上月圓覺) emphasized the need to let the world know our thoughts and mental culture. He compared the shape of the earth to a cow, and said, "Civilization occurs in the form of a cow happening." In China, which is the part of a cow's chest, civilization developed first and arose as the heart beat and blood circulation took place, followed by Europe (United Kingdom, Spain) which was the front leg of a cow and arose through the Opium War. Subsequently, America (the United States and Canada) corresponds to the hind leg of a cow, and the United States arose through World War II.

Finally, Korea corresponds to the head of a cow, and it happens as a culture, not as a war. He said that the 21st century is the era of spiritual culture and that the spiritual culture of the Korean people will move to the center of the world, and the point at which Korea occurs is now. Foreigners love and want to learn about Korea, amazed by the diverse charms of modern culture, such as Korean traditional culture, represented by Hangeul, hanbok, kimchi, and traditional Hanok villages in Jeonju, as well as temple stays at traditional temples, K-dramas, K-pop, and the night view of Korea. In addition, Korea has become a country where people want to live. As Sangwol Wongak(上月圓覺) likened, the head of a cow is now rising. If we create a clean Buddhist land through Buddhist practice, Korea will vigorously move forward as a central country in the world.

## 〈부록〉

### 현대 신행 수기 목록

| 사례 번호 | 사례 제목 | 사례자 | 출처 | 영험 내용 | 영험 종류 | 가피 유형 | 영험 내용 |
|---|---|---|---|---|---|---|---|
| 1 | 부처님이 덤으로 주신 행복 | 허○○ | 금강 신문 | 심장병 치유, 학업, 취업 성취 | 질병 치유 -신체 | 현전 | 현기 현응 |
| | | | | | 소원 성취 | | |
| 2 | 관음정진으로 찾은 행복 | 이○○ | 금강 신문 | 위장병, 뇌종양 치유 | 질병 치유 -신체 | 현전 | 현기 현응 |
| 3 | 관절염 치유* | 김○○ | 금강 신문 | 류마티스 관절염 치유 | 질병 치유 -신체 | 몽중 | 현기 현응 |
| 4 | 중풍 치유* | 박○○ | 금강 신문 | 중풍 치유 | 질병 치유 -신체 | 현전 | 현기 현응 |
| | 차량 무사고* | | | 차량 고장에도 무사고 | 재난 구제 | | |
| | 마음의 위안* | | | 마음의 위안 | 소원 성취 | | |
| 5 | 불심 돈독 친정 어머니 아들로 환생 | 이○○ | 금강 신문 | 득남 | 소원 성취 | 몽중 | 현기 현응 |
| 6 | 교원불자로 입문, 가정과 학교서 전법 | 성○○ | 금강 신문 | 퇴행성 관절염 치유 | 질병 치유 -신체 | 현전 | 현기 현응 |
| | | | | 가족에게 전법 | 소원 성취 | | |
| 7 | 주경야선 수행종풍에 반해 천태종 귀의 | 차○○ | 금강 신문 | 천태종 지회 설립 | 소원 성취 | 현전 | 현기 현응 |
| 8 | 서둘지 마시게 | 이○○ | 금강 신문 | 해외에 법당 개원 | 소원 성취 | 현전 | 현기 현응 |
| 9 | 절망의 늪에서 만난 부처님 | 김○○ | 금강 신문 | 참회, 평온, 각종 자격증 취득 | 재난 구제 | 현전 | 현기 현응 |
| 10 | 사찰 근무, 마음 열고 새 삶 살게 돼 | 박○○ | 금강 신문 | 가족의 죽음 후 삶의 위기 극복 | 재난 구제 | 현전 | 현기 현응 |
| | | | | 학업, 성적 성취 | 소원 성취 | | |

| 11 | 울화병 | 안○○ | 금강신문 | 울화병 치유 | 질병 치유 -정신 | 현전 | 현기 현응 |
|---|---|---|---|---|---|---|---|
| 12 | 염불삼매로 삶의 고난과 역경을 극복하라 | 손○○ | 금강신문 | 사업 실패 후 파산 극복 | 재난 구제 | 현전 | 현기 현응 |
| 13 | 관세음보살 일념 기도…예고 합격 | 이○○ | 금강신문 | 입시, 성적 성취 | 소원 성취 | 현전 | 현기 현응 |
| 14 | 힘든 길 따스한 손 내미시는 고마운 부처님 | 정○○ | 금강신문 | 입시 성공, 장학생 선발 성취 | 소원 성취 | 몽중 | 현기 현응 |
| 15 | 알코올 중독 극복* | 이○○ | 금강신문 | 알코올 중독 극복 | 재난 구제 | 현전 | 현기 현응 |
| 16 | 불면증 치유* | 권○○ | 금강신문 | 불면증 치유 | 질병 치유 -정신 | 현전 | 현기 현응 |
| 17 | 행복의 원천, 기도 | 이○○ | 금강신문 | 어깨 통증 치유 | 질병 치유 -신체 | 현전 | 현기 현응 |
|  |  |  |  | 왕따 극복 | 재난 구제 |  |  |
| 18 | 수행으로 병마 극복 | 박○○ | 금강신문 | 원인 모를 가슴앓이, 불면증 치유 | 질병 치유 -정신 | 몽중 | 현기 현응 |
| 19 | 두 번째 인생 | 곽○○ | 금강신문 | 실직, 가족 사망 후 괴로움 극복 | 재난 구제 | 현전 | 현기 현응 |
| 20 | 구도의 길 | 이○○ | 금강신문 | 죄의 참회 | 재난 구제 | 현전 | 현기 현응 |
| 21 | 부처님 인연 | 권○○ | 금강신문 | 사망 위기에서 회생 | 질병 치유 -신체 | 현전 | 현기 현응 |
|  |  |  |  | 교통사고에서 무탈 | 재난 구제 |  |  |
|  |  |  |  | 자녀 결혼 | 소원 성취 |  |  |
| 22 | 4박5일 기도 | 임○○ | 금강신문 | 참회 | 기타 | 몽중 | 현기 현응 |
| 23 | 나의 삶을 바꾼 뜨거운 도전 | 정○○ | 금강신문 | 조현병, 우울증 치유 | 질병 치유 -정신 | 현전 | 현기 현응 |

| 24 | 천태종의 위력 | 이○○ | 금강<br>신문 | 말기 간경화<br>회복 | 질병 치유<br>-신체 | 몽중 | 현기<br>현응 |
|---|---|---|---|---|---|---|---|
|  |  |  |  | 사업 위기 극복 | 재난 구제 |  |  |
| 25 | 경전 속에 답이 있다 | 최○○ | 금강<br>신문 | 다리뼈 종양<br>치유 | 질병 치유<br>-신체 | 현전 | 현기<br>현응 |
|  |  |  |  | 화재 위기 극복 | 재난 구제 |  |  |
| 26 | 상자 안 산토끼는<br>죽는다 | 이○○ | 금강<br>신문 | 고혈압, 위궤양,<br>심장병 치유 | 질병 치유<br>-신체 | 현전 | 현기<br>현응 |
|  |  |  | 금강 | 퇴직 후 불안 극복 | 재난 구제 |  |  |
| 27 | 관음정진으로<br>소원을 이루다 | 박○○ | 금강<br>신문 | 사업 성공 | 소원 성취 | 현전 | 현기<br>현응 |
| 28 | 나의 잃어버린 20<br>년과 다시 찾은 행복 | 편○○ | 금강<br>신문 | 천식, 갑상선 질환,<br>어지럼증 치유 | 질병 치유<br>-신체 | 현전 | 현기<br>현응 |
| 29 | 발보리심하면 모든<br>것이 이뤄진다 | 황○○ | 금강<br>신문 | 심장 질환 치유 | 질병 치유<br>-신체 | 현전 | 현기<br>현응 |
|  |  |  |  | 진로 고민 해결 | 소원 성취 | 몽중 |  |
| 30 | 울 일이 하도 많아<br>저는 울지 않습니다 | 이○○ | 금강<br>신문 | 금연 성공 | 재난 구제 | 현전 | 현기<br>현응 |
| 31 | 내 마음속에 피어난<br>연꽃 | 김○○ | 금강<br>신문 | 형량 감형 | 재난 구제 | 현전 | 현기<br>현응 |
| 32 | 또 다른 인생 | 정○○ | 금강<br>신문 | 가정 불화 극복 | 재난 구제 | 현전 | 현기<br>현응 |
| 33 | 내 인생에 구인사가<br>없었다면 | 강○○ | 금강<br>신문 | 무당병 치유 | 질병 치유 | 현전 | 현기<br>현응 |
| 34 | 기도로 극복한 삶의<br>고난 | 안○○ | 금강<br>신문 | 사업 위기 극복 | 재난 구제 | 현전 | 현기<br>현응 |
| 35 | 하루하루가 윤회 | 김○○ | 금강<br>신문 | 죄책감, 자기혐오<br>극복 | 재난 구제 | 현전 | 현기<br>현응 |
| 36 | 대자대비<br>관세음보살 | 김○○ | 금강<br>신문 | 언급 없음 | 질병 치유 | 현전 | 현기<br>현응 |
| 37 | 그 님을 따라서 | 심○○ | 금강<br>신문 | 직장암 치유 | 질병 치유<br>-신체 | 현전 | 현기<br>현응 |

| | | | | | | | |
|---|---|---|---|---|---|---|---|
| Ⅰ-1 | 돌풍 속에 맞이한 관음보살의 가피력 | 신○○ | 수기 모음 Ⅰ | 심한 풍랑 속에서 무사 | 재난 구제 | 현전 | 현기 현응 |
| Ⅰ-2 | 병고를 물리치고 집안의 화평을 얻다 | 류○○ | 수기 모음 Ⅰ | 쇠약+편마비, 신경통 치유 | 질병 치유 -신체 | 현전 | 현기 현응 |
| Ⅰ-3 | 간절한 기도 속에 싹틔운 희열 | 마○○ | 수기 모음 Ⅰ | 기도하는 힘 성취 | 소원 성취 | 현전 | 현기 현응 |
| Ⅰ-4 | 우리 곁에 계시는 고마우신 부처님 | 김○○ | 수기 모음 Ⅰ | 협심증+부정맥 수술 성공 | 재난 구제 | 현전 | 현기 현응 |
| Ⅰ-5 | 구원의 손길로 늘 지켜주시는 부처님 | 신○○ | 수기 모음 Ⅰ | 손 마비, 불면증 등 치유 | 질병 치유 | 몽중 | 현기 현응 |
| Ⅰ-6 | 아내의 정성과 부처님의 가피력 | 목○○ | 수기 모음 Ⅰ | 중풍, 안면마비, 십이지장 궤양, 허리 디스크, 우측 시력 상실 치유 | 질병 치유 -신체 | 몽중 | 현기 현응 |
| Ⅰ-7 | 참된 불법 안에서 만난 득남의 기쁨 | 고○○ | 수기 모음 Ⅰ | 득남 | 소원 성취 | 몽중 | 현기 현응 |
| Ⅰ-8 | 꿈 속에 현몽하신 큰스님의 은혜 | 조○○ | 수기 모음 Ⅰ | 하혈병, 심한 속쓰림 치유 | 질병 치유 -신체 | 몽중 | 현기 현응 |
| Ⅰ-9 | 부처님의 대자대비로 새 희망을 찾다 | 김○○ | 수기 모음 Ⅰ | 쇠약, 어깨 통증 치유 | 질병 치유 -신체 | 몽중 | 현기 현응 |
| | | | | 화재 위기 모면 | 재난 구제 | | |
| Ⅰ-10 | 기적을 이루신 부처님의 가피력 | 강○○ | 수기 모음 Ⅰ | 알코올 중독 극복 | 재난 구제 | 현전 | 현기 현응 |
| | | | | 사업 성공 | 소원 성취 | | |
| Ⅰ-11 | 시어머님 병구완 으로 터득한 불심 | 권○○ | 수기 모음 Ⅰ | 중풍 치유 | 질병 치유 -신체 | 현전 | 현기 현응 |
| Ⅰ-12 | 지극한 불심으로 아들을 얻다 | 이○○ | 수기 모음 Ⅰ | 득남 | 소원 성취 | 현전 | 현기 현응 |
| Ⅰ-13 | 불교유치원 건립을 발원하여 성취하다 | 이○○ | 수기 모음 Ⅰ | 천태종 사찰 내 불교유치원 건립 | 소원 성취 | 현전 | 현기 현응 |

| | | | | | | | |
|---|---|---|---|---|---|---|---|
| I-14 | 불심이 이루어준 자녀의 대학 입학 | 장○○ | 수기 모음 I | 자녀 대학 입시 | 소원 성취 | 현전 | 현기 현응 |
| I-15 | 교통사고로 되돌아 본 나의 신심 | 정○○ | 수기 모음 I | 중풍 차도 | 질병 치유 -신체 | 현전 | 현기 현응 |
| | | | | 교통사고에서 무사 | 재난 구제 | | |
| I-16 | 불연으로 되찾은 사람답게 사는 삶 | 배○○ | 수기 모음 I | 요추 손상 +악성위장병 +심한 노이로제 치유 | 질병 치유 | 현전 | 현기 현응 |
| 1-17 | 관음정진으로 관절염이 완치되다 | 윤○○ | 수기 모음 I | 교통사고 후유증 으로 인한 관절염 | 질병 치유 -신체 | 현전 | 현기 현응 |
| I-18 | 기적같이 치유된 나의 병상일기 | 서○○ | 수기 모음 I | 만성 위·십이지장궤양 치유 | 질병 치유 -신체 | 현전 | 현기 현응 |
| I-19 | 간절한 믿음으로 아들의 병을 고치다 | 이○○ | 수기 모음 I | 다리 통증 치유 | 질병 치유 -신체 | 현전 | 현기 현응 |
| I-20 | 평생에 두 가지 원을 세우다 | 김○○ | 수기 모음 I | 안면 경련 치유 | 질병 치유 -신체 | 현전 | 현기 현응 |
| | | | | 금연 성공 | 재난 구제 | | |
| I-21 | 영원히 잊지 못할 대조사님의 은덕 | 윤○○ | 수기 모음 I | 당뇨병 치유 | 질병 치유 -신체 | 현전 | 현기 현응 |
| I-22 | 병고와 가난을 딛고 인생의 새 출발을 | 신○○ | 수기 모음 I | 몸의 마비 치유 | 질병 치유 -신체 | 현전 | 현기 현응 |
| | | | | 사업 실패 후 가난 극복 | 재난 구제 | | |
| I-23 | 관세음보살을 향한 끝없는 기도 | 오○○ | 수기 모음 I | 고혈압+당뇨+심장 합병증 치유 | 질병 치유 -신체 | 몽중 | 현기 현응 |
| I-24 | 슬픔과 고통을 관음정진으로 극복 | 안○○ | 수기 모음 I | 갑작스런 남편 사망 후 위기 극복 | 재난 구제 | 몽중 | 현기 현응 |
| I-25 | 대조사님 함께 계심 에 더 바랄 것이 | 이○○ | 수기 모음 I | 가정 불화 극복 | 재난 구제 | 현전 | 현기 현응 |

| | | | | | | | |
|---|---|---|---|---|---|---|---|
| Ⅰ-26 | 관음보살 원력으로 원하던 아들을 낳다 | 김○○ | 수기모음Ⅰ | 득남 | 소원 성취 | 몽중 | 현기현응 |
| Ⅰ-27 | 불제자가 되기 위해 관음정진합니다 | 김○○ | 수기모음Ⅰ | 관절염+위장병+오른쪽 눈 시력 상실, 다리 부상 치유 | 질병 치유 -신체 | 현전 | 현기현응 |
| Ⅰ-28 | 묘한 법이 서려 있는 도량 구인사 | 김○○ | 수기모음Ⅰ | 병명 확실치 않은 허리병 치유 | 질병 치유 -신체 | 현전 | 현기현응 |
| Ⅰ-29 | 기도정진의 오묘한 공덕 | 이○○ | 수기모음Ⅰ | 신병 치유 | 질병 치유 | 현전 | 현기현응 |
| | | | | 입시 성공 | 소원 성취 | | |
| Ⅱ-1 | 절망과 좌절 속에 싹틔운 불심 | 윤○○ | 수기모음Ⅱ | 남편의 음주+폭행 개선 | 재난 구제 | 몽중 | 현기현응 |
| Ⅱ-2 | 새 삶을 열어주신 부처님 은덕 | 이○○ | 수기모음Ⅱ | 목구멍으로 피가 넘어오는 증상+한쪽 눈 시력 상실 | 질병 치유 -신체 | 현전 | 현기현응 |
| Ⅱ-3 | 조카 곁으로 오신 관세음보살 | 정○○ | 수기모음Ⅱ | 다리 골수암 치유 | 질병 치유 -신체 | 현전 | 현기현응 |
| Ⅱ-4 | 상월 대조사님의 중생 보살피심 | 이○○ | 수기모음Ⅱ | 갑상선 질환 치유 | 질병 치유 -신체 | 현전 | 현기현응 |
| | | | | 실직 후 가난 극복 | 재난 구제 | | |
| Ⅱ-5 | 악몽의 지난 세월 이렇게 극복했다 | 김○○ | 수기모음Ⅱ | 심신 쇠약+정신이상 치유 | 질병 치유 | 현전 | 현기현응 |
| Ⅱ-6 | 제가 날마다 만나는 부처님 | 최○○ | 수기모음Ⅱ | 만성 축농증 치유 | 질병 치유 -신체 | 몽중 | 현기현응 |
| Ⅱ-7 | 꿈에서 인도받은 구인사 | 윤○○ | 수기모음Ⅱ | 2회 신장 수술 후 스트레스성 신경질환, 극심한 불면증 치유 | 질병 치유 -정신 | 몽중 | 현기현응 |
| Ⅱ-8 | 앞 일을 예견하시는 부처님의 은덕 | 김○○ | 수기모음Ⅱ | 화재 위기 모면 | 재난 구제 | 몽중 | 현기현응 |

| | | | | | | | |
|---|---|---|---|---|---|---|---|
| Ⅱ-9 | 부처님의 진실한 제자가 되기까지 | 김○○ | 수기 모음Ⅱ | 집안의 어려운 일 해결 | 재난 구제 | 몽중 | 현기 현응 |
| | | | | 자녀 대학 합격 | 소원 성취 | | |
| Ⅱ-10 | 바른 길로 인도해주신 큰스님의 가피력 | 류○○ | 수기 모음Ⅱ | 복잡한 채무 관계 해결 | 재난 구제 | 몽중 | 현기 현응 |
| Ⅱ-11 | 기도로 다시 찾은 잃어버린 나의 불성 | 정○○ | 수기 모음Ⅱ | 이름 없는 질병 치유 | 질병 치유 | 현전 | 현기 현응 |
| Ⅱ-12 | 관음정근으로 극복한 큰 아이의 역경 | 김○○ | 수기 모음Ⅱ | 3도 화상 치유 | 질병 치유 -신체 | 현전 | 현기 현응 |
| Ⅱ-13 | 자비하신 부처님의 불가사의하신 원력 | 임○○ | 수기 모음Ⅱ | 취업 성공 | 소원 성취 | 몽중 | 현기 현응 |
| Ⅱ-14 | 기도는 어려움을 극복하는 힘 | 송○○ | 수기 모음Ⅱ | 허벅지 동맥 파손, 신경병 치유 | 질병 치유 -신체 | 현전 | 현기 현응 |
| | | | | 이상행동 개선 | 재난 구제 | | |
| Ⅱ-15 | 큰스님의 은덕으로 승진시험에 합격하다 | 고○○ | 수기 모음Ⅱ | 투병 중 승진시험 합격 | 소원 성취 | 몽중 | 현기 현응 |
| Ⅱ-16 | 끊임없는 시련 속에 감사하는 마음 | 신○○ | 수기 모음Ⅱ | 자궁암 치유 | 질병 치유 -신체 | 현전 | 현기 현응 |
| | | | | 둘째 아들 사망 충격 극복, 도둑 침입에도 무탈 | 재난 구제 | | 현기 현응 |
| | | | | 셋째 아들 대학 합격, 큰아들 사업 안정 | 소원 성취 | 몽중 | 현기 현응 |
| Ⅱ-17 | 천태종도로서의 소중한 인연 | 김○○ | 수기 모음Ⅱ | 완치를 보장할 수 없는 질병과 그로 인한 강박 관념+노이로제 치유 | 질병 치유 | 몽중 | 현기 현응 |
| Ⅱ-18 | 아들의 정신병을 기도로 치유하다 | 양○○ | 수기 모음Ⅱ | 조현병 치유 | 질병 치유 -정신 | 몽중 | 현기 현응 |

| | | | | 다리 통증,<br>귓병 치유 | 질병 치유<br>-신체 | | 현기<br>현응 |
|---|---|---|---|---|---|---|---|
| Ⅱ-19 | 신비롭고 조화로운<br>부처님의 법력 | 이○○ | 수기<br>모음Ⅱ | | | 몽중 | |
| | | | | 득남, 시동생 결혼 | 소원 성취 | | |
| Ⅱ-20 | 병으로 인해 되찾은<br>돈독한 신심 | 김○○ | 수기<br>모음Ⅱ | 만성 위장장애<br>개선 | 질병 치유<br>-신체 | 현전 | 현기<br>현응 |
| Ⅱ-21 | 불심으로 다져가는<br>삶 | 김○○ | 수기<br>모음Ⅱ | 구인사, 성룡사와<br>의 인연 | 기타 | 몽중 | 현기<br>현응 |
| Ⅱ-22 | 내 아이에게 오신<br>관세음보살 | 김○○ | 수기<br>모음Ⅱ | 잦은 경기+호흡<br>곤란+실명 위기<br>치유 | 질병 치유<br>-신체 | 몽중 | 현기<br>현응 |
| Ⅱ-23 | 구인사에서 맞은<br>불보살의 가피 | 조○○ | 수기<br>모음Ⅱ | 정맥혈전증<br>치유 | 질병 치유<br>-신체 | 몽중 | 현기<br>현응 |
| Ⅱ-24 | 지성으로 매진하는<br>관음정근의 공덕 | 노○○ | 수기<br>모음Ⅱ | 손발 마비 치유 | 질병 치유<br>-신체 | 몽중 | 현기<br>현응 |
| | | | | 악몽+갑작스런<br>실어증 극복 | 재난 구제 | | |
| Ⅱ-25 | 부처님 향한 마음<br>못 이룰 것 없다 | 김○○ | 수기<br>모음Ⅱ | 심한 태열 치유 | 질병 치유<br>-신체 | 현전 | 현기<br>현응 |
| Ⅱ-26 | 시어머님 감화로<br>비로소 눈뜬 불심 | 안○○ | 수기<br>모음Ⅱ | 담낭관 수술<br>성공 | 질병 치유<br>-신체 | 현전 | 현기<br>현응 |

\* : 기사에 제목이 명시되지 않아서 논자가 임의로 제목을 표기함

# VI
## 부록

부처님을 왜
위대하다고 생각하십니까?


왜 성인을 존경합니까?
성인의 공통적인 말씀[1].

---

1) 부처님 : 그대가 원하지 않는 것은 남들도 원하지 않는다.

  공자 : 그대가 원하지 않는 것을 남에게 가하지 말라.

  예수 : 남이 원하면, 남에게 먼저 주어라.

  마호메트 : 그대가 원하는 것은 이웃도 원한다.

  그 외 도교의 노자사상과 장자, 맹자의 사단분석

부처님의 오도송과
그분의 깨달음 알고

불교 공부를
하고 있습니까?

당신은 얼마나 부처님을 알고
닮아 갈려고 노력합니까?


수하좌(참선)[2], 안거(율장연구)[3],
법문(경전공부)[4], 불공(불교의식)[5]
당신은 실천하고 있습니까?


2) 문경 봉암사의 첫 안거수행, 인천 용화사, 직지사, 해인사, 불국사, 보광선원, 극락암,
서운암 11안거 승만, 산철에 2안거 승만, 봉암사에서 도인과 법거량, 이태리 존자, 조선
이래 최고 다각장, 다(茶)장으로서 25가지 차를 만듦, 딱딱구리 수좌

3) 통도사 율원승가대학원에서의 묵언참회, 가장 힘든 생활 (선방에 다니다가 율원가는
경우는 없음)

4) 동화사, 수덕사, 쌍계사 승가대학 시절의 유배생활과 하심공부, 은사님도 포기 상태

5) 범폐, 범음 중요불공시 다라니 33독, 목욕, 새옷, 천수경시 무릎꿇음, 양반자세는 없음,
천도재 번의 위치, 49재시 반혼재때 대령, 관욕하든지 아님 초재때 대령, 관욕할 것, 막
재때는 대령, 관욕의 의미보다 죄업장 소멸이 가깝다. 신중작법의 중요성

부처님의 오도송, 4성제, 8정도,
12연기를 모르는 것은


모래 위에 2~3층 건물을
올리는 것과 같다.[6]

6) 부처님이 처음 출가한 동기는 생노병사의 고민 때문이였다. 그런데 그 고민이 어느 곳
에 있는가를 철저히 규명하고보니 "죽는 것은 나는(生)에 있고, 나는 것은 업(業)의 씨
앗이 있기 때문이고 업의 씨앗은 취착심(取著心) 때문이고 취착심은 애절한 사랑 때문
이고, 접촉심(接觸心)은 안이비설신의 6가지 감각기관 때문이고, 6가지 감각기관은 영
과 육체 즉 개념과 형태 때문이고, 영과 육체는 분별심(分別心) 때문이고, 분별심은 의
지작용 때문이고, 의지작용은 어리석은 마음 때문에 생긴 것이다. 어리석은 마음이 없
으면 의지가 없고, 의지가 없으면 분별, 영혼과 육체가 없고, 6근, 접촉심, 감수작용, 사
람, 취착심, 업의 씨앗, 나고 늙고 병들고 죽는 근심 걱정이 없게 된다.
※ 강력한 불자가 되는 길 : 김성철 교수의 보리도 차제론 강의

7) ■ 책제목 : 불타석가모니, 와타나베 쇼코 저자(글) · 법정 번역

  ▲ 첫째왕비 : 미모의 고파

왕이 태자를 빨리 결혼시키고자 금세공에게 부탁해서 황금 여인상을 만든 다음 그 위에 글자를 새겼는데 이상적인 여성이 고파였다. 태자가 고파를 선택해 보석으로 장식한 목걸이를 벗어주자 고파는 저는 태자의 목걸이를 받고 싶지 않습니다. 차라리 저의 덕으로 태자를 인식해 주고 싶습니다. 또 다른 책에는 태자가 많이 모여든 아가씨들을 향해 목걸이를 던지자 그것이 고파의 몸에 찰싹 달라붙어서 떨어지지 않았다 야소다라가 첫째비가 된 다음에도 고파는 태자를 정성껏 섬겼고 출가한 후에도 야소다라를 수호했다. 여장부다운 성격으로 평생 아이를 갖지 못했으며 성격의 공덕으로 사후에 33천에 올랐다고 한다. 부처님이 성도 후 카필라성에 돌아왔을때 이미 죽었다.

  ▲ 둘째왕비 : 야소다라. 석가족의 한 가문인 선각왕의 딸이자 데바닷다와 아난의 누이 태자쪽에서 보면 외가로 사촌누이 동생 벌되는 셈이다. 태자몸에 달았던 보석을 주려고 하니까 집에도 많다고 받지 않고 다만 이 몸으로 태자의 몸을 장식해 주고 싶다고 하고 태자비로 왕궁에 들어갈 때부터 관례를 하고 베일을 벗은 얼굴을 들어내고 의젓하게 걸어갔고 "흠도 없는 얼굴을 일부러 감쌀 필요가 무엇 있겠느냐?"하고 당당히 걸어갔다. 정반왕의 여동생이며 부처님과 생일 월, 일이 같다. 78세로 2년전에 사망

태자가 출가하자

1. 태자를 뵐때까지 침상에 눕지 않겠습니다.

# 上善若水[8]

2. 향이 있은 탕에서 목욕하지 않겠습니다.

3. 몸을 치장하거나 만지거나 화장하지 않을 것이며 색옷도 입지않겠다.

4. 보석이나 장식을 지니지 않고 향수도 뿌리지 않겠다.

5. 맛 있는 음식을 입에 대지 않고 술은 모두 끊겠습니다.

6. 머리 손질도 하지 않겠습니다.

7. 이몸은 비록 집안에 있을 지라도 항상 산속에 있는 것처럼 고행 생활을 하겠습니다.

▲ 셋째왕비 : 마노다라 : 태자가 마차 타고 노래 부르며 갈때 태자가 던져준 진주목걸
이를 창가에서 받아드려 3번째 비가 되었다. 그 외 기록은 없다.

※궁전이 3곳 각각 한명의 비가 있었다.

8) 최상의 선은 물과 같다

최상의 선은 물과 같은 것이다. 물은 만물에게 이로움을 주지만 다투는 일이 없고 사람
들이 싫어하는 낮은 곳에 위치해 준다. 그러므로 물은 도에 거의 가까운 것이다. 사는
곳으로는 땅 위가 좋고, 마음은 못처럼 깊은 것이 좋고, 벗은 어진 사람이 좋고, 말은 믿
음이 있어야 좋고, 정치나 법률은 세상이 잘 다스려지는 것이 좋고, 일을 처리하는 데에
는 능숙한 것이 좋고, 행동은 적당한 시기를 아는 것이 좋은 것이라고 할 수 있는 것이
다. 그렇게 하는 것이 다투지 않는 것이다. 그러므로 잘못됨이 없는 것이다. 물은 이에
제일 가깝다.

※ 能忍余地(능인여지)

인내의 중요성 : 어려운 상황에서 인내하는 것은 개인의 성장을 도와줍니다. 인내는 단
순히 참는 것이 아니라, 상황을 이해하고 대처하는 능력을 키우는 과정입니다.

여유의 필요성 : 여유를 가지면 스트레스를 줄이고, 더 나은 결정을 내릴 수 있는 기반
이 됩니다. 여유는 상황을 객관적으로 바라보게 해주며, 문제 해결에 도움을 줍니다.

至道無難 唯嫌揀擇
(지도무난 유혐간택)
但莫憎愛 洞然明白
(단막증애 통연명백)<sup>9)</sup>

9) 지극한 도는 어렵지않으니, 다만 간택함을 꺼릴뿐이다. 좋고 싫음 마저 없다면, 완전히
   명백해진다. 3조 승찬대사의『심신명』
   ▲ 혜가가 달마를 찾아와서 간절히 부탁하여 말하였다. '화상이시여, 저는 마음이 편치
   않습니다. 부디 제 마음을 편안하게 해 주십시오'. 그러자 달마가 말씀하시기를 '너의
   편치 않은 마음을 가지고 오너라. 너를 위해 편안케 해 주겠다'. 혜가는 집으로 돌아가
   마음을 찾아보려고 하였으나 끝내 찾을 수가 없었다. 그래서 다음날 다시 달마를 찾아
   와 말씀드리기를 '제가 아무리 마음을 찾으려고 하여도 끝내 찾을 수가 없습니다'. 달
   마 '너를 위해 이미 마음을 편안케 하였다'.
   ▲ 혜가대사는 달마에게서 법을 부촉받고서 널리 선전하고 유포하여 뭇 중생들을 제도
   하였다. 천평(天平) 연간에 이르러 후주(後周)의 제2주(主)인 효민왕(孝閔王) 기묘년에
   한 거사가 나이와 계절을 말하지 않은 지 14년 만에 혜가에게 와서 절을 하고 성명도
   밝히지 않은 채 말했다. '저는 풍병(風病)을 앓고 있으니, 화상이시여, 저를 참회케 해
   주십시오'. 그러자 혜가가 답하기를 '그대가 죄를 가지고 오면, 죄를 참회하게 해 주리
   라'. 거사가 말했다. '죄를 찾아도 찾을 수가 없습니다'. 혜가 '내 지금 그대를 참회하
   게 하였다. 그대는 그저 불·법·승 삼보에 의지하기만 하라.'『조당집』「혜가장」
   ▲ 제30조 승찬은 수(隋)나라때의 3조이며, 어디사람인지도 알 수 없고 성도 이름도 모

432

# 若欲求會 便會不得
## (약욕구회 변회부득)
# 但知不會 是卽見性
## (단지불회 시즉견성)<sup>10)</sup>

른다. 혜가대사를 만나 심법(心法)을 얻은 뒤에는 대중을 많이 모아놓고 정법(正法)을 두루 폈다. 모임 가운데 한 사미(沙彌)가 있었는데, 나이는 겨우 14세이고 이름은 도신이라 했다. 어느 날 도신이 간곡하게 말하기를 '화상께서 저에게 해탈법문을 가르쳐 주시기를 오직 바랄 뿐입니다'. 그러자 승찬이 답하기를 '누가 그대를 속박했는가?'. 도신이 대답하여 말하기를 '아무도 속박한 이가 없습니다'. 승찬 '아무도 속박한 이가 없다면 그대가 바로 해탈한 사람인데, 어찌하여 다시 더 해탈을 구하는가?'. 이에 도신은 크게 깨달았다. 『조당집』「승찬장」

止動歸止 (지동귀지) : 마음의 움직임을 멈추어 고요함으로 돌아가려 하면

止更彌動 (지갱미동) : 고요한 마음이 오히려 더욱 요동치니

唯滯兩邊 (유체양변) : 오직 양변에 머물기만 한다면

寧知一種 (영지일종) : 어찌 한가지임을 알겠는가?

10) 만약 알려고 한다면 곧 알지 못할 것이며 다만 알 수 없다는 것을 알면 바로 성품을 봄이니라. 회(會)는 '모일 회'자로 "모이다, 만나다, 깨닫다, 이해하다' 등의 뜻이 있으며, 여기서는 '깨닫다, 이해하다'의 의미로 쓰였다. 보조지눌스님의 『수심결』 진리는 단박에 깨칠 수 있으나 습기는 점수를 통해서 제거 된다.

溪聲便是廣場舌

(계성변시광장설)

山色豈非淸淨身

(산색기비청정신)

夜來八萬四千偈

(야래팔만사천게)

他日如何擧似人

(타일여하거사인)[11]

11) 시냇물 소리가 곧 부처님의 한 없이 긴 설법이니
 산 빛이 어찌 청정법신 비로자나불이 아니고 무엇이랴?
 밤이 되니 팔만사천 가지의 게송이 되는구나
 그 도리를 다른 날 어떻게 남에게 일러 줄 것인가?
 이 오도송은 소동파(蘇東坡, 1036~1101)가 중국 선종의 오가칠종인 임제종 황룡파의
 개조 황룡 혜남(黃龍慧南)의 선법을 이은 상총(常總)선사로부터 인가(認可)를 받은 선
 시이다. 소동파는 중국 송나라를 대표하는 시인이며 서예가이며 문장가이고, 아버지

死二月後 니라.
(사이월후)[12]

若不問 이면 若不問 하라.
(약불문 부답)[13]

소순과 동생 소철과 함께 당송팔대가에 들어가는 천재이다. 당시(唐詩)가 시의 기교 면에서 극치에 달했다면, 송시(宋詩)는 시의 내용을 중시했다. 따라서 소동파의 시는 내용이 선불교의 깊은 깨달음이 담긴 철리시(哲理詩)를 많이 읊은 것이 특징이다.

소동파는 22세에 일찍이 과거 급제했으나 당시 왕안석의 신법(급진적 부국강병책)을 반대해 평생을 지방 오지의 외직과 유배생활을 한 고달픈 삶을 살았다. 그의 유일한 삶은 자연에서 시와 서예 그리고 그림을 그리며 유유자락하는 일과 산사의 고승과 벗 하며 불경을 공부했다.

소동파는 1086년 천하 명산 여산 동림사에서 상총선사와 밤을 새워 불립문자의 선학 (禪學)에 대해 토론했다. 상총선사가 "그대는 어찌해 무정설법(無情說法)은 듣지 않고 유정설법(有情說法)만 들으려 하는가"라고 묻자, 그는 아무 말을 못하고 무정설법이 화두가 됐다.

아침이 돼 동림사를 나선 소동파는 여산 호계(虎溪)의 폭포소리를 듣고 마침내 깨달음을 얻어 읊은 게송을 상총선사에게 올리게 된다.

12) 2개월 후에 죽는다.
13) 묻지 않으면 답하지 마라.

435

# 治人事天莫若嗇

## (치인사천막약색)[14]

---

## 1. 부처님의 오도송 - 법정스님 번역

나는 이집(육체)을 지은 자를 구하여 찾지 못한 채 여러 생을 보냈으나 생존은 다 고통이었다.

집을 지은 이여! 이제 당신을 알게 되었다. 당신은 다시 집을 짓지 않으리라. 기둥은 부러지고 서까래는 내려 앉았다. 마음은 만물을 떠나, 애욕을 다 면할 수 있었다.

## 2. 부처님의 오도송 - 각묵스님이 팔리어에서 직접번역

"많은 생을 윤회하면서 나는 치달려왔고 보지 못하였다.

집 짓는 자를 찾으면서 괴로운 생은 거듭되었다.

집 짓는 자여, [이제] 그대는 보여졌구나.

그대 다시는 집을 짓지 못하리.

그대의 모든 골재들은 무너졌고 집의 서까래는 해체되었다.

마음은 업 형성을 멈추었고 갈애는 부서져 버렸다.

## 3. 부처님이 깨달으신 순간

〈부처님, 그분 생애와 가르침〉 피야다시 스님 지음 정원 스님 옮김

마침내 깨치시다

가야(현재 붓다가야)의 네란자라 강 둑위에 있는 한 나무 아래에 결가부좌를 하고 앉은 보살은 불퇴전의 결심으로 정진에 마지막 힘을 쏟고 있었다. "이 몸이 가죽과 힘줄, 뼈만 남고 피와 살은 다 말라서 죽게 되는 한이 있더라도 정등각(正等覺)을 얻기 전에는 이 자리에서 일어나지 않겠노라." 보살의 노력은 이처럼 지칠 줄 모르는 것이었고, 보살의 헌신은 이처럼 시들 줄 모르는 것이었으며, 진리를 깨치어 완전한 깨달음을 성취하겠다는 결의는 이처럼 단호한 것이었다.

보살은 출입식념(出入息念; anaa-paana sati)에 전념하여 초선(初禪)에 들어가 거기에 머물렀다. 다시 차례대로 제2선 제3선 그리고 제4선에 들어가 머물렀다.

이와 같이 마음에서 모든 때를 닦아내어 평온한 마음을 이룬 다음, 이 마음을 과거 생(生)을 기억하는 지혜[宿命智; Pubbenivaasaanussati- ~naa.na]쪽으로 기울였다. 이것이 보살이

초저녁(오후 6시~10시)에 성취한 첫번째 지혜였다.

다시 보살은 온갖 형태의 중생이 각기 지은 업에 따라 좋은 상태로 또는 나쁜 상태로 태어나고 죽는 것을 아는 지혜[死生智; Cuti-upapaata~naa.na]쪽으로 기울였다. 이것이 한밤중(10시~새벽2시)에 성취한 두번째 지혜였다. 다시 그는 번뇌를 소멸시키는 지혜[漏盡智; AAsavakkhaaya-~naa.na]쪽으로 기울였다.

그는 여실히 깨달았다. 즉 '이것이 고[苦]다. 이것이 고의 생기[集]이다. 이것이 고의 멸[滅]이다. 이것이 고의 멸에 이르는 길[道]이다.' 그는 여실히 깨달았다. '이것이 번뇌다. 이것이 번뇌의 생기이다. 이것이 번뇌의 멸이다. 이것이 번뇌의 멸에 이르는 길이다.'

이렇게 알고 이렇게 보았을 때, 그의 마음은 번뇌로부터 해탈하였다. 그 번뇌란 감각적 쾌락의 번뇌[欲漏; kaamaasava], 존재하려는 욕망의 번뇌[有漏; bhavaasava], 무지의 번뇌[無明漏; avijjaasava]의 세 가지 번뇌였다. 그의 마음이 해탈했을 때 해탈했음을 아는 지혜[解脫知見]가 생겼다.

그리고 그는 다음과 같은 사실을 스스로 깨달았다.

"태어남은 소진되었다. 청정한 삶[梵行; brahma cariyam]은 완성되었고 할 일은 다 해 마쳤다. 다시는 이런 상태에 이르지 않는다." 이것이 새벽녘(새벽2시~6시)에 성취한 세번째 지혜였다. 이 세 가지 지혜를 삼명(三明)이라 한다.

다시 보살은 승리의 게송을 읊었다.

"「집[個體] 짓는 이」를 찾아내려고, 그러나 찾지
못한 채 수많은 태어남의 윤회 속을 줄곧 서둘러 왔었네.
태어남은 언제나 실로 괴로운 것.
오 집 짓는 이여, 드디어 너를 찾아냈도다.
너는 다시는 집 짓지 못하리.

너의 모든 서까래 부서지고 마룻대[上梁] 또한 부러 졌도다.
이제 내 마음은 형성 되어진 것이 아닌 것(=열반)을 이루었네.
온갖 갈애 다 끝내어 버렸네."

법구경 153, 154게 이 두 게송은 부처님이 깨달음을 이루신 직후 깨친 감회를 읊으신 것

이다. 여기서 집은 몸을 의미하고, 집짓는 이는 갈애를, 서까래는 때(垢;kilesa)를, 마룻대
는 무지(無明)를 의미한다.

이렇게 보살 고타마는(탄생한 날과 같은) 5월 보름날, 서른 다섯의 나이에, 영원한 진리인
네 가지 성스런 진리[四聖諦]를 완전히 파악함으로써 최상의 깨달음을 성취하시어, 일체중
생의 고통을 치유할 수 있는 위대한 의사, 대의왕(大醫王), 붇다가 되신 것이다.


■ 석가모니(釋迦牟尼)여래 (BC 563?~BC 483?) 열반송

自燈明 法燈明　스스로를 등불로 삼고 진리를 등불로 삼고
(자등명　법등명)

自歸依 法歸依　스스로에 의지하라 진리에 의지하라
(자귀의　법귀의)


■ 서산대사(西山大師) 휴정(休靜)(1520~1604) 열반송

生也一片浮雲起　사람이 태어남은 한조각 뜬 구름이 일어남과 같고
(생야일편부운기)

死也一片浮雲滅　죽는다는 것은 한조각 뜬 구름이 없어짐과 같다.
(사야일편부운멸)

浮雲自體本無實　뜬 구름 그 자체가 본시 실상이 없는 것이니
(부운자체본무실)

生死去來亦如然　사람이 태어나고 죽고, 가고 오는것이 또한 그와 같도다
(생사거래역여연)


■ 승조법사(僧肇法師) 임종게(臨終偈)

四大元無主　이 몸에는 본래 주인이 없고
(사대원무주)

五蘊本來空　마음과 생각느낌 본래 비었네
(오온본래공)

將頭臨白刃　저 칼이 내 목을 자른다 해도

(장두임백도)

恰似斬春風　봄바람을 베는 것에 불과 하리라[14]

(흡사참춘풍)


■설악산 신흥사 조실 설악무산 조오현 스님이 열반송

天方地軸 (천방지축)

氣高萬丈 (기고만장)

虛張聲勢 (허장성세)로 살다 보니

온몸에 털이 나고 이마에 뿔이 돋는구나 억!


14) 승조(僧肇 · 384~414) 법사는 구마라습의 수제자였다. 워낙 총명하여 모두가 그의 식
견에 감탄하였다고 한다. 그리고 중국 후진의 2대 왕인 요흥(姚興)은 불교를 독실하게
믿은 군주였는데, 요흥은 승조의 천재적인 자질과 인품을 알고 그를 등용하여 재상을
삼고자 하였다. 하지만 승조는 세상의 부귀영화와 벼슬이란 허망한 것이라면서 왕의
청을 거듭 거절하였다. 그리하여 왕의 노여움을 산 승조 법사는 형장에서 이슬로 사
라질 때 이 열반송을 남겼다고 한다. 이는 임종게의 백미로 알려져 있다. 주된 주제는
다음과 같습니다:
무상함: 모든 것은 변하고 사라지며, 영원한 것은 없다는 무상함의 깨달음을 강조합니
다.
마음의 평화: 죽음을 앞두고도 마음의 평화를 유지하는 것이 중요하다는 메시지를 전
달합니다.
깨달음: 진정한 깨달음은 외부의 것에 의존하지 않고, 내면의 진리를 이해하는 것임을
강조합니다.

# 12연기

12연기十二緣起란 '이것이 있으므로 저것이 있고'와 '이것이 생기므로 저것이 생긴다'라는 구절로써 존재의 발생을 설명하고, '이것이 없으면 저것도 없고'와 '이것이 사라지면 저것도 사라진다'라는 구절로써 존재의 소멸을 설명하고 있는 연기법의 기본 원리를 가장 구체적으로 서술한 것이다

아난이 "저가 보기에는 연기는 그렇게 매우 깊은 뜻이 없는 듯 합니다." 라고 말했을 때 부처님께서 아난에게 다음과 같이 설하였다. "아난아 그런 말을 하지 말라 12연기는 매우 깊고 깊은 것이니 보통 사람이 깨우칠수 있는 법이 아니다." (증일아함경 권46)

법을 보는자 여래를 보고, 여래를 보는 자는 법을 본다.
연기를 보는자 여래의 법을 보고, 법을 보는 자는 연기를 본다.

● 연기법의 발전
● 12연기를 무명(무지), 행(성향), 식(의식), 명색(신체), 육입(감각), 촉(자극), 수(느낌), 애(욕망), 취(전유), 유(삶), 생(재생), 노사(늙고 죽음)

| 종류 경전 | 연기법 | 경전 | 비고 |
|---|---|---|---|
| 법망경 | 8연기법 | 디까니까야 | 과거2, 미래2 빠짐 |
| 대전기경 | 10연기법 | 디까니까야 | 미래2개빠짐 |
| 대인연경 | 11연기법 | | 명색과 육입을 하나로 |
| 연기경 | 12연기법 | | |

● 부처님께서는 과거와 미래는 별로 중요치 않다. "지금 바로 이 순간"이 너의 삶의 전부다.

제자들이 질문하기를 저는 전생에 무엇이었을까요?

부처님 저는 다음 생에 무엇으로 태어날까요?

부처님께서 과거는 이미 지나갔고 미래는 오지 않았다. 지나 간 과거 때문에 후회하지 말고 오지 않은 미래 때문에 불안해 하지 말라. 지금 바로 이 순간, 알아차림, 삿띠

부처님께서는 최초 8연기에서 미래 넣어서 10연기

9연기는 명색(명:정신,색:몸) + 육입(안 이 비 설 신 의)따라서 名 의 정신과 意가 같고,

색이 안이비설신의와 같으므로 육입을 빼어버린다. 명색 대신 육입을 넣는 곳도 있다.

육근은 의지적 작용의 속성이고 육경은 필연적 반응의 속성이다.

거리가 먼 곳부터 육근이 생김 : 안眼근 : 가장 멀이 본다.

이耳근 : 2번째로

비鼻근 : 방안의 냄새 거리에 따라서 설舌, 신身, 의意 순서로 이루어짐


- 세친 : 삼세양중인과설三世兩中因果說 : 삼세(과거, 현재, 미래)
  ▲ 과거2 : 무명, 행 : 과거의 원인 : [能引支]
  ▲ 현재8 : 식,명색,육입,촉,수(현재의 결과), 소인지所引支 / 애, 취, 유(현재의 원인) : [能生支]
  ▲ 미래2 : 생, 노사(미래의 결과) : [所生支]


- 현장스님 : 이세일중인과二世一中因果
  ▲ 무명無明에서~유有 까지를 인因 / 생生, 노사老死를 : 과果
- 세친의 생애와 저술
  세친은 처음에는 설일체유부에 출가했다가 형인 무착의 권유로 대승불교로 전향하게 된다.
  세친은 처음에는 대승불교를 심하게 비방했는데, 후에 대승불교가 옳다는 것을 알고 자신의 혀를 자르려고 했다. 세친을 천부논사千部論師라고 칭하기도 하는데, 이는 그가 저술한 논서가 약 1천 부에 달하기 때문이다.

  부파불교에 대한 세친의 저술로는 경량부의 입장에서 200권의 『아비달마대비바사론』을 요약한 『아비달마구사론』(30권, 혹 22권)이 있다. 후일 설일체유부의 견해에 투철한 중현(衆賢,

Saṃghabhadra)이 『아비달마순정리론』(80권)으로 『아비달마구사론』을 비판하였지만, 그 중요도에는 전혀 손상을 입히지 못하였으며 중현은 최후에 세친에게 용서를 구한다. 대승으로 전향한 이후의 저술로는 『십지경론』(12권)을 비롯한 각종 주석서들이 있으며, 1권의 짧은 글로서 중요한 것은 『유식삼십송』과 『유식이십론』이 있다.

▲ 무명 행(과거) 식 명색 육입 : (8식), 촉 : (7식), 수 애 취 유 : (6식), 생 노사(미래)

▲ 사람이 무엇입니까? 바로 오온이다.

마음을 내려놓아라 뜻은? 6근, 6경, 6식 모두 18식이다. 6식에 탐하는 마음이 붙은 것을 마음이라고 하는데, 6식에 탐을 붙이지 말라는 뜻이다.

| 無明 行 | / | 識 名色 六入 | 觸 受 | / | 愛 取 有 | / | 生 老死 |
|---|---|---|---|---|---|---|---|
| 전생 | / | | 현생 | | | / | 내생 |
| 전생의 因 | / | 현생의 果 | / | | 현생의 因 | / | 내생의 果 |

전생의 지은데로 / 현세에 그 과보를 받게 되고 / 현생에 지은 것이 / 내생에 받게 된다

/ 전생에 지은업 때문에 받는것이 되고 / 내가 업을 짓기 시작함

/ ① 참회를 많이 하고 ② 선행을 많이 닦아야 함 / 사춘기 이후 발휘하게 됨

/ 과보의 측면이고 / 행동의 측면이다.

▶ 12연기설은 과보적인 측면과 행동의 측면이 겹쳐있다고 볼 수

있다.

- 삼세양중인과설(三世兩中因果說)

  삼세(과거 전생, 현생, 미래의 내생)

  양중(전생의 因, 현생의 果, 현생의 因, 내생의 果)
- 삼세 : 과거, 현재, 미래 → 12연기의 시간적 의미
- 삼계 : 욕계, 색계, 무색계 → 12연기의 공간적 의미

  우주라는 단어를 보면

  **우** : 공간적 의미로 욕계, 색계, 무색계이고,

  **주** : 시간적 의미로 과거, 현재, 미래이고 여기서 열반이란 삼계
  와 삼세를 모두 떠난 것이다.

- 환멸연기 부처님이 숙명통 → 천안통 → 누진통(세상의 걱정이
  사라졌다.)

  老死, 生(살아있기 때문에 죽는다. 그럼 왜 사는가? → 有(업을
  지으니까, 왜 업을 짓는가?) → 取(욕망 때문에, 왜 욕망을 부리는
  가?) → 愛(근본 욕망 때문에, 왜 근본 욕망을 부리는가? 見物生
  心에서 견물은 受에 해당하고, 생심은 愛에 해당한다. → 受 나쁨
  이 있었다. 고락 탐심 : 끌어당기는 마음, 진심 : 미는 마음) 왜 고
  락을 느꼈는가? → 觸(감각세계에 촉이 있었기 때문에 느낌이 있
  었다. 왜 지각의 세계와 만났을까? 六入(눈, 코, 입 등 육입이 있
  었기 때문이다.) 왜 육입이 있었나? → 名色(태아 덩어리 일 때

중음신이 자리를 잡으려고 하고 있다. → 識(중음신이 착 붙어야
만 살수 있다. → 行(과거 전생에 업을 지어면서 살았다.) 왜 업
을 지었을까? → 無明(세상 살면서 무지해서 몰라서 업을 지울
수밖에 없었다.)


▲ 識과 名色의 쌍 조건적인 관계 (장아함경 제9 대연방편경)

1. 식을 연하여 명색이 있다

2. 식이 태(명색)에서 나오면서 태아는 사망한다. 그래서 명색은
   식에 기인한다고 말한다.

3. 명색을 연하여 식이 있다는 것은 무슨 뜻인가? 식이 명색에 머
   물지 않으면 식이 머물 곳이 없다.

4. 머물 곳도 없는데 생노병사 하는 일이 있겠느냐? 답:없습니다.
   그래서 내가 식은 명색에 기인하고 식을 연하여 명색이 있다고
   말하는 것이다. 명색을 연하여 육입이 있다


■ 연기설 (연기설이 4종류가 있으나 이 4가지 모두다 맞는 말이다.)

1. 分位(분위)연기 : 삼세양중인과설

2. 刹那(찰라)연기 : 지금이 순간에도 무명이 있다, 12연기가 한 찰
   나에 쌓여있다. 무명, 행, 식

3. 連縛(연박)연기 : 연속해서 속박된다. 12지분이 한 찰나에 배당
   된다. 12찰나에 의해 12연기가 진행된다.

4. 遠續(원속)연기 : 멀리서 계속 이어지는 연기 이번의 과보가 다

음 생의 과보가 아니고 차차 또는 차차차내생에 아니고 전생, 전전생, 전전전생의 과보일 수가 있다.

● 無明 : 밝지 못한 것, 무지, 나의 전생, 내생에 대해 모르는 것, 삼보에 대해, 사성제에 대해 모르는 것. 나쁜 것을 모르는 것을 무지라고 한다. 연기에 대한 이치를 모르는 것

무명무시(시작 없는 끝에서부터 전생에서 지금까지 죽 내려오는 것)

괴로움은 무지에서 생기므로 무명은 모든 고苦를 일으키는 근본 원인이다.

팔정도에서 정견正見 : 바른 가치관과 세계관을 확립하면 무명은 바로 사라진다.

진리와 존재와 인간의 진상에 대해 알지 못하는 것을 무명무지라고 한다.

▲ 본질적인 측면 : 스스로가 진여眞如 불성佛性임을 알지 못한다. 우리는 진여 불성의 존재이다. 참되고眞, 한결같은如,부처님의 불佛의 본성을 지니고 있지만 그것을 잊은 채 살고 있으니 무명이요 무지일 수밖에 없다.

▲ 현상적인 측면 : 인연因緣과 무상無常과 무아無我임을 알지 못한다. 이 세계와 존재를 들면 인연에 의지하여 생겼다가 사라지는 무상한 것이지만 그 무상을 잊고 현실의 삶을 추구하니 어둠 속에서 헤매일 수밖에 없다. 특히 나를 세우고 나를 중심으로 살지만

그 내가 본래부터 실체가 없는 무아無我라는 것을 모르기 때문에 깜깜한 무명의 상태에 빠져들 수 밖에 없다. 이 무명이라는 단어 속에는 "진여 불성의 존재임을 자각하라." "진여 불성의 세계임을 자각하라"라는 가르침이다. 우리는 끝없이 변화하는 무상한 세계에서 인연 따라 살고 있으니 궁극적으로 그토록 소중히 여기고 있는 "나"가 원래 무아라는 것을 분명히 알아야 한다. 한마디로 무명은 진리 곧 法을 모르기 때문에 밝지 못한 혼돈의 상태이다.

● 行 : 업이라고도 한다. 세상을 올바로 판단하지 못하기 때문에 업을 짓게 된다.

업에는 착한 것, 악한 것, 착하지도 악하지도 않는 업 이 3가지가 있다.

전생에 지은 업이 行이다. 무명 때문에 업을 짓게 된다.

업을 짓는 장소 3가지 : 몸(신업), 구업(입), 의업(생각으로 지은 업)

장미꽃을 보았다는 과거의 경험 과거의 행위가 없으면 인식 작용이 일어날 수 없다.

행行으로 인하여 식識이 있다.(몸과 입과 뜻에 의하여 형성된 선행 정보들이다.) 내부에 반듯이 잠재적인 에너지의 형태로 행이 있지 않으면 상응하는 식이 일어나지 않는다.

대승기신론에 무명업상無明業相이라고 이름하고 "깨닫지 못하여 마음이 동요하는 상태" 마음이 동요되는 것을 업業이라도 한다.
어둡기 때문에 벗어나고자 하는 잠재적인 충동력이 생겨나서 마음이 동요하기 시작하는 것이다.

하지만 이 행은 적극적인 움직임이 아니고 무명無明이 초동初動하는 상태, 마음의 동요가 시작되었음을 나타내는 상태이다.

원효대사 대승기신론소에서 "이 동요는 매우 미세하여 아직 주관과 객관이 나누어지기 이전의 상태"라고 했다. 무명의 잠재적인 충동력으로 인한 미세한 움직임으로 행行을 일반사람은 느낄 수가 없다. 비록 움직임이 시작하였으나 구체적인 어떤 대상을 보거나 느끼는 것이 아닌 상태이다. 곧 나의 주관적인 생각 없이 대상을 그냥 보는 것이 된다.


● 識 : 모태母胎 안에서 최초로 발생하는 일, 찰나의 오온五蘊이다.
식별하는 마음 작용이 6식이다. 아직 아기라고 할 수 없다. (태기만 있는 상태)

명색은 의식이 생김(명색이 있기 때문에 존재하고). 죽은 사람이 꽃을 보거나 만질 수 없듯이 식識 없으면 인식 활동이 존재하지 않는다.

엄마의 호흡으로 바람기風, 엄마의 따뜻함의 불기운火, 생김. 한 생명의 시초(업식의 종자이다.) 그동안 누적되어온 식識으로 식별하고 판단하는 의식 작용, 인식 작용, (옛날부터 지금까지 죽 내려오는 쌓았던 업식業識인데 태어나자 본능적으로 하는 행동으로 고양이가 똥누고 모래로 덮기, 애기의 어머니 젖 찾기, 바다 거북이가 바다를 자동적으로 찾는 것 등 사람마다 업식이 틀리는 이유이다.) 마치 고양이나 개를 좋아하는 사람과 싫어하는 사람이 있을 수 있듯이 담배를 피우는 사람도 마찬가지이다.(담배를 피우는 종자 씨앗) 씨앗은 본래부터 있었나? → 과거에도 있었다. 담배를 피우는 行이 있었다.

이 단계에서의 식은 깊이 깨닫고 느끼며 인식하는 단계가 아니다. "무엇이 있다."하는 정도로 아는 단계이며 무명의 잠재적인 충동적으로 무엇을 보았다, 무엇을 인식했다는 것으로 마음의 식별 작용이 막 시작된 상태이다.
"대상이 또렷이 내 마음에 자리 잡은 상태가 아니다."
"내가 그냥 본 대상이 내 마음에 그냥 비춰어지게 되는 상태 정도이다".

전생에 지은 업이 현생에 식識속에 저장된다.
착한 일을 하든지 악한 일을 하든지 나만 알지 남은 모른다. 이것이 저장되었다. 어디에?
나의 식에 저장 됨. 나의 앞에 行(실천)이 있었기 때문에 나의 識에 저장된다. 이 식은 나의 마음을 의미한다. 행동하나 할 때마다. 마음 밭에 씨가 뿌려진다. 이 識이 성숙 되지 않고 계속 씨앗으로 뿌려진 상태로 씨앗이 점점 크 나가다가 나중에 죽는데 죽을 때 어디 가는 것이 아니고, 저장되었다가 어느 곳에 달라붙는다. (중음신이 된다.)

다음 내생의 장소에서 다시 자라난다. → 어디에서? 엄마의 자궁에서 일반적으로 무명 행을 과거로 보고, 식을 현재로 본다.

識은 의식이다. 우리의 마음이다. 모든 것은 우리의 마음 즉 識에 저장된다.
열매 속에 씨앗이 있듯이 마음속에 씨앗이 저장된다. 즉 남에게 즐거움을 주게 되면 즐거움을 받게 되고 괴로움을 주면 괴로움을 받게 된다. 行 ⟹ 識으로 가는 과정에서 내 마음에 저장된다. 우리의 마음 밭에는 수천억 가지의 행동의 씨앗이 열매가 되어 저장되어 있다.

전생에 지은 나의 모든 행위의 씨앗들이 저장된 상태에서 건달바(識 = 중음신) 중음신으로 사람이 죽어서 바로 태어나는 것이 아니고 49일 동안 중음신으로 머물고 있다. 그리고 난 후 모태 자궁 속에 달라 붙는다(자궁에 착상) 3가지가 모여야 임신이 될 수 있다.

1. 아버지의 정(정자)
2. 어머니의 혈(난자)

## 3. 건달바(중음신)

▲ 쫑가파스님(티벳) 식을 1/2로 나눈다.

● 무명, 행, 식의 1/2을 과거로 보고, .

● 식의 1/2을 현재로 본다

이것은 가을에 열매로 두었다가 봄에 씨앗으로 뿌리니 열매이자 씨앗이 된다.

우리의 살아온 모든 식, 아뢰야식은 열매이기도 하지만 그것이 자궁에 붙어서 내생에 씨앗 역할을 한다. 중음신識의 음욕 때문에 섹스를 지켜보다가 정자와 난자가 만나는 곳에 달라붙는다.

스님들이 독신 수행하는 이유가 그 짓을 안 하기 위해서이다. 최소한 색계 이상에 태어나야지만 아나함이 되어 수행해서 아라한이 될 수 있다. 욕계에 다시 오지 않기 위해 음욕을 끊는 것이다.

욕계는 섹스가 있는 곳이고, 남자 여자가 있고, 사천왕, 도리천, 제석천까지도 섹스를 한다.

그 위에 야마천, 도리천, 화락천, 타화자재천, 4곳은 섹스를 하지 않는다.

★ 야마천 : 포옹, 도솔천 : 손만 잡음, 화락천 : 마주 보고 웃음, 타화자재천 : 눈만 마주쳐도 애기가 생김.

識

생(전생의 업이 마음에 저장된다.) ↓ 현생(탄생할 때 자궁에 붙는 식)

씨앗의 2가지 종류:가을에 추수해서 생긴 씨앗(열매) ↓ 봄에 밭에 뿌려지는 씨앗

識이 마음에 저장될 때 6가지로 나누어 저장하게 된다. 6식을 범어로 Vijmana비지마나 Vi(짜르다.)jmana(알다.) → 짤라서 알다. → 6식을 짤라서 알다.

● 名色 : 4주째의 태내胎內의 모습으로 5근의 작용이다.
6입의 대상이 명색이다. 명색을 6경이라고 한다. 명名 :정신, 색色 : 몸이라고 한다.
인식하는 바깥 경계 인식 대상이 육경이다.(색, 성, 향, 미, 촉, 법)
세상에 모든 것은 명색으로 존재한다. 예) 엄마, 아내, 자식, 아들, 딸 이라고 불릴 때
명은 이름이고 색은 물질이다. 목재와 장작에 비유하면 이름은 틀리나 물질은 같다.
3가지가 자궁에 착상되어서 자라나게 되는 것이 명색이다.
아버지 정자와 엄마 자궁에 붙어서 자라난다. 정자가 난자에 달라 붙는다.
짐승일 경우 수놈이 암놈에 달라붙어서 자라나게 되는데 이것이 명색이라 한다.
이름과 모양을 가진 최초의 존재이며 그것이 바로 '나'이다.
나를 삼고 있은 스스로가 만들어낸 자아自我가 명색이라는 단어로 형성되어졌다.

무명이 굴러 대상이 비추어지게 된 다음에서야 비로소 자아自我
라는 것이 생겨났다.

이 자아는 무명 이전에 참된 "나"가 아니고 무명이 만들어낸 거
짓된 "나"로서 얇은 막에 둘러

사이고 거짓된 "나" 일 뿐이다. 하지만 막을 두르고 나면 그다음
부터의 전개는 참으로 자기중심적으로 바뀌어 나간다.


▲ 名 : 수, 상, 행, 식의 작용이고, 정신 마음을 의미

▲ 色 : 4대의 지수화풍의 작용이다. 감각기관과 육체의 정신이다.
  (정신 현상을 표시하는 명칭과 물질을 나타내는 색이 합처진
  것) 심신의 복합체이다. 물질이다. 귀신이면서 달라붙어서 계
  속 자라난다. 귀신이 달라붙었다가 떠나버리면 유산이 된다.(
  귀신이 잘못 들어 왔을 때)

명색이 있기에 식에 달라붙고 또 식이 명색에 달라붙고 서로 상
호관계이다.

(식이 있기에 명색이 있고 명색이 있기에 식이 있다)

보통은 무명 → 행 → 식 일방적인 관계인데 명색과 ← - → 식은
서로 상호 관계이다


▲ 식은 귀신이고

▲ 명색은 귀신이 수정난에 달라붙는 덩어리이다.(중아함경과 장
아함경)

명색이 점점 커나가서 임신 5주째 덩어리가 되면 숨(심장)이 벌렁거리기 시작한다.

산부인과 초음파 검사하면)

※ 명색의 5단계 이름 (임신의 1주차부터 5주차까지)

1주차 갈라람

2주차 알부타

3주차 팹시

4주차 발라사

5주차 건나함 (구사론에 의하면 3일에서 5일차가 되면 촉이 생긴다.)

名(정신) 色(육체)를 의미한다. 이때까지는 아직 DNA상태이다. 그냥 3가지가 달라 붙어서 자라고 있는 상태이다 (태아가 성장하고 있는 중, 이때 중음신도 같이 성장해 나간다.)


● 六入 : 5주차의 태아가 육입이 된다. 6가지 감각기관(안, 이, 비, 설, 신, 의) 생긴다.

5주차부터 10월까지 육입이라고 한다. 육근이 완성되는 상태이다. 애기의 팔 다리가 생긴다.

물질을 보고 외부에서 정보를 받아들인다. 육근에서 감각기관이다.

명색이 자리 잡게 되면 구체적인 "너"가 생겨난다. 따라서 주관과 객관, 주체와 대상이 갈라지면서 이때 자리를 잡게 되는 것이 육입이다.

▲ 육입은 內六入 : 눈, 코, 귀, 혀, 몸, 뜻의 육근六根이다.

外六入 : 바깥, 소리, 냄새, 맛, 촉감, 법의 육경六境이다.

곧 나라는 가아假我가 생겨날 때 "나"라는 감각기관과 "너"라는 대상이 또렷이 존립하게 된다.

얇은 막에 둘러싸여 "나"와 "너"의 구분을 분명히 두면 둘수록 나를 둘러 쌓여진 막은 차츰 두터워진다. 무명이 육입이 생겨날 때까지는 스스로가 감지하지 못하여 별다른 문제도 생겨나지 않는다. 문제는 촉觸에서부터 생겨난다.

100일이 되면 출산하게 된다. (출산한 아기는 보지도 듣지도 못한다.) 출산 후 2-3일정도 지나면 촉의 단계로 넘어가게 된다.


● 觸 : 갓난 아기 외부와의 첫 접촉이다. (태어나서 2~3일간은 보지도 듣지도 못한다.)

외부와의 처음으로 보고 듣고 느끼기 시작한다. (100일이 지난 애기의 성장해 나가는 과정)

출퇴 뒤에 단순한 인식 작용을 한다. (안, 이, 비, 설, 신, 의 기능의 접촉)

사랑하는 사람을 촉 하면 좋고, 싫어하는 사람과 촉 하면 싫다.

받아들이는 접촉의 수受 때문에 생김 6근과 6경이 접촉 6입에 의해 생기는데 식識, 경境, 근根의 3요소 자극 접촉이라고도 하며 육근과 육경이 마주 쳤을 때 촉이 발생한다.

육근이 사물에 접촉하는 것과 마음이 접촉하는 것도 포함된다.

눈이 사물을 보는 것이 아니라 빛이 망막에 부딪치면 → 뇌로 전달되어 뇌에서 알려준다.

예) 부싯돌이 부딪치는 것을 촉이라고 한다. 반드시 2개가 있어야 부딪칠 수 있다.

촉觸에 부싯돌2 = 부싯돌1개 명색名色 + 부싯돌1개 육입六入이다.

따라서 육근과 육경이 마주쳤을 때를 촉觸이라고 한다.


내육입 육근과, 외육입 육경이 또렷이 생성된다. 이 둘이 부딪치게 되는 것은 자연현상이다. 눈으로 빛깔과 모양을 보고, 귀로 소리 들으며, 코로 냄새 맡고, 혀로 맛보고, 몸으로 감촉 느끼며, 내뜻으로 대상인 법을 헤아린다. 이것이 곧 촉이다.

이미 생겨난 나我라는 주관을 가지고 대상인 너를 접촉한다.

나도 분명히 자각하지 못하는 나의 어리석음을 아치我痴, 나의 편견, 아견我見, 나에 대한 사랑 아애我愛 나의 교만 아만我慢은 마음 밑바닥에 깔고 대상을 접촉한다.

아치, 아만, 아견, 아애를 가지고 접촉하게 되면 모든 것이 있는 그대로 보이지 않고 있는 그대 보지 못한다. 평등한 마음을 유지할 수 없다.

이때는 있는 그대로 느끼는 것이 아니라, 아치, 아만, 아견, 아애를 가지고 접촉을 했으나 나를 중심으로 느낄 수밖에 없다. 나에게 맞으면 좋고(호好) 느끼고 나에게 안 맞으면 악惡을 느끼며 나와 무관하면 무심 평등平等을 흘려 버린다.


● 受 : (유치원 초등학생) 받아들이기만 한다. 5~14세 단순한 고
락苦樂의 감수작용을 한다

애기들은 울고, 웃고 밖에 안 한다.

고수락수苦受樂受의 단계이다. 4주전까지 受의 단계이다.

촉으로 느끼니까 좋고(樂) 나쁘고(苦) 불고불락(좋지도 나쁘지도
않다.)

무명, 행, 식, 명색 까지가 모두 이 속에 쌓여서 受까지 오게 된다.

받아들이는 수受 때문에 애욕과 갈애가 생긴다. 외부의 접촉에서

자동적으로 일어나는 느낌을 受라 한다. Feeling에 서 오는 느낌

을 실천하면 나쁜 업을 지을 수 있고, 실천 안하면 업을 안 짓는

다.

부싯돌에 비유하자면 불이 번쩍번쩍하니 수受에서는 잘 못 알아

차린다.

또한, 새싹이 싹이 트는 것에 비유한다. 순간순간 찰나 찰나에 알

아차리고 깨어 있어야 한다.

수受에서 호흡간에 미세하게 알아차리고, 호흡의 미세한 관찰을

하면 마음의 미세한 관찰까지 할 수 있다.


호흡에서 미세한 관찰을 하면 → 알아차림이 있으면 불이 붙었는

지 안 붙는지를 알아차림. 찰라찰라 알아차려야 한다. 불이 붙으

면 애愛로 넘어가기 쉽다. → 애愛는 찰라찰라 일어나므로 관법이나 위빠사나로 알아차리므로 愛로 안 넘어가도록 해야 한다. 마음의 평정을 찾아 순간순간 알아차림 → 참선의 화두 드는 것과 같다. → 바르게 알아차림이 발로 정념正念이며 집중이다. → 마음이 들뜨서 갈애로 가버리면 마음의 평정을 찾을 수 없다. 마음이 고요한 것이 정정正定이다. → 평정을 놓쳐버려서 다시 들고 다시 들고 하는 것이 정정진正精進이다.

정념正念은 바르게 기억하고 생각하는 바에 따라서 잊지 않는다. 정정正定은 바르게 집중하는 것으로 삼매라고도 한다. 마음을 한곳에 집중한다. 이때를 선정에 든 다고 한다. 정정진正精進은 고요하고 또렷한 소소영영昭昭靈靈이라고 한다

수受앞에는 계율로 계율戒律을 지키는 것만으로 안 된다. → 선정禪定을 닦아야한다. → 지혜智慧를 증득해야 한다. 이것이 계정혜戒定慧이다. → 수受부터 알아차리면 계율戒律은 지킬 것이 없다. 예문) 담배를 피워야지 → 알아차림 안피워야지(마음이 긴장된상태) 피워야지(불이 옮겨붙은 상태가 된다.) 참선시 몸의 고통도 그냥 알아차림으로 아프다고 끌려가지 말고 그냥 참다 보면 고요해질 때가 온다. 다른예로) 꿈속에 강도가 실제 강도가 아닌데 꿈에서 일어났다 → 꿈에서 강도로부터 벗어났다 두려움이 사라다. (잠에서 깨고 보니) 강도가 실재 있었나? 없었다(본래는 없었다)

→ 무명이 있어서 무명을 없애려고 하면 꿈속에서 강도를 없애려고 하는 것과 같다. (반야심경의 무무명진)

접촉에 대한 감수 작용이다. 좋게 느끼는 것은 받아들일 때에는 즐거워하고 락樂, 나쁘게 느낀 것을 받아 들일 때를 고苦라한다. 평등한 것을 즐거움으로 괴로움으로 삼지 않는다. 不苦不樂 이때 동시에 생겨나는 것이 범부의 마음속 6가지 모습인 탐욕 탐貪, 성냄 진瞋, 어리석음 치癡, 교만 만慢, 의심 의疑, 고집 견見 이 3가지 감수 작용과 마음에서 일어나는 6가지 모습에서 범부들도 능히 인식할 수 있으며 이 다음부터의 전개는 매우 분명하게 모습을 들어낸다.


● 愛 : 청소년 사춘기(11~15세) 이성에 대한 욕망 시작.

재산이나 애욕에 탐착이 시작하는 단계. (목이 말라 애타게 물을 찾듯 몹시 탐착에 그칠줄 모르는 단계 집취상(사랑한다.) 집착은 애욕 때문에, "애욕을 갈애"라고도 한다. 능동적으로 만족을 구한다. 사춘기 이후 업(악업)을 짓기 시작하게 된다.

애愛는 사랑이다. 하지만 단순히 좋다고 느끼는 사랑이 아니라 마음속으로 만들어낸 그런 즐거움의 대상을 향해 목말라하는 갈애渴愛이다.

곧 나와 상대를 함께 살리는 사랑이 아니라, 나와 상대를 동시에 그릇된 길로 몰아가는 사랑이다. 그리고 증오도 여기에 포함된다. 나를 괴롭게 하는 대상에 대한 깊은 증오심, 분노 모두 애愛의 단계에 속한다.

4주 이후부터 사춘기 단계(11세에서 15세) : 사랑, 섹스, 종족 번식을 생각하는 단계이다.

욕망에 대한 성욕 → 자기 종족을 퍼뜨리기 위한 욕망 → 자식과 동물은 식구를 먹여 살리기 위한 재물욕 성욕이 동시에 일어난다.

동물도 자기 종족을 위해 교미를 하듯 음욕이 싹트는 단계이다.

외국을 보면 독립적인 생활이 시작되는 단계가 사춘기 때부터이다.

모든 짐승들의 새끼들은 귀엽다. 왜냐하면 위험하지 않기 때문이다. (사자 새끼, 고슴도치 새끼, 하이에나 새끼 등)

인간이든 짐승이든 사춘기가 되면 전투적으로 변한다. (고등학생들의 일진회 여자친구는 내 것이다.)

먹고살기 위해 독립적인 생활로 들어갔기 때문에 조심해야 한다. 이때부터 탐욕과 분노가 시작된다.

악을 행할 때 보면 사춘기 이후부터 시작된다. 형법도 13세 이하는 소년원에 안 간다. 훈방처리 된다.

소년원에는 13세 이후부터 간다. 19세까지 20세가 되면 교도소에 간다. 13세 이전에는 분노라고 보기보다는 짜증이다고 본다 / 탐욕이라고 보다는 욕심으로 본다.

색계 중생은 어린아이와 같다. 왜냐면 욕망이 없기 때문이다.

색계의 초선, 이선, 삼선, 사선의 세계를 어린이는 항상 선의 상

태에 있다고 본다 (부처님의 12살에 농경제에 갔다가 보리수나무 아래에서 선정 삼매를 체득하듯이)

어린아이에게 장난감을 주면 그것에 집중해서 놀기 때문에 어린 아이에게는 선을 가르치는 것이 안맞다. 어린아이에게는 반야의 지혜를 가르쳐야 한다. 한눈 안 팔고 집중한다.

사춘기 이후부터 잡념이 들어오고 엉뚱한 생각을 하게 된다. 사춘기 이후부터 명상 지도를 해준다. 어린아이 자체가 명상 상태를 유지하기 때문에 명상 지도는 안 맞다.

어린아이는 음욕과 분노가 없으므로 반야의 지혜를 가르쳐 주면 그것을 그대로 받아들인다.


● 取 : (성인, 어른) 愛가 구체화 되면서 더욱더 강화 됨 : 음욕과 탐욕이 더 강하게 작용한다.

탐착이 증진되는 상태 (집착하는 번뇌) 집착이 모인 덩어리이며, 취取는 바로 집착이다

"마음 속으로 꽉 잡는다. 어떻게 할 것인가를 결정한다."라는 의미를 지니고 있다.

갈애에 빠지거나 증오심에 휩싸인 다음 행동으로 옮기기 전까지의 갖가지 번뇌 망상이 모두 취取에 포함되어있다.

취의 4가지 종류(모두 사견에 빠진다.) 자기 뜻에 맞추어 그럴듯하게 실현해 나간다.

그러다간 교도소 잡혀간다.

1. 욕취慾 : 욕망이 강화된 것이다.
2. 아어취俄語 : 아상, 인상, 중생상, 수자상의 자기 욕망을 구체화
   한 것이다.
3. 견취 : 욕망을 자기의 입장에서 본다,
4. 계금취 : 계율, 종교에서 제사 방식 등 하늘에 태어나고 싶은
   욕망에 계율을 어기더라도 좋다면 실행한다. 예를 들면 동물
   을 잡아 제사 지낸다.


● 有 : 애욕과 취착의 선악업이 습관적으로 되어 미래의 과보를
일으키는 단계이다.

업을 지면서 살아간다. 생존을 위해 살다 보니 나쁜 업을 지을 수
밖에 없다.

유有를 존재라고 번역하지만 엄밀한 뜻의 정의는 "집착에서 비롯
된 업業이다. 곧 집착하여 마음 속으로 키워왔던 생각들을 바깥
행동으로 옮기는 것이 有이다.

取까지는 마음속의 일이므로 무無이다. 구체적으로 나타난 것이
아니다. 그러나 그 생각들을 행동으로 옮기게 되면 표면화 된다.
표면화 되어 나타나는 것이 有이다.

이것을 불교에서 업業이라고 부르고 있다. 이 有의 단계에서 범부
들은 좋고 나쁜 업을 짓는다.

욕계, 색계, 무색계의 삶을 살아간다. → 반드시 윤회하고 다시

태어난다.

욕계(이성의 욕망, 인간의 욕망)

색계(이성의 욕망이 없고 도덕적이며 명상만을 추구한다.)

무색계(몸의 욕망, 이성적 욕망, 모두 없고 오로지 정신세계의 삼매만 추구한다.)

● 生 : 미래의 과거 발생한 상태 (태어나는 괴로움) 태어남이 있기 때문에 고통, 삶의 전 과정이다.

생로병사를 괴로움이라고 한다.

생의 집착을 여의지 못한 존재有가 있기 때문이다. 재생했다. 생生과 노사老死중간에서 (무명~유)까지가 다 포함 된다. 나쁜 마음을 못 버리면 다시 6도 윤회하면서 다시 태어난다. (내생에 다시 태어난다.)

● 老死 : 태어남이란 반듯이 죽음이 있기 마련이다. 생겼으면 언젠가 사라진다.

우리는 업으로 태어났기에 업의 과보를 받으며 살아간다. 늙고 병들고 죽는다.

■ 수행
● 깨달음을 얻을려면 수억년을 수행해야 한다. 또한 아라한이 될려면 최소한 20~30년을 청정하게 살아야 한다.

● 일반사람은 행복하게 사는 게 목적이다. 행복하게 살려면 기복 불교에서 작복불교를 해야 한다.

작복불교란 복을 달라는 것이 아니라

1. 복 지을 행동을 하는 것이며

2. 참회하고

3. 착하게 살고 (남에게 베풀고 청정하게 계를 지키고 살아야 한다. → 부처님 가르침을 따라 살아가야 한다.

● '착하게 살면 손해 본다' 라는 속담은 인과응보에 안 맞다. → 손해를 보더라도 항상 착하게 살아야 한다.

부처님께서는 지금 현재의 행위가 결정된다고 하셨다.

1. 안 풀려도 착하게 살아가야 한다. 왜? 내생을 위해

2. 지금 잘 못 살아도 착하게 살아가야 한다. 왜? 내생을 위해.

3. 지금 손해 보더라고 착하게 살아가야 한다. 왜? 내생을 위해

| 순위 | 사람이 사는 유형 | 비 고 |
|---|---|---|
| 1 | 착한데 사는데 손해 본다 | 씨앗을 저장하고 저축하며 산다. 전생의 빚을 진 것을 갚으며 산다. → 예금도 하고 남의 빚고 갚으며 사니까 수행자의 유형이다. |
| 2 | 착하게 살고 행복하다 | 예금을 하되 저축한 것을 까먹으며 산다. → 하루 벌어 하루 먹고 산다. |
| 4 | 악하게 사는데도 행복하다 | 도둑을 예로 들면, 전생에 선업이 있었기 때문에 지금은 행복하다가 악한 행동하면 미래에 불행이 온다. → 통장에 돈을 까먹고 산다. |
| 3 | 악하게 사는데 손해도 보고 불행하다 | 악행을 하였으니 범죄로 구속되어서 현생의 업을 갚는 것이 좋다. |

■ 복권에 당첨되는 것은 좋은 것이 아니다. 당첨되는 사람은 전생에 많은 복을 이었으므로 많은 복이 쌓여서 된 것인데 당첨된 복은 조금씩 오도록 해야 한다. 한참에 모두 오게 되면 개인이 감당하기 힘들어서 불행해 질 수 있다. (한방에 탕진해버리기 쉽다.)

● 나에게 불행이 닥쳐도 좋은 것이고 행운이 오면 안타까울 수도 있다. 이것은 거꾸로 이야기하면, 불행은 전생의 불행의 과보인데 언젠가는 받을 것인데 (빚을 갚을 일이 왔구나 하고 대행) 현생에 지금 받으면 다행으로 여겨도 된다. 행운이 온다는 것은 선업을 지어놓은 것을 까먹게 된다. 그러므로 걱정해야 한다. 왜냐면 언젠가 내가 받을 것인데 미리 당겨 쓰니까 안타까워해야 한다. 행운이 오면 들뜨지 말고 더 겸손하고 하심하고 살아야 한다.

● 새해 복 많이 받으세요 → 잘못된 것이다. 새해 복 많이 지으세요. 인과응보의 입장에서 보면 새해에 복을 까먹게 된다. / 어려운 사람을 도와 줄때도 교만하면 안 된다. 왜냐면 받을 사람은 전생에 받을 복이 있기 때문에 당연히 받는 것이고, 진정한 도움은 참회하게 하고 선업을 짓도록 도와주는 것이 중요하다. 따라서 12연기의 이치를 알면 항상 겸손하고, 항상 노력하고, 부지런하고, 나쁜 길로 안 갈 수 있고 복을 짓고 하심할 수 밖에 없다. 잘생기고 돈 많고 똑똑한 사람은 보통 교만해지기 쉽다 그러나

복이 다하면 떨어지기 쉽다. → 못 생기고 돈 없으면 하심하고 굽
신거릴 수밖에 없다. → 남에게 기쁘게 해주니까 복을 짖게 된다.
해탈 열반이란 12연기를 바로 알고 실천하는 데서 벗어날 수 있
다.

기복祈福불교에서 작복作福불교로의 전환이다. 복을 빌 것이 아니
라 스스로 복을 지어야 한다. 불교는 인과를 믿고 실천하는 종교
이지, 초월적 존재의 영험을 기다리는 종교가 아니다. 즉 인과응
보因果應報와 자업자득自業自得이라는 불교의 근본 원리에 입각하여,
개인적인 기복 중심의 불교에서 적극적으로 공덕을 쌓아가는 실
천적 불교로 전환해야 한다고 강조하였다.

■ 이기심으로 사는 것이 제일 잘 산다. 가장 오래 가면서 내게 도
   움이 되는 것이 잘 사는 것이다. → 가장 착하게 살고 선업 짓고
   참회하고 사는 것이 대승에서 제일 중요하나 더 이기적인 삶은
   소승 아라한에서 내가 벗어나서 윤회에서 벗어나는 길이 제일
   잘 사는 삶이다.

말법 시대에 꼭 필요한 수행 염불,
관음주송
©2025 법현


초판 1쇄 인쇄  2025년 2월 26일
초판 1쇄 발행  2025년 3월 10일


글쓴이  법현

펴낸이  맑은소리맑은나라
발행인  김윤희
디자인  김지영

펴낸곳  맑은소리맑은나라
주소  부산광역시 수영구 좌수영로 125번길 14-3 (2층)
전화  051-255-0263  팩스  051-255-0953
이메일  puremind-ms@hanmail.net
출판등록  2000년 7월 10일  제 02-01-295 호

ISBN  979-11-93385-11-1(03220)  값 18,000원